JN036101

日本精神史

近代篇

上

長谷川　宏
HASEGAWA Hiroshi

講談社選書メチエ
le livre

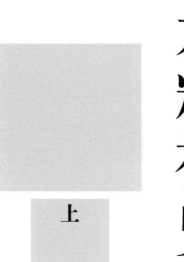

はじめに

わたしは二〇一五年刊行の『日本精神史』（上・下）において、縄文時代中期の三内丸山遺跡から江戸時代晩期の鶴屋南北『東海道四谷怪談』に至る数多《あまた》の建造物、文物、書物のうちに、日本列島で暮らす人びとの精神のありさまとその変化、発展、低迷、断絶、交替のさまを見てとろうとしてきた。

その精神の歴史はさまざまな弱点や危うさをふくみつつも、二一世紀のいまを生きるわたしたちの生活に多様な彩《いろど》りをあたえ、生きる力の源ともなるゆたかさを備えたものだった。縄文から江戸までの長い歴史を旅するわたしが、随所で過去と現在の精神の交流を楽しむことができたのも、精神の流れにいまいうゆたかさが備わっていたからだった。

さて、江戸の終わりから明治の初めにかけて日本の歴史は大きな転換期を迎える。それまではやや遠くに眺めやられていた西洋の文明が、すさまじい勢いでこの極東の島国に流れこみ、日本はまたたくまに「近代」の名で呼ばれる時代に突入する。

その時代の精神の歴史をこの本では二〇世紀の終わりまでたどっていくつもりだが、さて、自分の生きていた時代をふくむ一五〇年の精神の流れは、どのようなものとしてわたしたちの前にすがたをあらわすのか。流れを追跡しつつある途上のいまは、時代精神の重苦しさにつらい思いをすることが多いが、今後それがどのような展開を見せるのか。

探究の手法は、『日本精神史』（上・下）を引き継いでいく。すなわち、日本近代の美術と思想と文学の三領域にわたる文物や文献を手がかりに、そこに陰に陽に示された精神のありさまをことばにするというやりかただ。江戸の終わりまでのものに比べると、以後の文物・文献はわたしたちのいまにぐっと近く、それらについて語ることは否応なく自分たちのいまの語り出しをせまるかに思えるが、わたしとしてはその心事を十分に自覚しつつ、文物・文献に見てとれる精神のありようを、できるかぎり冷静に、客観的にことばにしたいと思う。

わたしの生まれたのが、一九四〇年。アジア・太平洋戦争の渦中で幼年期を過ごし、敗戦の翌年の一九四六年に小学校に入学。となれば、戦後民主主義の時代以降の歴史と精神の流れは、わたしの身近な体験とさまざまに交錯する。が、この本は個人的な体験をそのまま語る場ではない。体験を封印することはできないが、体験をも客観化できるような広い視座のもとで時代の精神の形を浮かび上がらせたい。

日本精神史　近代篇（上）

凡例

一、引用文については末尾の（　）内に引用文献の書名・出版社・刊行年・該当ページを示した。

一、引用文は、その多くを、依拠した文献の原文ではなく、著者（長谷川）による現代語訳で掲出した。

一、長歌、短歌、俳句については原文のまま引用し、必要に応じて著者の現代語訳を付した。

一、それ以外にも、原文のまま引用した箇所がある。その際、難解な語句については〔　〕内に説明を加えた。

一、原文のままの引用に際しては、漢字・仮名の表記、改行のしかた、ルビの有無など、類書・研究書を参考にしつつ著者の判断により改めている場合がある。

一、実在の人物の年齢については、原則として満年齢を記した。

一、文中で取り上げた著作、論文、作品その他において、書籍については『　』でくくり、論文、エッセイ、メモ、日記、書簡などについては「　」でくくり、造形作品については《　》でくくる形で示した。

一、参考文献の詳細は、下巻巻末に各章ごとにまとめて示した。

目次　日本精神史　近代篇（上）

目次　日本精神史（下）

第一章

近代の始まり

幕末から明治維新へと大きく時代が動くなかで日本の近代は始まった。

近代化を促した決定的な要因として、日本の開国をせまる先進西洋諸国の強い要求があった。そういう外からの圧力によって日本は他律的に近代化を強いられた面が小さくなかった。一八五三年にアメリカの海軍提督ペリーが蒸気船など四隻を率いて浦賀に来航し、日本が上を下への大騒ぎとなり、

泰平の眠りをさます正喜撰《じょうきせん》（蒸気船）たった四はいで夜も寝られず

という狂歌が世に流布したというエピソードは、近代化と外圧の関係をさながらに象徴するものと見ることができる。

ペリーの浦賀来航が（一八）五三年の七月、続いて一月後の八月にロシアの使節プチャーチンが軍艦四隻を率いて長崎に来航し、翌年二月にはペリーが浦賀に再び来航してきた。このとき、幕府はペリーと日米和親条約を結び、下田、箱館の二港の開港を決定した。同じ年の一〇月にはイギリスと日英和親条約を結び、翌年二月にはロシアと日露和親条約を、五六年一月にはオランダと日蘭和親条約を結んだ。

鎖国の政策はどうなったのか、と問わずにはいられない大変化だ。

江戸に幕府を置いてまもなく、キリスト教の国内浸透を恐れて外国との交際を極端に制限し、長崎の出島で中国およびオランダとの交易を許すほかは全面的に国を鎖《とざ》すことをもって国是と

し、一九世紀になって周辺の海上に外国船がすがたをあらわすようになると、異国船打払令を出してまで鎖国の方針を守ろうとした幕府の対外政策を思うと、アメリカ、イギリス、ロシア、オランダとの矢継早の和親条約の締結は驚くべき方向転換といわねばならない。

が、いうまでもなく、方向転換はなだらかに行なわれたのではなかった。幕府の内部でも開国の是非をめぐって幕吏の意見は分かれたし、全国の各藩の見解も区区《まちまち》だった。

西洋列強の圧力にどう対処するかは日本の政治と経済に大きくかかわる問題だったから、開国をめぐる意見の不統一や分裂は幕府権力の存立を脅かしかねなかった。ペリーの来航以降、幕府と各藩の支配層およびその周辺で攘夷か開国かという、国論を二分するような抗争が生じたのも、支配体制をゆるがしかねない問題の深刻さが支配的な位置にある人びとに広く感じとられていたからだった。対外政策と同様、国内の支配体制も、方向のしかと定まらぬまま、旧来のやりかたを踏襲するだけではとうてい秩序を維持することはできず、新たな方策が模索されざるをえなかった。明治の近代国家の方向性を示すいくつもの標語――「文明開化」「富国強兵」「殖産興業」「四民平等」「自由民権」など――は、いずれも、そうした模索のその先に打ち上げられた、行く先を示す旗印だった。

この第一章では、社会が近代へと大きく踏み出す激動の時代に、その流れに乗り、ときに流れに呑みこまれそうになりながら新しい時代を生きようとした人物や集団の精神のありようを見ていきたい。

1　高橋由一——リアリズムの牽引力

最初に取り上げるのは、近代洋画の黎明期を生きた高橋由一《ゆいち》である。

一八二八年生まれの由一は明治維新の年にはすでに四〇歳の壮年だった。

下野国《しもつけのくに》（現・栃木県）佐野藩士の嫡子として江戸藩邸に生まれた由一は、幼少期に周囲が驚くほどの画才を発揮し、青年期には弓術・剣術の修行と絵の修行とにともども邁進した。が、二〇代の半ばに、病弱ゆえに武芸師範への道を諦め、画家として生きていく決意を固めた。

そうしたなか、あるとき友人に借りた洋製石版画を見て「絵がなにからなにまで真にせまっている上に、なんともいえぬ味わいがあるのを発見し」（『日本近代思想大系17　美術』岩波書店、一七〇ページ）洋画習学の思いに強くとらえられる。時流に乗った欲求ではあるが、いかんせん絵を学び、絵で身を立てるという生きかたは、政治的・社会的激動の時代にあっては世の片隅に押しやられるような、目立たない営みだった。志を得られない日々が続く。三四歳（一八六二年）にしてようやく幕府の洋書調所《ようしょしらべしょ》画学局に入り、川上冬崖《とうがい》の教えを受けることになったが、教える冬崖にしても西洋画学や油絵を本格的に学んだわけではなく、知識の多くはオランダ語の書物から得たものだった。さきに由一が洋製石版画の写実性に感嘆するさまを見たが、江戸末期にはまだ油絵はほとんど輸入されず、また、油絵用の画布や絵具や絵筆やパレットも入手が困難で、画家たちは唐絵や大和絵の画材や画具を流用したり、似かよった工具を改良して用立てたりしていた。

先覚者の苦労のほどがしのばれるが、逆境に挫《くじ》ける由一ではなかった。洋画の画法を身につけようと努力を重ねる由一が洋画をどうとらえていたのか。それを知る手がかりとして、所属する画学局の壁に由一自身の掲げた宣言の一節を現代語に訳して引用する。

高橋由一［Wikimedia Commons］

西洋諸国の画法はもともと真を写すことをねらいとする。目に見える全自然がすべて創造主の描いたものだから、それを写した像は人間が筆で作り出した小さな自然だ。絵と文字は役目は同じだが、文字はことばで表現するだけだから、形の細かなちがいは絵で描かないと分からない。だから、西洋の書物は挿絵で図解するものが多く、絵を文字より上に置くのも当然だと思える。だからして、絵が国家のさまざまな事柄に関係する場面も少なくない。絵のなかには聖人や賢人、英雄や豪傑の肖像を生き写しにしてその功徳を示すものもあれば、平和時には人びとの歌い踊るすがたを描き、動乱時には兵隊の動きや戦闘のありさまを描写しもする。はるか遠くの出来事でも目《ま》の当たりにすることができ、どんな事柄も絵に結びつかぬということがない。海外の政府が美術館や絵の学校を作るのは、まさしくそれが国を治める助けとなるからなのだ。

(『日本近代思想大系17　美術』岩波書店、一九八九年、一七一―一七二ページ)

ここで由一は二つのことを言おうとしている。

一つは、西洋の画法が「真を写すこと」(原文は「写真」)を本質とすること、いま一つは、真を写す洋画が国家社会に役立つものだということだ。

二つ目のほうから見ていこう。

江戸の末期には西洋の文化・文物が一挙に流れこみ、西洋の絵や画法もその流れの一角にまぎれこんでいたわけだが、日本古来の土着の絵の伝統もけっして底の浅いものではなかった。幕府や藩の庇護を受けて権勢に彩りを添える狩野派など一群の御用絵師たちはそれなりに命脈を保っていたし、文人画は武士や高踏の町人に迎えられ、浮世絵は庶民のあいだで親しまれていた。そこに西洋の絵が入りこんできたとき、土着の伝統的な絵が様式に寄りかかった紋切型の絵であるのにたいして、新来の絵が油絵具という画材の新しさと線遠近法という画法の新しさゆえに対象の真にせまるものと見えたのは、見えかたとして十分に納得できるが、その真にせまる洋画が国家社会に役立つというところまで話が行くと、その立言は、素直に納得できるものではない。この言はどこから出てきたのか。

そう問うとき、真っ先に浮かび上がってくるのが、強い外圧のもとに開国を強いられ、近代化への道を歩み出した時代の状況と、そのもとでの人びとの心の動きだ。

ペリーの四隻の黒船を始めとして、次々に日本にやってくる船艦が見せつけたのは、アメリカの、イギリスの、ロシアの、オランダなど西洋文明諸国の国の力だった。江戸時代の後半には長崎の出島を経由してオランダの学問や技術や文化の高さは分野によってはよく知られてはいたが、その力が抗しがたい国の力として目の前に突きつけられることはなかった。明治維新の前後には、西洋文明諸国のその国力が自分たちの国を脅かし、場合によっては存立を危うくしかねないものとしてあらわれてくる。それに抗するには、力のもととなる学問や技術や文化をみずから身につけるのがもっとも有効な対応策だと考えられよう。そう考える点では、旧政治勢力たる幕府も、新たに政治の舞台に登場してきた西南雄藩や、藩の枠を超えた動きをする下級武士たちも変わらなかったし、同じ考えは時とともに支配層以外の人びとのあいだにも広がっていった。国がゆらぎつつあるいまこそ西洋の学問と技術と文化を学び、それをわがものとしなければならない。そう考えるのが、尊王か佐幕かの政治的立場を超え、身分、階層のちがいを超えた、時代の共同幻想だった。

真を写す洋画が国家社会に役立つという高橋由一の言も、時代の共同幻想に棹さすことばだった。絵を描く行為として見れば伝統的な漢画や和画と新来の洋画とのあいだにさしたるちがいがあるはずはないが、その背景にある国の力量のちがいを視野に入れたとなると、先進西洋の国力と結びつく洋画は、漢画や和画にはない政治的価値ないし社会的価値をまとってあらわれるのだった。

宣言文の貼り出された場所が幕府管轄の洋書調所画学局だったということが、国家社会の意識を多少とも強める働きをしたとはいえるかもしれない。画学局に集《つど》う者たちは教師も生徒も制度の上からして幕府のために——ということは広く国家社会のために——尽くすことを求められていたのだから。高橋由一の履歴を見ると、かれは幕府の一部局の役人として恙《つつが》なく務めを果たすような人柄ではなく、まわりからは我《が》の強い厄介者と見られていたようだが、世情にさまざまの混乱の生じる時代だけに、内部に強い志をかかえこんだ我《が》の強い人間がおのれの志を国家社会の動向と重ね合わせるようにして表明することは、ありえないことではなかった。

とはいえ、真を写す洋画が国家社会に役立つという宣言は、絵そのものをめぐる論理としてはやはり飛躍がある。由一が例に挙げているように、迫真の絵が国家社会に尽くす偉人の功徳を人びとに知らしめ、また、平時や乱時の民の動きを活写して国家意識や社会意識を高めることはあるだろうが、古今東西の絵の歴史に照らして、そんなところに絵の本質があるとは思えないし、洋画がとりわけ国家社会との結びつきが強いとも思えない。洋画の「真」になにより大きな衝撃を受けた由一が、そのことに気づかなかったはずはない。真を写し、真にせまる絵は、国家社会に役立つという次元を超えて、新しい対象のありかたに目を開かせ、ものと人間との関係に変化をもたらし、世俗の価値観を引っくり返し、従来の生きかたに反省をせまる、といったそんな形で、見る者の心をゆさぶってやまない。そして、そのようなゆさぶられかたを楽しみ、おもしろがり、ときに悲しみ、また苦しむのが絵とのつき合いの基本だ。

洋書調所画学局の壁に掲げた宣言文では洋画が国家社会に役立つことを堂々と謳《うた》った由一だったが、画具も画材も整わぬ苦しい条件のもとでかれが描き継いでいった油絵を見ていくと、国家的ないし社会的な有効性への思いが由一の絵心をかき立てたものとは思えない。心のなかに渦巻く情熱はそれとは趣きの異なるものであったように思える。それはなにか。

宣言文にある由一の言いたいことの一つ目——西洋の画法が「真を写すこと」(原文は「写真」)を本質とすること——にまでもどって問題を考えていきたい。

由一の原文にある「写真」の語は司馬江漢《しばこうかん》の『西洋画談』から借りてこられたものという。『西洋画談』の刊行は一七九九年だから、ヨーロッパでもまだカメラは発明されておらず、ここでの「写真」をカメラと結びつけることはできない。単純に「真を写す」という意味に取るしかない。司馬江漢がこの語をどう使っているかを見るために、『西洋画談』の一節を現代語に訳して引用しておくと、

写真(真を写す)というのは、山水・花鳥・牛羊・木石・昆虫などを描いたものが見るたびに新鮮で、画中の一つ一つの物がどれもこれも飛んで動くように思えるからだ。そんなふうに描くのは西洋画にしかできないことだ。

(『日本思想大系64 洋学〔上〕』岩波書店、一九七六年、四九三ページ)

絵が真を写し、真にせまっていることをいうには、「本物そっくり」とか「ありのまま」とい

うのが一般的だろうが、江漢はそこからさらに「見るたびに新鮮」とか「一つ一つの物がどれもこれも飛んで動くように思える」といった表現にまで進んでいる。江漢自身がみずから絵筆を執って描く実作者だったことが後押しした表現ではなかろうか。江漢の絵が「見るたびに新鮮で」、物が「飛んで動くように思える」出来栄えを示しているとはいいにくいが、洋画の技法をものにしようと悪戦苦闘するその実験的作品を見ていくと、江漢が舶来の銅版画や油絵を何度も見つめ直し、見つめるたびにそこに新鮮さと生動性を感受し、少しでもその域に近づくよう努力を重ねたさまが思い浮かぶ。

洋画の写真性（リアリズム）をおのれの実作の典範とし、その写真性（リアリズム）を獲得しようと悪戦苦闘を重ねた点では由一はまさしく江漢の忠実な弟子だった。「本物そっくり」「ありのまま」という次元を超えて油絵の価値と魅力を由一がどのようにとらえていたか、それを示す文言を以下に現代語に訳して引用する。

油絵は、彩色した上に光沢が出るようにして精美の観を高め、しかも永久保存が可能なほど堅固なものだから、出来上がった絵も形を写したというだけでなく、思想がゆたかであり、さらに筆に勢いがあって描かれていないもののおもしろさまで想像できるような妙境に達しているのでなければ、愛するに値しないし、後世に残す価値がない。筆の運びが緻密でもなにをどう描くかがきちんと考えられていないものは俗っぽく下品な絵であって、筆の跡が粗略でもなにをどう描くかが考えぬかれた絵は品がよく格調が高い。西洋画の傑作もそのよさは、なにをどう描くかが考えぬかれているところにしかない。

（『日本近代思想大系17　美術』岩波書店、一九八九年、一九五ページ）

引用文中、「光沢が出るようにし」とか、「形を写し」とか、「筆の運びが緻密」といったことばが絵の技術、技法に重きを置いた表現だとすれば、「思想がゆたか」とか、「なにをどう描くかが考えぬかれた」といったことばは画家の精神に重きを置いた表現だといえようが、そう区分けした上でいえば、由一は西洋画家の精神のありようをこそ語りたかったように見える。そして、それを語ることは洋画に打ちこむおのれの精神のさまを語ることと別のことではなかった。

では、その精神のさまをわたしたちは由一の作品のうちにどう見てとることができるのか。さきの引用文の数年前に描かれた、由一の代表作に数えられる静物画二作品――《豆腐》と《鮭》――に照らしてそこのところを考えてみたい。

まずは《豆腐》だ。

大きな板の台に置かれた脚つきの俎板《まないた》の上に、豆腐が一丁、焼き豆腐が二丁、油揚げが二枚置かれた絵だ。俎板はあちこちに包丁の傷がついた使い古しのもので、豆腐、焼き豆腐、油揚げはすぐにも調理が始まりそうな無造作な置かれかただ。日常の身近な台所のありさまをそのまま絵に写しとったかのようだ。西洋の静物画では花や果物や器が美しく整った構図をなすように配されることが少なくないが、この絵にはそんな配慮はかけらもない。

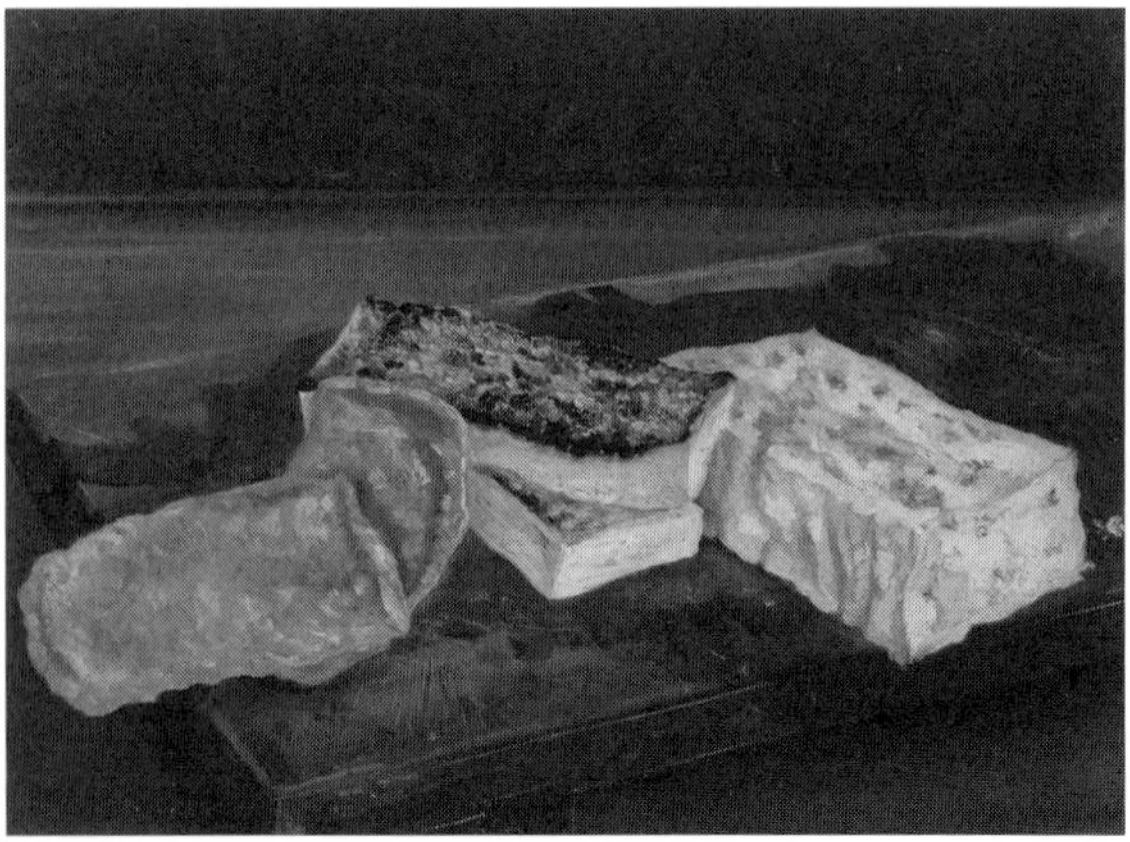

高橋由一《豆腐》［Wikimedia Commons］

代わりにあるのは、豆腐や焼き豆腐や油揚げが、まさしくそのものとしてそこにあるさまを描き出したい、という思いだ。豆腐の崩れるようで崩れない軟らかさ、中まで行きわたる白さ、焼き豆腐の黒と茶と白がまだらに混じる焦《こ》げ面、その焦げ面の固さと焦げない部分の軟らかさとの対比、そして、油揚げの乾いて、ゆがんだままに固まった薄手の形、黄と茶が微妙に交錯する表面の色合い。そういうものを徹底的に追求しようとする画家の熱意が画面から伝わってくる。向かって右から左へと並ぶ三種の品を行きつもどりつ見ていると、右端の豆腐が技術的にいま一歩と感じられるが、とはいえ、不満はそこにこめられた熱意の不足に由来するものではまったくない。三種の品の「質感」を絵に写しとろうとする画家の情熱は、絵に向き合うたびに見る者の心をゆさぶらずにはいない。

豆腐や油揚げといった卑近な物を形容するのに「質感」などという専門用語を使うのは場ちがいの気もするが、ぴったりの日常語が見つからない。この絵についていえば、豆腐らしさ、焼き豆腐らしさ、油揚げらしさが目にせまってくるだけでなく、物の肌ざわりが皮膚感覚にせまって思わずさわってみたくなるところに質感表現の秀逸さが見てとれるといえばいえようか。由一はおのれの五感の全体をもって三種の物に向き合い、感じとったすべてを画面に移すべく、一筆一筆を重ねていったように思われる。三〇年にわたって高橋由一の技法の解明に取り組んだ歌田眞介によると、この絵の着色は豆腐、焼き豆腐、油揚げの順になされたという。一つの物が完成するたびに画面の輝きが増し、とともに絵のむこうにある物体の色と形がなにかしら近しいものに感じられていったのではなかろうか。

作品の制作は一八七七年(明治一〇年)ごろとされる。ときに由一は五〇歳前後、洋書調所画学局で本格的に洋画の手法を学び始めてからすでに一五年以上の時が経つ。絵の若々しさに驚きを禁じえない。成熟とか完成とかいった境地とはおよそ類を異にする進取の気迫が画面にみなぎっている。画学局で事あるごとに上司や同僚と意見が対立し、上司の一人から、理屈を言う暇があったら写法の研究をしなさい、と忠告を受けた際に、由一は、

絵というものは精神のなす仕事なのだ。(同右、一七三ページ)

と言って譲らなかったというが、実験作というにふさわしい《豆腐》を見ていると、大切なのは小手先の技術ではなく、画家の精魂を傾けた情熱なのだと絵そのものが語っているように思える。

もう一つの名作《鮭》(東京芸術大学美術館所蔵)からも、同じような若々しい覇気が伝わってくる。

まるごとの鮭が左右の片側だけ身の上半分が切り落とされた状態で、荒縄に吊り下げられている。いま、こんな状態の鮭は実物でも写真でもまずは目にすることがないが、かつては身近に見られたのだろうか。鮭は日本人にとっては見なれた魚だが、半身を切りとられたすがたで絵に描かれた例はほかには思い浮かばない。図柄として見て、人びとに自然に受け容れられるような美しい図柄でも心地よい図柄でもない。奇を衒《てら》うとまではいわなくとも、なにやら風変わりな図像を目の前に突きつけられたという印象は拭《ぬぐ》いがたい。

図柄の風変わりなおもしろさをねらって由一がこの絵を描いたとは思えない。絵にやや近づいて筆の跡を丁寧に見ていくと、荒縄、頭部、片身の切りとられた上部、皮と鱗に覆われた下部、尾鰭《おびれ》、などのどこを見ても、すでにいった質感の表現に画家の関心が集中しているのが分かる。上部の肉が露出しているのも、それのもたらす肉の色と皮の色との対比が質感の表現をいっそう鮮明にするがゆえになされた処置のように思える。

開いた口の上下の縁《ふち》には小さな鋸《のこぎり》状の歯がびっしりとついている。目がやや濁って生気を感じさせないのと対照的に、刺《とげ》のように並ぶ歯は鋭く湾曲する上下の口先と相俟《あいま》ってなにかに挑みかかろうとする生命体の攻撃性を示している。その攻撃性は上顎《うわあご》、下顎《したあご》から鰓《えら》へと続く頭部のすばやい筆の動きに流れこんで、見る者の心に警戒心のごときものを呼び起こす。頭部だけからしても、この鮭は安心して見ていられる静物ではない。

頭部に続くのは、身がごっそりと切りとられ赤っぽい肉がむき出しになった部分だ。外から強い人為の力が働いて魚の自然な形に大きな変更が加えられているのも特異だが、それ以上に、この部分だけ上下とはまったくちがう色となっているのが特異だ。その特異さに画家の目は釘づけになり、画家はなんとかしてその特異さを絵に表現したいと思ったにちがいない。

赤っぽい肉の上には何十本もの大骨やら小骨の筋《すじ》が見え隠れする。その筋が赤身の左半分は白い線で、右半分は黒い線で丹念にたどられる。対象から画面へ、画面から対象へと視線を忙しく移動させながら、一本一本線を引いていく由一の息づかいと筆の運びを彷彿《ほうふつ》させる。切りとられた肉には相当の厚みがあって、絵の赤っぽい部分も魚の体と平行に走る広い平面と、それに直角に交わるゆがんだ三角形の垂直面とからなるが、二つの面の肌合いのちがいは、一方が骨のから

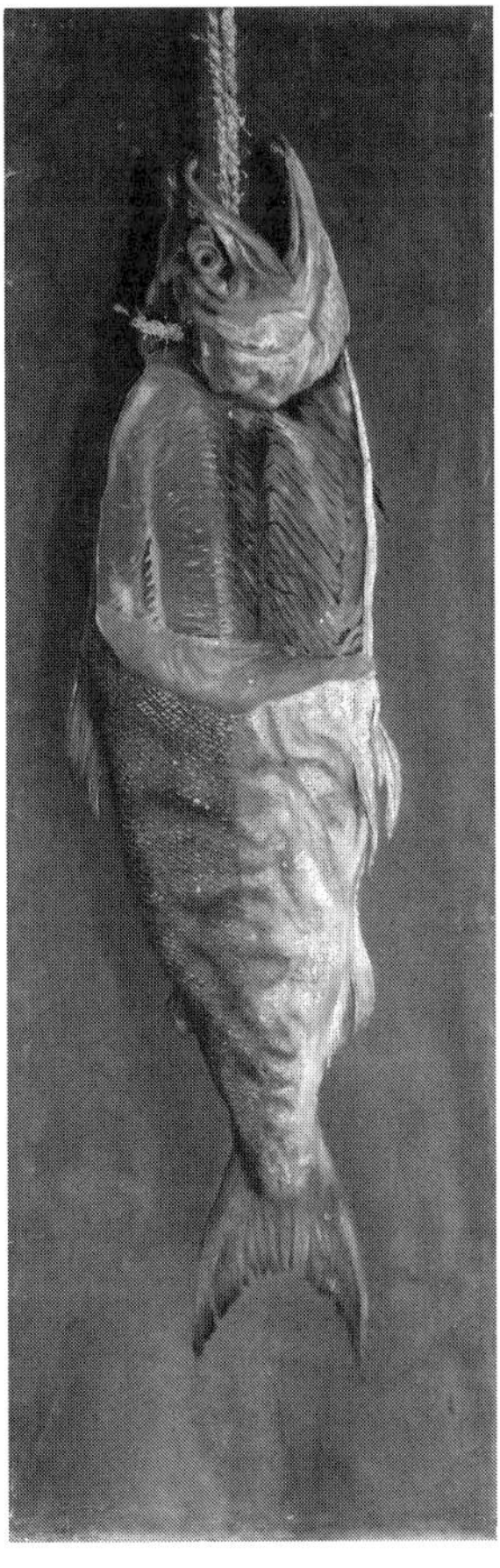

高橋由一《鮭》
［Wikimedia Commons］

んだ乱雑な肉、他方がふっくらとまとまりのある肉、といったように描き分けられている。

切り身の下の皮の部分は、背側の鱗が小さな点の集まりとしてびっしりと描かれているのがとくに目を引く。わずかに湿り気の残る皮膚の上に無数の鱗が列をなして並ぶさまは、見つめるほどにこちらの感覚を波立たせる。わたしたちはときに艶《つや》や輝きの微妙な変化を目で追い、ときにざらっとしたその肌ざわりを指の先に感じる。ちょっと離れて眺めると、鱗の奥に黒い線の模様が舞うのが見え、その模様は背の部分から隣の腹の部分へと及び、模様のとぎれるその先に褐色の混じる胸鰭《むなびれ》と腹鰭《はらびれ》が見える。胸鰭には画面に強く押しつけられた筆の跡が見え、厚塗りの絵具がところどころ盛り上がっている。

そんなふうに頭部、切り身の中間部、鱗に覆われた下部の三部分からなる一体の鮭が、荒縄に吊されてぶらさがるのが由一の《鮭》だ。見逃せないのが荒縄の描写の迫力だ。二本の縄がまっすぐ上から下へと延びるその緊張感と縄のまわりに稲藁《いなわら》の細片が刺《とげ》となってそそけ立つ荒っぽさが、うーんと唸りたくなるほど真にせまっている。鮭とこの荒縄とのあいだには、物理的には下向きの重力とそれに拮抗する上向きの力がせめぎ合っているし、情念の面では鮭の攻撃的な顔立ちとそれに負けないだけの縄の緊張感がせめぎ合っている。三つの部分に分かれる鮭の質感ゆたかな色と形にも、縄と物体とのたがいに譲らぬせめぎ合いにも、物の真実にせまろうと力を傾ける画家の情熱が溢れている。その意味でこの絵も成熟とはほど遠い実験作といわねばならない。

つけ加えて言っておきたいのは、油彩ゆえに見る者に強くせまってくる豆腐や鮭の、物としての質感には執拗にこだわった由一が、西洋近代絵画のもう一つの特色たる遠近法についてはそれほどに執着を示していないことだ。由一が師と仰ぐ司馬江漢は、遠近法を活用した新奇な風景画を数多く描いたが、後年になって風景画も描くようになった由一は、その風景画でも遠近法の利用は通り一遍の域にとどまっているように思える。風景を前にしても、由一は風物の物としての肌ざわりにはるかに興味を引かれ、全身の感覚でもって受けとめるその場のなまなましい触感を画面に定着することに力を傾けているように見える。名作《栗子山隧道図》（東京国立博物館蔵）を見ると、苦労の末にようやくトンネルが開通した山形県のゴツゴツした岩山とまわりに広がる荒涼たる光景を、冷気や湿気など容易に人間の制御に従わぬ自然の悪意のごとき傲岸さをふくめて写しとろうとしているかのごとくだ。こうした絵が国家社会に役立つかどうかは軽々に判定できないとしても、一人の画家が五感を研《と》ぎすまして風景に向き合っていることは確かだ。それが高橋由一の写真（リアリズム）の姿勢だった。

高橋由一《栗子山隧道図》
[ColBase（https://colbase.nich.go.jp/）]

　芸術の方面において伝統的なもののとらえかたや技法が疑問視され、新たなとらえかたや技法がめざされるのは、様式の転換期に一般的に見られる精神の傾向だが、高橋由一のうちにわたしたちの見てとるそうした精神の傾向は、西洋の文化ないし文明が急激に大量に流れこんできた時期に、その流れに沿うようにして生じた点に大きな時代的特色があった。以下、その時代的特色を由一自身の用いた「写真（真を写す）」という語にからめてやや広い視野のもとに見ておきたい。

「写真（真を写す）」ということばが江戸後期の洋画家・司馬江漢の『西洋画談』から借りてこられた語であることはすでにいった。また、このことばが由一にやや遅れて明治中期に活躍する坪内逍遥や正岡子規の、「写実」や「写生」と重なり合うような語であることも見逃せない事実だ。「写真」も「写実」も「写生」も、表現の外に、表現に先立ってあるものを、表現のうちに写し出す試みを意味していた。

西洋のすぐれた文化ないし文明の大量・急激な流入を目の前にして、その優秀さが「真」を、「実」を、「生」を、写すところにあるとする受けとめかたは、一つの断固たる姿勢の表明であった。

いま、開国による近代化の始まりの状況を図式的に、土着の伝統的な文化・文明と外来の文化・文明とが並立する状態として思い描いてみる。並立する二つの文化・文明を傍観者の位置に立って比較するというのでは、土着の文化と外来の文化のちがいが見えてくるだけで、「写真」「写実」「写生」を芸術の本質とするものの見かたは明確にはとらえられない。明確にとらえるには、たんなる比較を超えて、文化とはなにか、芸術とはなにかを問う、主体的かつ普遍的な思考へと突き進んでいかねばならない。二つの文化・文明を上から俯瞰するだけでなく、二つの底にある共通の基盤に下りていこうとしなければならない。

江戸末期から明治期にかけての日本の社会はそうした思考の運動を可能にするだけの文化的成熟度に達していた。そうした社会的成熟を時代の条件として踏まえていえば、高橋由一、坪内逍遥、正岡子規の三人がいずれも筆を手にする実作者であったことが、かれらを主体的かつ普遍的な方法の探求者たらしめる大きな力となった。

洋の東西を問わず、時代の古今を問わず、芸術がなにかを「写す」試みであることは基本中の基本の事項であるといってよい。絵にしろ、小説にしろ、俳句にしろ、わたしたちが目にし、耳にし、感じとるなにかを表現することによって、そのなにかとは別のものを作り出す営みだ。そして、そのなにかと作り出されたものとの関係は制作活動が終わっても消えてなくなることはない。絵や小説や俳句に表現されたものともとのなにかとのあいだには、こちらからあちらへ、あちらからこちらへと目に見えない道が通じていて、実作者はもちろん、筆やペンを手にしない鑑賞者もその道をたどろうとするし、実際にたどってもいる。

「写真」「写実」「写生」の主唱者たちは芸術表現ともとのなにかとの関係に強い関心を懐《いだ》き、そこに実作の拠点を置こうとする表現者だった。表現とものごととの関係の本質が「写す」ことにあるとする立場を広い意味でのリアリズムの名で呼ぶとすれば、かれらにとって、西洋の文化と芸術の優秀さはリアリズムにこそあると見えていた。

伝統的な文化と外来の異文化とが激しく衝突するなかで、圧倒的な力をもって政治的・社会的にせまってくる外来文化の土台が現実と強固に結びつくリアリズムにあると感じられたとき、外来の異文化の本質がその芸術表現においても「真」や「実」や「生」を写すリアリズムにあると見ることは、いかにも自然な思考の歩みだった。そして、その見かたのもとでは、伝統的な文化や芸術が、因習や形式にとらわれた、リアリズムに徹しきれぬ文化であり芸術であると見られるのは、これまた自然なことだった。異なる二つの文化がぶつかる状況のなかで、二つの文化を比較するまなざしが比較のむこうに両者の優劣を判定する評価の観点をもふくみこむに至るとき、認識と表現の基本たるリアリズムが優劣判定のものさしとなり、リアルであることが——いいかえれば、「真」を、「実」を、「生」を写していることが——優秀さの証《あか》しであると見なされるのは、人間の歴史にくりかえしあらわれる、社会心理の通則のごときものであった。

が、ものごとをありのままに写すリアリズムを旗印に掲げることと、身をもってそれを実行することとは、ちがう二つのことだ。「写真（真を写す）」の志を一貫してもちつづけ、絵を描くことは精神の営みだと固く信じていた高橋由一が、ひとたび絵筆を手に画布または画紙に向かったとなると、真にせまるべく一筆一筆に精魂をこめ、ものの本当のすがたを画面に定着しようと全力を傾けていたことは見てきた通りだ。表現のジャンルはちがうが、坪内逍遥も正岡子規も「実」を写し「生」を写すのに全神経を集中して世界と向き合い、おのれの表現と向き合い、どこまでも続く実験と探求の道を歩まねばならなかった。一歩一歩の過程の集積によってしか出来上がらぬリアリズムの世界は、理念が定まればあとは勢いで行けるというものではまったくなかった。

2 『米欧回覧実記』――学びの純真さ

西洋の芸術・思想・文化が滔々《とうとう》と流れこむ近代の黎明期にあって、高橋由一は一画学生として洋画の迫真の技法に強い衝撃を受け、絵筆を手に油絵具を使いこなすことによって洋画のリアリズムを身につけようと努力に努力を重ねた。その習練こそが、由一にとって近代を生きる核心にほかならなかった。時代の風潮に乗る形で、写真（真を写す）術が国家社会に役立つといった主張を書き記したりもしたが、対象にひたと向き合い、その真実にせまろうとする《鮭》や《豆腐》を見れば、絵の社会的効用といった文言が由一の本領に属さないのは明白だった。

わたしたちは西洋近代の絵画に真摯に向き合う由一の姿勢をリアリズムの名で呼び、坪内逍遥の「写実」や正岡子規の「写生」にも同じ姿勢を見てとったが、さらに広く、西洋近代の技術・制度・思想に正面から立ちむかい、その実相にせまり、学べるだけのものを学ぼうとする姿勢を広くリアリズムの名で呼ぶならば、リアリズムは幕末の開国から明治の国家体制が整う数十年にわたって、気鋭の芸術家や文学者によって担われただけでなく、政治や実業の世界において新しい時代を切り拓こうとする人びとにも共有される、激動期の時代精神にほかならなかった。

そのあたりの消息をうかがう恰好の資料として、ここで、新たに登場した政治支配層の海外視察旅行の記録たる『米欧回覧実記』を取り上げたい。

『米欧回覧実記』は右大臣岩倉具視を特命全権大使とする岩倉使節団の、一八七一年（明治四年）一一月から七三年九月に至る、米欧一二ヵ国回覧についての正式報告書である。編修者は権《ごん》少外史《しょうがいし》として岩倉大使に随行した、のちの歴史学者久米邦武で、自身の旅行中のメモや関係資料や各理事官の報告書を参照しつつ、原稿を一人で書き上げた。日記風の「実録」と、各国の実情を項目別に述べる「論説」とが交互に記され、使節団がどこをどうめぐり、なにをどう受けとめたかがしっかりと読者に伝わる報告書となっている。

岩倉使節団は岩倉具視を大使に、木戸孝允、大久保利通、伊藤博文、山口尚芳を副使に配し、書記官・理事官とその随行をふくめて総勢五〇名に近い大部隊だった。また、一二ヵ国の回覧に一年と一〇ヵ月の長い日数を費している。明治政権にとってこの使節派遣がいかに重要なものだったかをものがたる事実だ。

ただし、この時期に日本から海外に使節が赴くのはこれが初めてではない。維新以前の一八六〇年に幕府が遣米使節を、六二年には遣欧使節を派遣している。攘夷の動きは無に帰したわけではないが、外国との和親と通商は社会に広く受け容れられるものとなっていた。が、そういう動向を踏まえた上でなお、岩倉使節団の大がかりな旅はわたしたちの目を引かないではいない。

使節団が横浜港を出発した一八七一年といえば大政奉還からわずか四年後、大改革たる廃藩置県が断行されて数ヵ月しか経っていない。以後数年間に秩禄処分、地租改正、兵制改革、司法制度の改革、教育制度の確立など、国家秩序の根幹にかかわる政治課題が次から次へと新政府に突きつけられることからも明らかなように、藩閥政権はまさしく正念場というにふさわしい局面にあった。特権を奪われた旧士族の不平・不満はくすぶり、それと連動しつつ各地で農民が一揆に起ち上がってもいた。

そういう時期に明治政権があえて計画し、政権の中枢をなす岩倉具視、木戸孝允、大久保利通などが大使または副使としてみずから任を果たそうとしたのが米欧回覧だった。歴訪した一二ヵ国は江戸幕府か明治新政府かが修好通商条約を締結した国々で、条約改正に向けての予備交渉も使節団の大切な任務だったが、最初の訪問地アメリカで交渉が難航し、ほかでも進展は見られず、使節団自体が途中から問題を棚上げするようになっていた。だが、西洋先進諸国への使節団の関心は衰えを知らず、条約改正の予備交渉と並ぶもう一つの重大な任務たる、米欧諸国の制度・文物の調査と研究には変わることなく力が傾けられたのだった。久米邦武の執筆した『米欧回覧実記』の詳細にして具体的な記述には、使節団が一貫してもちつづけた好奇心とリアリズムの目がはっきりと見てとれる。

先進文明を驚きの目をもって見つめ、その意味するところをなんとしても解き明かそうとする使節団の熱意を示す例として、最初の滞在地であるアメリカ合衆国サンフランシスコでの見聞を記録した一節を引く。（原文は漢字・片仮名書きの文語文だが、現代語に訳して引用する）

アメリカ人・ヨーロッパ人は貿易こそもっとも重要な事業だと考えていて、だから東洋人は米欧諸国のことを商業国だという。とはいえ、米欧諸国民の大半は農業に従事し、一部は工業に従事していて、商業民は一〇〇人中五、六人にすぎない。ただ、農業民や工業民までが物産の流通に心を配り、都会の人びとがたがいに協力して商人や商船が集まるよう努めるのは、東洋の農業国が夢想だにしないことだ。例を挙げれば、西洋では貿易港には必ずあって万国共通といえるのだが、東洋にはまったくない設備や機関として船廠《ドック》、市場《マーケット》、銀行《バンク》、相場会所《エキステンチ》（商取引所）があり、商工会議所《コンメルス》などもそうだ。船廠《ドック》は港の荷物を受けとり、市場《マーケット》は陸の貨物を集める。商売が円滑に進むよう堅牢な役所と倉庫を建てて荷物をあずかる所だ。荷物を運搬するのは、回漕、郵船、飛脚、用達《ようたし》といった会社で、それぞれが倉庫をもち、荷物を受けとって指定の場所への運輸を引き受ける。そうなると、海上事故や火災事故を保障する会社も出来てくる。……貨幣の取引は銀行が担当するから、商品の持主は空手《からて》で買手と商取引ができる。商況や商品の値動きは取引所で確認できるし、都府における商品の輸出入の統計は商工会議所がこまかい点まで掌握している。以上のすべては商業を営む上で一つとして欠くことのできないものだ。

（久米邦武編・田中彰校注『米欧回覧実記（一）』岩波文庫、一九七七年、一〇〇ページ）

主として商品の保管、運輸、売買について述べた文だが、目新しい施設や人の動きをこまかく正確に書きとめようと周到な注意が払われている。のみならず、商業が社会のなかでどう運営され、ものの動きと人の動きを効率的にするために組織や機構がどう合理的に作られているか、といった点にも目がとどいている。商業と金融や保険とのからみにまで言及されているのを見ると、驚きを禁じえない。書物を通じ、また現地留学を通じてそれなりの知識が蓄積されてはいたろうが、その知識と経験が異文化社会の構造的把握にまで突き進むさまは偉観とするに足りよう。「市場」や「銀行」に「マーケット」「バンク」のルビが振ってあるのも、見逃すことのできない丁寧さのあらわれだ。

が、『米欧回覧実記』はこういう事実命題ばかりを連ねた窮屈な書物ではない。軽やかな気分で話が進む件《くだり》も少なくない。以下に引用するのは、イギリス回覧の途上、スコットランドの山村を通過した際の風景の描写である。（現代語に訳して引用する）

山道は寂しく、川が路の右側を流れている。きれいな水が浅瀬を洗っている。川にはたくさんの鮭が育ち、大きさは数十センチに及ぶという。……山間の道は広くはないが、馬車三台分の幅はある。歩道と車道の区別はないが、道は平らに均《なら》されていて登り下りの多い山道でも車が渋滞することは少ない。西洋の人びとは道路の整備が体調を守るのに大切だと知っているから、山間の僻地の道でもこのように手を入れるのだ。道の両側に櫟《くぬぎ》、栗、楓《かえで》、楡《にれ》といった木が植えられている。都会の街路樹とちがって樹間距離が一定ではないけれど、そこにかえって野趣がある。山林中に家が二、三軒ぽつんぽつんとある。壁の多くは瓦葺きで、屋根は石葺きである。茅葺きの家もある。小さな窓が一つ二つ開けられ、戸にもガラスがはめられている。道端に鉄道が通っていて、わたしたちはこれに乗ってここに来たのだ。突然、何輛編成かの蒸気車が気笛を鳴らして「アッツォル」村からやってきて、あっという間に前方の谷のほうに行き見えなくなった。トンネルに入ったのだ。後には煙が山間の樹々のあいだを棚引き、やがて消えていく。すでに夕靄のかかる時刻で、日の光が峰の隙間からもれ、夕景色は限りなく趣きが深い。

（久米邦武編・田中彰校注『米欧回覧実記（二）』岩波文庫、一九七八年、二二九—二三〇ページ）

遠景の山々や樹々をゆったりと眺めやり、近景の山道や清流や人家には目を凝らす。そして、見えてきたものを粉飾を施さず正確に書き記す。文明化の進んだ都会とちがって見るべきものは少なく、引用の最終部分などからすると遊山気分も混じる道行きのようだが、整備された道についての記述や山間を走る蒸気車やトンネルの記述には、見るべきものを見、記すべきものを記すという意識がしっかりと働いている。

使節団がイギリスを訪れたのは、七ヵ月に及ぶアメリカ滞在のあとのことだが、アメリカで新しい文明のすがたに初めて接し驚きの連続だった日々の経験を経て、団員たちは少しく余裕をもって文明のありさまを見聞することができるようになったのであろう。右の引用文にそこはかとなく遊山気分が漂い、蒸気車やトンネルや汽車の煙や靄のかかった夕景の描写に抒情的な美しさが備わるのも、進んだ異国の地を眺めやるかれらの心に余裕が生まれてきたことを示すものであろう。

使節団の心の余裕をかれらの使命感にかかわらせていえば、こういうことになろうか。次々と新しい技術、製品、設備、制度にじかに接し、そのたびに驚きを新たにし、自国の遅れを痛感する段階から、視察を重ねるうちに文明の進展のありさまと個々の技術や文物や制度の相互のつながりが見えてきて、文明をめざす国家建設が自分たちにも可能だと思える段階に至り、それが心の余裕となってあらわれたのだ、と。山間の道路の整備や鉄道の敷設は日本の社会にとっていまだ未経験のことに属するが、使節団にとっては、その事業はそう遠くない未来に実現可能なものと思われていたのではなかろうか。

スコットランドの山間地の記述には多少とも抒情的な気分が漂うが、次に挙げるリヴァプールの鉄道レール工場の日録は散文の枠を踏み外すことのないリアリズムの文章だ。

初めにレールの製造場に行った。レールはすべて鍛鉄から作る。敷地内に鍛鉄を作る建物があって、建物の半分は二階建てになり、二階部分に大きな炉がある。炉内は石炭ガスで火を燃やし、銑鉄を溶かす。炉の前はモルタルで固め、そこに一本の溝を二階の端まで通し、そこから鉄の管へとつなげる。鉄の管は内側にモルタルが塗られ、二階の外の空間を下へと降りていく。つまり鉄の管の一端はモルタルの溝に、他の一端は巨大な窯《かま》に接し、溶けた鉄がそこを流れ落ちる。大窯は法螺貝の形をした、鍛鉄煉成用の器具で、これを二階の下部に設置し、二本の鉄柱で吊り上げ、底から空気を送るようにしてある。鍛鉄を煉成するには、まず鉄の管を大窯の口に接続し、二階の炉の口を開くと、溶けた鉄がどろどろの紅い水となって管のなかを流れ、法螺貝の形をした窯のなかに入る。窯の七、八分まで入ったところで流れを止め、そこで管を窯から外し、窯の口を上に向けたまま、底の仕掛をゆるめて空気を送ると、空気が窯のなかに入り、鉄にふくまれた炭素と結びついて窯の口から激しく火花が飛び散る。なんとも壮観な眺めだ。技師は火花を注視し、およそ二十分ほどで炭素が燃え尽きるのを見て空気管の口を塞《ふさ》ぎ、別の炉から鉄汁を流しこむ。

こうして鍛鉄が出来上がる。

（同右、一四五―一四六ページ）

引用はここまでとするが、工場視察の実記では、このあとに、鍛鉄からレールを作る工程、次に蒸気機関車の車輪を作る工程、さらには車体の各部分を作る工程が、同じように事実に即した散文によって簡潔・的確に記述される。

使節団の名簿を見ると、なかに「鉄道中属」の官名をもつ人物もふくまれるから、このように丁寧で的確な記述には専門家の知識が役に立ってはいるだろうが、工場の現場に身を置いて見聞した経験を使節団の共同の経験として記録にとどめようとする姿勢には、先進の技術文明を真摯に学び、なんとかして自分たちのものにしようとする熱意が溢れているといわねばならない。

使節団の顔ぶれを見れば、かれらの多くが権力者意識やエリート意識を抱いていたことは否定しようがないけれども、さきの引用文のようなリアリズムに徹した記述には、政治支配へと向かう心情とは別種の、対象に正面から向き合い、その理路を探ろうとする知的な意欲が見てとれるように思う。政権の中枢もしくはその周辺に位置する者たちが集団をなして西洋の先進諸国の視察に出かけたとなれば、旅先で直接に経験した文物や制度についての経験や知識を政治支配に役立てようとする思いが募《つの》るのは当然だし、実際、岩倉使節団はその結成から回覧実行の過程の全体にわたって国家本位の思いから解放されることはなかったけれど、異国の地で未知未経験のものごとや事態に直面して知的好奇心をかき立てられたとき、支配者意識を置き去りにして知的意欲が開放されることが少なくなかったと思われる。『米欧回覧実記』を読み進むうちにわたしたちが開かれた世界に導かれるように感じるのも、使節団の知のありかたと密接にかかわることだ。

知が冷静に働く例として、以下に、一行がパリの墓地を訪問した際の日録の一節を（現代語訳で）引用する。

墓はパリの東方の片田舎にあった。小高い丘に作られていて、全体で四〇エーカーの広さだ。西洋では墓地は清潔で手入れが行きとどいているが、英仏は都会が繁盛して地面が狭くるしいので、アメリカとちがって、広々とした土地を囲い、きれいな林や美しい庭園のなかに死者を埋葬することができない。

墓地内は、一本の広い道と墓間の車道以外には空地はない。貧乏人は木の十字架を黒く塗ったり、白く塗ったりして墓標としている。中流の人は石の塔や祠《ほこら》を建てている。金持は十畳敷ほどの石の霊室《たまや》を建て、なかを石で四角に小さく区切ってそこに棺を埋蔵する。この霊屋一宇を建てるには地代が一〇〇ポンド、建築費が五〇〇ポンドを越える。地代は毎年支払わねばならないから大変な負担で、大富豪しかもちつづけられない。……

この日、葬礼が一つ行なわれた。小さな家の葬儀だったようだ。棺の車が一台あるだけで、親類は全員が歩いて参列し、棺も木の箱だった。当該の墓地に深さ二メートルほどの穴を掘り、そこに棺を下ろし、司祭が呪文を唱え了《おわ》って穴に向かいほんの一つまみの土を払うと、それを合図に穴が埋められる。参列者のなかには、帽子の上に白い粗布をかぶった近親らしき婦人が五人いたが、かの女らは棺が埋められた後に涙を拭い、その布を折って懐に入れ、去っていった。若い婦人の葬儀だとかで参列者はみな目に涙を浮かべていたけれども、大声を挙げて泣く人はなく、全体がしめやかで、哀れを催した。西洋の男女を見るに、上も下も老いも若きも、乳幼児に至るまで平生はともに静かだ。公園で子どものお守りをする人を見かけるが、幼児が泣くことはないし、駄々をこねるところも見ない。人夫が作業をしたり重い物を運んだりするのに、「エイヤ」と声をかけることもない。葬儀で大声で泣かないのは、それが風習なのか、かれらがそういう人種だからなのか。

（久米邦武編・田中彰校注『米欧回覧実記〔三〕』岩波文庫、一九七九年、八一―八二ページ）

近代国家において墓地をどう設営し、葬儀をどう近代化していくかといったことは、使節団の政治課題としてさほど大きなものではなく、ここの記述も事態に目を凝らすというほど緊迫したものではないが、墓地の設《しつら》えと一家の経済事情を結びつけたり、参列者の細かい動きを観察しそこに人びとの悲しみの情を読みとろうとしたり、喪に服する人びとのふるまいから西洋人の感情表出の型に思いを及ぼしたりといった文章の流れには、穏やかながら生き生きとした知的好奇心が働いている。墓地訪問ののち、使節団のあいだではキリスト教と仏教のちがい、お経を唱えることと聖書の一節を朗読することのちがい、葬儀における式服のちがいなどが洋の東西の文化のちがいとして話題になったかもしれない。そんなことが自然に想像されるほど、『米欧回覧実記』は知的に開かれた記録として書きつづられている。

開かれた知的姿勢は、改めていうまでもなく、西洋先進文明への憧れと敬意、そして、できるだけ効率的に速やかに自国の文明開化を実現したいという熱意に促されて生じたものだが、長期にわたる米欧回覧の旅は当初の知的姿勢を後退させるようなものではまったくなく、旅の進展とともに使節団は見聞を広め、文明理解を深め、もってその開かれた知的姿勢はしだいに堅固なものになっていった。これまでの引用文にもその片鱗がうかがわれるが、回覧記の全体に底流する知的な喜びと自信の念は、開かれた知的姿勢の持続の静かな証しだといえるように思う。

知性は西洋の先進文明にたいして開かれていただけではない。日本の国にたいしても開かれていた。別のことばでいえば、日本の国を文明に向かって開こうとする強い意志が保たれていた。『米欧回覧実記』は岩倉使節団の帰国の五年後に一般向けの書物として公刊されているが、記録の公刊そのものが日本を世界に向かって開こうとする強い意志の具体的なあらわれにほかならなかった。専門知識をふんだんにふくみ、けっして読みやすくはない浩瀚《こうかん》な旅の記録を使節団は日本の普通の人びとのもとへとどけたいと思ったのだ。知が政治支配者や文化エリートの専有物ではなく、人びとに広く開かれたもの、開かれるべきものであることをかれらは西洋文明ないし西洋思想から学んだばかりでなく、西洋文明にじかに接する旅のなかで身をもって実感したと考えられる。

一般向けの書物の公刊に当たって、版元が作成した広告文には本の内容についてこう述べられ

ている。（現代語に訳して引用する）

この書は先年、米欧の条約国に派遣された全権大使からわが国民に、各国歴訪の状況を報告するものである。岩倉大使が各国を巡行するに当たって、畠山・久米の両書記官をつねにそばに置き、その見聞の内容を筆記させたのだが、それをもとに、帰朝後に太政官内の大使事務局において、同行の諸省理事官の提出した報告や各国からもち帰った書類などから、人民の心得となるべきことはすべて摘出して補い入れ、増訂を重ね、前後六年をかけて完成したものである。記述のしかたは、国別にまず総説を掲げ、そのあとに実状についての詳しい記録が来る。政治や風俗については人種にさかのぼって考察し、地理については船による運送に思いを及ぼし、野原においては農牧の様子を、山においては鉱坑の様子を、都会においては工業と商業の盛んなさまを訪ね、さらには人びとの住居、生計、教育のありさまを、日本の士農工商の営業にとって参考になることはすべて細かく記載している。と同時に、各都市の役所については文武両面の制度を視察し、重要な点については政治、法律、統計、歴史、および物理学、化学、力学の書を参考にし、実際面と理論面にともども目を向け、東洋と西洋の異同をも比較しつつ丁寧に論述している。そして、旅の途上で見た山水・原野・名園・勝地のさまを記すに当たっては、文章に磨きをかけ風景が目に浮かぶよう心がけている。その上、各国各地の写真を三〇〇枚以上、銅版画に彫って挿入しているから、居ながらにして各国を巡遊した気になれるであろう。また、全文を一人で書いているから全体に精神の統一が保たれているし、叙述に疎密のばらつきが出ないよう細心の注意を払っているから、読み進むにつれて味わいが深くなると思われる。

（久米邦武編・田中彰校注『米欧回覧実記（一）』岩波文庫、一九七七年、四一四ページ）

広告文にありがちな手前味噌は割り引いて考えねばならないが、新しい国作りの使命を背景に視察の旅に出た集団が、目にするもの耳にするものに真剣に目を凝らし耳を傾け、要点をメモし、それをもとに関連するもろもろの文献を参照しつつ、詳細な記録を作成した事実を疑う余地はない。どころか、実際に記録に目を通せば、長大な『米欧回覧実記』が各国各地の実情を丁寧に客観的に観察し、そこで得た経験に反省を加え、概論書や専門書に当たって事実を確かめ、事実の広がりに目を配り、もって経験の内実と意味を的確・綿密に文字に定着しようとする知的誠実さにつらぬかれた書物であることが納得される。

知的な目配りに関連して、引用文に出てくる銅版画の話も見逃すことができない。西洋諸国の各地の写真を銅版画に彫って挿絵にしたという話だ。その数が「三百余種」（原文）というから、心して集めたものであろう。ことばの説明だけで足りないところを補うための収集・採録だろうが、実際、銅版画があるおかげで記述が格段に分かりやすくなっている。のみならず、都会の街路や大建造物、田舎の山林や原野や田園を美しく切りとった明快な写真は、緊張しつつ文を追う目に安らぎをあたえてくれる。

写真をもふんだんに取り入れつつ西洋の文明社会の実態にせまろうとする『米欧回覧実記』

は、未知の経験に心おどらせ、観察の目を光らせ、詳細なメモを取り、参考文献にも当たって大部の視察記を仕上げるという実作の過程からしても、その成果を広く人びとのもとに送りとどけ、人びとと文明の理解を共有し、ともども文明に向かって歩みを進めようとするその対他的な姿勢においても、知的啓蒙の書と呼ばれるのにふさわしい書物だった。啓蒙思想のなにより大きな問題点は、啓蒙者が蒙を啓かれるべき「迷蒙者」から自分を切り離し、高みに立って人を導こうとする姿勢にあるが、明治初期に結成された岩倉使節団は、政治権力者や知的エリートをもって任じる人物を多数ふくむにもかかわらず、海のむこうから押しよせる西洋文明にたいして、その力強さ、その広がりの大きさと奥深さにたいする驚きと戸惑いをもちつづけ、旅の途上でも記録の編修に携わる時期においても、文明に学ぶ姿勢は強まりこそすれ衰えることはなかった。学びの難しさ、ゆたかさ、楽しさが強く実感されているかぎり、人びとの上に立っているという意識は背後に退き、むしろ、自分たちの経験した事柄を人びとにきちんと伝え、人びとともに学んでいこうとする姿勢こそが前面に出てきたのだと思う。

以下の引用文のように、西洋崇拝、西洋讃美の記事のなかにほんの時折、西洋批判の文言があらわれるが、そうした批判もまた、西洋文明に学ぶ姿勢があるからこそ生まれたものだと考えられる。

西洋各国の外交は、表向きは親睦と公平の形を取るが、裏ではつねに相手の権謀を疑っている。思いがけない事態に出会えば、局外中立を標榜していても表面だけのことだ。米国滞在中、ワシントンの上院で下関償金問題の議論を聞いたことがあったが、ある州の元老の発言のなかに、南北戦争の最中ヨーロッパの強国が裏で南部を扇動したり、南北分割を画策したりしたことを列挙していた。……ロシア・トルコ間のクリミア戦争では英仏が同盟してトルコに荷担したといわれるが、フランスは中立の位置にあって、表向きはイギリスと結びながら、裏ではロシアを援助していたという。ヨーロッパの国々が戦争中にめぐらす権謀にはあらゆる嘘が入りこんでいる。

（久米邦武編・田中彰校注『米欧回覧実記（三）』岩波文庫、一一六ページ）

多く敬意と憧れの念をもって眺めやられる西洋の文明に、このような批判のことばが投げかけられるとき、しかし、読者は驚くことはないし、不愉快になることも溜飲の下がる思いをすることもなく、冷静に事態を受けとめることができる。書き手に学ぶ姿勢が保たれているためだ。学ぶ姿勢が全編をつらぬいていることが、この啓蒙書にたぐいまれな知的爽快さをあたえていると思う。

第二章

啓蒙思想の転変

前章の「2」でわたしは『米欧回覧実記』の澄明な啓蒙的姿勢を顕彰したが、五十数名の岩倉使節団員のなかには明治期の啓蒙思想家としてよく名の挙がる人物はふくまれていない。澄明な啓蒙的姿勢は集団に行きわたる全体的傾向だったと考えられる。幕末の開国を機に奔流となって押しよせる西洋の文化と思想に目を輝かせ、その実相を解き明かそうと真摯にこれに立ちむかう時代の知的好奇心は、岩倉使節団にあっては、異国で身をもって経験した事柄の意味をみずから問い、得られた成果を人びとに的確に伝えようとする姿勢となってあらわれ、その姿勢が、作成された記録をリアリズムの書たらしめたということができようか。

実際、西洋の文化と思想が大きく流れこみ、人びとがそれを仰ぎ見つつ迎え、なんとかわがものにしようとするとき、いち早く先進の文化と思想に知的関心を抱いた先覚者たちが、仰ぎ見られる文化・思想と自国の遅れた現実とのあいだに身を置いて知的な橋渡しの役を担おうとするのは社会の求めるところでもあった。近代化に向かう日本は、とりわけその始まりの時期においては、啓蒙思想家を育てる恰好の培養地となった。

明治初期の啓蒙思想を代表するものとしてまずは、一八七三年（明治六年）に結成された明六社の知識人たちを挙げることができるが、かれらの経歴には時代と啓蒙思想とのつながりが目に見える形を取ってあらわれている。明六社創立当初の会員は、西村茂樹、津田真道《まみち》、西周《あまね》、中村正直、加藤弘之、箕作秋坪《みつくりしゅうへい》、福沢諭吉、杉亨二《こうじ》、箕作麟祥《りんしょう》、森有礼《ありのり》の一〇名である。うち西村と森を除く八名は旧幕時代の幕臣で蕃書調所（のちに開成所と改称）の教官や翻訳局の翻訳官などを務め、維新ののちは福沢と箕作秋坪を除く八名が明治政府に招かれて官吏となっている。洋学を身につけ、西洋の文化と思想に通じていることは旧幕府権力にとっても、維新後の薩長藩閥権力にとっても、価値あることと見なされていたのだった。文明開化の推進と近代国家の建設が二つながら権力の重要課題となった時代を象徴する出来事だった。

が、精神の近代化と制度の近代化とのあいだにはやがて齟齬が生じてくる。時代の変化のなかで啓蒙思想家たちは時代をどうとらえ、みずからの思想をどう組み替えていったか。その転変のさまをさきに挙げた一〇人のうち対照的な動きをした福沢諭吉と加藤弘之について、さらには、異端の位置に身を置くことを辞さなかった中江兆民について見ていきたい。

1　福沢諭吉――時流に乗って生きる

近代とはなにか。

政治・社会の制度として近代が求めるのは統一国家の建設と、個人を基本単位とする市民社会の形成だ。もう少し具体的にいうと、軍と官僚と合理的な税制に支えられ、中央政府の集権的な支配が広く行きわたる国家の建設と、封建的身分制を廃し、万人の自由・平等を原則とする市民社会の形成が近代の求めるところだ。幕藩体制の動揺のなかから生まれた明治新政府が、近代国家の建設と近代的な市民社会の形成をめざす施策を積極果敢に推進する時代において、福沢諭吉の思想はまさしく時代と歩みを共にするものだった。明治初期に刊行された『学問のすすめ』は、福沢自身が「国民百六十名のうち一名は必ずこの書を読みたる者なり」と誇らしげにいうほ

福沢諭吉

どの大ベストセラーとなったのだが、それだけの読者を引き寄せる上で、時代とともに歩もうとする思想の構えが大きな力となったのは疑えない。

『学問のすすめ』はこう書き出される。（原文は分かりやすい文語文だが、前後の文とのつながりを考えて、やはり現代語訳にして引用する）

天は人の上に人を作らないし、人の下に人を作ることもない、という。とすれば、この世に生まれた人はみんな位《くらい》が同じで、生まれつき貴と賤、上と下の差別はなく、万物の魂である身と心の働きによって天然自然のありとあらゆる物を利用し、衣食住の必要を満たし、自由自在に活動し、他人の動きを妨げることなく各人が安楽に日々を暮らすこと、それが天の定めということになる。しかし、人間の世界を広く見渡してみると、賢い人もいれば愚かな人もいるし、貧しい人も、富める人も、貴い人も、下等な人もいて、そこに雲泥の差があるように見える。これはどうしたことか。理由はとてもはっきりしている。実語教〔弘法大師作とされる子ども向けの格言集〕に「人学ばざれば智なし、智なき者は愚人なり」とある。とすると、賢人と愚人との区別は学ぶか学ばないかのちがいから生じてくるのだ。
（福沢諭吉『学問のすすめ』岩波文庫、一九七八年、一一ページ）

冒頭の一文がとくに有名だが、後続の文もすらすらと滑らかに進んで滞《とどこお》るところがない。西洋の近代思想を学んだ人ならともかく、長く封建的な身分制のもとに生きてきた大多数の読者には万人平等の観念が分かりやすいものだったとは思われないが、福沢は新しい時代の新しい観念をごく当たり前のものとしてもち出してくる。「人の上に人を作らないし、人の下に人を作ることもない」という表現といい、次の文の「この世に生まれた人はみんな位が同じ」という表現といい、いかにも身近で親しみやすい。抽象的な観念を日常の暮らしに引き寄せて語っている。そういう観念を生み出した時代の進歩を、読む人は、自分たちの日々の暮らしに多少なりとも関係するものとして感じとることができたはずだ。

冒頭の文が「天は」で始まり「という」で終わっていることにも注意しておきたい。「天」は洋風というより中国風の措辞だ。洋風なら「神」となるところだ。が、「神」は「天」に比べてよそよそしく高踏的で、万人平等の観念が時代の波に乗って身近なものになりつつある状況にそぐわない。万人平等の観念の普遍性をいうために超越的存在を立てる必要を感じたとき、福沢は「神」ではなくやや身近な「天」を立てた。「天」という中国風の措辞は福沢の嫌う儒教を連想させる怖れがなくはないが、本の主題が洋風の学問（実学）とはっきり定められていたから、「天は」という親しみやすい用語を書物の巻頭に置き、普遍的原理を身近なものとして提示するのは福沢の啓蒙的な姿勢にかなうことだった。

文の末尾「という」は一見おさまりが悪い。万人平等の観念を突き放して他人事のようにいう措辞だと思えるからだ。が、「とすれば、……」と続く次の文を見れば、そこでは万人平等の観念が人間の生きかたにかかわってやや具体的に述べられているから、宣言めいた冒頭の文を他人事と解する読みは消え失せる。そうなると、末尾の「という」は、「といわれている」「ということだ」「というのが一般的な真理だ」、といったふうな念を押したいいかたと取るほかはない。万人平等の観念をおのれの主義主張として提示するのでは不十分で、それは世界に広く承認された新しい原理だと福沢はいうのだ。

西洋流の新しい観念ないし思想の普遍性にたいする福沢の強い確信を支えたのが、明治初頭の時代の流れにほかならなかった。

平民が苗字をもつようになり、華族・士族・平民のあいだの通婚が可能となり、武士のちょんまげや帯刀がしだいにすがたを消す、といった世情の移りゆきは、万人平等の観念に明るい未来が開かれつつあることを示していた。維新政府が自由・平等を原理とする開明政策を次々と打ち出し、さまざまな反発や抵抗を招きつつも近代化への歩みがしだいに人びとに受け容れられるようになるなかで、それを時代の流れとしていち早く感受し、その流れに乗り、その流れをさらに前へと進めるべく思考を展開した啓蒙思想家が福沢諭吉だった。

さて、引用文にもどると、万人平等の観念を提示したあとの、「しかし」と続く後段では、万人平等の原理とは裏腹に現実の人間世界には賢愚、貧富、貴賤その他、見紛《みまが》いようのない区別があり、それは学ぶか学ばないかのちがいによって生じてくるのだ、と述べられる。「学問のすすめ」という書名にぴったりの理屈だが、これはどう見ても事柄を単純に割り切りすぎた理屈だ。「学問」（「学び」）の通暁者をもって自他ともに任じ、だからこそ『学問のすすめ』を書きもした福沢が、平等に作られた人間のあいだにちがいが生じるのは学ぶか学ばないかによる、といった通り一遍の、粗《あら》っぽい理屈を述べ立てるのはどうしてなのか。

考えられるのは、自分のこれまでの知的研鑽を時代の流れが強く肯定しているという思いだ。産業革命と市民革命が西洋史において近代社会を成立させ前進させる大きな出来事だったのはいうまでもない。そして、産業革命と強く結びつく科学的な知や、市民革命の核をなす人権的な知が――広げていえば、知的な活動一般が――近代社会の根本的な推進力となっているのは、これまたいうまでもない。近代社会は知に支えられ、知に導かれる社会なのだ。日本でいえば、幕末にあった医学と洋学と漢学の専門校が明治政府によって大学校に統合されるのが一八六九年（明治二年）、文部省の設置が一八七一年、学制の公布が一八七二年。知の追究・獲得と普及が近代国家の確立にとって不可欠の条件であることは政府のよく知るところであり、明六社の知識人たちが官吏として迎え入れられたのもその流れに沿うものだった。福沢は官吏とはならず、民間の学者・ジャーナリストとして生きる道を選んだのだが、近代国家と知の結びつきには十分に自覚的であり、みずから結びつきの強化に尽力しようとした。『学問のすすめ』もその尽力の一環と見ることができるし、日常の生活から縁遠い文学や儒学よりも、日々の暮らしに役立つ読み・書き・算盤《そろばん》や、世界のありさまを解き明かす地理学、物理学、経済学などを重視すべきだとする「実学」主義の主張には、国家と知とを実地に橋渡しする心づもりまでが見てとれる。

とはいえ、もともと平等に作られた人間のあいだにちがいが生じるのは学ぶか学ばないかによるのだという断言は、やはり事態を単純化しすぎているといわねばならない。制度として身分差別が厳然としてあった江戸の封建制社会において、不平等な身分制度が人間を縛り、歪め、人間本来の生きかたを許さなかったのは福沢の言う通りだが、そうした制度が廃止されたとき、人間は基本的に平等となり、そこでちがいが生じるとすればもっぱら学ぶか学ばないかによるのだ、と本当に福沢は考えたのだろうか。

万人が平等に作られているというとき、いわれているのは、一人一人の人間がかれに付随するもろもろの属性——年齢、性別、人種、国籍、居住地、身体的特徴、身分、社会的地位、職業、友人関係、経歴、等々——にかかわりなく、命ある一個の人間として上下がなく平等だということだ。個人にまつわる一切の社会的・個人的属性を剝ぎとってむき出しの一個人へと至るには、粘り強い抽象的思考が必要であって、西洋の近代世界がそのような平等の思想を共同の観念として手中にするには、個と個がじかにぶつかり合う多種多様な社会的経験が人びとのあいだに共有されねばならなかった。

福沢は抽象の極をなす原理として万人平等の観念を提示した上で、しかし現実には紛《まぎ》れもない区別があり、それは学ぶか学ばないかのちがいによって生じてくるという。学問を勧めるためのうまいレトリックだが、レトリックはあくまでレトリックだ。抽象的思考のゆるみをレトリックで補うことはできない。

個人にまつわる一切の社会的・個人的属性を剝ぎとるというとき、当然、当の個人が学ぶ人か学ばない人かという属性も剝ぎとられる。学ぶか学ばないかにかかわりなく万人は平等なのだ。万人平等の原理のもとでは学ぶ人が上、学ばない人が下、ということはなりたたない。それがなりたつとなったら、金持が上で、貧乏人が下（あるいはその逆）、家格の高い人が上で、低い人が下（あるいはその逆）、色白が上で、色黒が下（あるいはその逆）、もなりたつことになろう。

現実を生きるさまざまな人間のあいだに学ぶか学ばないかの区別があり、その区別がしばしば社会的差別をもたらすことは改めていうまでもない。それは明治初年においても二一世紀の現在においてもしかと経験される事実だ。ほかにもさまざまな区別があり、それが社会的差別を生んでもいる。それも厳然たる事実だ。

が、万人平等の観念は、その事実を肯定し、その上にそのまま乗って生まれたものではない。現に区別や差別が存在するのは否定のしようがないが、その一方、区別や差別が人間の価値に段差をつけることに疑問を感じ、個々人の価値に上下はないとする人間観も社会に底流している。それも厳然たる事実だ。

人間社会が個の差別をも平等をもともども内に包みこんだ共同世界としてなりたっているとき、万人平等の観念は事実としてわたしたちの前にあるのではなく、人間の社会的な経験と思考が到達しえた抽象的原理としてわたしたちの頭上に輝いているといわねばならない。言いかえれば、人間の思考の歴史がそのように高度な抽象力を備えるに至ったことに、あるとすれば近代における人間の知と思考の輝きがあるといわねばならない。ただし、その観念が人間社会の理想を示す指針とされるかぎり、それは現実を離れたところに輝いていればいいというものではなく、抽象的原理として現実に働きかけ、現実を変革する力となることが期待されている。『学問のすゝめ』の冒頭にこの理念が掲げられたのも、新しい文明社会の形成に役立つことが期待されてのことであった。

とはいえ、抽象の極限をなす万人平等の観念に言及したそのすぐあとに、レトリックとしてであれ学ぶか学ばないかの区別が不用意にもち出されているのを見ると、人権の原理をわがものにするだけの抽象力が福沢の思考に欠けていたように思える。学ぶ個と学ばない個とのあいだに人間としての価値の上下はない、というところまで万人平等の原理が突きつめられてはいないように思えるのだ。

ただ、視点を変えて、それが福沢流のプラグマティズムだとはいえそうな気がする。そして、プラグマティズムは功を奏したし、皮肉めいたいいかたをすれば、原理に徹しなかったからこそ『学問のすゝめ』は大ベストセラーになったともいえるかもしれない。思えば、『学問のすゝめ』は人権の思想や国家の思想の原理論を展開しようとするというより、学問の奨励といい、実学の強調といい、分限の心得の説諭といい、文明開化の現状を踏まえてそれに役立つものの考えかたを提示しようとする、プラグマティズム色のきわめて濃厚な書だったのである。

『学問のすゝめ』の書き継がれている時期に並行して書かれ、原理的思考へと一歩も二歩も踏みこんだ著作が『文明論之概略』である。そこでたとえば、政府と人民の関係について福沢は次のようにいう。（現代語に訳して引用する）

政府と人民の関係について文明人に尋ねればこう答えるだろう。一国の君主といえども同類の人間にすぎない。偶然の生まれつきで君侯の位についたか、たまたま起こった戦争に勝って政府の上に立っているだけのことだ。また、代議士ももともとわたしたちが選挙して役につけた国の臣僕にすぎず、そんな者の命令でおのれの徳義や品行を改める者などいるはずがない。政府は政府であり、自分は自分だ。自分一個のことについてはほんのわずかなことでも政府の介入を許すことはないのだ。

（『福沢諭吉全集　第四巻　文明論之概略』岩波書店、一九五九年、一二二ページ）

「文明人に尋ねれば」というのは余計な断り書きのような気がするが、福沢としては未開にたいして文明が優位に立つことをその都度《つど》いっておきたかったのであろう。

が、論の内容は政府にたいしいささかも引けを取ることのない人民のすがたを描いて、凜乎《りんこ》たるものがある。人民の独立自尊ないし自主自由は『文明論之概略』にくりかえしあらわれるキーワードだが、人民の独立自尊・自主自由が文明を進歩させ、国を強固に豊かにする原動力であるとともに、ときに国家その他の集団と鋭く対立し衝突するものであることが明確に見定められていた。共同体の秩序と個人の自主自由との矛盾は近代思想に突きつけられた最大の難問の一つだが、『文明論之概略』にはその矛盾と向き合い、矛盾の意味を考えようとする姿勢がゆるぎなく保持されていた。

以下に引用するのは「第八章　西洋文明の由来」の一節である。（現代語訳で引用）

西洋文明の他と異なる特色は、人間の社会において各人の説が一つにまとまらず、諸説が並び立ってたがいに和することがないということだ。政治の権力を主張する説もあれば、宗教の権力を力説する論もある。君主制の主張もあれば神権政治の主張もあり、貴族制や民主制の主張もあって、それぞれの主義主張がたがいに争うのだが、うまくまとまることはない。どれ一つ勝つわけではなく、負けるわけでもない。長く勝敗が定まらずたがいに張り合っていると、不平不満があっても共存していくしかない。そして共存したとなれば、たがいに敵対する関係になったとしても、相手の行為を許さないわけにはいかない。すべてを支配下に置くだけの勢力をもてなくて他の行動を許容することになれば、それぞれが自説を主張して文明の進歩に貢献し、やがては一つにまとまることになろう。このようにして自主自由なるものが生じてくるのだ。

（同右、一三三—一三四ページ）

多様な意見のぶつかり合いを四字熟語ふうにまとめた「多事争論」という概念も『文明論之概略』には提示されている。リベラリズムとも寛容の思想ともいえる多様な意見の交錯を、福沢は西洋文明社会の基本をなすものと見、矛盾と対立のなかからおのずと合意が生じるところに文明の人間的なゆたかさがあると考えていた。

西洋文明の行く手に凄惨な植民地支配と帝国主義的略奪があり、二つの世界大戦があるのを見ているわたしたちは文明の進歩を安易に信じることはできないが、維新後一〇年、遅れて文明開化に向かう日本にあって西洋文明を仰ぎ見る福沢の目には、文明の未来はずっと明るく見えたはずだ。明るい展望は楽天的な思想家・福沢諭吉を生むとともに、その福沢を日本の現状にたいする痛烈な批判家たらしめることにもなった。

批判は「第九章　日本文明の由来」において、日本社会のあらゆる場面に登場する「権力の偏重」のさまを一つ一つ丁寧に指摘していくという形で展開する。第九章は『文明論之概略』全一〇章のうち、もっとも力のこもった、舌鋒鋭い章だ。


いま実際の場面に当たって偏重のありさまを説き明かそう。男女のつき合いでは男女どちらかに力が偏《かたよ》る。親子のつき合いでは親子のどちらかに力が偏り、兄弟のつき合いでも年長者と年少者のつき合いでもそうだ。家族の外に出て世間を見ても同じことだ。師弟のあいだ主従のあいだにも、貧富のあいだ貴賤のあいだにも、新参者と古参者のあいだにも、本家と末家のあいだにも権力の偏りがある。さらには人間が多少ともまとまりをなす場面を見ても、封建の世には大藩と小藩があり、寺には本山と末寺があり、神社には本社と末社があって、人間のつき合いのあるところには必ず権力が一方に偏っている。政府のなかにおいても官吏の地位と階級に応じてほかにないほどの偏りがある。政府の役人が平民にたいして威張る様子を見ると権力があるように見えるけれども、その役人が政府のなかで上級者を相手にすると、身を低くするさまは平民が役人に身を低くする以上のものがある。たとえば地方の下役人が村の名主を呼び出して談判するときは不愉快なほどに相手を見下すのだが、同じ下役人が上役に接するありさまは憫笑《びんしょう》しないではいられない。名主が下役人にむりやり叱られるさまは気の毒だけれど、その名主が村に帰って小百姓をむりやり叱るありさまを見れば腹が立つ。甲は乙に支配され、乙は丙に抑えられ、支配・抑圧の循環はとめどがない。ふしぎな眺めだ。たしかに人間の貴賤貧富、智愚強弱のたぐいは、条件しだいで区別は際限がなく、区別があってもつき合いは十分に可能だけれども、区別があるのに準じて権義（ライト）にも区別が生じることが少なくない。そのことを権力の偏重というのだ。

（同右、一四六―一四七ページ）

引用文の末尾近くに「権義（ライト）」という語が出てくることからも知られるように、日本文明の悪弊「権力の偏重」の対極に福沢は西洋文明における「法の下の平等」という制度を置いている。

が、「権力の偏重」が日本社会の人間関係における人びとの意識のありかたに目を凝らし、その差別意識を厳しく批判するものである以上、思考の赴くところ、制度的な平等のその奥にある意識のありかた――自己が自己であるという意識のありかた――が問われなければならないだろう。

西洋の近代において自己が自己を意識するとは、自己が社会の拘束を脱して自己という存在に気づくことであった。デカルトの「われ思う、ゆえにわれ在り」が近代思想の始まりと見なされたのは、自己が自己の思考によって立つ、個としての人間のすがたがそこに明確に打ち出されていたからだった。社会の網の目に組みこまれ、社会から役割をあたえられ、社会に順応して生きていた人間が、社会とは別個の思考や感情や欲求や意志が自分のうちにあることに気づき、そこに思いを凝らし、社会に包摂されない自己の存在に思い至って、その存在に人間的な価値と意味を見出す。そういう内面的思考の過程を経て生み出されたのが、自己なる存在であり、自己の意識だった。

自己が独自の思考や感情や欲求や意志をもつ存在であることをある種の驚きをもって自覚し、そこに積極的な価値と意味を見出そうとする自己意識は、そのような自己を抑圧し、自分らしく生きることを反社会的な、道に外れたことだと指弾する体制的な力にたいして抵抗せざるをえない。そして、自己意識が政治的・社会的な権力や権威や身分制度や位階秩序への抵抗の意識と結びつくとき、万人平等の観念が人びとをつなぐ新しい社会変革の思想として浮かび上がってくる。

だが、自己を意識した個人と、権力や権威や制度に支えられた社会秩序との矛盾と対立に目を凝らすことは、福沢にはむずかしかった。万人平等の観念がアメリカ独立宣言やフランス人権宣言に法思想として表現されているところに観念の完成形を見、同じ観念が近代化に向かう日本社会においてもいずれは受け容れられると楽観していた福沢には、万人平等の観念のその奥にある、自己をかけがえのない存在ととらえる主体的な自己意識と社会秩序の統合的な力にたえず批判の目を向ける抵抗の意識とのつながりに目をとどかせるのはむずかしかった。そこに目がとどけば文明の進歩に至上の価値を置く社会観にゆらぎが生じたろうし、社会の進歩に随順する個人を基本とする人間観にも屈折が生じただろうけれども。

が、ゆらぎと屈折を受け容れるには、文明の進歩にたいする福沢の楽観が強すぎた。社会との矛盾と対立のなかで独自の生きかたを選びとる個としての主体性よりも、個と集団の多種多様な活動を通じて個と社会がともども前へと進んでいく調和と進歩に世界の新しさを見るのが福沢の時代認識だった。その時代認識ゆえに、資本主義の発達のもと日本の国力が強大化していくとともに、その啓蒙思想は時流に乗ってあからさまに富国強兵策・対外強硬策を推奨するものへと変質していった。

福沢の言説を編年的にたどると、『文明論之概略』のすぐあとに国権拡張の主張があらわれ、その声がしだいに大きくなるさまが見てとれる。国権拡張の声が神経症的な叫びにまで高まった例としてたとえば次の一節を挙げることができる。かつて香港《ホンコン》の船中で中国人から靴を買おうとしたとき、そばにいたイギリス人が当の中国人に横柄きわまる態度で接したことを思い出しつつ、「圧制も亦《また》愉快なる哉」という感懐を述べた一節だ。(現代語訳で引用する)

イギリス人の横暴ぶりはかつての日本で幕府の役人が国中をわがもの顔で歩いていた以上で、当人はなんとも愉快な心地だったのであろう。わが帝国日本も何億万円もの貿易を行ない、幾百千艘《そう》の軍艦を配備し、日章旗を中国やインドの海にひるがえし、さらに遠く西洋の港にも出入りし、国威を発揚することができたならば、かつて見た船中のイギリス人のように中国人を思いのままにあやつるだけでなく、当のイギリス人をも奴隷のごとくに圧《お》さえつけて手足を縛ってやるのに、と、血気の獣心がわき上がるのをどうしようもなかった。となると、圧制を憎むのは人の本性だというけれども、他人がこちらを圧《お》さえつけるのが憎いだけのことで、自分のほうが圧制を行なうのは人間としてこの上ない快感だといってよい。
その昔わたしが幕府の役人を憎んだのは自分が圧制を受けたからだ。かれにしてみれば、人類の天性に従って圧制を行なっただけのことだ。いまのわたしが外国人に不平不満を感じるのは自分たちがかれらの圧制下にあるからだ。わたしの願うのはかれの圧制を圧《お》さえつけて、自分たちの圧制を世界中に広げていくこと、それだけだ。

（『福沢諭吉全集　第八巻　時事新報論集』岩波書店、一九六〇年、六六―六七ページ）

ユーモラスな文というには品が悪すぎ毒が強すぎるが、福沢が文章をおもしろおかしく仕立てようとしているのは紛れもない。話が軍事にかかわるだけに、正面切って論じるのは固苦しく、俗耳に入りやすいようにとの配慮が働いたのでもあろうか。それにしても、「血気の獣心」（これは原文そのまま）などという表現にはやはり唖然とする。
圧制を愉快に感じることも、「血気の獣心」も、福沢は人間のやむをえない心の動きとして半ば肯定的に語っている。が、そのような心の動きが、『学問のすすめ』や『文明論之概略』で称揚された西洋近代の思考や意志や心情に背馳《はいち》することは改めていうまでもない。自分が強くなり偉くなって自分以下の弱く劣った人間を痛めつけてやりたいという心の動きは、まさしく「権力偏重」そのままだといってよい。文明はどこに行ったのか。『文明論之概略』の任意の一節、たとえば、「文明とは人の安楽と品位の進歩という。また、人が安楽と品位を身につけることができるのは智徳によるのだから、文明とはつまりは人の智徳の進歩といってよい」といった一節に照らしても、圧制を愉快に感じる心性や血気の獣心が「品位」や「智徳」とはおよそ相容れない心性であることは断るまでもない。

なぜそのような思想の変節が生じたのか。

なによりの問題は、個としての人間一人一人を、独自の思考と意志と感情をもつゆたかな主体的存在としてとらええない人間観の貧しさにあると思う。現実の世の中がゆたかで主体的な存在に満ちているというのではない。日々の暮らしの実感からすれば、世の中には主体的な人間もいれば非主体的な人間もいるし、強い人間も弱い人間も、賢い人間も愚かな人間も、徳のある人間も不徳の人間もいるというのがあるがままのすがただ。が、人が人としてそれぞれに自分なりの人生を生き、しかも自分以外の数十人の、あるいはもっと多くの人とともに生きていくとき、どの個人の存在と生きかたも価値あるものと考えられねばならないし、そうした個人の織りなす共同の世界は個人の生きる場として尊重され維持されなければならない。個人の存在を基本原理とする自由と平等と信頼の共同体はそのようにして構想されたのであって、その構想のもとでは個人と共同体が対立と矛盾の関係に置かれるのは必然的なことだった。これまで共同体に包摂されてきた個人を、独自の意味と価値をもつ一存在として打ち立てるのが近代の原理だったのだから。

そうした近代の原理が日本の社会に根づくのはむずかしかったし、いまでもむずかしい。富国強兵・殖産興業の政策がそれなりの成果を挙げ、強国化の勢いが海外侵略を展望するまでに至ったとき、福沢が個人の存在の意味や価値を置き去りにして「血気の獣心」を口にし、圧制を「この上ない快感だ」というのは、そのむずかしさを端的に示すものだといえる。福沢自身、そのむずかしさをどの程度に自覚していたのだろうか。

2　加藤弘之――近代的な知の危うさ

福沢諭吉はオランダ語と英語を通じて洋学の知識を貪欲に吸収しつつも、官途に就くことに警戒心をもち、私立の学者ないし知識人として生きようとした。たいして、オランダ語とドイツ語を通じて洋学の研鑽に努めた加藤弘之は、官の学者ないし知識人として栄光の道を歩み、東京大学総長・帝国学士院長・国語調査委員会長を歴任した。

加藤弘之の歩みをたどるとき、わたしたちは否応なく、日本における知識人とはどういう存在なのか考えざるをえない。

一八三六年（天保七年）、但馬国（兵庫県）出石藩士の子として生まれた加藤は、一六歳で江戸に出て甲州流兵学を修め、続いて佐久間象山の門に入った。二年後、坪井為春《いしゅん》のもとで蘭学を学

加藤弘之

んだ。一八六〇年、蕃書調所教授手伝となり、ドイツ語を学ぶかたわら処女作『鄰艸《となりぐさ》』（写本、一八六一年刊）を著した。一八六八年（明治元年）に新政府に招かれて政体律令取調御用掛となった。

啓蒙思想家・加藤の代表作の一つが、天賦人権説を論じた『国体新論』（一八七四年、加藤三八歳）である。

以下、目を引く文言をいくつか引用する。（原文は漢字・片仮名交じりの文語文だが、現代語に訳して引用する）

君主も人、人民も人であって、君主と人民は類を異にするものではない。……天皇と人民とはけっして異類の者ではなく、天皇も人、人民も人だ。……国家は人間の世界に存在するものだから、人間界の道理に合わぬこと〔天皇が天つ神の子孫だといったようなこと〕はまったく認めないのがよい。

（大久保利謙編『明治文学全集3 明治啓蒙思想集』筑摩書房、一九六七年、一六一—一六三ペー

ジ）

わたしとしてはこれまで〔国学などで〕国体と言われてきたものはけっして公明正大なものではなく、むしろ大変に野鄙陋劣《やひろうれつ》なものだと思うので、ここではヨーロッパの開明論をもとに国家君民の真理の大筋を述べ、もって公明正大な国体のさまを示そうと思う。

（同右、一六三ページ）

人間の本性にかなった国体とはいかなるものかといえば、国家においては人民を主眼とし、とくに人民の安寧・幸福の追求を目的とし、君主および政府はもっぱらこの目的実現のために存在することを国家のねらいとする国体がそれだ。……たとえ万世一系の日本国だといっても、世界の国々と同じく国家の主眼は人民にあって、天皇および政府はとくに人民を保護・指導し、かれらが安寧幸福を求めるようにするために存在するのだといわねばならない、……

（同右、一六四ページ）

人民の心が卑屈になり、自由の精神を失い、ただただ君主の臣僕・奴隷でいようとするなら、おのずと本当の安寧幸福を求める方途をなくし、国家の精力もまったく衰弱するのは当然だ。だから、人民各自は自己のためにも国家全体のためにも自由の精神を保持し、自分を卑下するようなことがあってはならない。……〔国学者たちの論によると〕わが国の臣民は天皇の心を自分の心とせよ、ということだが、どうしてそんなことがいえるのか。さきにいう卑屈な心がおもてに出てきた愚論でしかない。ヨーロッパではこんな卑屈の心をもつ人民のことを「心の奴隷」と呼ぶのだ。

（同右、一七〇—一七一ページ）

わずかな引用文からも、西洋流の天賦人権説や近代国家論について加藤の理解が一定の水準に達していることが知られよう。ほぼ同時期に出た『学問のすすめ』と比べても、文体のなめらかさ、連想の自在さ、挙例の意表を突くおもしろさでは福沢に軍配が挙がるが、概念の組み立ての単純明快さ、論旨の首尾一貫性という点では加藤は引けを取らない。西洋近代の思想界で重きをなした天賦人権説については、概略を押さえた議論がなされている。幕末から維新にかけて西洋の文化や思想に魅力を感じ、時代の激しい移りゆきのなかでそれが日本の将来を定める力になると信じ、洋風の知識の理解に努めた知識人たちの知性は、けっして水準の低いものではなく、なかにあって加藤のそれは要点を押さえた図式的明晰さを備えているということができる。

のみならず、西洋の思想家たちが問題とする出来事や概念を日本の現実に重ね合わせて理解しようとする姿勢までがあちこちに見られる。引用文でいえば、西洋の君主を日本の天皇の類同物として説明しているのが典型的な例だ。君主崇拝から天皇崇拝へと連想が働き、天皇崇拝が呼び出されたところで江戸の国学が日本の封建思想を代表するものとして浮かび上がる。そして、天賦人権説の観念的説論が国学批判とからみ合い、そのことによって論が多少とも日本的現実に即した、具体的なものとなっている。

『国体新論』は明治初期に和装の冊子として刊行された。四〇〇字詰め原稿用紙に換算して五五枚ほどの小さな本だから、精密な論の展開は期待すべくもないが、先進思想を必死に吸収しようとする意欲といい、ものごとを概念的に裁断していく割り切りのよさといい、論の首尾一貫性といい、大雑把な議論ながらに読者を引きつける思考のリズムの備わった書物となっている。

が、厄介なことにそのあとに問題の書『人権新説』の刊行が来る。天賦人権説を唱道する『国体新論』の八年後に出された、天賦人権説を全面的に否定する書物だ。天賦人権説に代わって正論として強く押し出されるのは、ダーウィンの進化説である。

『人権新説』は自他ともに認める思想の大方向転換の書だが、その方向転換は次のような力強いことばで果断に宣言される。(現代語訳で引用する)

天賦人権なるものは本来、それが実際に存在するという証拠はなに一つなく、まったく学者の妄想から生じたものであることは疑うことができない。だから、この本では天賦人権主義がまずは学者の妄想から生じ、だんだんと勢力が盛んになっていくようすを述べ、次に、それが実際に存在するものではまったくないことを明らかにするつもりだ。

(同右、一七四ページ)

かつて、「天皇と人民とはけっして異類の者ではなく、天皇も人、人民も人だ」といい、「国家においては人民を主眼とし、とくに人民の安寧・幸福の追求を目的」とすべきだとし、人民は

「自由の精神を保持し、自分を卑下するようなことがあってはならない」と主張したとき、その根拠として堂々と掲げられた天賦人権説が、ここでは、学者の妄想が勢いを得て広がったものにすぎないとしてあっさり投げ捨てられる。驚くべき思想の転換といっていい。取って代わる進化説もためらうことなく断固として提示される。

わたしは物理学にかかわりのある進化主義をもってきて天賦人権主義を反駁・撃退するつもりだ。進化主義をもって天賦人権主義を反駁・撃退するのは、実理をもって妄想を反駁・撃退することだ。実理をもって妄想を一撃のもとに粉砕するのになんのむずかしいことがあろうか。そもそも進化主義とは動植物が生存競争と自然淘汰の作用によってだんだんと進化し、だんだんと高等な動植物が生ずる理路を研究するもので、……これを大成して確固不動の一大主義としたのはかの有名なダーウィンの功績である。（同右、一七五ページ）

ここでは進化説の要《かなめ》をなす「生存競争」と「自然淘汰」の概念が天賦人権説排撃の有力な武器としてもち出されているが、加藤はこの二概念のさらに上位に「優勝劣敗」の概念を置き、優勝劣敗こそは万物法（Law of Nature）の大定規だとして、その定規をもとに天賦人権説の妄想たることを論断する。

万物法の一個の大定規たる優勝劣敗の作用は、とくに動植物の世界を支配するだけでなく、われわれ人類の世界にも必然的に支配を及ぼしてくるものであることを知らねばならない。われわれ人類には体質の面でも心性の面でもそれぞれに優劣のちがいがあって、だから、優勝劣敗の作用が必然的にわれわれ人類の世界に生じることは疑うべくもなく、とすれば、われわれ人類において個々人は生まれながらにして自由・自治・平等について均一の権利を有しているとする天賦人権主義のごときが、どう考えても優勝劣敗の実理に矛盾するものであることは明瞭この上ないことではなかろうか。実理と矛盾するものはすなわち妄想と名づけざるをえないわけで、妄想と実理とはけっして両立・共存することができないのだ。
（同右、一七八ページ）

動植物界に広く見られる優勝劣敗の事実を万物法の高みにまで押し上げ、人間世界もその大定規の支配下にあるとする、いわゆる社会ダーウィニズムの思想は、一九世紀後半から二〇世紀にかけて西洋世界で一定の支持を受け、人間の社会的不平等や民族差別を正当化したり、戦争を不可避と見なして帝国主義的侵略を正当化する傾きをもったが、加藤の『人権新説』はその社会ダーウィニズムにぴったり寄りそおうとするものだ。

が、問題の中心をなすのは社会ダーウィニズムのよしあしではない。八年前に天賦人権説を信奉し唱道していた有能な啓蒙思想家が、それと正反対の思想にどのようにして乗り移ったかがはるかに大きな問題だ。

乗り移りについて加藤自身が『人権新説』のなかで語っている。それによると、かつて『真政大意』や『国体新論』で主張した天賦人権説にみずから疑問を感じるようになり、講演会でそのことに触れたりしているうちにドイツの碩学カルネリの『道徳とダーウィニズム』で天賦人権説の否定に出会って欣喜雀躍し、以後、ヘンネ・アム・ライン、イエリング、ヘルワルド、シュフレ等の著作で同趣旨の考えが述べられているのを読み自信を得たという。

先進国の書物に学ぼうとする途上国の勤勉な学者にいかにも起こりそうな、心の動きだ。が、思想の問題として――ものを考えるという基本の問題として――加藤の心の動きを眺めると、そこには決定的ななにかが欠けている。書物から得られた知識をどう咀嚼《そしやく》し、どう自分のものにするかという過程がそのなにかだ。それなくしては一つの思想が、あるいは一つの理論、一つの学説、一つの観念が、一人の人間のなかに生きることはできない。

思えば、『国体新論』も、『人権新説』も、筋のよく通った、まとまりのよい、分かりやすい書物だ。一方から他方へと作者の主張は百八十度の転換を示しているが、正反対の内容をもつ二著の、論の展開や文の運びはとてもよく似ている。前者では天賦人権説が、後者では優勝劣敗の進化論がもち上げられるが、どちらの讃辞にも書き手の魂がこめられてはいない。途上国の啓蒙思想家の通弊といえようが、かれらはややもすると外来の先進思想にたいしてこれと正面から対決して悪戦苦闘するというより、新しい思想にいち早く接した先覚者としてあとから来るものにそれを得意げに解説することに心が傾きがちだ。が、魂のこもらぬ解説や祖述にそれなりの有効性があるとしても、思想を思想として継承するとなれば、その実質が、目の前に置かれた思想の内部に分け入り、全力を傾けてこれと批判的に対決することにあるのはいうまでもない。

加藤弘之の洋学研究は西洋思想の内部に批判的に分け入るものではなかったし、西洋思想がおのれの内面に深く入りこんでくるというのでもなかった。『人権新説』の付録に挙げられた多教のドイツ語や英語の書名を見ただけでもそのまじめな研鑽ぶりは知られるが、西洋の天賦人権説や進化論と加藤が正面から対決し悪戦苦闘しているとはとうてい思えない。いえるのは、外来の説を手際よく紹介している、という程度のことだ。

そのとき改めてわたしたちにせまってくるのは、思想の領域における日本の近代化のむずかしさという問題だ。

個人の存在を社会の基本の単位とし、その個人が自由であり、たがいに平等であることを原理とする近代思想は、思想のなりたちからして思想が個人の内面に根づくことを強く求めるものだ。逆にいってもよい。社会の拘束をなにほどか観念的に脱却した近代人が個人としての自己の存在を自覚するに至り、個としての自己の存在を価値あるもの、意味あるものとしてことばにしたのが「自由」であり、「平等」である、と。デカルトの「コギト・エルゴ・スム（われ思う、ゆえにわれ在り）」を出発点とする西洋近代思想は、個人の内面の思考に発し、そこへと還っていくものだ。

その近代思想がはるかな東洋の島国にやってきたとき、自由・平等の観念は高みにあるもの、仰ぐべきものとして意識される。福沢の「天は人の上に……」も、加藤の「天賦人権」も、当時の人びとにとって観念の高踏さを示す措辞として受けとられたにちがいない。

それをどう内面化するか。

それこそがもっとも困難な課題だったが、福沢も加藤も自由・平等の観念を内面化することにさほどの関心を示さなかった。話を加藤に限定するとして、たとえば加藤が「天皇も人、人民も人」と書きつけたとき、かれは生身の天皇を、あるいは生身の人民のたれかれを脳裡に思い浮かべただろうか。思い浮かべようとしただろうか。内面化の試みは個人の具体的なイメージに近づこうとする歩みに始まらねばならないが、加藤にはそうした思考の動きが見られない。かれの場合、外来の観念は外来の観念にとどまって、そこからこれまた外来の別の観念——たとえば「人民の安寧・幸福」といった観念——へと飛び移る、思考の空中サーカスのごときものが演じられる。もし外来の観念から生身の具体的な個人へと向かうように思考が働いていたなら、場合によっては外来の観念に疑問符がつけられたろうし、洋の東西における思想の体質のちがいに思いが及んだかもしれない。少なくとも、かつて全面的に賛同した天賦人権説に疑念が生じたとき、それをあっさりと手放し、それと正反対の極にある優勝劣敗の進化説に乗り移るようなことは起こらなかったはずだ。

実際、天賦人権説から社会進化説への加藤の乗り移りは、あまりにもあっけらかんとしている。人は基本の考えをこんなにも平然と変えることができるのか、と怪訝《けげん》な思いに駆られざるをえない。それまで着ていた衣裳を脱ぎすてて別の衣裳に取り替えるように、そんなにも気軽に、気楽に思想信条を変えることができるのか、と首を傾《かし》げざるをえない。

思想の内面化とは借りものの衣裳をなんとか自分の身に合うものにしていくことだ。衣裳に手を加え、大小さまざまな修正を施し、デザインやアクセサリーに工夫を凝らすとともに、自分の着こなしかたにも意を用い、どんな場面にどう出ていくかを考えることによって、衣裳と自己の一体化をめざすことだ。その努力、その悪戦苦闘のなかで、衣裳も変わり自己も変わる。そうやって、借りものではない自前の思想が少しずつ出来上がっていくのだ。

キリスト教の説く全智全能の絶対的な神の存在が疑わしくなり、ともに陰に陽に絶対的な神の支配下にあった既成の思想が疑問視されるに至った西洋近代にあって、そこに生きる思想家には、安心して寄りかかれる思想などもはやどこにもなかった。思想を求めるとすれば、かれらは自分たちの日常的な、また非日常的な経験をもとに、みずからの思考の力でみずからの思想を作り上げるほかはなかった。そして、その思想は自分たちの多種多様な経験を集約するようなもの、生きていく上での確固たる指針となる統一的な世界観のごときものでなければならなかった。ゆれ動く内面の思考や感情や意志や欲求を支え、自己があくまで自己として生きていることを確信できるような、一貫性をもつものでなければならなかった。

たいして、西洋近代思想をお手本と仰ぐ日本の啓蒙思想家にあっては、思想はまずは借りものであるほかはなかった。個の内部から思想が作り出された西洋近代とは、思想と個との関係が大きく異なっていた。借りものの思想をどう内面化し、どうおのれの思想とするか。啓蒙思想家にとって、それはゆるがせにできぬ根本問題だった。借りものの思想をおのれの内部に根づかせるには個が自己の全存在を賭けて正面から思想に立ち向かわねばならないが、外来の思想をすぐれたお手本として迎え入れるという思想風土のもとではそれはとりわけむずかしいことだった。ゆれ動く不安定な個が安定した支えを手にすべく、外から一貫した思想を借りてきたとなると、一貫した思想とゆれ動く不安定な内面とが対立と矛盾のなかで格闘するのはむずかしく、知の作業は、内面のゆれと不安定をそのままに借りてきた思想の整合性を顕彰することに傾き、顕彰することに喜びを見出すことにもなる。加藤の『国体新論』と『人権新説』は、二つながら思想の内面化とは方向を異にする、外来思想の祖述と顕彰の書だった。一貫した思想と個の内面的なゆれとの格闘が見えない以上、二冊の書物をどう読み比べてみても、加藤がどのような経過をたどって天賦人権説から優勝劣敗の進化説に乗り移っていったのか、その思想的軌跡は跡づけようがない。

思想的軌跡は跡づけられなくとも、一方から他方へと思想が大きく転換した事実はだれの目にも明らかだったから、『人権新説』の刊行は言論界の話題となり論議を呼んだ。とくに、啓蒙思想の流れを汲む人権思想家たちは、自由民権運動に水をさすものとして加藤の転換を強く批判した。主だったものとして矢野文雄、外山正一《とやままさかず》、馬場辰猪《ばばたつい》、植木枝盛《うえきえもり》の批判がある。

自由民権運動の発展を願う政治的立場からすれば、人権思想を放棄して藩閥政府の強権的支配の擁護にまわる加藤の思想的転換は批判されて当然だ。けれども、転換を思想的にとらえるなら、天賦人権説から進化説への乗り換えが加藤の内面を媒介することなく、いかにも安直に行なわれたことにはるかに大きな問題があった。加藤に限らない。福沢をふくめて明治の知識人たちの多くは思想の内面化を積極的に推進するだけの主体性を十分に備えてはいなかった。

思想の内面化の不十分さは、むろん、個々の知識人の主体性の未成熟だけに帰せられるものではない。以下に引用するのは、日本の青年知識人が主体性を発揮できない社会的事情を述べた、民権思想家・馬場辰猪の文章だ。晩年をアメリカ合衆国で過ごした馬場が英文で刊行した『日本の政治状態』の日本語訳（西田長壽による）からの引用である。

この〔ヨーロッパ留学の〕青年達はどこに職業を得られるであろうか。政府がほとんどあらゆる事業を独占し、役人の支配下にないあらゆる仕事についてもことごとく干渉しているのだ。かくてこの洋行帰りの青年達は、程度の差はあれ政府に雇われざるを得ないのである。だが、彼らが官吏となることを望むとすれば、その主義を変えねばならない。すなわち、日本の官吏の大多数、とくに有力な地位にある官吏は非常に保守的だからである。また、これらの青年が自由主義を主張するならば、常に疑いの目でもって見られねばならないであろう。それでは彼ら青年官吏は、辞職を求められないまでも昇進の望みはない。彼らは餓死するか主義を変えるか、いずれかを選ばねばならない。一つの主義を持ち続けようとするための苦闘を考えると、わたくしは、青年達が主義を変えることに決して驚かないのである。

（家永三郎編『明治文学全集12　大井憲太郎・植木枝盛・馬場辰猪・小野梓集』筑摩書房、一九七三年、二九五ページ）

馬場辰猪
［Wikimedia Commons］

馬場辰猪は「一つの主義を持ち続けようとする」ことのむずかしさをいうが、それは主義を――思想を――内面化することのむずかしさにまっすぐ通じるものだ。馬場は加藤弘之などとはちがって、青年期に学んだ人権思想をもちつづけようと苦闘し、追われるようにしてアメリカに渡った晩年までそれを手放すことのなかった思想家だが、であればこそかえってそのむずかしさを身に沁《し》みて感じていたにちがいない。

同じような政治的・思想的状況のなかで、困難に背を向けることなく思想との格闘を重ねたもう一人の知識人が中江兆民である。以下、その悪戦苦闘ぶりを見ていきたい。

3 中江兆民――内面へと向かう思想

中江兆民の代表作『三酔人経綸問答』が刊行されたのは、一八八七年（明治二〇年）のことだ。題名にある「経綸」は「国家を治め整えること」を意味することばで、三人の政論家が酒を酌み交わしつつ、日本の国をどう運営すべきかを議論したそのやりとりのさまを記録したもの、というのが本の体裁だ。

維新を経た明治初期に官と民とを問わず広く人びとがめざしたものを「文明開化」の名で呼ぶとすると、「文明開化」には二つの要素が明確に区別されないまま混在していた。一つが個人の解放という要素であり、もう一つが中央集権国家の確立という要素であって、一方の標語が「四民平等」「天賦人権」だとすれば、他方の標語は「富国強兵」「殖産興業」だった。二つの要素が西洋近代の人権思想や社会制度を学ぶなかから、日本の行く手を示す指標として選びとられたものであるのはいうまでもない。

が、お手本となった西洋近代の社会にあっても、個人の解放と中央集権国家の確立はたがいに調和を保って安定的に実現されるものではなかった。二つの要素が激しくぶつかり合い、ときに流血の惨事がもたらされることも珍しくなかった。

日本でも、個人の解放と集権国家の確立は、葛藤なく不協和音なく進行するものではなかった。政治の舞台では、矛盾は、政府主導の形で国家建設と経済発展を企画し実現しようとする藩閥政権と、専権的な施策に抵抗し、人民に依拠した政治を作り出そうとする自由民権勢力の闘いとなってあらわれた。

両者の確執のさまを一八七四年（明治七年）の板垣退助、後藤象二郎らによる民撰議院設立建白書の提出のあたりからざっと追いかけてみる。

建白書を提出したのは、藩閥政府が征韓論問題をめぐって分裂したとき、政争に敗れて下野した征韓派の参議だった。公議の場として民撰議会が必要であることは大久保利通らの政府側も認めざるをえないところだったが、建白の前後に土佐藩の不平士族による岩倉具視暗殺未遂事件が起こったり、建白者の一人江藤新平の一派が佐賀の乱を起こしたこともあって、政府は強い警戒心を抱き、翌七五年には、盛り上がる民権運動を弾圧すべく讒謗《ざんぼう》律と新聞紙条例を公布した。

弾圧に抗して自由民権運動はしだいに広がり、全国各地に大小の政治結社が作られていく。議

中江兆民

会開設を主目標とする運動は、一部では不平士族の反乱や農民の地租改正反対一揆なども合流し、反政府の色合いを強めていく。一八七七年の西南戦争の敗北を機に不平士族の戦いはすがたを消すが、自由民権運動は、議会開設と並んで租税軽減や憲法制定の要求へと視野を広げ、政治結社の再編成や統合が行なわれる。藩閥政府は運動の盛り上がりを抑えるべく、一方で民権運動の要求を一定程度受け容れた議会開設策や憲法制定案を練りつつ、他方では強権的な規制をもくろむ集会条例を公布する。政治を論議する集会はあらかじめ管轄警察署に届け出て認可を受けねばならず、集会には制服警官が臨席し、問題の発言があれば演説の中止が命じられた。中止命令に抗議して聴衆からものが投げられ大騒ぎになることもあった。明治初期の啓蒙思想家たちが楽天的に思い描いていた、一身独立して一国独立す、とか、民権の伸長が国権の伸張につながる、といった官民調和の構想は、歴史の事実そのものによって見直しをせまられるかのようだった。西南戦争以降の自由民権運動の展開は、国権と民権、官と民の矛盾と対立を権力者にも反権力者にも、そして周辺の人びとにたいしても否応なく突きつけるものだった。

　ルソーの『社会契約論』を翻訳し、「東洋のルソー」と呼ばれた中江兆民だが、自由民権運動のなかではめだった動きはしていない。一八八一年に創刊された「東洋自由新聞」に主筆として加わったことは目を引くが、この急進的自由主義の新聞は華族・西園寺公望《きんもち》を社長としていたため、その影響力を恐れた岩倉具視や三条実美《さねとみ》らが手段を尽くして西園寺を退社に追いこみ、新聞はわずか四十数日発行しただけで廃刊のやむなきに至る。

　同じ年の八月、開拓使官有物払い下げ事件の暴露によって各地に、官僚と政商の癒着、および有司専制を激しく批判・攻撃する運動が起こり、政府は窮地に追いこまれるが、開明派の参議大隈重信を排除した御前会議で、一、開拓使官有物払い下げの中止、二、参議大隈の罷免、三、国会開設の勅諭発布、という綱わたりのような政局運営によって危機の乗り切りを図った。「明治十四年の政変」と呼ばれる事態だ。

　政変によって明治政府はなんとか瓦解をまぬがれたものの、官と民の対立は続き、民権運動は政府の弾圧の強化とともにしだいに激化していく。しかし、地方での蜂起は横のつながりをもちにくく、運動は全体として低迷を余儀なくされた。

『三酔人経綸問答』はそのような状況のなかで自由の思想、民権の思想をどう深め、どう広げていくかを中江兆民がおのれに問いかけ、人に問いかける書物だった。

　本の枠組からして風変わりだ。

　題名にもあるように、登場人物は洋学紳士、豪傑君、南海先生の三人。洋学紳士は頭から足の先まで洋装で固め、鼻すじ通り目元すずしく、ぴしっとした体軀で動作はきびきび、言語は明晰な哲学者。たいして豪傑君は背高く腕太く顔浅黒く目はくぼみ、絣《かすり》の羽織に、きりっとした袴《はかま》、見るからに雄大を好む冒険好き。この二人が酔いにまかせてそれぞれに自説を滔々《とうとう》と述べ、それに大の酒好きの主《あるじ》南海先生が適宜口をはさんで論を整理し話を前へ進めるというのが本の枠組だ。酔狂の放談を装うが実質はさにあらず、議論の筋はよく通っている。政治理論に沿って色分けすれば、洋学紳士は自由・平等・博愛の西洋近代思想を奉ずる理想主義者、豪傑君は国力の充実の先に対外侵略の道を探る国権主義者、南海先生はその二つから距離を取りつつ民度に即応した自由で平和な国の実現をめざす現実主義者、ということになろうが、作者兆民はどの一人にも全面的に加担はしていない。にもかかわらず、三人それぞれに自説をきちんと展開させたい。酔余の座談という枠組はそのための方策という面もあったかもしれない。

のんびり盃《さかずき》を傾けている南海先生のもとに、初対面の客として洋学紳士と豪傑君が訪ねてくる。挨拶もそこそこにまず洋学紳士が自由の大義と進化の理法を基調とする西洋近代流の政治理論の展開に及ぶ。

文明の基本原理として洋学紳士はフランス革命の自由・平等・博愛の三大原理を提示する。ヨーロッパの諸国ではこの三大原理は広く知られているが、国の制度としてはいまだ三大原理の実現に向かって歩みを進める途上にある。すなわち、文明の進歩とともに国の制度は君主・宰相の専制政治から立憲制度へ、さらには民主制度へと進むべきものだが、ヨーロッパにおいても民主制を実現できている国は多くなく、立憲制や専制の国があちこちに見られる。が、歴史において文明の進歩や自由の大義が失われることはないから、ヨーロッパ諸国はいずれは民主制へと行きつくし、同じ制度はヨーロッパを超えて広く世界に拡大していくはずで、だからアジアの一国たる日本もその方向をめざさなければならない。それが洋学紳士の基本となる主張だ。

国内の民主制に対応する対外的な政論として洋学紳士は絶対平和主義を唱える。民主制を論じるについてはモンテスキューやジョン・スチュアート・ミルなどが引き合いに出されたが、絶対平和主義についてはアベ・ド・サン＝ピエールやルソーやカントが参照される。いまなお理想論の域をさほど超え出ることのない絶対平和主義は、ヨーロッパの帝国主義的侵略の手がアジア・アフリカの各地に容赦なく伸び、それに肩を並べるべく日本も国を挙げて軍事力の増強に邁進する状況の下では、現実離れの空論と見えかねない。が、洋学紳士はおのれの奉ずる理想論をためらうことなく堂々と述べ立てる。

弱国こそが軍備を撤廃すべきだというところに論が及ぶと、ここぞと豪傑君が膝を乗り出して詰問する。軍備の撤廃につけこんで強国が攻めてきたらどうするか、と。

洋学紳士の理想論の潔癖さを示す例として、洋学紳士の答えを以下に現代語訳にて引用する。

ぼくはそんな凶暴な国はないと信じている。もし万に一つそんな国があるとしたら、わたしたちはそれぞれが自分で対応策を考えるほかはない。わたしの願いとしては、こちらが武器をも弾をももつことなく、静かにこう言いたい。「わたしたちはあなたがたに失礼なことをしたことはなく、非難される理由もありません。わたしたちは共和制にもとづいて政治を行ない、内紛を起こすこともありませんでした。あなたがたに国を乱されるのはごめんです。すぐにお引きとり下さい」と。それでも相手がいうことを聞かず銃や大砲を構えてわたしたちをねらうときは、大声でこう言いたい。「あなたたちはなんと無礼で非道な人たちなのか」と。そして弾に当たって死ぬだけだ。別に妙案があるわけではない。
（中江兆民『三酔人経綸問答』〔桑原武夫・島田虔次訳校注〕岩波文庫、一九六五年、一六三ページ）

この説を聞いて豪傑君は失笑するが、政治的な道義をなにより重んじる洋学紳士が軍備の撤廃を主張するに至るのはそれなりに筋が通っていて、笑い飛ばして済ませるほど荒唐無稽ではない。当時の国際情勢のもとでこのように道義を重んじる平和論が日本で現実において説得力をもつことはなく、兆民自身もそのことは分かっていたが、国の進むべき道をなんとか見定めようとするとき、西洋近代の人権思想や民主制や平和主義が一つの有力な思考の軸になりうるという思いが、潔癖な洋学紳士による青くさい理想論の開陳になったと考えられる。

洋学紳士が話し終わったところで次に壮士ふうの豪傑君の話に移る。豪傑君は当今の国際情勢をこうとらえる。

世の中がいよいよ進み、知能がいよいよ開けていくにつれて、戦争に用いられる兵の数はいよいよ多くなり、武器はいよいよ精巧になり、城塞はいよいよ堅固になる。となれば、軍備は各国の文明の成果を示す統計表であり、戦争は各国の文明の力を計る体温計である。二つの国が戦うとき、学術にすぐれ、生産物の豊かな国が必ず勝利するはずだ。軍備が充実しているのだから。五大州のなかでヨーロッパはもっとも文明が進み、軍備がもっとも充実していて、戦争がもっとも強い。これがなによりの証拠ではないか。なによりの事実ではないか。

（同右、一六七ページ）

文明の進んだヨーロッパ諸国が強力な軍備を背景に覇を競い、アジアの弱小国を支配下に置こうとするのが現下の国際情勢だとして、では強国たらんとしていまだ強国の域に達しない日本はどうしたらいいのか。豪傑君はフランス、ドイツ、イギリス、ロシアの列強がそれぞれの思惑を胸に対外関係を有利に進めようと画策するさまを具体的に分析し、さらには国内における守旧派と革新派の確執に言及しつつ、隣国中国の国内不統一と国情不安定につけこんで侵略のための兵を送りこみ、そこを自国の領土と化し強国への道を歩むことを提案する。大胆不敵な武断説だが、当時の日本の世論のゆれの大きさからしても、その後の歴史の経緯に照らしても、これまた荒唐無稽として簡単に片づけることのできない考えだといわねばならない。

さて、洋学紳士が語る、軍備撤廃をめざす平和主義と、豪傑君の語る、海外侵略を辞さない軍国主義は、政治理論としては、たがいに正反対の極に位置する過激の説だが、しかし、二つの極論がさかのぼれば明治初期の啓蒙思想を母胎とし、そこから出てきて二つに大きく分かれていったのも事実だ。文明開化を旗印とする啓蒙思想を誕生の地としつつ、自由と民権に力点を置き、社会的な道義と公正さを手放すまいとするところに構想されたのが洋学紳士の平和主義であり、他方、同じく啓蒙思想を誕生の地としつつ、国力の充実と国権の安定に力点を置いて構想されたのが豪傑君の軍国主義にほかならなかった。そして、わたしたちの見てきた福沢諭吉も加藤弘之もその流れに棹さして思想的に生きようとし、ときに流れに戸惑い、ときに身を立て直して精神的に流れに働きかけようとし、また、流れに身を委《ゆだ》ねもした知識人だった。

が、いまいう思想的亀裂はけっして日本の近代化に特有のものではなかった。文明の進んだ強国が軍事力と経済力を頼みにアジアやアフリカに侵略の触手を伸ばす帝国主義の時代にあっては、法の整備とともに自由・平等・民主の思想が制度化され、社会的に拡大深化していく勢いと、弱小国を軍事的・政治的・経済的に支配し、自国のいっそうの強大化をめざす勢いとの矛盾は、かえってヨーロッパにおいていっそう明瞭にいっそう熾烈に立ちあらわれ、それにともなって思想的亀裂もいよいよ深刻の度を加えていった。

二〇代で二年半のフランス留学生生活を送り、フランス語をよくし、フランスの近代思想や社会事情に通じていた兆民には、洋学紳士と豪傑君の分裂と対立がヨーロッパ列強の動きと密接につながるものであることがよく分かっていた。というか、日本の啓蒙思想において生じた思想的な亀裂を、西洋の近代国家と近代思想に内在する矛盾や葛藤の場所を移してのあらわれととらえた兆民は、『三酔人経綸問答』において日本の啓蒙思想に孕まれていた二つの思想軸を戯画的なまでに誇張して提示したのだった。さて、現実主義者の南海先生は一方を「醺酒《げんしゅ》（強い酒）」といい他方を「劇薬」といって、あえてどちらの説にも与《くみ》しようとはしない。そうした政治思想の深刻な対立は、そのまま時代の政治的現実の矛盾の深さを映し出していた。ユーモアあり諧謔ありの『三酔人経綸問答』だが、時代の政治的現実にたいする兆民の絶望は深かったといわねばならない。

が、絶望的な状況のなかにあっても兆民の思考は停止しない。その明晰な観察眼は、啓蒙思想の内部にあらわれ出た二つの思想軸に度しがたい分裂と対立を見てとり、それが強権的な国際社会のただなかで近代化に向かうアジア諸国が必然的に向き合わねばならぬ分裂であり対立であることを認識しつつ、その重苦しい状況のなかで一歩でも二歩でも思考を前へと進めようとする。洋学紳士の民主制論・平和論と豪傑君の強国論・侵略論のあとに、南海先生が相変わらず酒盃を傾けつつ議論を続ける。

南海先生は二人の客人の鋭く対立する説を調整する気はない。「醲酒（強い酒）」たる軍備撤廃論のアルコール分を薄める気もないし、「劇薬」たる侵略論の毒を軽減して過激な説を穏当なものに変える気もない。鋭い思想的な亀裂と対立をもたらす国内外の政治的な現実そのものに批判のまなざしを向けるのがかれの基本的姿勢だ。二人の客人の華やかな政治説はそのままに、南海先生は原点にもどって政治とはなにか、政治のよしあしとはどういうことかを考えようとする。

政治のよしあしを兆民はいかにも啓蒙思想家らしく「進化の神」の望む所、悪《にく》む所と表現するのだが、さて、その進化の神の悪む所とはなにか。

時と所をわきまえずにものを言い、行動することだ。いやいや、そうではない。……その時とその場所においてけっして行なうことができないことを行なおうとすることがそうだ。

（同右、一九二―一九五ページ）

なにやら遠慮がちな口ぶりだが、自由民権運動の高揚が政権による弾圧の強化を招き、それを受けて運動が過激化していくという事態の推移に兆民が砂を嚙むような思いをし、改めて理論と現実、観念と現実の齟齬に目を凝らそうとしていることが引用の文からも、その前後の文脈からも感じとれる。輸入された近代思想は明治の初期（およそ明治七年ごろまで）は日本の行く手を照らす光明とも希望とも見えたが、それ以後の明治の近代化の歴史は、一見、近代思想を実現するかに見えて、その実、民権と国権が一進一退の攻防を展開する暗闘の過程であって、兆民はそこに西洋近代思想と日本の現実とを隔てる深淵と、権力のしたたかさこそを見てとったのだった。

自由民権の思想と国権の思想との矛盾と対立が人びとの暮らしを重苦しくする暗闘に類するものだと見えたとき、兆民は現実を成心なく見つめるところから新たに思考を開始しようとした。時と所をわきまえよ、という引用文の提言は、政治闘争に邁進する権力者たちや自由民権家たちに向けられたという以上に、兆民がおのれにさし向けた自戒の言だった。啓蒙思想の暗い闇が兆民自身をも包みこむほどの広がりをもったとき、兆民の啓蒙思想批判は自己批判たらざるをえなかった。

時と所をわきまえよ、という提言はもう少し具体的にこうもいいかえられる。

政治の本質とはなにか。国民の意向に沿い、国民の知識にうまく合わせ、かれらの安らかな楽しみを維持し、かれらが福祉の利益に与《あずか》ることができるようにすることがそうだ。

（同右、一九六ページ）

国民の意向、国民の知識、国民の楽しみ、国民の利益は、「民権」という政治用語がさし示す内容を日常の地平で平たく噛みくだいたものだ。民権と国権の重苦しい政治的対立を見てきた者の目には、それが風通しのよい、新鮮な表現に映る。兆民は重苦しい現実を日常の場で生きようとした。それこそが時代にたいする兆民の抵抗にほかならなかった。

『三酔人経綸問答』は洋学紳士が北米に行き、豪傑君が上海に行ったとのうわさを報告したあと、「南海先生は、依然として唯、酒を飲むのみ」（同右、二〇六ページ。原文のまま引用）という文言で終わっている。状況の強いるところ、「酒を飲むのみ」もまたよし、と兆民は考えていたにちがいない。

ただ、現実の兆民は南海先生とちがって酒を飲んでばかりはいられなかった。『三酔人経綸問答』の刊行後も政治的に動きまわる日々が続いた。保安条例の公布によって二年間の東京退去を命ぜられたときは、大阪に移って「東雲新聞」の主筆として部落解放などの論陣を張ったし、憲法発布の一八八九年には憲法の非民主的性格を批判するとともに民権派の大同団結運動に肩入れし、翌九〇年の第一回衆議院議員総選挙では大阪四区から立候補して当選した。が、翌年、第一回帝国議会において政府予算案にたいする衆議院の妥協的態度に抗議して議員を辞職し、以後、北海道に居を移し政治資金獲得のためにあれこれ実業に手を出したが、どれもうまく行かなかった。

するうち五三歳の一九〇一年、喉頭癌《こうとうがん》の診断が下され、余命一年半の宣告を受けた。せまりくる死を見すえ、心の平静を保って書き継いだ短文を、生前にまとめて刊行したものが『一年有半』である。才覚のある者ならだれかれなく立身出世をめざす明治の世にあって、兆民の実人生は成功者の部類とは縁遠い不器用なものだったが、死を間近にしたこの著作は、くもりのない目で時代とおのれを見つめる精神の闊達さと底の深さを湛《たた》えたたぐいまれな名品である。啓蒙思想の極北をなすものといってよい。

「一年有半」という書物の題名は余命一年半という医師の宣告に由来するものだが、兆民はそれをこう意味づける。（引用は現代語訳による）

一年半について皆さんはなんとも短かいと言われるだろうが、わたしはたっぷり長いと言う。短かいと言うなら、一〇年も短かいし、五〇年も一〇〇年も短かい。もともと生きている時間は有限で死後は無限であるから、有限と無限を比べれば、有限は短かいのではなく無に等しい。やることがあってそれが楽しめるのなら、一年半は十分に使い道があるのではないか。なんと、いわゆる一年半も無だし、五〇年、一〇〇年も無だ。わたしたちは虚無の海に浮かぶはかない舟なのだ。

（林茂編『明治文学全集13 中江兆民集』筑摩書房、一九六七年、一六六ページ）

理屈をこねているかに見えて、そのむこうに生命力というか生命意志というか、生きていこうとする息づかいの感じられる文章である。その息づかいが書物の全体に行きわたっていて、それが『一年有半』を爽やかな本たらしめる根本の原因だ。

とはいえ、死といい病いといい容易に手なずけることのできる対象ではない。手なずけられぬまま死の想念や病いの想念は不意打ちのように脳裡に浮かんでくる。そのたびにそれらを相手に兆民は思考をめぐらすほかはない。たとえば次の一節はそういう思考の一例である。（以下、『一年有半』からの引用はすべて現代語訳による）

わたしの癌腫の一年半はどういう状態なのか。癌腫はゆっくりと自分の歩幅で進み、わたしもわたしの歩幅でゆっくりと進んでわたしの一年半を記述している。一方の一年半は疾病《しっぺい》の一年半でわたしのものではない。他の一年半は日記の一年半で、これはわたしのものだ。

疾病の一年半は近頃やや前進したようで、頸の塊《かたまり》がだんだん大きくなり、喉《のど》の圧迫感が強まって、夜は眠れるが昼間は安眠できない。食事のたびに食べものを嚥下《えんげ》することができないかなと思うが、そこまでは行っていない。卵二、三個、粥《かゆ》二碗、おかず二皿、牛乳一日四合は必ず摂《と》っている。おかげでいまでもわたしの一年半を記録できている。

（同右、一七四ページ）

不治の病いと病む自己とを切り離してとらえようとする発想がおもしろい。余命一年半の宣言にたいする必死の反撃とも読めるし、病苦のなかでもユーモアを失わぬ精神の健全さのあらわれとも読めるが、いずれにせよ、払いのけようのない病いと死から距離を取り、事態を冷静に客観的に見つめようとする思考が働いているのは疑いようがない。病む自分は本当の自分ではなく、書く自分こそが本当の自分だという断言は、西洋近代思想を学び、内面の自由と意志に価値の基本を置く個人主義思想のきらめきを示すものだし、日々の癌腫とのつき合いのなかで思考が落ち着きをもって生き生きと働くところには知性の人たる兆民の面目が示されているといえよう。

兆民の西洋風の思考はいわゆる西洋風に働くばかりではない。たとえば、自分の庭を描写した次の一文がある。

わたしの堺の住居は、庭は小さいけれども樹々が古色を帯びて立っている。樹齢七、八〇年の樫の木があって、幹が五、六本伸び、そのうちの一本が外皮の形をなして他の幹をなかば包んでいる。ごつごつした石が数十個、どれもが苔に覆われている。地面も大体は苔むし、四つ五つの灯籠もみな苔むしている。柳宗元ふうにいえば、樹木や石や灯籠などを一切配置し、そのあと全体を苔で包んだといった風情だ。小さな丸い池には金魚が数十匹泳いでいる。わたしは毎日吸入をし、薬を飲み、ときに「一年有半」を記し、あいまに庭に下りて池に餌《えさ》を投げるのを楽しみとする。池には盆のように大きい亀がいるが、生まれもって野性が身につき、人に慣れるということがない。ときどき水面に頭を出すが、人の足音を聞けば

すぐに潜ってしまう。どうしようもない。（同右、一七四ページ）

観察のこまやかさと描写の瑞々しさが正岡子規の『仰臥漫録』を思い起こさせる。子規は肺結核、兆民は喉頭癌、ともに死病に取りつかれながら、文をつづるときの二人の精神はなんと生き生きしていることか。兆民は文学の世界の住人ではなかっただけに、静かな心境を得て古風な庭の風景をそれとなく楽しむ、そのゆったりとした記述から流れくる文学的な香気が、読む者に思いがけぬ安らぎをあたえる。文化的伝統を異にする海外の思想を必死に学ぶという営みが、生まれたときから親しんできた土着の風土を慈しむ心情と共存していることが、精神の澄明さの証《あか》しとして心に響くのである。

精神の澄明さは心情の自然な流露に示されるだけではない。『一年有半』全体の特色ともいうべき視野の大きさ、目配りの緻密さが精神の澄明さのなによりの証しだ。例として、「文学の戦国時代」という小見出しのついた一節を引く。

いまや日本の文学は戦国時代の英雄割拠のありさまを呈している。漢文崩しの文体、翻訳体、言文一致体、「侍《はべ》り」「けり」の体があり、それらの混じり合った文体がある。それぞれに長所短所があって、崇高典雅な、また悲壮慷慨のさまを写すには漢文崩しが最適だし、委曲を尽くし細部まで明晰な文にしたければ翻訳体もしくは言文一致体が最上だし、優美な色合いを出すには「侍《はべ》り」「けり」の体がよい。となれば、これらの諸体はときに流行《はや》り廃《すた》りはあるだろうが、なくなることはあるまい。また、文字についても、漢字があるし、仮名には平仮名、片仮名、万葉仮名がある。このように雑多な文字が混じるのは古今のいかなる国にも例がない。そこで文字改革の議論が起こるわけだが、わたしの考えでは……ローマ字がもっとも便利だと思う。……ただ、文字をローマ字にするなら、文体も一つにせざるをえず、そのときは言文一致体がふさわしい。ローマ字を使用する欧米諸国の文は言文一致体なのだから。

（同右、一七三ページ）

日本語の文字をローマ字にしようという案は明治以降、折に触れて出されていて、しかし実現に至らず、近い将来に実現することもなさそうだが、荒唐無稽の案ではない。ローマ字書きには言文一致体がふさわしいという説もにわかに賛同するものではないが、一考に値するものではある。たんなる思いつき以上の知と論理がそこに働いているからだ。

視野の広さと目配りの緻密さという点では、引用冒頭の文体についての記述が目を引くが、このように、一つの主題を考えるとき、主題に帰属する事例を次々と列挙していくというやりかたは兆民の身に合った思考法らしく、いまの数ページあとに来る日本の文章のよしあしを論評する箇所では、謡曲の「松風」「鉢の木」「百万」「邯鄲《かんたん》」に始まって、同時代の露伴、紅葉、逍遥、鷗外、江戸の近松、竹田、翻訳の森田思軒《しけん》、黒岩涙香《るいこう》、講談落語の如燕《じょえん》、伯円、円朝、柳桜、常磐津の「釈迦八相記」、清元の「山姥《やまんば》」、長唄の「勧進帳」「京鹿《きょうか》の子《こ》」、論説文の福沢諭吉、福地桜痴《おうち》、朝比奈碌堂、徳富蘇峰、陸羯南《くがかつなん》などの名が出てくる。ついでにいうと、ヨーロッパの文章家としては、ボシュエ、フェネロン、ヴォルテール、モンテスキューの名が挙げられている。博覧強記はいうまでもなく、一つの分野からほかの分野へと気軽に無理なく飛び移る融通無碍《ゆうずうむげ》の思考の動きが、ここでもまた書き手の精神の爽やかさを感じさせる。

豊富な知識の蓄積と思考ののびやかな動きを武器に、外界にも内面にも自在に入りこんで人事と自然の多彩なおもしろ味を引き出してくるのが『一年有半』の古びることのない魅力だが、なかに、兆民自身が改めておのれの拠って立つ原理を確認するような硬質な文言がある。死を間近にしてなお思想に生きようとする心意気ないし緊張感を兆民は失うことがなかった。たとえば、

官とはなにか。もともと人民のために設けられたものではないか。それがいまでは官吏のために設けられたかのごとくだ。ひどいまちがいだ。人民がなにかを出願または請求したとき、それを却下する場合には過《あやま》ちを懲《こら》しめるような態度を採り、許可する場合は恩恵を施すような態度を採る。理不尽もはなはだしい。かれらの衣食は元はといえば人民の租税によってまかなわれているのではないか。……人民こそが官吏の第一の主人であって、尊敬しないわけにいかないものだ。

民権は最高の原理であり、自由平等は最大の正義である。この原理と正義に反する者は必ず罰を受ける。一〇〇の帝国をもってしてもこの原理と正義は滅ぼせないし、帝王の偉大さもこの原理と正義を尊重しなければ保てない。

（同右、一七五―一七六ページ）

肩肘張らず、連想に身を委せて思いをつづる短文の連なりのなかで、力のこもった、やや声高なこうした文に行き当たると、啓蒙思想家には珍しい、孤独な精神のすがたに接する思いがする。言論においても行動においても時代と格闘した兆民だったが、その内面には普遍的な原理と正義を求めるゆるぎない知性がやむことなく働き、その働きゆえについに時代に同調することのできなかったその孤独な精神は、ゆれ動く時代のただなかに一人すっくと立つしかなかったといえようか。

関連する事柄として「操守ある理想家」ということばにまつわる話を引いておきたい。兆民の年来の友人、黒岩涙香が『一年有半』を批評した文のなかに出てくる兆民を評することばだが、兆民はその評語にわが意を得たりの思いを深くし、そのことをわざわざ幸徳秋水あての手紙に書き記している。「操守」も「理想家」も明治の世にあってほめことばにはなりにくそうで、この評をことさらに愉快がるところに兆民と時代との距離がよく示されていると思う。

操守ある理想家たらんとする志には西洋近代の個人主義の価値意識が感じとれるが、フランス語に通じ、ルソーの思想に共鳴した兆民は、しかし、けっして西洋一辺倒の思想家ではなかった。これまでの論述からもそのことは分かってもらえようが、死を間近にした『一年有半』も、洋の東西の文化と思想のあいだを自由に行き来しつつそのおもしろさや問題点を忌憚《きたん》なく正直に語るところに書物としての品格があった。

『一年有半』は文楽の記述をもって締めくくられる。書中でなんども文楽讃美をものした兆民は稿の終わりに文楽に還ってきたのだった。

わたしが期待するのは、一葉落ちて涼風生じるののち、大坂の堀江明楽座と御霊文楽座が開場したとき、幸いにそこに足を運ぶことができ、もう二、三回大隅太夫、越路太夫の義太夫を聴き、玉造、紋十郎の遣う人形を見て、この世におさらばすることができたらということだ。それが最大の願いだ。わたしの音曲好きは普通ではなく、右に挙げたすぐれた芸人たちと時代を共にできたのは本当に幸運だった。自分が不遇だと嘆くのは当たらない。

（同右、一八八ページ）

『一年有半』は最終行に至るまで風通しのよいのびやかな書物だった。

第三章 近代文学者の苦闘

江戸を中心とする幕藩体制が破綻し、西洋文明の急激な流入とともに新しい時代と社会の到来に期待が寄せられ、また不安も醸《かも》されるというのが、幕末・維新期の世情だった。

わたしたちが第一章で取り上げた高橋由一の洋画や岩倉使節団の米欧回覧旅行も、第二章で扱った啓蒙思想家たちの西洋民権思想の摂取、社会進化論への帰順、遅れた日本の現状への批判も、激動の時代を生きる個人と集団が期待と不安を胸に自分たちの前途を見定めようとする努力にほかならなかった。

その努力が文学の領域ではどのような形を取ったのか。それを考えるのが第三章の課題だ。明治前期の二〇年間は、まず開化期の新奇な社会風俗をおもしろおかしく描いた戯作・戯文が新時代の文学として迎えられ、次いで自由民権運動の興隆期から停滞期にかけて、青年の出世意欲やロマン主義に響き合う政治小説や翻訳小説が流行した。

しかし、戯作・戯文は社会風俗の表層をユーモア混じりに茶化す滑稽譚《こっけいたん》の域を出るものではなかったし、政治小説は権力をめぐる酷薄な動きがいつのまにか人情話にすり替わったりして、人間の真実や社会の実相にせまろうとする点では性根の据わらないものが多かった。

そういう明治前半の文学の世界に画期的な新しさをもって登場したのが、二葉亭四迷の『浮雲』だった。

1　坪内逍遥と二葉亭四迷——文学と俗世のはざまで

『浮雲』執筆のころ、二葉亭は坪内逍遥と親しい間柄にあり、五歳年長の逍遥の自宅を頻繁に訪れ、たがいに文学論議を交わした。逍遥はすでに『小説神髄』と『当世書生気質』を刊行し、名のある文学者だった。

『小説神髄』は西洋の技術や文明や制度とともに流れこんできた新しい文学に正面から対峙し、在来の日本の文学をも視野に入れつつ「文学とはなにか」を考究した、当時としてはほかに類例を求めがたい文学理論書だった。視野の大きさといい、筋道の通った論の展開といい、表現の分かりやすさといい、明治の知識人の知的情熱の熾烈さと知的理解力の高さを示す見事な実例だった。生活者としての逍遥は穏健な常識人だったが、『小説神髄』の逍遥は難問にぶつかってかえって思考が活性化するような知の人だった。

坪内逍遥

『小説神髄』の冒頭に逍遥は、小説は美術の一部門だ、という命題を掲げる。ここにいう「美術」はいまの「芸術」と同義に理解してよい。小説が一般に俗悪な滑稽譚や冒険譚や奇譚のたぐいだと思われていた時代に、そうではない、小説は新しい時代を生きるにふさわしい人間的な価値、および社会

坪内逍遥『小説神髄』

的な価値をもつ活動であり作品である、というのが逍遥の言わんとするところだった。

となれば、小説はたとえば滝沢馬琴の『南総里見八犬伝』のような、儒教道徳を鼓吹する勧善懲悪の小説であってはならないし、当時流行の政治小説のような、政治イデオロギー——自由民権思想——の宣伝を事とするものであってもならず、作品自体が道徳的価値や政治的価値を脱却した、独自の、いうならば文学的価値をもたねばならない、と逍遥は考えた。

独自の、文学的価値とはなにか。

人間と社会の現実をありのままに描く——それこそが小説のめざすところであり、そこに小説の独自の価値があると逍遥は考えた。

人間と社会の現実を逍遥は「人情」および「世態風俗」ということばであらわし、ありのままに描くことを「写す」とか「摸擬《もぎ》する」といったことばであらわすが、それらのことばを使って小説を定義すると以下のようになる。（原文のまま引用する）

小説は常に摸擬《もぎ》を以て其《その》全体の根拠となし、人情を摸擬し世態を摸擬し、ひたすら摸擬する所のものをば真に逼《せま》らしめむと力《つと》むるものたり。

（稲垣達郎編『明治文学全集16 坪内逍遙集』筑摩書房、一九六九年、一八ページ）

リアリズム（写実主義）の名で呼ばれる西洋近代小説の要諦が簡潔な表現のうちに的確にとらえられている。

とはいえ、小説は、西洋の近代小説といえども、一直線にリアリズムと結びつくものではないし、ひたむきにリアリズムのみを追求するものでもない。非現実の要素や幻想的な要素をふくみ、事実を直叙するだけでなく、誇張や歪曲を交えることによって虚構としての楽しさ、おもしろさに至らんとするものだ。大学時代に逍遥はチョーサー、シェイクスピア、ミルトン、デュマ、スコット、ユゴー、ポーなどを読んだというが、これら英・仏・米の文学者たちをリアリズム作家の名で一括《ひとくく》りにすることはとうていできない。デュマやユゴーやポーの現実離れした冒険好み、幻想好みを考えると、かれらはリアリズム作家どころか反リアリズム作家の系列に属すると見なしたいほどだ。

とはいえ、一八世紀半ば以降の西洋近代小説が荒唐無稽な奇異譚から現実世界の真実にせまろうとするリアリズムへと大きく傾きつつあることは逍遥の犀利《さいり》な眼力がとらえた通りだった。自然科学と工業技術の結合を推進力とする産業革命が西洋近代社会の一大主柱をなすことからして、自然と社会をありのままに観察し、客観的・合理的な知見にもとづいて機械や技術や動力を運用し活用するリアリズムが、近代の知と思考の基本型として社会に浸透し、定着していくのは歴史の必然だったといえようが、知と思考のリアリズムは物の生産と流通にかかわる産業機構をはるかに超えて、人びとの日常の生活やふるまいにまで入りこみ、さらには時代の文化や思想や芸術にまで力を及ぼすものとなっていた。

『小説神髄』における写実主義の唱道は、西洋近代社会に広がるそういう知と思考のリアリズムの力をしかと実感しつつなされたものだった。わたしたちが本書の第一章、第二章で取り上げた明治前期の知識人や政治家たちはいずれも近代的な知と思考のリアリズムに心をゆさぶられた人たちだったが、逍遥のリアリズム理解は、その発言が文学の世界に限定されていたとはいえ、同時代の知的エリートの実用に傾く理解を超える徹底性を備えていた。

リアルの要素をも反リアルの要素をも合わせてふくんだ西洋の雑多な小説を読み進みながら、そこにリアリズムへと向かう志向をつかみとるには、文学が人間と社会のありかたを問う開かれた思索の場だという高邁な文学観と、西洋文明が時代を生きる人びとの芸術や文学の営みと密接不可分の関係にあるという文明批評眼が必要だった。『小説神髄』の構想と議論の内実は高邁な文学観と犀利な文明批評眼を逍遥が二つながら身につけていたことを示すものだ。そこから先、逍遥はどこまで行くことができたのか。

小説の主眼は、第一に人情――くだいていえば「人の心の動き」――にあり、第二に世態風俗――「世の中の動き」――にあって、その二つをありのままに描いて真にせまる世界を作り出すのが小説だ。それが逍遥による小説の定義だった。すでにいったように、西洋の近代小説の大きな流れを的確に見定めた定義だが、その定義がただちに誘発するのは、写実を旨とする近代小説は人間にとって、社会にとって、文化にとってどのような意義と価値をもつか、という問いだ。西洋近代のものの見かたに沿って問いに答えるとすれば、新たに登場してきた主体的な個としての人間と、個としての人間たちが織りなす社会のありさまを、日常語に近い散文の積み重ねによってまとまりのある一小説世界へと造形し、もって近代世界なるものの実相を深く、ゆたかに、明晰に認識する助けとなる、といったところに小説の価値は見定められようか。西洋における中世から近代への移りゆきは神中心の世界から人間中心の世界への推移と呼ばれたりするが、近代において人びとの前にあらわれてきた人間と社会、そしてたぶん自然も、従来のものの見かたや思考法が容易に通用しない、謎に満ちた人間であり、社会であり、自然であって、西洋近代文明はその新しい人間・社会・自然と真正面から対峙するところに生み出されたものであった。だとすれば、近代文明の一部門たる小説になにより求められるのは、謎に満ちた個と社会についての真にせまる文学的ないし芸術的表現であった。

だが、明治のすぐれた知識人たる逍遥においても、西洋の近代文明と近代小説とのそうした社会的・精神的なつながりは明晰に認識されてはいなかった。人情や世態風俗をありのままに写すことが現実の謎に立ちむかい、謎に分け入り、ときに謎を深めることであるのが理解されてはいなかった。炯眼《けいがん》なリアリズム理解によって時代に先んじた『小説神髄』だったが、写実を旨とする近代小説の意義と価値を説く段になると、論述は「人の気格を高尚になす事」「気韻《きいん》を高尚ならしむる益あるもの」といった品格論ないし徳性論の域にとどまるものになっている。

小説『当世書生気質』ではその不十分さがもっとはっきり露呈する。品格論ないし徳性論が近代における個の主体性と社会の共同秩序との矛盾や、個としてどう人間的に生きるかといった生きかたの問題と交錯することなく、小説中のさまざまの人物にまといつく感情の起伏やゆれ、品性の高貴さや陋劣《ろうれつ》さとして実作品に表層的なにぎやかさをあたえているのが、『当世書生気質』なのだ。ここでの逍遥はかれが若いころに読み耽《ふけ》った江戸の戯作に引きずられて、文体も筋立ても写実の原理から離れ、明治開化期の新風俗ともいうべき書生（大学生）や人力車や質屋や牛鍋屋を題材として取りこんだために、当世風ではあるが、それだけにかえって紋切型の俗悪さに陥っている。『小説神髄』と『当世書生気質』を並べて置くと、理論と実作の隔たりばかりが目につくのだ。

＊＊＊

『小説神髄』公刊の二年後に、写実主義の理念にかなう二葉亭四迷の小説『浮雲』が公刊される。

明治政府の下級事務官吏・内海文三《うつみぶんぞう》を主人公に、脇役として文三の下宿先の女主人で、文三の叔母に当たるお政、その娘で文三の花嫁候補らしきお勢、文三の仕事仲間でお政母子とも面識のある本田昇の三人が配され、やや離れてお政の家の下女・お鍋が位置するという小世界が物語の舞台だ。明治時代の東京によく見受けられた小世界で、作者にとってもなじみの環境であり、人間関係だったろうと思われる。

が、物語を書き進む二葉亭の筆は、なじみの環境に水を得て融通無碍《ゆうずうむげ》に動きまわるというわけにはとうていいかなかった。二葉亭は逍遥の勧めに従って、三遊亭円朝の落語の語りを基調とするくだけた文体で書き進む方針だったというが、おのれの感情や意志や倫理に強くこだわる文三の言動は、庶民の暮らしに根を下ろした下世話な落語口調にうまく乗らない。人と如才なくつき合うのが苦手で、なにかにつけ身を退《ひ》いた消極的な態度を取る男を主人公に仕立て、その心理の描写を通じて日本近代における個の生きかた、社会のありかたを明らかにしようとするのが作者のねらいだが、二葉亭が、文三の屈託する心理に寄りそおうとすればするほど、下世話な俗っぽい語りの文体とのあいだに齟齬を来たすこととなった。

二葉亭四迷

近代人にとっておのれの志と世間の常識とが乖離するのは珍しいことではない。そして個と社会、おのれと世間の矛盾を前にしてみずからの意志を保ち、意志にもとづく判断や選択をなし、それを維持することは、なま易《やさ》しいことではない。自由意志にもとづく判断や選択ののちにも悩みや、わだかまりや、割り切れなさが心のうちに根

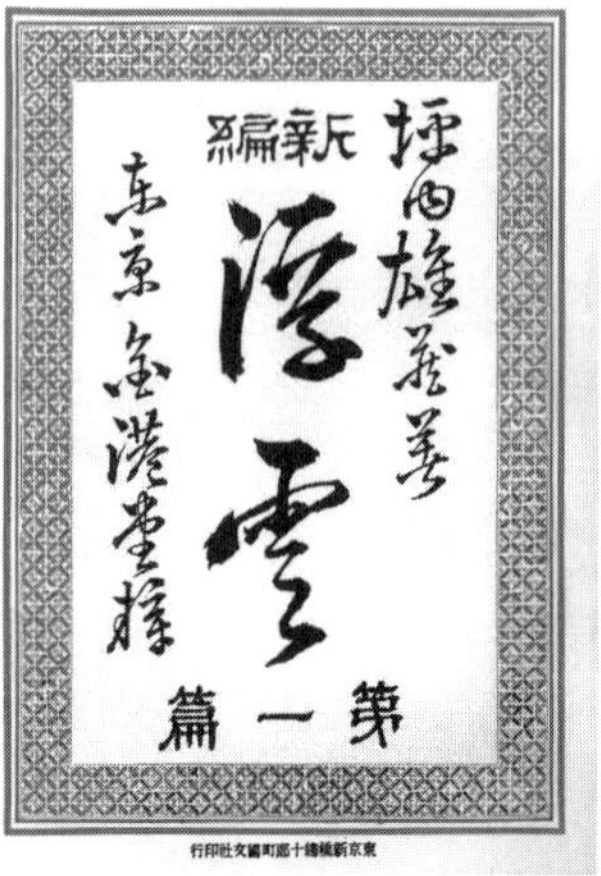

二葉亭四迷『浮雲』

強く残る。

そういう近代的個人の悩みやわだかまりを二葉亭は『浮雲』において徹底的に追求しようとした。

おのれの志をつらぬこうとする文三はしだいに息苦しい境遇へと追いこまれていく。追いこまれることが分かっていてもかれは志を捨てられないし、生きかたを変えられない。二葉亭はそういう文三を明治の近代社会に生きさせようとする。

文三の対極に置かれるのが、同年配の、同じ役所に勤務する本田昇だ。世間の常識に従い、まわりの空気に合わせて要領よく生きる軽薄才子だ。以下、本田昇の才子ぶりを述べた一節を原文のまま引用する。やや誇張された明治の知識人像のおもしろさを、戯作風の言文一致体のぎこちなさとともに味わってもらえたらと思う。

昇は才子で、能《よ》く課長殿に事《つか》へる。此《この》課長殿といふお方は曽《かつ》て西欧の水を飲まれた事のあるだけに、「殿様風」といふ事がキツイお嫌ひと見えて、常に口を極めて御同僚方の尊大の風を御誹謗《ごひぼう》遊ばすが、御自分は評判の気《き》六《むづ》ケ敷《し》屋《や》で、御意《ぎよい》に叶《かな》はぬとなると瑣細《ささい》の事にまで眼を剝出《むきだ》して御立腹遊ばす、言はば自由主義の圧制家といふ御方《おかた》だから、哀れや属官の人々は御機嫌の取様《とりやう》に迷《まご》いてウロウロする中に、独り昇は迷《まご》かぬ。……

兎も角も昇は才子で、毎日怠《おこた》らず出勤する。事務に懸けては頗《すこぶ》る活発で、他人の一日分沢山《たつぷり》の事を半日で済ましても平気孫左衛門、難渋さうな顔色《かほつき》もせぬが、大方は見せかけの勉強態《ぶり》。……日曜日には、御機嫌伺《うかが》ひと号して課長殿の私邸へ伺候《しこう》し、囲碁のお相手をもすれば御私用をも達《た》す。先頃《さきごろ》もお手飼《てがひ》に狆《ちん》が欲しいと夫人の御意《ぎよい》、聞《きく》よりも早飲込み、日ならずして何処で貰ツて来た事か、狆の子一疋を携へて御覧に供へる。件《くだん》の狆を御覧じて課長殿が「此奴《こいつ》妙な貌《かほ》をしてゐるぢやアないか、ウー」ト御意遊ばすと、昇も「左様で御座います、チト妙な貌をして居ります」ト申上げ、夫人が傍《かたわら》から「其《そ》れでも狆は此様《こん》なに貌のしやくんだ方が好《よ》いのだと申《まうし》ます」ト仰《おつ》しやると、昇も「成程夫人《おくさま》の仰《おほせ》の通り狆は此様《こん》なに貌のしやくんだ方が好いのだと申ます」ト申上げて、御愛嬌にチヨイト狆の頭を撫でて見たとか。

しかし永い間には取外《とりはづ》しも有ると見えて、曽《かつ》て何歟《なにか》の事で些《すこ》しばかり課長殿の御機嫌を損《そこ》ねた時は、昇は其《その》当座一両日の間、胸が閉塞《つかへ》て食事が進まなかツたとかいふが、程なく夫人のお癪《しやく》から揉《もみ》やわらげて、殿さまの御肝癖も療治し、果《はて》は自分の胸の痞《つかへ》も押さげたといふ、なかなか小腕のきく男で、

（坪内祐三・高橋源一郎編『明治の文学 第5巻 二葉亭四迷』筑摩書房、二〇〇〇年、六八—六九ページ）

思わずにやっと笑いたくなるような、戯画風の混じる突き放した人物スケッチだ。わざとらしさの混じるこんな処世術が功を奏するのは世間ではよくあることで、現に『浮雲』では本田昇は出世の階段を着実に登っていく。

たいして、世間の常識に素直に従えず、人づき合いに気むずかしく、上司に媚びを売ることなどおよそできそうもない文三は、出世競争では落伍者たらざるをえない。文三はだれかの周旋でなんとか勤め口が見つかり、田舎者のまじめさをそのままに働くうち階級が一等進んで本官になれたものの、しばらくすると、理由のはっきりしないまま諭旨免職になり、その事実が当の文三の心にも、まわりの登場人物たちの心にも少なからぬ波紋を巻き起こす。

文三の生きかたに要領の悪さしか見ない昇は、文三の憂き目をそれ見たことかとやや得意げに眺めやり、文三が膝を屈して頼むなら復職に助力してもいいがと親切ごかしをいう。

また、文三が安定した役人生活を持続してくれるようなら娘の婿がねとして上出来と思っていた叔母のお政は、免職の話を聞いて大きく心が変わり、文三の世渡り下手《べた》と甲斐性のなさを口をきわめて非難し罵倒する。文三が娘の結婚相手に失格したあとは、替わる相手として昇のことを頭に思い浮かべたりもする。

当の娘お勢は英学塾に通って多少とも文明開化の空気に触れ、文三に淡い恋心を懐いてもいるから、免職を知って掌《てのひら》を返すように態度が一変することはないが、免職ののち新しい生活の目《め》処《ど》が立たず、ぐずぐずと優柔不断の境遇にはまりこむのに苛立ちを募《つの》らせ、遊び上手の昇のちょっとした手出しについ乗ったりもする。

そういう人間関係のなかで文三は鬱々《うつうつ》とした日を過ごすほかはない。どうあがこうと苦しもうと行く手に光は見えてこない。まわりの空気が重くのしかかり、それを払いのけようと気を張る文三の挙動が関係をいっそうぎくしゃくさせる。そんな様子を描いたいかにも小説的な一場面を以下に引用する。

文三に復職する気があるならその旨をあらかじめ課長の耳に入れておいてもいい、という昇の提案に、文三が煮え切らぬ態度を取る。たまりかねた昇が痩我慢《やせがまん》もいい加減にしろと口走る場面だ。（引用は原文のまま）

「厭《いや》かネ、ナニ厭なものを無理に頼んで周旋《しうせん》しやうと云ふんぢやないから、そりや如何《どう》とも君の随意サ、ダガシカシ……痩我慢なら大抵にして置く方が宜《よ》からうぜ。」

文三は血相を変へた……

「そんな事仰《おつ》しやるが無駄だよ。」

トお政が横合いから嘴《くちばし》を容《い》れた。

「内の文さんはグッと気位が立上《たちあが》つてお出《い》でだから、其様《そん》な卑劣《ひれつ》な事ア出来ないッサ。」

「ハハア然《さ》うかネ、其《そ》れは至極お立派な事《こつ》た。ヤ是れは飛《とん》だ失敬を申し上げました、アハハハ。」

ト聞くと等しく文三は真青《まつさほ》に成ツて、慄然《ぶるぶる》と震へ出して、拳《こぶし》を握ツて歯を喰切《くひしば》ツて、昇の半面をグツと疾視《にらみ》付けて、今にもむしやぶり付きさうな顔色《がんしよく》をした……が、ハツと心を取直し

て、

「エヘ……」

何となく席がしらけた。誰も口をきかない。


（同右、一一七ページ）


「痩我慢」ということばが二葉亭の用意したキーワードだ。

昇はそのことばをごく自然に発するし、世間のしきたりを重んじるお政も常識外れの文三の態度を素直に困った「痩我慢」と感じている。

言われた文三はそのことばに「血相を変へ」、「真青に成ツて、慄然《ぶるぶる》と震へ出」す。文三の怒りは自分のふるまいが意志と信念にもとづく行動と受けとめられず、負け惜しみの行為と受けとられたことに向けられている。「痩我慢」が文三には自分の人格に向かって放たれた耐えがたい侮辱のことばと感じられたのだ。

文三の人柄や日頃のふるまいからすると、「痩我慢なら大抵にして置く方が宜からうぜ」という昇のことばに文三の血相が変わるのは、いかにもありそうなことだ。が、昇がそういい、お政がそれに共感するのも、それはそれでいかにもありそうなことに思える。昇やお政にとっては、文三のような我《が》を張った不得要領な生きかたは、同情すべき面はあるものの、なにかしら不自然さの感じられるものだったにちがいないのだ。

文三の怒りがいかにも文三らしく、昇とお政の文三理解がいかにも昇らしくお政らしいというのであれば、痩我慢をめぐる文三と昇、お政とのあいだの齟齬は容易に修復できないものといわねばならない。「何となく席がしらけた。誰も口をきかない」という事態は、感情的な対立が気づまりな空気を生んだという以上に、あいだに横たわる溝の深さを印象づける。明治という時代を照らし出す一知識人として内海文三を造形するに際し、その溝こそは二葉亭がどうしても設定しなければならぬものだった。

さきの引用文の末尾の気づまりな沈黙ののち、もう会話が進む見こみはなく、文三はみずから席を外して外出する。怒りはおさまらず、「痩我慢なら大抵にしろ」ということばがくりかえし耳に響く。考えても埒《らち》が明かない。靖国神社のあたりをぶらつき、酩酊した元の同僚に偶然出会い、しばらく話をしたあと神田の牛鍋屋で食事をして帰ってくると、昇はまだ居残ってお政、お勢、お鍋とくつろいだ時間を過ごしている。そこへ文三が割りこんで先刻の痩我慢の話を蒸し返す。

怒りの再燃した文三が昇に向かって、もうお前とは絶交だ、さあ部屋を出ていけ、下に降りろ、と攻めたてる。仕方なく昇が下手《したて》に出て謝るところから一場の終わりまでを以下に引用する。

「……それぢや宜《よ》ろしい、……我輩が謝まらう。……深い考《かんがへ》が有ツて云ツた訳ぢやないから、お気に障《さは》ツたら真平《まつぴら》御免下さい、それでよからう。」

文三はモウ堪《た》へ切れない憤《いか》りの声を振上げて、

「降りろと云ツたら降りないか。」

……

昇も些《すこ》しムツとした趣きで、立止ツて暫らく文三を疾視《にらみ》付けてゐたが、頓《やが》てニヤリと冷笑《あざわら》ツて、

「フフン、前後忘却の体《てい》か。」

ト云ひながら二階を降りて仕舞ツた。お勢も続いて起上《たちあが》ツて、不思議さうに文三の容子《ようす》を振《ふり》反《かへ》ツて観ながら、是れも二階を降りて仕舞ツた。

跡で文三は悔《くや》しさうに歯を喰切《くひしば》ツて拳《こぶし》を振揚げて机を撃ツて、

「畜生ツ。」

梯子段《はしごだん》の下あたりで昇とお勢のドツと笑ふ声が聞えた。


（同右、一四四―一四五ページ）


文三側と昇側とに登場人物を組分けすれば、ここでは、かつて文三に心を寄せたことのあるお勢が昇の側に即《つ》いている。免職という痛打を受けて先行き目処《めど》が立たず、ぐずぐずと心の迷う文三が、復職する気があるなら手を貸そう、という昇の申し出にたいしては頑として応じず、かえって怒りを爆発させるその態度は、お勢の目にも笑うべき痩我慢と映るのだ。

免職になった人間が反省して――あるいは、反省したふりをして――復職を願い出ることはそう珍しいことではない。が、文三にはそれができない。できないだけでなく、復職の提案にいきり立つ。

文三はそういう性格の男だ、というのでは事柄の半面をとらえたことにしかならないだろう。

性格の問題という以上に、事は文三の思想信条にかかわるからだ。

文三はつねづね自分の勤める役所の雰囲気や人間関係になじめず、楽しく働いているわけではないが、といって、仕事ぶりが格別に人より劣ってはいないし、劣ると思ってもいない。免職を通告されても理由は判然とせず、自分に非があるようではない。そんな自分が課長に覚えのいい昇に復職の周旋を頼むことなどできるわけがない。文三の腹立ちの底にはそんな思いがある。

免職から復職へという一身上の変化はいかにも下世話な話ではあるが、そこに思想上の問題がからむのは不自然なことではない。からませるのが西洋の近代社会における個人の生きかたというものだ。では明治の日本社会においてそういう生きかたをつらぬこうとするとどうなるか。それが二葉亭の設定した『浮雲』の課題だった。

図式的にいえば、江戸時代の士農工商の身分制から明治の四民平等への転換は、個人の自由と自立が認められる社会への転換と見なすことができる。その時期にはとりわけ西洋流の新しい知識と技術が重視されたから、新来の知識と技術に近づくだけの経済的・精神的なゆとりをもつ人びとには、個人の自由・自立も実感のともなう多少とも身近な理念と感じられた。転換期にあらわれたそういう人びとを知識人の名で呼ぶとすれば、かれらは舶来の知識と技術を身につけることによって新政府の管轄する大小の役所や施設に糊口の道を見出す新しい時代の知識人だった。『浮雲』の文三や昇がそういう知識人に属するのはいうまでもない。

では、新しい知識人は洋風の知識と技術を身につけ、官途や官営・半官営の組織に職を得ることによって個人としての自由と自立を手にすることができたのか。

そういうわけにはいかなかった。

一般的にいって、身につけた知識や技術が高度になれば、それにともなって社会に生きる個人の可能性の幅が広がるとはいえるだろうが、それが個人の自由と自立に結びつくとは限らない。そして、身につけた知識と技術のおかげで役所その他に職を得たとしても、官の世界には官の世界なりのしきたりやしがらみがあって、それが個人の自由と自立をさまざまに制約する。昇の場合のように出世街道を進むことをもっぱらの目標とし、それを着々と実現していく境遇を想定すれば、個人として多少なりとも自由と自立を享受していると見えなくはないが、裏で上司に付《つ》け届《とど》けをしたり媚《こ》びを売ったりしているのは、自由や自立にそぐわない。

昇のような生きかたを嫌う文三は、自分にふさわしい自由で自立した生きかたを求めてはいる。が、具体的にどう生きればそれが自由な自立した生きかたなのか、それがはっきりしない。世間の常識がよしとする生きかたのほうは、自分たちの生きる社会の現実を冷静に客観的に観察すればそれなりにイメージできるし、実際に『浮雲』では昇やお政のことばやふるまいにそれは体現されている。が、その生きかたに疑問を抱き、それを批判しつつ生きていくとはどういうことか、具体的な人間の生きたイメージとしてそれを提示するのは大変にむずかしい。とはいえ、文三は一個の人間としてみずからそういう生きかたを求めたし、そういう生きかたを文三という個において実現し、提示することは二葉亭の求めたところでもあった。

キリスト教の宗教的・道徳的支配から徐々に脱し、個人の人権と自由と平等を原理とする世界へと向かいつつある西洋近代社会にあっても、自由な自立した個の具体像を、表現し、造形するのは容易なことではなかったが、遅れて近代化へと向かう明治日本の社会にあって個人の自由と自立を問題とする困難は西洋との単純な比較を許さないほど大きかった。二葉亭がその困難をどこまで自覚していたかは定かでない。しかも明治の知識人たる文三を主人公とし、その周辺にそれなりに現実に根を下ろした数人の男女を配して近代的な都市生活の縮図を書きあらわそうと筆を進めていたとき、二葉亭にとって自立した自由な個を造形するという課題は避けて通れるものではなかった。『浮雲』の書き出しの、右にゆれ左にゆれする文章の落ち着きのなさと、文三のイメージがなかなか焦点を結ばないもどかしい文の運びには、課題のむずかしさが如実にあらわれている。

二葉亭はひるまなかった。文三を、時流にさからい、社会の現状に抗し、個としてのおのれの志をつらぬく人物として最後まで生きさせようとした。その生きかたが世間の目から見てどんなにぶざまに見えようと、そのぶざまさにこそ日本社会の近代の質が映し出されると考えた。そして、その考えにもとづいて「痩我慢《やせがまん》」をキーワードとする文三と昇・お政とのことばのやりとりのうちに、また体を震わせる文三の憤りと昇、お勢の哄笑という話の結末のうちに反近代と近代の溝の深さを描き出そうとした。

話の筋を追うかぎり、個としてのおのれの生きかたをつらぬこうとする近代的な文三が前近代的な因習や人間関係の染みこんだ世間にたいして完膚なきまでに敗北したと断じてよかろう。内海文三を新しい近代的な人間像として読者の前に提示するというのは、近代小説たらんとする『浮雲』の核心をなすモチーフだったが、近代へと向かう明治中期にあって、近代的な文三は前近代的な世間の前に一敗地にまみれるほかはなかった。近代を遠望する二葉亭には、文三のうちに日本近代の精神の脆弱さを冷静に見つめるリアリズムの目もまた備わっていた。

さて、文三の職をめぐるいざこざよりもはるかに大きな『浮雲』のテーマとして、文三とお勢の恋愛の経緯がある。恋愛のテーマは『浮雲』を恋愛小説と呼んでも差し支えないと思えるほどに全編に行きわたっている。文三の免職は当然のこと二人の恋愛関係に大きく影を落とすし、『浮雲』全三編のなかでもっとも明るく華やかな「第七回　団子坂《だんござか》の観菊《きくみ》　上」もはかばかしく進展しない文三とお勢の恋愛事情が背後に想定できるがゆえに陰影ゆたかな場面となっている。

が、恋愛においても、文三は敗北と挫折を運命づけられている。

恋愛は個と個のあいだになりたつ関係だ。個が個に特別の感情を抱き、その感情の波立ちのなかで一方が他方へ、あるいは双方が相手へと近づいていく。それが恋愛関係の基本だ。個としての存在が浮き彫りになり、一つの個がもう一つの個にとって特別の存在になる。恋愛は近代小説においてとりわけ魅力的な、好ましいテーマとなったが、それは、近代社会が人間を個人として明確にとらえ、個人としての人間を基本要素に据えた社会であることと不可分に結びついた事柄だ。

『浮雲』では、文三は個によって生きようとする近代的知識人、お勢は近代の新しさに憧れる若き女性といった性格づけがなされている。二人は遠慮がちながらたがいに相手にたいして好感を抱いている。お勢は母親のお政の心づもりも反映して文三を結婚相手に擬する面もなくはなく、となると相手の社会的地位や係累なども考慮せざるをえないが、それはいまだ片隅の問題で、二人にとっては自分が相手をどう思うか、相手からどう思われるか、といった感情面のかけひきが関係の主要部分をなす。そのかぎりで個と個がぶつかる近代的な恋愛の関係がなりたっているといってよい。

文三の免職と、それをきっかけとした昇の誘いかけは、個としての二人の関係を危うくする障害物として立ちあらわれる。文三は二人の関係の持続を望むが、障害物にどう対処し、どう取り除くか、その手立てが見つからず、煩悶の日を送る。お勢は文三の優柔不断ぶりに嫌気《いやけ》がさし、一時的に昇に心ひかれもするがそれもふん切りがつかず、右往左往の日々が続く。

悩み多き文三とお勢だが、どちらにも悩みを解決する道は容易に見えてこない。文三は免職によって糊口の道が閉ざされた上に、お勢との間柄が不安定になるという困難が重なって、傷心の日々へと追いやられる。お勢は文三から少しずつ心が離れていくが、といって昇に乗り換える気にはなれず、男二人の気持ちも自分自身の心もつかみかねてしだいに生きる指針を失い、ともに生きる気力を失っていく。

個と個が向き合うなかで自他の恋愛感情が焦眉の問題となる近代的な男女関係においては、珍しくはない心の動きだ。文明開化といっても前近代的な習俗や心性の根強く残る明治の世にあっては、近代的な男女関係の危うさはたやすく見てとれるものだったから、個の感情や判断が独り歩きしないよう周囲の年配者が配慮し、関係をなかったものにしたり強引に結婚につなげたりもしたのだったが、『浮雲』ではそういう配慮が強くは働かない。作者は文三とお勢の恋愛関係を近代的な個の問題として追跡しようとしている。

そのことは日本の近代にあっては個人の内面にわだかまる謎の領域に探りを入れることにほかならなかった。

すでに述べたように、恋愛は西洋の近代小説において好んで取り上げられるテーマだったが、恋愛が個の内面に生じる感情を核とする関係である以上、そこには人間のもつ感情の変わりやすさ、移ろいやすさがまとわりついて、恋愛の真実は容易に見定められるものではなかった。だからこそ、小説のテーマとしていっそう好んで取り上げられることになるともいえた。

日本の近代にあっては、個の存在と価値を抑えこむ社会の前近代的な圧力ゆえに、個の内面を核とする恋愛の成立は西洋と比べてずっと困難だった。困難は日本における近代文学の始まりともいうべき『浮雲』のうちにはっきりと見てとれる。わたしはさきに『浮雲』を恋愛小説と見て差し支えないといったけれども、同じ口調の強さでこの小説を、恋愛の困難さを語る小説と呼ぶことができる。恋愛の困難さは近代的たらんとする文三とお勢が直面した困難であるとともに、近代小説家たらんとする二葉亭が直面した困難でもあった。

文三とお勢はそれぞれにおのれの内面にわだかまる感情を恋愛の情と考えていいのかどうか戸惑い悩み苦しんだが、二人の男女の感情をことばにしていく二葉亭も、それをどう表現するかに戸惑い、悩み、苦しみつつ筆を進めていた。恋愛にまつわる内面心情の謎は当事者にとって謎であるとともに、それを書き記す表現者にとっても謎であった。当事者は恋愛を生きていくなかで謎と向き合わねばならなかったし、表現者は人間世界の真実にせまる心理分析者ないし社会観察者として謎に向き合わねばならなかった。

向き合っても謎が深まるばかりといった当事者の危機と表現者の危機がともども露出する一節を以下に、あちこち省略しつつ（原文のまま）引用する。

お勢は今甚だしく迷つてゐる、……お勢は昇を愛してゐるやうで、実は愛してはゐず、只《ただ》昇に限らず、総て男子に、取分けて、若い、美しい男子に慕《した》はれるのが何となく快《こころよ》いので有らうが、それにもまた自分は心附いてゐまい。之《これ》を要するに、お勢の病《やまひ》は外《ほか》から来たばかりではなく、内からも発したので、文三に感染《かぶ》れて少し畏縮《いじけ》た血気が今外界の刺激を受けて一時に暴《あ》れだし、理性の口をも閉《と》ぢ、認識の眼を眩《くら》ませて、おそろしい力を以て、さまざまの醜態《しうたい》に奮見《ふんけん》するので有らう。……此儘《このまま》にしては置けん。早く、手遅れにならんうちに、お勢の眠《ねぶ》つた本心を覚まさなければならん、

……

と、かうお勢を見棄《みすて》たくない計りでなく、見棄ては寧ろ義理に背《そむ》くと思へば、凝性《こりしやう》の文三ゆゑ、もウ余事は思ツてゐられん、朝夕只《ただ》此事ばかりに心を苦《くるし》めて悶　苦《もだへくるし》んでゐる……。六畳の小座舗《こざしき》に気を詰《つま》らして始終壁に対《むか》ツて歎息のみしてゐるので。

……何故《なぜ》なればお勢を救はうといふ志は有つても、その道を求めかねるから。「どうしたものだらう？」といふ問《とひ》は日に幾度《いくたび》となく胸に浮ぶが、いつも浮ぶばかりで、答を得ずして消えて仕舞ひ、其跡《そのあと》に残るものは只不満足の三字。その不満足の苦を脱れやうと気をあせる

から、健康《すこやか》な智識は縮んで、出過ぎた妄想《ぼうさう》が我から荒出し、抑へても抑へ切れなくなツて、遂にはまだどうしてといふ手順をも思附《おもひつ》き得ぬうちに、早くもお勢を救ひ得た後《のち》の楽しい光景《ありさま》が眼前《めさき》に隠現《ちらつ》き、払つても去らん事が度々《たびたび》有る。（同右、二一一―二一四ページ）

このあと数ページで『浮雲』全三編は終わりを迎えるが、その数ページでも二人の気持ちは高揚したり落ちこんだりまた高揚したりのくりかえしで、落ち着くところを知らない。とめどない妄想と空想のとりこになるのが二人の内面のありようで、そこをぬけ出す方途はついにあたえられない。

迷いに迷い、悩みに悩む文三とお勢だが、どちらも相手を見限ってはいない。見限れないからいっそう迷い、いっそう悩む。が、相手とつながる道は見えてこない。どころか、つながりを求めて心が迷いに迷い、乱れに乱れるうちに、相手とのつながりだけでなく、社会とのつながり、実生活とのつながりもしだいに薄れていく。

そのように実質を失って空洞化していく文三とお勢の内面を、空虚なままに描き出すことが、二葉亭にとって二人の恋愛を表現することにほかならなかった。男女の内面は空虚なままに迷い、乱れ、悩み、苦しみ、二葉亭はどこに行きつくあてもなく、その迷い、乱れ、悩み、苦しみを追いかけるしかない。二葉亭にとって、それが開化期における日本の近代的な個の真実のすがたであり、内面の空虚を見つめ、ことばに表現するところにこそ、写実主義（リアリズム）小説の面目があった。坪内逍遥は「小説の主脳は人情なり」と言った。人情の写実をめざして個の内面へと向かった二葉亭四迷はそこに空虚な広がりを見た。内面の謎にせまることは空虚を形にするという逆説的な試みをかかえこむことだった。

ほかのどこかから実のあるものをもってきて空虚を埋めることは、二葉亭にはできなかった。それをするには二葉亭は時代にたいしても文学表現にたいしても誠実にすぎた。誠実さのゆえに、二人の恋愛が迷走を続けるなかで小説『浮雲』は突然中断され、ついに書き継がれることがなかった。そうした形式上の欠陥ないし不備も、日本近代の黎明期を生きた一知識人の精神の軌跡として納得できることのように思われる。

＊

小説においては『浮雲』のあとに来る『其面影』においても『平凡』においても、人間の個としての存在と周辺の社会とのあいだの矛盾に満ちた関係を日常語に近いことばで表現しようと苦闘を重ね、結局は満足を得られなかった二葉亭だったが、ロシア文学を日本語に訳すという翻訳の仕事では瑞々しい日本語表現を作り出すことによって同時代の、また後代の文学世界に大きな影響をあたえた。（懐古談「余が翻訳の標準」では不満が吐露されることが多いのだが）

なにより西洋近代の新しさに感動を覚え、西洋文学の人間性に親しみを覚える二葉亭の澄明な心がそこに息づいている。いま、名訳の名の高いツルゲーネフの『あひびき』（改訳）の冒頭部分を引用する。これまで数ヵ所引用した『浮雲』の下世話な、ぎこちない文章と比べてほしい。

あれも二葉亭、これも二葉亭だが、二葉亭のとらえる洋の東西の文化の落差が文体に反映しているように思える。

秋は九月中旬《なかば》の事で、一日《あるひ》自分がさる樺林《かばばやし》の中《うち》に坐《すわ》つてゐたことが有つた。朝から小雨が降つて、その霽間《はれま》にはをりをり生暖《なまあたたか》な日景《ひかげ》も射《さ》すといふ気紛《きまぐ》れな空合《そらあひ》である。耐力《たわい》の無い白雲《しらくも》が一面に空《そら》を蔽《おほ》ふかとすれば、ふとまた彼処此処《あちこち》一寸雲切《ちよいとくもぎれ》がして、その間から朗《ほがらか》に晴れた蒼空《あをぞら》が美しい利口さうな眼のやうに見える。自分は坐つて、四方《あたり》を顧眄《みまは》して、耳を傾けてゐると、つい頭の上で木《こ》の葉《は》が微《かすか》に戦《そよ》いでゐたが、それを聞いたばかりでも時節は知れた。春のは面白さうに笑ひさざめくやうで、夏のは柔《やさ》しくそよそよとして、生温《なまぬる》い話声《はなしごゑ》のやうで、秋の末となると、おどおどした薄寒《うそさむ》さうな音であるが、今はそれとは違つて、漸《やうや》く聞《きき》取《と》れるか聞取れぬほどの、睡《ね》むさうな、私語《ささや》ぐやうな音である。力の無い風がそよそよと木《こ》末《すゑ》を吹いて通る。　（同右、三九一ページ）

もとのツルゲーネフの文が自然のなかにゆったりと身を置き、全身で感受した自然の美しさと奥の深さを抒情性ゆたかなことばに定着した名文だが、それに寄りそう二葉亭の訳文も、よどみのない清冽な日本語文だ。自然描写ということになれば、伝統的な和歌や俳句の表現法に助けられる面もあったろうが、なにより印象的なのは、引用の文が散文として自立した見事な流れを作り出していることだ。引用文では、自然のなかに静かに身を置く人間がことばの表面にすがたをあらわすことはないけれども、暢達《ちょうたつ》な文の流れはそこにいる個としての人間が自然とのあいだに穏やかな調和を保っているさまを想像させる。

個と対象世界とのあいだのそのような調和は、明治期日本の個と社会とのあいだにはなりたちようがなかった。『浮雲』はそのなりたちにくさの現場報告のようなものだ。近代的な個を志向する文三やお勢においてなりたちにくいだけではない。社会に寄りかかって生きる昇やお政にとってもまわりとのまろやかな調和は得られず、自分たちの心の波立ちを抑えるのは容易なことではない。日常語に近づこうとする「言文一致」の文体がぎくしゃくし、方向性を失って浮游し、ときに後もどりし、くりかえしが多くなるのも、登場人物たちの内面の屈折と惑乱に見合う面が小さくなかった。

『浮雲』と『あひびき』の文体のちがいに、二葉亭における日本と西洋の落差が反映しているとわたしはいったが、二葉亭は実生活においても文学活動においても二つの文化をしっかりと視野におさめ、思想的に、また文学的に落差を生きようとした。その生きかたの核をなすのが、個が個として生きにくい明治期日本にあってあくまでも個として生きていこうとすることだった。成算のない愚直な生きかたであることは二葉亭にもよく分かっていただろうが、西洋の近代性に強い魅力と共感を覚える明治の知識人として、個を棄てて生きることなど考えられもしなかった。

明治期日本を個として思想的・文学的に生きることは多大の困難をともなうことであり、実際、二葉亭は実生活においても文学活動においても成功者にはほど遠く、生涯は失敗の連続と評したくなるほどのものだった。にもかかわらず、その独自な生きかたは同時代の文学者の心に強く訴えるものがあった。死の前年の一九〇八年、二葉亭が朝日新聞ロシア特派員としてペテルブルグに赴くとき、上野精養軒で催された送別会には二十数名の文学者が列席している。

二葉亭の生きかたが文学者の心の奥にまで響いたのは、明治の日本社会における近代文学の特殊な位置と深く関係することだった。明治の近代文学は西洋近代の思想や文学をいち早く習得した知識人たちの担う営みだったが、文学以外の、たとえば政治や学問や技術や商工業がその分野に携わる者の立身出世ないし社会的栄達と強く結びつくものであったのにたいして、文学はそうではなかった。文学は富国強兵や殖産興業に役立つものではないし、とりわけ、勧善懲悪の鼓吹や荒唐無稽な成功譚に背を向けてリアリズムに即《つ》く近代小説は、権力支配に抵抗する姿勢をもたざるをえなかったから、文学の営みは国家の存在を前提とした知識人のエリート志向に賛同し追随するものではありえなかった。近代小説にとって、体制から落ちこぼれた内海文三のような人物を主人公に据え、個としての当人の人格や心情や、生きかたを真摯に追求することは、けっして不自然なことではなかった。知識人のエリート志向はいかにも日本の近代に似つかわしい心の動きであり、それゆえに大きな広がりをもったが、その一方、社会の階層序列にとらわれない目で現実を見つめ、個としての人間の価値をその人格、心情、考えかた、生きかたのうちに見定めようとする人間観もまた、近代社会の基本思想としてそれなりに力を得つつあった。明治日本は精神面でもその程度には近代化に向かって歩を進めていたというべく、その尖端に位置するのが非エリート知識人の多く混じる、文学の世界だった。

その文学の世界において二葉亭が無視できない存在だったことを示す証拠として森鷗外の一文

を以下に（原文のまま）引く。鷗外は陸軍軍医総監・帝室博物館総長を歴任した、明治の文学者のなかでは数少ない異例のエリート知識人だったが、自分のドイツ留学体験などをも踏まえて、東西の文化のはざまに生きる非エリート知識人・二葉亭の苦悩に共感し、その言動を気にかけていた。

引用は、二葉亭が肺炎および肺結核の診断を受け、ペテルブルグから帰国の途中ベンガル湾の船上で死んだとの報に接して書きつづられた哀悼文の一節である。

臨終の折の天候はどうであつたか知らない。時刻は何時であつたか知らない。船の何処で死なれたか知らない。

私はかういふ風に想像することを禁じ得ないのである。病気で欧羅巴《ヨオロツパ》を立たれたのであるから、日本人の乗合のない船には乗られなかつたに違ひない。病が段々重るので、その同国人はキヤビンの病牀を離れずに世話をしてゐる。心安くなつた外国人も、同舟の夙縁《しゆくえん》で、親切に見舞に来る。露西亜人もその中にゐて、をりをり露語で話をする。

或る夕《ゆうべ》、海が穏《おだやか》である。長谷川辰之助君〔二葉亭四迷のこと〕はいつもより気分が好《よ》いから、どうぞデツクの上に連れて行つて海を見せてくれいと云はれる。側《はた》のものは案じて留めようとするが、どうしても聴かれない。そこで世話をしてゐる人がやうやう納得する。

かういふ船には籐《とう》の寝台がある。あれは航海者がこころざす港に着くと、船の小使にやつてしまふ。さうすると、小使がそれを繕《つくろ》つて持つてゐて、次に乗る客に売るのである。あの籐の寝台がデツクの上にある。その上へ長谷川辰之助君を連れて行つて寝かしてあげる。海が穏である。印度洋の上の空は澄みわたつて、星が一面にかがやいてゐる。

程好《ほどよ》く冷えて、和《やはら》かな海の上の空気は、病のある胸をも喉《のど》をも刺戟《しげき》しない。久し振で胸を十分にひろげて呼吸をせられる。何とも言へない心持がする。船は動くか動かないか知れないやうに、昼のぬくもりを持つてゐる大洋の上をすべつて行く。暫《しばら》く仰向《あふむ》いて星を見てゐられる。本郷弥生町の家のいつもの居間の机の上にランプの附いてゐるのが、ふと画《え》のやうに目に浮ぶ。しかしそこへ無事で帰り着かれようか、それまで体が続くまいかなどといふ餘計な考は、不思議に起つて来ない。

長谷川辰之助君はぢいつと目を瞑つてをられた。そして再び目を開かれなかつた。

(『森鷗外全集 第七巻』筑摩書房、一九六〇年、九六―九七ページ)


鷗外は、東西文化の落差に悩み苦しむ二葉亭の文学と思想を思いやり、同じ時代を生きた一文学者として敬愛と鎮魂の文章を認《したた》めたのだった。

2 北村透谷――内面への問い

北村透谷は一八六八年(明治元年)、小田原に生まれた。二葉亭の四年あとの誕生である。透谷は島崎藤村、戸川秋骨、馬場孤蝶などとともに雑誌「文学界」により、近代のロマン主義文学の先駆者として文学史に名をとどめるが、詩や評論に手を染める以前に、東京都下の多摩地方で自由民権運動にかかわっている。一〇代後半の数年間のことだ。

この数年間（一八八二―八五）は帝国憲法の制定と国会開設が現実味を帯び、民権派の自由党や立憲改進党の活動が全国的な広がりをもつとともに、他方、松方デフレ政策により農村は深刻な不況に見舞われ、地方各地で民権急進派による武装蜂起が企てられた。福島事件、群馬事件、加波山事件、秩父事件、大阪事件などが主なものだが、官憲の厳しい弾圧のもと民権派の足並《あしなみ》に乱れが生じ、たたかいは実を結ぶには至らなかった。

北村透谷

透谷は親しくしていた奥多摩の民権家たちとの縁で、自由党左派大井憲太郎らの計画した大阪事件にかかわりをもった。大井らのもくろみは朝鮮の内政改革を日本の壮士団の力で行なおうとするもので、透谷は親友の大矢正夫から軍資金獲得のために強盗作戦への協力を求められた。悩みに悩んだ末に透谷は、頭を剃り杖をついて漂泊の旅に出るという形で運動から離脱することになるが、この煩悶と離脱はのちのちまで透谷の心に深い傷となって残った。

自由民権運動からの離脱をめぐって懊悩を重ねたのが一八八五年のこと、翌年には脳病にかかり暗黒の一年といわれる時期を過ごす。元気が回復するにつれて小説家志望の気持ちが起こるが、なにをどう書くかが定まらぬまま、各地に旅行に出かけたりしている。

そんな鬱々《うつうつ》とした生活に大きな精神的転換をもたらしたのが、三歳年上の石坂ミナとの恋愛だった。透谷とミナが初めて顔を合わせたのは二年前のことだが、一八八七年の夏に二人の恋愛感情は急激に高まっていった。ときにミナは二二歳、透谷は一九歳、まさしく青春の名にふさわしい心の昂《たか》ぶりだった。二人の心の動きを探る資料としては、勝本清一郎編『透谷全集 第三巻』におさめられた石坂ミナあての書簡数通と手記が主なもので、残念ながらミナから透谷にあてた書簡は見つかっていない。わたしたちはミナの心事をも顧慮しつつ、恋愛が透谷にとってどのような精神的意味をもったかを考えていきたい。

最初のミナあて書簡に――といっても残っているのは書簡そのものではなく、透谷の自筆草稿なのだが、その草稿に――ミナの美点を箇条書きにした以下の文言がある。（原文のまま引用する）

第一、優美を愛する心、
第二、理想を好みたまふ事、
第三、消極的を以て（ひかえ目ながら、といった意味か？）社界に尽さんと思ひ玉ふ事、
右は、他の俗論者に反して（俗論に染まった他の人びととちがって、の意か？）独り君に、
見出したる、尊敬すべき性質なりかし、……

（勝本清一郎編『透谷全集 第三巻』岩波書店、一九五五年、一五八ページ）

二一世紀を生きるわたしたちから見ればさほど特別の文言ではないが、男が女を金で買う売買春が普通に行なわれ（透谷も娼家に通ったことがある）、正妻以外に妾をかかえることが男の甲斐性と見なされるような男尊女卑の明治期にあって、好ましく思う女性をこのように明確な人格をもつ一個人としてとらえることも、その思いを相手に直接に伝えようとすることも、二つながら異とするに足ることといわねばならない。

恋の思いが相手を特別の存在に――だれより大切な存在に――思わせることは、けっして珍しいことではない。性の行為が幾分かなりと本能を超えたものとして意識された人類初期の時代から、恋の思いが一男性を、あるいは一女性を特別の存在へと押し上げる心の動きは連綿と続いてきたと考えられる。日本の文学史に照らせば、『古事記』に語られる軽太子《かるのおおみこ》と軽大郎女《かるのおおいらつめ》の悲恋物語や、『源氏物語』を彩る光源氏と藤壺、薫大将と大君《おおいぎみ》の恋や、『心中天の網島』の治兵衛と小春の心中へと至る愛などは、人間社会に連綿と続く一個人と一個人の精神的なつながりに、見事な文学的形象をあたえたものということができる。

透谷とミナの恋愛もたがいに特別の存在として向き合う一対一の人間のあいだの精神の営みだが、透谷の新しさは、自分にとってかけがえのない存在としてあらわれつつある女性を、明確な輪郭をもつ一人格としてとらえたところにあった。だれかを恋しく思う心の動きは、とりわけ青春期にあっては、自分の感情、意志、欲望、思考、想像力のすべてが相手のほうに引き寄せられ、なにもかもが相手とかかわりをもつかに感じられるものだが、透谷は激しい心の波立ちのなかで相手の人格をしかと見定めようとしていた。引用文中の三ヵ条の美点の摘出も、そのあとにくる「他の俗論者に反して」以下のつけ足しも、恋情に流されまいとする透谷の冷静さを示すものと見ることができる。

その冷静さを準備したものとして、二年前の民権運動離脱をめぐる煩悶の経験と、その後の鬱々とした失意と孤立の日々が考えられるが、話を急ぐまい。透谷がミナを人格としてどうとらえ、それに自分をどう対置しようとしたのかをいま少し見ておきたい。

さきの書簡草稿から数日ないし十数日ののちに透谷は別れの手紙を書く。全集本で一〇ページ近くに及ぶ長文の手紙だ。書き出して数行進んだところで、いきなり「計らざりき、此得難き幸福を破って遠く貴嬢〔ミナのこと〕に別るるの日に迫らんとは」（同右、一六〇ページ）ということばが書き記され、別れるに際してお願いがある、どうかわたしのミザリイ〔惨めな過去〕を聞いてほしい、という文面が続く。

手紙を受けとったミナはもとより、読者にしてもミザリイよりなにより、なぜ別れねばならないのか、その理由を知りたいところだが、長文の手紙のどこにもこれという明確な理由は記されない。この時期、二人は会って話をする機会をもったようだから、そこで別れ話が出てすでに決着がついているということなのだろうか。そのあたりの事情がはっきりしないまま、しかし、透谷は迷いのない別れのことばを書き、おのれのミザリイ（惨めな過去）について冷静に、真摯に、的確に筆を進めていく。

回顧録ふうの長い文章のなかから少年時代の思い出を語る一節を以下に引く。（文語体の原文を口語体に直して引用する）

少年の頃わたしのもっとも好んだ小説は「楠公三代記」「漢楚軍談」「三国志」などで、昼も夜もこれらの小説を手元から離せないほどだった。また、わたしが一番喜んだ遊びはたくさんの子どもを集めて戦争ごっこをすることだった。わたしはいつも大将となって全軍を指揮した。こうした遊びは口うるさい祖父の厳禁するところだったけれど、わたしたちはきれいで快適な海辺の砂浜に集まって、あっちの堤、こっちの丘を城に見立て、伏兵を隠す場所なども決め、軍略をめぐらし、知恵と勇気を奮い、銃弾代わりに砂や小石を飛ばし、大小の棒切れを刀や槍の代わりとした。この遊びは祖父にたいするわたしの不平不満を癒《いや》す気晴らしにすぎなかったが、とはいえ、そんなことで十分な慰めが得られることはなく、鬱々快々《うつうつおうおう》の月日を過ごすことになった。おかげでわたしはパッショネイトの人物となり、またきわめて涙もろい、考えつめるとなかなか気の晴れない厄介者になったことも明らかだ。

わたしはなにかにつけて涙をこぼすことが多いし、また、くやしくてたまらないことには狂ったように泣くのだ。（同右、一六二―一六三ページ）

引用文の、とくに終わりの数行を読めば、透谷が穏やかならぬ情念の波立ちを心のうちにかかえこんで、おのれの過去を語っていることは疑いようがない。が、と同時に、透谷が心の動揺を必死に抑え、冷静に一語一語をつづろうとしていることも見てとれる。透谷は情念の波立ちを意識しつつ、その波に身を委《ゆだ》ねようとはしていない。引用の末尾近くの、「鬱々快々」と「パッショネイト」は透谷自身の使っている語だが、日本語として熟さないこういう語をあえてもち出してくる表現手法の底には、情に流されまいとする抵抗意識が働いていたのではなかろうか。

情念の波立ちに抗して、透谷は、恋愛感情をもふくめた自分の内面のありさまを冷静に見つめようとしていた。内面の大きな部分を占めているのはいうまでもなく恋愛だ。恋愛にまつわる情念であり、意志であり、思考であり、想像力だ。現実のミナとの恋愛は恋情の高揚のさなかに別れを決意しなければならないほどに不条理なものであり、そこから過去へと記憶の糸をたぐっていくと過去のミザリイばかりが次々とあらわれ出てくるような厄介なものだったけれども、にもかかわらず、不条理な恋愛が大きな位置を占める内面は、透谷にとって見つめるに値するものであり、思索をそそってやまぬものだった。

なぜか。

二人の関係が自立した個と個の人格的な関係であることが決定的だった。好きだとか恋しいといった思いは漠然たる曖昧な気分であることが多いが、二人にとっては相手の存在が一個の人間として明確なすがたを取り、自分もまた一個の人間として相手に向き合い、相手と切っても切れない関係にあることが意識されていた。たがいが明確なすがたを取って向かい合う一対一の関係のなかで、それぞれがそれぞれにとって特別の存在であり、かけがえのない存在だった。個が個として立つそうした関係をわたしは人格的な関係と名づけるのだが、さきにその一部分を引用した透谷のミナあて書簡は、まさしく人格的な関係を支えとし、それをいっそう確固たるものにしようとして書かれたものであった。

その書簡において透谷はおのれの情念の波立ちを抑え、内面を冷静に見つめようとしている。冷静さの根底にあるのは、おのれを一個の人格的な存在として相手に提示したいという痛切な思いであり、相手もまた自分をそういう人格として受けとめてくれる人格的存在であってほしい、という熾烈な願いだ。書簡の書かれたのが一八八七年。明治中期という時代を考えると、二〇歳前後の若き男女がそれぞれに人格として立ち、人格として向き合うさまは稀有《けう》の風景といってよかろうが、この経験が透谷にとっては思想と文学の決定的な転機となった。

民権運動からの離脱をめぐる煩悶と混迷と失意のなかで、透谷の意識は内面へと向かわざるをえなかったが、とはいえ、外界とのあいだに生じた不信感と疎外感を救うなにかが内面に用意されているわけではなかった。もともと内面は茫漠たるものであり、外界との関係に傷ついた人間にとっては、内面もまた無傷では済まなかった。

そういう透谷の内面にミナは生命を吹きこむような人格としてあらわれた。透谷がミナを恋人として意識している以上、ミナは透谷の内面にとどまるのではなく、内面的でも外面的でもある一人の生きた人間だったのだが、外界については失意と絶望を感じるしかなかった透谷は、ミナをおのれの内面へと引き入れ、もっぱら内面的にかかわることによってなんらかの肯定的なものをそこに見出し、生きる希望を得ようとした。ミナは透谷にとって疲弊し低迷する内面に生気をもたらし、内面を見つめつつ生きることに意味と価値をあたえてくれる灯《ともしび》にほかならなかった。透谷にとってミナとかかわることがそのまま内面を生きることだといえるほどミナの存在は大きかった。

　では、ミナにとって透谷はどんな存在だったのか。

　ミナが透谷について書いたものは残っていないから推測の域を出ないが、透谷との恋愛関係の曲折のなかで東大医学部出身の医師平野友輔との婚約を破棄し、社会的地位もなく経済的安定も望みがたい透谷との結婚に踏み切るといった決断一つを取ってみても、ミナはみずから自立した一人の人間としてこの世を生きようとし、透谷にたいしても男尊女卑もしくは夫唱婦随といった世間並みの男女観を超えるところで向き合おうとしていた。ミナが二〇歳前後の数年間、横浜のミッション・スクール共立女学校に通い、キリスト教の洗礼を受けていることも、ミナの自立した生きかたの一端を示すものといえようか。恋愛関係を通じて二人が近づく以前に、透谷はミナの目には一個の人格として見えていたと思われる。

　ミナにとってそれはそう特別のことではなかったが、透谷にとってはそう見られていることは特別のことだった。外界との関係が急速に冷えこみ、内面にもほの暗い深淵ばかりが広がる透谷にとって、自分を一個の人格と見てくれる女性の存在は、それこそが生きる支えであり、生きる希望にほかならなかった。自分の生を支え、自分の生を希望あるものにしてくれる以上、それは自分の内なる存在であり、しかも、自分の生きる力となる唯一の内面的存在であった。

　ミナを内面の存在としてもつことによって透谷はようやくおのれの内面に思考の翼を広げることができた。感情や意志や想像力が混沌と渦巻く内面世界に、いまだ十分な客観性を備えているとはいえないにせよ、それなりに形の整った思考の筋道をつけることができた。ミナあての何通かの書簡や、二人の関係の現在をみずからに問う手記は、思考の筋道が文字となってあらわれたものということができる。それらの文章はミナという自立した人格の存在なくしては書かれようのないものだった。

たがいが情を超えた人格として向き合っていることは、透谷にはっきりと意識されていた。別れを決意しつつ過去のミザリイをつづった手紙の二週間後に透谷は改めてミナあての手紙を書くが、その冒頭に以下の文言がある。（文語体の原文を口語体に直して引用する）

わたしはあなたとこの上なく親密なおつき合いをしたいものだと前々から望んでいた。とはいえ、二人がMutual love〔相思相愛〕に陥るとは夢にも思っていなかった。どうしてそうなったかを問うに、わたしは世上の人と心を割ってつき合うのが苦手だし、おもしろおかしく日々を過ごす世間の人びとはわたしの心が分からず、わたしと親しくなることもないだろうと思っていたから、つき合いは外面だけにとどまり、心を開いて話すことがなかった。ところが、ひとたびあなたの人柄を慕うようになると、できることならこのレディをば自分の憂《う》さを慰める真の友にしたい、ときどき訪ねていって心の曇りを晴らし、世の荒れすさんだ波風に漂う合間《あいま》に優美な音楽の響きをこのレデイの手から聞きたい、と思いがけなく考えるようになった。（同右、一八二ページ）

引用文中ローマ字書きで〝Mutual love〟とあるのと、片仮名で「レディ」とあるのはいずれも透谷の原文そのままである。自分たちの恋愛が日本的情緒に包まれた関係を超え出たものであり、ミナが男に従う消極性をぬけ出した自立した女であるという認識がこういう措辞を選ばせたと考えられる。そういうことばを選んで文をつづる透谷の心には、なにかしら開放へと向かう生きた新鮮な力が働いていると感じさせるが、その開放感は自立した女性たるミナが手紙を書き送る相手でもあり、恋の相手でもあることの照り返しとして得られたもので、透谷はそのことを十分に意識していた。相手に強く惹《ひ》かれながら別れを告げねばならぬといった心理の屈折は、手紙を書く透谷の気分を重たいものにしないはずがなかったろうが、ミナという一個の人格に向き合うことはその重たさに耐えるだけの精神の力をあたえてくれた。〝Mutual love〟や「レディ」には透谷の誇らしさまでが反映していると見ていいかもしれない。

いま一部を引用した手紙の翌日に透谷はミナあてのもう一通の手紙を書き、改めて自分たちの恋愛の真率さを確認し、会う日を指定している。縒《よ》りがもどったということなのだろう。それから一年数ヵ月ののちに透谷とミナは結婚し、新生活に入っている。

*

ミナとの関係を精神的な支えとして、外界とのつき合いにおいても内面の心理においても安定性を確保できるようになった透谷は、翻訳や英語教師の仕事で糊口を凌《しの》ぐ一方、思想と文学に相渉る文章の執筆に力を注ぐようになる。二〇歳の処女作が『楚囚之詩』、続く二年後の長編物語詩が『蓬萊曲』で、二作とも自費出版として世に出た。透谷としては精魂を傾けた作品だったろうが、世に容れられぬ主人公の内的苦悩に一定のリアリティが感じられはするものの、構成のふくらみのなさ、のびやかさを欠く一途な表現、話し手にそぐわぬせりふ、めりはりのない話の展開、といった欠点ゆえに読者の反響を呼ぶことはほとんどなかった。

透谷の名を世に知らしめるきっかけとなったのは、一八九二年二月発行の「女学雑誌」に載った論文「厭世詩家と女性」だ。透谷二三歳の作である。さわりともいうべき文を三つばかり、文語体を口語体に直して引く。

恋愛は人の世の秘密を解く鍵である。恋愛があって、そののちに人の世がある。恋愛をぬき去ったとしたら、人生にどんな色やどんな味があろうか。

恋愛を経験しないあいだは、社会は一個の他人のごときものでこちらの気を引くことがない。恋愛をしたとなると、物のあわれや風物の光景がどうでもよいものでなくなり、身にせまってくる。隣の家からわが家に移ってきたような感じだ。

想世界の純粋さを守ろうとして敗れ、気が沈み心の疲れた者は、なにを得て満足しようとするのか。労働や義務などは実世界の遊軍で、つねに想世界をねらっているし、その他もろもろの事物も想世界に攻撃をかけてくる。想世界を助け、想世界を満足させるものはなにか。恋愛がそうだ。……想世界と実世界との戦争において想世界に敗れた将軍が立てこもることのできる牙城、それが恋愛なのだ。

（勝本清一郎編『透谷全集 第一巻』岩波書店、一九五〇年、二五四―二五六ページ）

ミナとの恋愛経験が苦しみをも喜びをもふくめてくりかえし反芻され、思想のことばとして表現されたのがこれらの文言だといえようか。想世界に容赦なく侵攻してくる実世界の有形無形の力に耐え切れず、憔悴と疲弊のうちにしたたかな敗北感を味わった敗将が、恋愛のうちに再生の光を見出し、新たに想世界の構築に向かうという精神の軌跡は、透谷が深い実感をもって世に提示できる恋愛のすがたであり、人生のすがただった。人格と人格とが自立した存在として向き合うというミナと透谷の恋愛は、現実の関係のありよう自体が時代を超える新しさをもっていたが、恋愛と人生とをこのように強く結びつける透谷の恋愛思想も、時代にたいしてそれに劣らぬ新しさをもっていた。島崎藤村が小説『桜の実の熟する時』のなかで、「厭世詩家と女性」を初めて雑誌で読んだときの衝撃を、「これほど大胆に物を言った青年《わかもの》がその日までにあろうか。すくなくも自分等の言おうとして、まだ言い得ないでいることを、これほど大胆に言った人があろうか」と述べているのは、透谷の恋愛思想の斬新さを同時代の経験としてなまなましく証言したものということができる。

ところで、引用文中の「想世界」と「実世界」は透谷独特の用語で、わたしたちがこれまで

「内面」および「外界」と呼びならわしてきたものにおおよそ対応する語といってよい。実生活において外界とうまく折り合いがつかず物質的にも精神的にも不如意な日々を過ごすなか、自由民権運動の渦に巻きこまれて疎外感がいよいよ強まり、失意と混迷の境地へと追いこまれたのが青年透谷の時代を生きるすがたとすれば、その境地にあって暗く冷たい外界とはちがうものとしてほの見えてきた内面を透谷は「想世界」の名で呼んだのだった。

まなざしを想世界（内面）へと向かわせる力としては、くりかえし述べてきたように、ミナとの恋愛経験がなにより大きかったのだが、内面へと向かったまなざしが、自死に至る五年あまりの短い期間にせよ、内面を見つめ、内面に探りをいれることができたのは、透谷が書くという行為を生き甲斐としえたからだった。さきに引用した「厭世詩家と女性」にしても、論の後半では詩人にとって恋愛がたやすく成就するものでないことをバイロンやゲーテやダンテを例に論証する方向へと議論が逸れていくといったように、書かれたものは練達の域に達しているとはとてもいえないけれども、詩や評論のどの一つをとっても、内面を見つめる強いまなざしの感じられないものはない。

書くことがおのれの内面に錘《おも》りを下ろす行為であることによって、透谷の内面探索は論理的密度を高めるとともに、対象とする範囲が格段に広くゆたかなものとなった。たとえば恋愛が圧倒的に大きな位置を占めるといった一時期の内面地図は書き替えられ、歴史や、内外の文学や、同時代の社会状況と人びととの動きが思考の対象となり、それらを相手とする透谷の思考は感情の独り歩きを抑え、視野を広く取り、理路を整えつつ前へ進むものとなっていった。透谷にとっては、それが内面を問いつづけることであり、内面をもちこたえることだった。
人間の内面そのものを直接の主題としたものに評論「各人心宮内の秘宮」があり、そこに次のような文言がある。（文語体を口語体に直して引用する）

心には宮《みや》があり、宮の奥にはもう一つ、秘宮がある。第一の宮には他人がやってきて観察することを許すけれども、秘宮のほうは、だれもがそれに鍵をかけて簡単に人を近づけるようなことはしない。第一の宮においては人は自分の処世の道を語り、自分の希望や生きかたを口にするけれど、第二の秘宮においてはつねに沈黙を守って無言を通し、気力あふれた大詩人もそこには突入することができない。

人は当然、心の奥の秘宮を重んずべきだ。秘宮に光を当てるべきだ。秘宮を曲げてはいけない。汚してはいけない。秘宮をみんなの共有物としなければならない。大悪大罪が消えるのは秘宮においてであり、大仁大善が生じ、秘事秘密が天へと通じ、沈黙無言が声となって響くのも秘宮においてである。そうなのだ。永遠の生命が宿るのも、説明不可能と言われる人生の一端が説明されるのもこの秘宮においてだ。人生の最大・最重要の事柄はこの秘宮に置かれているのだ。（勝本清一郎編『透谷全集　第二巻』岩波書店、一九五〇年、九―一四ページ）

内面への注視が内面の神秘化ないし神聖化へと至るさまを示す文章だ。一つ目の引用で、内面に第一の宮とその奥の秘宮の二つがあるという構造が提示され、二つ目の引用で、奥の秘宮が当人にとってはもちろん、ほかの人にとっても、いや、世界の人びとすべてにとってなによりも大切なものであることが宣明される。

伝わるのは内面を書く場ともし生きる場ともする透谷の強固な決意だ。若き透谷のこれまで経てきた生活の跡を振り返ると、自身の躁鬱の資質のゆえもあって、人との親疎さまざまな交わりにおいて関係がうまく行かず、厭世的な気分になることが多かったのだが、悩ましさと苦しさの裏返しとしてここでは内面の秘宮にユートピア的な期待が寄せられている。標題にもいうように、この秘宮は透谷一個人の心宮内にあるだけでなく、あらゆる人の心宮内にあるのであって、ということは、秘宮内の各人の意志や思想や感情の交流が現実のミザリイ（惨めさ）をはるかに超えた、真に人間的なつながりへと至る可能性をもつというにほかならなかった。

「心宮内の秘宮」とはいかにも観念的かつ抽象的なもの言いだが、こういう観念的、抽象的表現のもとに透谷は少しく具体的に、文学の営みがその本質において「秘宮」を拠点とし、「秘宮」から「秘宮」へと伝わり、もって人間の精神的な絆《きずな》をゆたかにしていくものだと考えていた。文学がそのような力をもつことを透谷は主としてシェイクスピアやゲーテやバイロンやエマルソンなどの西洋文学から学んだのだったが、その力は文学一般に備わるもので、日本のすぐれた文学にもそれは期待できるし、透谷自身のめざす文学もそれと別のものではなかった。

文学の内面性ないし精神性を透谷はどのように考えていたか。それを示す好個の資料として、以下に評論「人生に相渉るとは何の謂《いい》ぞ」の一節を抜萃引用する。芭蕉の俳句「名月や池をめぐ

りてよもすがら」を引きながら、この俳人の内面性・精神性を抉《えぐ》り出そうとする文章だ。（文語体を口語体に直して引用する）

池の岸に立った一個人・芭蕉は肉を備えた人間であることを記憶せよ。……功名と利達と事業とに手を出す機会がたくさんあったことを記憶せよ。世を渡る事業になんの困難も感じなかったことを記憶せよ。にもかかわらず、かれはみずから満足することがなかったし、みずから勝利したと信じられなかった。……かれは池の一方に立って池の小部分をにらむのをよしとせず、ゆっくり歩き始め、池の周辺を一めぐりした。一めぐりでは池の全面をにらむのに不十分だと分かって、二めぐりした。二めぐりで池の全面をにらむには十分だが、池の底までをにらむことはできなかったため、さらに三回、四回とめぐり、ついには終夜《よもすがら》めぐることになった。……かれは実を忘れた。人間を離れ、肉を離脱した。実を忘れ、肉を離脱し、人間を離れてどこへ行ったのか。ほととぎすの行方を問うのは無用だ。天涯高く飛び去って、絶対の物、すなわちIdea〔理念〕にまで到達したのだ。

……

造物神はわたしたちに意志の自由をあたえた。現象世界で煩悶し苦戦するなかで、わたしたちは造物神のあたえてくれたこの生命力を利用して猛虎の牙を弱め、崩れそうな崖の根本を堅めることができる。現象世界を超え出て最後の理想に到達する道がわたしたちの前に開けている。自由奔放な文芸を後世に伝えていくのは、この生命力を伝えていくことだ。……

肉の剣がどんなに鋭かろうとも、肉をもって肉を撃つというのは文学者の究極の戦場ではない。目を上げて大、大、大の虚なる世界を見よ。そこに登っていって清涼宮をつかむがよい。清涼宮をつかんだならそれをもって帰って、俗界の人びとにその水の一滴を飲ませるがよい。かれらは元気づくだろう。元気づいてほしいものだ。（同右、一二二―一二四ページ）

かつて「実世界」と「想世界」という用語で示された世界の二分法が、ここでは「現象世界」と「虚界（虚なる世界）」の対比として受け継がれている。「現象世界」には功名、利達、事業や実、肉、人間が属し、「虚界」には絶対の物、Idea、風雅（文芸、意志、生命）が属するとされる。Ideaはいうまでもなく英語からの借用だが、ひょっとして背後にプラトンの「イデア」「イデア界」が潜んでいるかもしれない。

だが、内面を外界の汚濁から切り離し、清浄無垢の世界として確保する「想世界」と「実世界」の二分法は、単純な清濁の図式としてそのまま維持されることはない。透谷における内面の探索の進展とともに、「想世界」が人間の主体的な意志や思考や生命力と強く結びつき、さらには意志や思考や生命力の成果である文芸や思想や宗教と強く結びつく。かくて内面と外界の対立は、古代ギリシャ以来の西洋思想に底流する精神世界と物質世界の対立に――存在においても価値においてもたがいに拮抗する精神世界と物質世界の対立に――重なり合うものになっていく。

しかも透谷は、西洋の文学に広く通じ、またキリスト教の世界観にも関心を抱いていた（透谷はミナとの恋愛中に数寄屋橋教会で受洗入会している）ことからして、外界と内面の対立を出発点とするおのれの思想的苦悶が、論の発展とともに西洋的な世界観の対立へと視野を広げていくことに自覚的だったと考えられる。

だが、「想世界」とも「心宮」とも呼ばれる内面が精神的にどんなに広がりをもとうとも、それが内面に発し、内面を根拠とすることを透谷が忘れることはなかった。精神世界と物質世界の世界観的対立が若き透谷にとって課題として巨大にすぎる以上、透谷は内面へと還っていくほかはなかった。内面を手放さないことが終生変わらぬ透谷の思想的特質だった。「名月や池をめぐりてよもすがら」という、読みようによっては詩人と大自然との合一を詠《よ》んだと解釈もできる句を相手に、芭蕉の内面を見つめつづけたのがさきの引用文だったとすれば、次に引用するのは、「インスピレーション」という宗教とも芸術とも深くかかわる語をめぐって、それと個の内面との繊細な交流に言及した一節である。(文語体を口語体に直して引用する)

インスピレーションとはなにか。必ずしも宗教的な意味でこれを問題とするのではない。(組織としての)宗教がなに一つなくてもインスピレーションは存在する。哲学が一つもなくてもインスピレーションは存在する。要するに、インスピレーションとは宇宙の精神、すなわち神なるものから発して、人間の精神、すなわち内部の生命なるものにやってきて、内部の生命が感応するものにすぎないのだ。わたしたちがそれを感じるのは電気に感応するのと似ている。それに感応しないようなら、どうして純にして聖なる理想家が存在しえようか。

この感応によって人間の内部の生命がもう一度作られ、この感応によって人間の内部の経

験と内部の自覚がもう一度作られる。（同右、二四八―二四九ページ）

引用は「内部生命論」と題する評論からだが、内部生命といい、インスピレーションといい、明治二〇年代の知識人たちにとっては眩《まぶ》しいほどに高貴で新鮮に感じられたことばだったろう。透谷もそういうものとしてこれらのことばを選んだにちがいなく、人間の内面を瑞々しく崇高なものと感じつづけていた透谷にとって、その内面を眩しいほどに新鮮なことばで表現することはまさしく意にかなうことだった。

ここで改めて確認すべきは、個の内面に執着しつづけ、内面を眩しいほどに新鮮なものだと受けとめる感性が、俗悪でうす汚れた外界に安易に妥協すまいとする粘り強い抵抗の意志と表裏をなしている事実だ。現実とは異質の秩序と価値をもつ、内なる世界として想世界を見出して以来、透谷の目には、外界と内面が地つづきのものに見えたことは一度もなかった。内面と外界とのあいだには超えがたい溝があり、二つをともども目の前に置いたとき見えてくるのは、両者の対立であり矛盾だった。

そのような見えかたは透谷の生きかた、ないしは現実との対しかたに密接に関係するもので、その点から、内面と外界の断絶と対立・矛盾は透谷がおのれの生きざまとして主体的に選びとったものともいえる。透谷の主体が外界を負の極においてとらえ、「牢獄」として形象化したのが、透谷の数少ない小説の一つ『我牢獄』である。その一節を以下に、文語体を口語体に直して引く。

わたしはわたしの天地を数メートルの大きさと見なす。しかし、その計算は人間が勝手にやることで、数万メートルと計算する人もいるはずだ。要するに天地の広狭は心の広狭に見合っている。ところが、わたしは不思議にも天地を数メートルの広さとし、自分の坐るところを牢獄だと認める。たしかに牢獄なのだ。人間の形をした獄吏が来ることはないが、折々見舞いに来るものは一種の獄吏と見てよい。名誉がそうだし、権勢や富貴や栄達がそうだ。これらのものはわたしには獄吏がすがたを変えたものに見える。

名誉、権勢その他はわたしにとっては獄吏だが、人によっては天使のように見える。そうしたものに責めたてられるとき、無上の快楽を感じるのだ。わたしの目がくもっているのか、かれらの目が盲目なのか。その判断を下せるのはだれか。（同右、三五三ページ）

憔悴と失意の境地にあった一〇代の終わりごろ、ミナあての書簡で「全くアンビション（立身出世）の梯子より落ち」たと告白し、それ以降、同じ梯子に近づこうとも登ろうともしなかったかに見える透谷が、しかもなお、名誉や権勢や富貴や栄達が獄吏のごとくにやってくるのが見えるという。明治社会の現実がそうした世俗的な価値に色濃く染まっていることを示すイメージといってよかろう。そして、自分には獄吏と見える世俗的価値を天使のごとく歓迎する人びとも少なくないという指摘は、外界にたいする透谷の内面の抵抗の激しさと根深さを語っていよう。引用文末尾の疑問形を見れば、世俗的価値が獄吏に類するものか天使に類するものか、透谷自身決めつけかねているもののようだが、自分が名誉、権勢その他を獄吏と見ることについて透谷に迷いはなかった。それが透谷のゆるぎない文学的立場であり思想的立場だった。

透谷の文学ないし思想は一般にロマン主義の名で呼ばれるが、その生きかたにおいて内面と外界がこんなにも隔絶していた透谷にあっては、リアリズムの側に身を寄せるのはたしかに難しかった。内面と外界のあいだに一定の照応関係がなりたち、二つの世界を行ったり来たりすることが二つの世界をそれぞれにゆたかにし、関係を太く強くすること、それがリアリズムのめざすところだからだ。二五歳の若さで自死した透谷がもっと長く生きていたら、リアリズムの道も開けたかもしれないが、それは言っても詮ないことだ。

個として内面的・主体的に生きるのが困難な明治の現実を思うと、その現実に抗《あらが》って内面を見つめつづけ問いつづけた透谷の短い生涯は、苦悶のなかに精神の輝きを見てとれるたぐいまれな活動の軌跡だった。透谷みずからおのれの過去をミザリイ（惨めさ）の名で呼んだことがあったが、名誉や権勢や富貴や栄達の誘いの手がどこからか伸びてきて個の内面を侵そうとする負の現実のなかで内面の自由と生命力を守ろうとすれば、惨めさの境地へと追いこまれるのはほとんど必然といってよかった。惨めさを承知の上で負なる現実に抗いつづける。透谷はそのような文学と思想の道を行けるところまで行こうとしたのだった。

3　樋口一葉――底辺の人びとへの文学的共感

樋口一葉は一八七二年（明治五年）に東京で生まれ、一八九六年（明治二九年）に同じく東京の生地からやや離れた場所で没した。自死によって世を去った透谷はわずか二六年の短い生涯だったが、一葉はさらに短く、二四歳の若さで肺結核に命を奪われた。

死ぬ前の二年ほどは、短編・中編の小説がすぐれた文学として文壇に広く認められ、新聞や雑誌に取り上げられて話題になり、また、文学者たちとのつき合いも格段に広がった。文学者として、また生活者としての一葉の動向はそうした知人・友人の談話や筆記を通して知られるし、それ以前の生活についても、幼少期は別として、一〇代の半ば以降は歌塾「萩《はぎ》の舎《や》」の仲間の思い出話や、断続的に書かれた一葉自身の日記によって知られる。

一葉が一六歳の一八八九年――大日本帝国憲法発布の年――、父の則義が多額の負債を残して死に、若い一葉は戸主として母と自分と妹の三人世帯を守りぬく責任を負わされる。返済は容易なことではなく、一葉が本郷区菊坂町、下谷区龍泉寺町、本郷区丸山福山町と居を変えつつ母および妹とともに過ごした日々は、全体として薄幸と不遇の影が濃い。死の四ヵ月前まで断続的につづられた日記は、薄幸と不遇をひたと見つめ、つらい境遇のなかになんとか生きる手立てを見出していこうとする書き手の強い意志を示して、読む者の心を打つ。

一〇代後半から二〇代前半にかけての一葉の不幸な境遇は、大きく三つの要因からなっていた。箇条書きにすれば、一、衣食住の費えにも事欠く家計の貧困、二、頭痛と肩こりにたえず悩まされ、やがて肺結核に侵される病弱な体質、三、女であるがゆえに蒙《こうむ》らねばならぬ差別、の三つだ。

貧困は、さきにいう父の多大な負債によるものだった。残された女三人はまずは裁縫と洗い張りで生計を立てたが、極度の近視だった一葉はこまごまとした賃仕事には向かなかった。本郷区菊坂町から下谷区龍泉寺町に移ってからは、自宅で荒物と駄菓子を売る店を営んだが、にわかに始めた商売はうまく行かず、一葉には重い荷物運びに疲れの重なる日々が続いた。結局店はたたむほかなく、一家三人は本郷の丸山福山町に引っ越すことになった。一葉は歌塾「萩の舎」で月額二円の教授を務め、また文名も高まって雑誌「文学界」その他から原稿料をもらうことができたが、それらの収入では貧困を脱し、ゆとりのある生活を送ることはかなわなかった。

樋口一葉

不幸の要因の二つ目、病弱な体質についていえば、もともと強健ではなかった一葉に、父の死後の苦労は身にこたえたはずだが、一葉は自分の病状をどう受けとめていたものか。持病のごとき頭痛や肩こりに加えて、『大つごもり』『たけくらべ』『にごりえ』と執筆に脂が乗った時期には肺結核に苦しめられる。一葉の晩年に同人誌「文学界」の仲間とよく一葉宅を訪れた馬場孤蝶が、一葉の死の二〇日前に病床を見舞った様子をこう述べている。

……十一月の三四日頃に暇乞《いとまごい》に行った。邦子君〔一葉の妹〕が「会って呉《く》れとは云い兼ねる。唯見て行って呉《く》れ」と、奥の六畳の病室を開けた。一葉君は熱ざましを今しがた飲んだ所だというのであったが、髪が乱れて、苦しそうに頬に紅《あか》みを呈し、東枕に臥《ね》て居た。私は、西になる次の間の敷居際《しきいぎわ》に居たのに、苦しそうな呼吸が一々数えられるように聞えた。……私が「此の歳暮《くれ》には又《また》帰って来ますから、その時又《また》お眼にかかりましょう」と云ったのを邦子君が取り次ぐと、一葉君は呻《うめ》くような苦しそうな声で「その時分には私は何に為《な》って居ましょう、石にでも為《な》って居ましょうか」ととぎれとぎれに云った。

（野口碩編『全集樋口一葉別巻 一葉伝説』小学館、一九九六年、二九四ページ）

「石にでも為《な》って居ましょうか」というもの言いが切ない。死期の近いのを自覚しつつ、石に為るという比喩に思いを託すところには一葉の文学者としての矜持がのぞいているように思える。

不幸の要因の三つ目に当たる、女なるがゆえの差別は、一一の年、女に学問は要らないという母の意見で小学高等科を退学させられることに始まり、以後、文学の才を示し、文学で身を立てようとするたびに仲間の怨《うら》みや妬《ねた》みを買うことになったが、女なるがゆえの差別は貧困や病いによる実質的な不幸に比べれば、精神ないし思想にかかわる面が大きいだけに、気丈な一葉には与《くみ》しやすかったのではないか。実際、不幸に耐えぬく一葉の精神的な強さは並大抵のものではない。一葉の文学は不幸のなかにあって不幸を見つめ、不幸と格闘することに人間的な意味を見出していく営みだった。

以下、死に至る二年ほどのあいだに書かれた『大つごもり』『にごりえ』『たけくらべ』の代表作三編を取り上げ、一葉の文学の特質と時代とのかかわりを見ていきたい。三編はいずれも、「奇蹟の十四ヵ月」と呼ばれる時期に書かれた作品だが、それ以前の作品とのあいだにはたしかに「奇蹟」の名で呼びたいほどの大きな落差がある。落差はどうして生じたのか。

そもそも一葉が小説を書く気になったのは、同じ歌塾・萩の舎に通う田辺花圃《たなべかほ》が小説『藪の鶯』を刊行したことに刺激されてのことだった。一葉に文学への思いがあったのはもちろんだが、原稿料が得られれば貧乏な家計の足しになるという計算も働いていた。

最初に公になった小説は『闇桜《やみざくら》』で、一葉二〇歳の作である。『伊勢物語』の二三段「筒井筒」を範とするものだ。

共同の井戸を使う隣り合わせの家に、一方には一人息子で二二歳の学生良之助、他方には一六歳の一人娘お千代が住んでいた。二人は幼いころから仲がよかったが、風の冷たい二月の半ばに連れ立って摩利支天《まりしてん》の縁日に梅見に行き、その仲むつまじい様子がお千代の学友たちの目にとまり、お千代はからかわれる。

そのからかいをきっかけにお千代は自分の恋心を自覚し、心は恥ずかし、恐ろし、苦し、悲し、と乱れに乱れる。が、相手に恋心を訴えるすべはなく、お千代は日一日と痩《や》せ衰えていく。良之助に意が通じたときにはお千代の命は旦夕《たんせき》にせまっている。小説の幕切れは、枕元にいる良之助にお千代が、あえぎあえぎ「帰ってください」という場面だ。最後の数行を原文のまま引用する。

良之助、起《た》つべき心はさらにもなけれど、臨終《いまは》に迄《まで》も心づかひさせんことのいとをしくて、屏風《べうぶ》の外《ほか》に二足《ふたあし》ばかり。糸より細き声に「良《りやう》さん」と呼び止められて、何ぞと振り返へれば、「お詫《わび》は明日《みやうにち》」。

風もなき軒端《のきば》の桜ほろほろとこぼれて、夕やみの空、鐘《かね》の音《ね》かなし。

（坪内祐三編『明治の文学 第17巻 樋口一葉』筑摩書房、二〇〇〇年、一〇ページ）

あえて原文（文語文）のまま引用したのは、歌物語ふうの情緒が文体からも汲みとれようかと思ってのことだ。「風もなき……」という最後の一文は題名「闇桜」に響き合ってもいる。

若い男女の心のすれちがい、という筋立ては、その俗っぽさをふくめて、伝統的な歌物語の作風を受け継ぐものだ。一葉が萩の舎で学んだ王朝風の歌や物語をお手本として踏まえ、明治という新しい時代にも通用する優雅な情調の文学世界を作り上げようとすれば、こういう方向へと筆が向かうのは納得できる。それなりに形の整った短篇といえようか。このあとほぼ四年、一葉は場所を替え、人物を替えて王朝の歌物語にならう小説を書きつづけた。

そうした作風が『大つごもり』で大きく転換する。

話の筋でいえば、男女の恋を主題とする物語から金銭をめぐるかけひきと義理人情の物語への転換である。井原西鶴の町人物が『大つごもり』に影を落としていることは多くの研究書の指摘するところだが、王朝風の歌物語が西鶴の町人物へと移行したとなれば、そこに作家の問題意識と文学観の決定的な変化を想定せざるをえない。

金銭をめぐる人間関係には、かかわる人間の貧富の問題が深くからんでくる。優雅で幻想的な恋物語に代わって、日々の生活を実質的に左右する金銭のリアリズムが作品を導く動力となる。一葉の関心は夢のような幻想を紡ぐことから人びとの生活の実質を見つめることへと移っていった。

『大つごもり』の主人公は、早くに父母を失い伯父の家で育てられ、いまは大金持の山村家に女中奉公する一八歳のお峯である。親に代わってお峯を養育した伯父一家は、伯父の病気によって商売の八百屋が立ちゆかなくなり、借金の返済に困ってお峯に奉公先の山村家から二円を借り出してくれまいかと頼む。いったんはお峯の頼みを聞き入れてくれた御新造《ごしんぞ》が、期日ぎりぎりになってそんなことを承知した覚えはないという。切羽《せっぱ》つまったお峯は、あたりに人がいないのをさいわい、懸《か》け硯《すずり》の引き出しにあった二〇円のなかから二円をぬき取り、受けとりにきた伯父の息子に渡す。御新造のお咎《とが》めを覚悟し、伯父家に累が及ばないことをひたすら願うお峯だったが、思いもかけぬことに、山村家の先妻の子で、家の金をもち出しては放蕩無頼に浪費している長男が、引き出しの金を着服し、「引出しの分も拝借致し候」と書いた紙切れを残してくれたおかげで、お峯の罪は問われることなく終わる。小説は「後《のち》の事しりたや」という漠としたことばで幕を閉じる。

いかにも中途半端な終わりかたで、人によってはリアリズムの不徹底を難じたくもなろうが、そこに至るまでの、金銭をめぐる登場人物たちの悩み苦しみ、また金銭ゆえの思いもかけぬ行動は実にリアルに描きこまれている。

子どものころ、両親が相ついで亡くなり、いまは養い親の伯父一家が借金に苦しむ状態のお峯は、自力で生きていくしかない。奉公先は貸長屋を一〇〇軒ももつ町内一の分限者だが、御新造がけちで気まぐれで口うるさく、奉公は楽ではない。けれど、お峯はその女主人の機嫌を損《そこ》ねないよう気を遣い、下女のいつかぬ山村家に勤めてもう一年になる。

一方、自分を養い育ててくれた伯父一家にたいしてはお峯は深い恩義を感じていて、暇がもらえさえすれば里帰りして養父母に優しい慰めのことばをかけ、従弟《いとこ》に当たる三之助には、貧乏に負けないでしっかり生きるよう励ましのことばを忘れない。

そんな律義でまじめな娘に伯父が奉公先から二円の金を借り出してくれないかと無心する。伯父の窮状を知るお峯は断《ことわ》れない。お峯は御新造の機嫌のよいときを見はからって話を切り出し、曖昧ながらなんとか承諾の返事を得た。ところが、大晦日《おおみそか》の昼間に三之助が金を取りにきて、お峯が約束の金を、と催促すると、御新造は、そんな約束をした覚えはない、お前の聞きちがえだろう、と言う。追いつめられたお峯は罪と知りつつ盗みという非常手段に出る。

盗みなどしそうもない律義で誠実な娘が盗みを働くに至る過程は、その心理と状況が周到に綿密に組み立てられているがゆえに、読む者に切ない思いを抱かせる。

この切なさは、改めていえば、王朝風の優雅で幻想的な歌物語において、純な恋心が相手にうまく伝わらず、ついに悲恋に終わるという切なさとは質を異にする。歌物語のこしらえものの切なさを超えた、現実の、生きた世界から来る切なさがそこにはある。お峯のまわりの山村家や伯父一家の人びとも、たとえば、山村家の御新造や、伯父の息子の三之助など、読み進むうちにしだいに血と肉が備わり、せりふの声音までが聞こえてきそうな存在となるのだ。

そのことを一葉の文学的姿勢という観点からいえば、王朝の歌物語を手本とする手習いの文学を脱して、現実の個人と社会のありかたに目を凝らし、人としてこの世を生きる意味を問う文学へと方向転換したといえようか。金銭をめぐる悶着など、およそ歌物語の主題になりそうもない下世話な話柄《わへい》だが、一葉は、分限者の家に女中奉公する貧乏娘を下世話なトラブルに巻きこむことによって、金銭と人間の生きかたのからみ合いを輪郭づけようとした。となれば、お峯は育ちのいい優雅な女主人公ではありえないし、周囲の世界もロマンティックな幻想的世界にはとどまりえない。そして、そういう下世話な世界にも、いや、下世話な世界にこそかえって、人間らしい心があり、人間らしい生活がある。そのことに一葉は気づく。貧富さまざまの人間が金銭をめぐって交錯するうす汚れた物語を書くうちに、人物たちが生き生きと立ち上がり、人物の織りなす世界がしだいに現実味を帯びてくることに一葉の心はゆさぶられ、筆が勢いづくといったふうだったにちがいない。王朝風の歌物語も、それはそれで一葉のつらく苦しい現実から生まれ育ったものだったが、『大つごもり』に至って、同じ現実から生まれ育った物語が、現実のつらさと苦しさを内部にかかえこみつつ、作り出された人物たちと、その織りなす人間模様が、文学という想像の世界で人間的な輝きを帯び、現実世界に拮抗する力と存在感をもつことを一葉は作者として実感したといえるように思う。

＊

『大つごもり』のお峯のつらく苦しい暮らしのその先に、『にごりえ』のお力の、また源七、お初の、さらなる深淵へと引きずりこまれていくつらく悲しく切ない境遇があり、人生がある。

題名の「にごりえ（濁り水のたまった入江）」は、酒屋の看板を出しながら裏で淫売宿を営むような、いかがわしい銘酒屋の並ぶ街並みをさす。世のうす汚れた暗さに目を凝らす作者の姿勢を暗示する題名だ。

そこの「菊の井」という銘酒屋が小説の舞台で、二人の娼婦の登場で幕が開く。二人は店の前を通る男連にだれかれなしに声をかけて客引きをし、あいまに思いつきの会話を交わす。二人の名は、お力とお高。うちの一人お力がこの小説の主人公だが、相棒のお高が盛りを過ぎた年増であるのと対照的に、お力は「中肉の背恰好すらりつとして洗ひ髪の大嶋田に」さわやかな新藁《わら》の髪飾りをつけ、「これみよがしに乳《ち》のあたりまで胸くつろげて」色白の肌を見せ、「長烟管《ながぎせる》に立膝《たてひざ》の無沙法」な恰好で煙草をすぱすぱ吸っている、と、その婀娜《あだ》めく娼婦姿が描かれる。『にごりえ』執筆時に一葉の住んでいた本郷の丸山福山町の家は、銘酒屋街にほど近く、一葉は頼まれてそこの女性たちの手紙を代筆していたというから、お力のような艶姿《あですがた》もごく身近に目にしていたと思われる。

お高とお力の会話のなかにふと源七の名が出てくる。かつて恋仲だったお力と源七はいまは縁切れの状態だが、お高は双方に未練が残っていると感じ、手紙を書いて相手を呼び出すようにとお力に言う。お力は取り合わない。売れっ子娼婦の誇りをそのままに、「今は忘れてしまつて源とも七とも思ひ出されぬ。もうその話しは止《や》め〳〵」とそっけない。が、そのそっけなさがかえってお力の心のゆれを思わせる。心のゆれにまで思いがいくのは、娼婦を見つめる作者に温かいまなざしがあるからで、そのまなざしのおかげで新開の銘酒屋にはある種の明るさが備わってもいる。

さて、源七の惨めさも並一通りではない。源七がお力のもとへ通うようになって一家の貧窮の度がきわまり、女房のお初が蟬表《せみおもて》の内職に精を出しても食うや食わずのその日暮らしが続く。一人息子・太吉の子どもらしい元気なふるまいが唯一の明るい材料だが、その太吉もお力をめぐって生じた両親の心の行きちがいをそれとなく感じとって無邪気さに影が差しもする。源七はお力を諦めようとして諦め切れず、お初はそんな源七に苛立ちながらそれでもなんとか三人で生きていこうと力を振りしぼっている。一家は物質的に追いつめられているだけでなく、精神的にも八方塞がりの状態だ。

源七一家の貧窮ぶりと夫婦の諍《いさか》いは『にごりえ』全八章のうち二章（四章と七章）を費やして丁寧に描かれる。四章では一人息子をあいだにはさんでたがいに気持ちを抑えて向かい合っていたお初と源七が、七章では感情を爆発させる。お初は、お力への未練を捨て切れぬ源七に怒りのことばを投げつけるだけではおさまらず、お力に菓子を買ってもらった四歳の息子にまで八つ当たりする。（原文のまま引用する）

あ、年がゆかぬとて何たら訳の分からぬ子ぞ、あの姉さんは鬼ではないか、父さんを怠惰《なまけ》者《もの》にした鬼ではないか、お前の衣類《べべ》のなくなつたも、お前の家《うち》のなくなつたも皆あの鬼めがした仕事、喰《くら》ひついても飽き足らぬ悪魔にお菓子を貰《もら》つた、喰べてもいいかと聞くだけが情《なさけ》ない。汚《きたな》い穢《むさ》いこんな菓子、家へ置くのも腹がたつ、捨《す》てしまいな、捨《す》てておしまい、……馬鹿野郎め。（同右、二一一—二一二ページ）

憤怒のことばとともに菓子の袋を裏の空地に投げつけるお初に、今度は源七が怒りの声を挙げる。

いい加減に人を馬鹿にしろ。……知人《しつたひと》なら菓子ぐらい子供にくれるに不思議もなく、貰《もろ》ふたとて何が悪《わ》るい。馬鹿野郎呼《よば》はりは太吉をかこつけに我《を》れへの当《あて》こすり、子に向つて父親《てておや》の讒訴《ざんそ》をいふ女房気質を誰れが教へた。お力が鬼なら手前は魔王、商売人のだましは知れてゐれど、妻たる身の不貞《ふて》腐れをいふて済むと思ふか。土方《どかた》をせうが車を引かうが、亭主の権《けん》がある。気に入らぬ奴を家には置かぬ。何処《どこ》へなりとも出てゆけ、出てゆけ、

「出てゆけ」といわれても、お初に行き場はない。お初は「口惜《くや》しく悲しく情なく、口も利《き》かれぬほど込上《こみあぐ》る涕《なみだ》を呑込《のみこ》んで」謝るほかはない。

（同右、二一二ページ）

これは私が悪うござんした。堪忍をして下され。お力が親切で志《こころざ》してくれたものを捨《すて》てしまつたは重々悪うございました。……決してお力の事につきてこの後《ご》とやかく言ひませず、蔭の噂《うはさ》しますまい故、離縁だけは堪忍して下され。改めて言ふまではなけれど、私には親もなし、兄弟もなし、……離縁されての行き処《どころ》とてはありませぬ。どうぞ堪忍して置いて下され。私は憎《に》くかろうとこの子に免じて置いて下され、謝《あやま》ります。（同右、二一三ページ）

四章から七章へとこの貧乏一家の窮迫ぶりを追ってきた読者には、苦労に苦労を重ねる健気《けなげ》な働き者のお初が謝ることなどまったくないと思える一方、ここで涙ながらにお初が謝る心情は痛いほどに分かる。源七の未練がましい恋情とふがいなさへの怒りが昂《こう》じて、息子に八つ当たりしないではいられないのもお初の真実なら、出てゆけといわれ、詫びを入れてでもいっしょに暮らそうと思うのもお初の真実なのだ。お初の「口も利《き》かれぬほど込上《こみあぐ》る涕《なみだ》」は二つの真実のあいだに溢れ出た、運命を恨む涕だったともいえようか。

比べていえば、源七の困窮と不幸はお力との恋愛行為という主体的な要素がからむから、運命を恨むというところへまっすぐつながるものではない。しかし作者は、源七の落魄を男の身勝手が招いた罰として描いてはいない。お力との交情が自分たちをさらなる惨苦へと追いやる行為であることは源七の自覚するところで、しかもなお源七はお力への思いを捨て切れない。一葉は、そうした心の動きを倫理的に批判するという以上に、抑え切れぬ恋情に振り回される人間の業《ごう》のごときものをそこに見ている。

「出てゆけ」「置いて下され」「どうしても置かれぬ」という諍《いさか》いの末にお初は息子を連れて家を出ていく、どことというあてもなく。

が、この話は小説の副筋である。本筋はお力の境涯と心の動きだ。

お力は密淫売の銘酒屋で春を売る娼婦だから、金に余裕のあろうはずはないが、気を許した客への打ち明け話によると、子ども時代も極貧の暮らしだった。七つの歳の冬に米を買いに行かされ、味噌を濾《こ》すざるに米を入れて帰る途中、溝板《どぶいた》の氷に足が滑って米が溝泥《どぶどろ》の上に落ち、拾うに拾えず、父母の悲しみを思うと帰るに帰れず、その場にじっと立って泣いていたという。続くお力の打ち明け話と、話し終わったあとの客との対座のさまを、原文のまま引用する。

皈《かへ》りの遅きを母の親〔母親の〕案じて尋ねに来てくれたをば時機《しほ》に家へは戻つたれど、母も物いはず父親《てておや》も無言に、誰《た》れ一人私をば叱る物もなく、家の内森《しん》として折々溜息の声のもれるに、私は身を切られるより情《なさけ》なく、今日は一日断食《だんじき》にせうと父の一言《ひとこと》いひ出すまでは忍んで息をつくやうでござんした。

いひさしてお力は溢れ出る涙の止め難ければ、紅ひの手巾かほに押当《おしあて》て、その端《はし》を喰ひしめつつ物いはぬ事小半時《こはんとき》、座には物の音もなく、酒の香《か》したひて寄りくる蚊《か》のうなり声のみ高く聞えぬ。

（同右、二〇七ページ）

子どものお力が両親と黙って向かい合っている場面も印象的だが、話し終えたあとに客とのあいだに沈黙の時が流れる場面もそれに劣らず印象的だ。あえぐようにして日々を生きる底辺の人びとの困苦は、人間にとって普遍的な意味があり、その普遍的な意味をなんとか文学的な表現にもたらそうとする一葉の思いが、連続する二つの沈黙にはこめられているように思える。

とはいえ、一葉はお力を貧窮に忍従する女としては造形しなかった。自分と現実社会との疎隔を見つめないではいられない、強い主体的意志をもつ女として造形した。その意志がお力の内心の声として表現された一節を以下に（原文のまま）引用する。さきに引用した打ち明け話の一つ前の章（五章）に出てくる、『にごりえ』中もっとも激しいことばの連ねられる一節である。

あゝ嫌だ嫌だ嫌だ。どうしたなら人の声も聞えない、物の音もしない、静かな、静かな、自分の心も何もぼうつとして、物思ひのない処《ところ》へ行かれるであらう。つまらぬ、くだらぬ、面白くない、情ない悲しい心細い中に、何時《いつ》まで私は止められてゐるのかしら。これが一生か、一生がこれか、あゝ嫌だ〳〵と道端の立木へ夢中に寄《より》かゝつて暫時《しばらく》そこに立どまれば……。どうで幾代《いくだい》もの恨みを背負《せおう》て出た私なれば、するだけの事はしなければ死んでも死なれぬのであらう。情ないとても誰《た》れも哀れと思ふてくれる人はあるまじく、悲しいと言へば商売がらを嫌ふかと一《ひ》ト口《くち》に言はれてしまう。ゑ、どうなりとも勝手になれ、勝手になれ。私には［これ］以上考へたとて私の身の行き方は分らぬなれば、分らぬなりに菊の井のお力を通してゆかう。人情しらず義理しらずか、そんな事も思ふまい。思ふたとてどうなる物ぞ。こんな身でこんな業体で、こんな宿世《すくせ》で、どうしたからとて人並みではないに相違なければ、人並の事を考へて苦労するだけ間違ひであろ。あ、陰気らしい、何だとてこんな処《ところ》に立つてゐるのか、何しにこんな処《とこ》へ出てきたのか。馬鹿らしい、気違《きちが》ひじみた、我身《わがみ》ながら分らぬ、

（同右、二〇二ページ）

凄味のある厭世観であり絶望のうめきだ。抑えようとして抑え切れぬ内奥の思いが堰《せき》を切ったように流れ出た文章だ。現実を突破し、自分を突破して見も知らぬ世界に行きたい、という狂気じみた思いがお力を駆り立てる。生きた現在のかなたにある、茫漠とした、虚無の気配の濃い世界に出ていこうとするエネルギーがお力の全身にみなぎっている。虚無の世界への脱出願望とは逆説めく言いかただが、そんな矛盾した願望がひょっとして薄幸の文学者一葉の心に潜んでいたかもしれないと思う。

すでに見たように、源七一家の窮乏と夫婦の諍《いさか》いは、お初が太吉を連れて家を出るという形で決着する。出ていくほうも残るほうも、前途は暗い。

お力はどうか。

ごく短い最終八章で、お力と源七の死が人びとのうわさ話の形を取って語られる。合意の上の情死だというわさもあれば、逃げる女を男が切りつけ、女の死を追って男が切腹したというわさもあったという。

真相はさだかでないという書きかただが、二人がいっしょに死んだというだけで胸を衝《つ》かれる話の終わりかただ。死のむこうには虚無の世界が広がっているが、それがお力にとっても源七にとってもそれなりにふさわしい最後だと思えるのが救いだ。救いの源は、もがいても苦しんでも光明の見えてきそうにもないお力と源七にたいして、書き手の一葉が変わることなく透明な愛惜の念をもちつづけていることにあって、それゆえにこの二人は消え入りそうな孤独の極にあっても読者には身近な存在に感じられる。いや、二人だけではない。家を出たとて行くあてのないお初・太吉の母子も、読者の心の底にとどまりつづける。一葉の小説において底辺に生きる人びとの困苦が人間にとって普遍的な意味をもってあらわれるということは、困苦を生きる人びとがわたしたちの精神に近しいものであることと切り離せなかった。

＊

『にごりえ』が一葉の最後に移り住んだ本郷区丸山福山町での経験をもとにした小説だったのにたいして、それと前後して書かれたもう一つの代表作『たけくらべ』は、その一つ前に住んだ下谷区龍泉寺町で荒物・駄菓子の店を開いていたときの経験を下敷きにした小説である。背の高さ

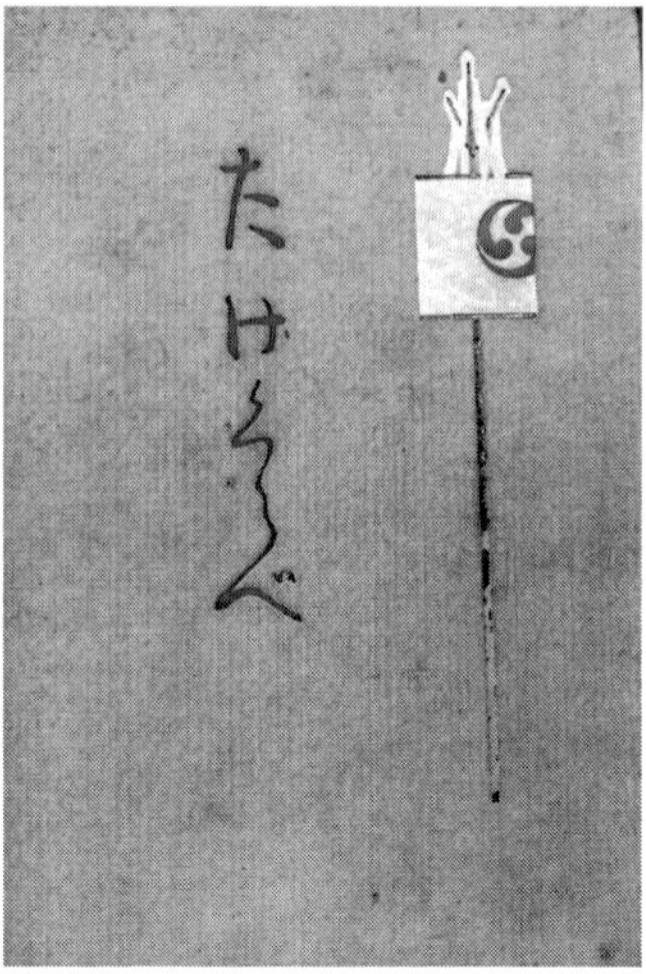

樋口一葉『たけくらべ』

を競《きそ》い合う子どもの遊び「たけくらべ（丈競《たけくら》べ）」を題名とすることからも明らかなように、作者の目は子どもの世界に据えられている。

主人公は新吉原の妓楼・大黒屋に住む美登利という女の子で、この美登利と淡い恋仲の関係にある龍華寺の男の子・信《しん》如《にょ》が副主人公だ。が、美登利と信如の淡い恋心の交錯が筋として全体をつらぬいているのではない。筋というなら、八月の千束《せんぞく》神社の祭りから一一月の大鳥神社の酉《とり》の市《いち》にかけての子ども集団の動向が大きな流れをなし、美登利と信如の交友は、子どもたちの織りなす人間模様の一局面という以上ではない。二人が二人だけの世界を生きているというには、外の世界の力が強く働きすぎている。そのことが二人の交流をかえって切ないものにしてはいるのだが。

美登利の外に広がるのはこんなふうな世界だ。（以下、『たけくらべ』からの引用は原文のままでは意味が取りにくいので、すべて現代語に訳して引用する）

遊客が「走れ、飛ばせ」と人力車を急《せ》かせる夕刻と打って変わって、早朝の車は前夜の交歓の夢が乗っているばかり。なんと寂しいことか。帽子をまぶかに被《かぶ》って人目を避ける人もあれば、手拭いを頬被りする人もあり、遊女が別れのことばとともに背中を叩いたその一撃をしみじみ思い出し、気味の悪いにたにた笑いをする人もある。坂本通りに出たら用心してくださいね、とか、千住の青物市場から帰ってくる大八車に気をつけて、……と言われてだれもかれも頬がゆるみ、鼻の下を長くなさっているのを見ると、あたりに名の通った立派なお方でもまったくつまらぬ男に見えると失礼なことをいう通行人もいないではない。

（同右、一二一ページ）

こういう環境に一四歳の美登利はすでになじみつつある。

こういう境遇のなかで朝夕を過ごすのだから、……美登利の目には男という者がけっして怖《こわ》くも恐しくもなく、女郎もさほど賤しい勤めだとは思われず、かつて故郷の紀州を出て行く姉を泣いて送ったのが夢のように思える。いまや女郎として全盛期を迎えた姉が父母に親孝行できるのがうらやましく、遊女屋随一の地位を守る姉のつらい苦労も分からないから、客を呼び入れる鼠鳴《ねずな》き、格子を叩いて口にする呪文、別れ際に客の背中を打つ打ちかた、など、ただただ聞いておもしろく、ついには自分が吉原ことばを町中で使ってもあまり恥ずかしいとは思わないまでになったのはかわいそうな気もする。

（同右、一二二―一二三ページ）

廓育ちの美登利に配されるのは、寺育ちの信如だ。が、寺といっても信如一家の暮らしは相当に生臭《なまぐさ》い。父の和尚は丸々と太って色つやがよく、早くに夫を失った檀家の未亡人に身のまわりの世話をしてもらっているうちにいい仲になり、仲人を立てて正式に結婚、二人の子ども――姉の花と弟の信如――をもうけた。かわいらしく愛想のいい花には田町に茶の店を設えて番をさせると、店は花の愛敬のおかげで夜遅くまで若い客の絶えない繁昌ぶり。和尚は店の経営と寺の法要とで大忙し。夕暮れからは縁先でうなぎの蒲焼を肴《さかな》に泡盛の大盃《おおさかずき》を傾けて気分転換。女房は女房で一一月の酉《とり》の市《いち》には寺の門前に簪《かんざし》の店を出し、みずから大声を張り上げて客商売をする始末。

信如だけはこの派手で俗悪な気風が肌に合わない。が、親に文句をいっても聞き入れられず、ぽつんと離れた位置に置かれている。

もともとおとなしい性分である上に言うことを聞いてもらえないので、なににつけても不満が残る。父のすることも母のふるまいも姉の育ちも、どれもこれもまちがいだと思うけれど、言ってもむだと諦めているから、なにか悲しくなるのが情けなく、……

(同右、一二七ページ)

というのが信如の日常の暮らしだ。

そんな信如と美登利がいつのころからかたがいに相手を意識するようになり、まわりからも仲のよさをからかわれることにもなって、関係がぎこちなくなる。しかも、近所の子どもたちが表町組と横町組に分かれて喧嘩を始め、美登利は表町組に、信如は横町組に属しているものだから、淡い恋心の表出がいよいよむずかしくなる。

ある雨の日、二人は美登利の住む妓楼の前で偶然に出会う。通りかかった信如が雨風にあおられて下駄の鼻緒を切り、紙縷《こより》でつけかえようとしているところへ、美登利が信如とは知らず人助けの親切心からそこらにあった布切れをもって出てくる。信如だと知ると美登利の顔は赤くなり、体は固くなり、口がきけなくなって、もじもじするばかり。信如は信如で美登利がうしろにいると思うと、不器用な手がいよいよ動かなくなる。そうやって無言の時が過ぎるところへ、雨のなかにいると風邪を引く、早く帰っておいで、という美登利の母の声が聞こえてくる。やむなく美登利が黙って布切れを投げあたえると、信如は見て見ぬふりをする。以下の数行を現代語訳で引用する。

なにが嫌でそんな冷淡な態度を取るのですか、文句をいいたいのはわたしのほうなのに、いい加減にして、と心に思いがこみ上げてくるけれど、母親が背後から何回も呼びかけるのがつらくて、しかたなく一歩二歩と後ずさりする。ああ、なんということだ、未練が残る、恥ずかしい、と身を翻《ひるがえ》して飛石を伝っていくとき、信如はようやくそっとうしろを振りかえると、紅色の入った紅葉《もみじ》の模様の美しい友禅ちりめんの布切れが足元で雨にぬれている。心引かれはするけれど、手に取り上げることはせず、暗い気持ちでただ眺めている。

（同右、一三八―一三九ページ）

かつて王朝風の優雅な歌物語を書きつづった経験が、形を変えて、同時代の少年少女の淡い恋心の造形に生かされているといっていい名文だが、『たけくらべ』の作風は、物語に優雅な彩りをあたえ、抒情的な詠嘆をもって話をしめくくるというかつての作風とは次元を異にするものだった。王朝風の優雅の背景をなす現実の苦《にが》さのほうに目を凝らし、その苦さこそが人間の真実であり、人生の本領であるとするのが、死を間近にした一葉の文学意識だった。

事実、信如の鼻緒騒動は淡い恋心の交流では解決がつかず、そのあとにたまたま現場を通りかかった長吉（信如の属する横町組の子ども大将）が自分の履《は》く下駄を信如に貸しあたえ、自分は跣足《はだし》で雨道を歩いて帰ることで一件落着となる。通りかかった長吉は廓からの朝帰りだと明記され、廓通いの粋《いき》な恰好をし、信如に貸した下駄が今朝おろし立ての高足駄《たかあしだ》であることまでが記される。一六歳の長吉はすでにおとなの遊びに足を踏み入れているわけで、現実の苦さがそのような形で子どもの世界に影を落とすことを一葉はしっかりと見据えていた。

さらに視野を広げて考えると、子どもの世界の出来事としては六月の千束神社の祭りでの横町組と表町組の喧嘩と、一一月の大鳥神社（鷲神社）の酉の市での美登利と正太の、なにかしらちぐはぐな会話と思いの交錯が主軸をなすが、そのいずれもが子どもの無邪気なふるまいの表出をもっては終わらず、おとなの世界の貧富、上下意識、差別観、利害関係が陰に陽にそこに入りこんでくる。そして、おとなの世界の力が及ぶことによって、子どもたちのふるまいはしだいに息苦しいものになっていく。一葉は子どもたちにせまる苦い現実に心を痛め、切ない思いをしながら、しかしそれこそが人間世界のありのままの現実なのだと確信し、そのさまを記しとどめようと気を引き締めて筆を進めているのだ。

西の市の日を境に美登利は大きく変貌する。子ども仲間の女王ではいられなくなる。廓のなかで性をそれと意識することもなく日を送り、程なく遊女になることにも引け目を感じることのなかった女の子が、島田髷《しまだまげ》に結い、服もおとなびたものに替え、憂いをふくんだ恥ずかしげなそぶりで賑わいのなかを歩く女となっている。気丈な美登利だが、遊女に仕立て上げようとするまわりのおとなたちの勢いにはついて行けず、しだいに鬱《うつ》の気分に引きこまれていく。これまで気楽に口をきいていた正太が、美登利の不機嫌を気遣って家まで送ってくれても気分は晴れない。家に帰りつくと、「え、厭《い》やく、大人《おとな》になるは厭《い》やな事、なぜこのやうに年をば取る」と感情を爆発させ、親切に寄りそう正太にも「帰つておくれ、正太さん、……お前がゐると私は死んでしまふであらう、物を言はれると頭痛がする、口を利《き》くと目がまわる、……お前もどうぞ帰つて」(同右、一四五ページ)と激しいことばを投げつける。

まわりのおとなの動きに合わせるようにして美登利の身には異変が起こる。「怪《あや》しの現象《さま》」とぼかしたいいかたしかなされない異変について、研究者のあいだでは、初潮説と水揚げ説がなされているが、二説のどちらを採るにしても、以後、美登利はもはやかつての子ども組の世界に帰ることはできない。子どもに帰れない事実を突きつけられ、おとなの世界のつらさ、厳しさ、酷薄さを肌身に感じた美登利は、身をよじるようにして、「大人になるは厭やな事」「もう七月《ななつき》、十月《とつき》、一年も以前《もと》へ帰りたい」と嘆く。嘆く美登利に限りない共感を寄せつつ、同時に、一葉は嘆いてもどうにもならない現実を冷静に見つめている。

酉の日の異変以後、美登利はもう子どもの世界にすがたをあらわすことなく、廓の遊女としておとなの世界を生きていく。行く手に想像されるのは暗く沈んだ未来だ。

女王然とした美登利がいなくなるとともに、正太を大将とする筆やの子ども組も意気が上がらなくなる。美登利の体験した現実の苦《にが》さはほかのどの子たちもいずれそれぞれに味わうはずのものであって、物語の終わり近くのかれらの元気のなさはその予兆のように読める。

そして、最後の最後、美登利と信如の淡い恋に終止符が打たれる。


ある霜の朝、水仙の作り花を格子門の外から差し入れた人がいた。だれがやったのかは分からないが、美登利はなんとなく懐かしく思って、違い棚の一輪ざしに入れてその寂しく清いすがたを楽しんでいた。聞けば、作り花の置かれた翌日は信如がなんとかという仏教学校に入った日だったという。

(同右、一四八ページ)


はかない幕切れだが、『にごりえ』の場合と同様、一葉は、登場人物たちそれぞれの薄幸な人生のうちに、社会と人間の実相を文学的に造形しえたという確かな手応えを感じていたのではなかろうか。一葉の短い生涯ゆえに余計にそう思いたくなる。

4　島崎藤村——抒情と倫理

島崎藤村は、樋口一葉と同じ一八七二年（明治五年）に筑摩県（いまの長野県）西筑摩郡神坂村《みさかむら》字馬籠《まごめ》に生まれた。藤村は一葉の生前に「文学界」の同人である平田禿木《とくぼく》、馬場孤蝶、戸川秋骨とともに一葉宅を訪れているが、一葉の日記には藤村の名が出てこない。仲間のなかでめだつ存在ではなかったのかもしれない。

文学作品として最初に世に出たのが詩集『若菜集』である。一八九七年、藤村二五歳のときのことだ。親友北村透谷の縊死、長兄秀雄の下獄、かつての愛人佐藤輔子《すけこ》の病死といった不祥事が続くなか、逃げるようにして東京を離れ、東北学院の教師として仙台に単身赴任した一〇ヵ月のあいだに書きためた詩をまとめたものだ。青春の気に満ちあふれた抒情詩集である。

島崎藤村

春の歌

春はきぬ

春はきぬ
初音やさしきうぐひすよ
こぞに別離《わかれ》を告げよかし
谷間に残る白雪よ
葬りかくせ去歳《こぞ》の冬

春はきぬ
春はきぬ
さみしくさむくことばなく
まづしくくらくひかりなく
みにくゝおもくちからなく
かなしき冬よ行きねかし

……

春はきぬ
春はきぬ
霞よ雲よ動《ゆる》ぎいで

冰れる空をあた、めよ
花の香《か》おくる春風よ
眠れる山を吹きさませ

……

春はきぬ
　春はきぬ
うれひの芹《せり》の根を絶えて
冰れるなみだ今いづこ
つもれる雪の消え失せて
けふの若菜と萌えよかし

（『島崎藤村詩集』）

二一世紀の現在から見れば、一九世紀末に新体詩のめざましい達成として読書界に広く受け容れられた右の詩も、かえって古めかしさばかりが目につくといえもしよう。が、いまの時点からする新旧評価にこだわるのは、詩集の精神史的な意味を明らかにするゆえんではない。問うべきは、詩の表現が時代の精神とどうかかわるものだったかということだ。

『古今和歌集』以来延々と続く伝統的な七五調の音数律に乗って、春を喜び迎えることばがなめらかに連ねられる。声に出して読むと、調べの心地よさがゆったりと体に広がっていくようだ。古典の調べに寄りそう心地よさだ。

しかし、和歌が五・七・五・七・七の三十一文字で終わるのとちがって、『若菜集』の詩は七・五の律が重ねられて先へ先へと伸びていく。伸びていくには伸びる理由が、ことばを換えれば、伸びる必然性が、作り手にも読み手にも感じられるのでなければならない。感じられなければ、詩が水で薄めたような味気ない、退屈なものになってしまう。

七・五の音数を変えるというのは有力な手立ての一つだが、藤村はその手立ては採らなかった。七五調はそのままに、そのリズム（律動）に乗せる単語や措辞を工夫することによって詩としての新しさを打ち出せると考えた。工夫の見やすい例が第二連の「さみしくさむくことばなく／まづしくくらくひかりなく／みにくく、おもくちからなく」の三行だ。漢字を使わぬ平仮名表記で通し、形容詞の連用形を重ねて「く」の音韻を響かせている。もともと平仮名表記は漢字混じりの表記に比べると軽く明るく感じられるが、「く」音のくぐもった響きが軽さ明るさを抑える効果をもち、内容的には冬の重たさ暗さを表現した三行が軽さと重たさ、明るさと暗さの微妙に交錯する詩行となって、次の行の「かなしき冬よ行きねかし」という願いにいっそうの切実さをあたえている。

見やすい例をもう一つ挙げれば、平仮名表記の第二連には春の風物が名ざされないが、ほかの連には「うぐひす」や「霞」「雲」や「芹《せり》」がもってこられるのも、単調さを破る工夫の一つと見られよう。和歌において春を代表する梅や桜が謳《うた》われないのも、歌の伝統への警戒心が働いた結果と見ていいのかもしれない。

そういう工夫を試みながら、藤村は、春の若々しい生命力を自分の若さと重ねるようにして力一杯うたおうとしている。自分たち青年の若さが春という季節の若さであり、春の若さがそのまま自分の、自分たちの若さであるという感覚を表現しようとしている。そして、その感覚にふさわしいものとして藤村が選びとったのは、冬から春へという時の自然な移りゆきのうちに萌《きざ》してくる気分の転換を、大写しにするという表現法だった。さきに引用した詩でいえば、各連の最終行の命令形──「葬りかくせ去歳《こぞ》の冬」「かなしき冬よ行きねかし」「眠れる山を吹きさませ」「けふの若菜と萌えよかし」──は、春の到来を希求しつつ、すでにして気分の転換を半ば自覚した詩句となっている。

寒く暗く厳しい冬から、暖かさが増し植物や動物がにぎやかに動き出す春へと移る季節の変化は、日本の歌の伝統においてとりわけ好まれた主題であり、古代以来さまざまな角度からくりかえし歌われてきた。『若菜集』もまちがいなくその流れに棹《さお》さすものだ。が、春の喜びを青春の生命感の充溢と重ね合わせる表現法は一般的ではなかった。春の喜びはもっと穏やかに、優雅に、ときには愁いをふくんで歌われることのほうが多かった。

が、藤村には春と青春を明るく結びつけ重ね合わせることにためらいはなかった。愁いや重たさや暗さや悲しさは冬のほうへと押しやって、生命力に満ちた瑞々しく若々しい春を歌い上げるのが『若菜集』の基本的な表現法であり、藤村詩の新しさだった。その基本的な表現法は、さきに引用した「春の歌」の五つほど前に置かれた「草枕」でも、安定したことばの流れを確保する枠組として活用されている。「草枕」は全三〇詩連の長い詩だが、なかから冬と春を対比しつつ、春の若々しさを表現した六詩連を抜萃引用する。

心の宿《やど》の宮城野よ
乱れて熱き吾身には
日影も薄く草枯れて
荒れたる野こそうれしけれ

ひとりさみしき吾耳は
吹く北風を琴と聴き
悲しみ深き吾目には
色彩《いろ》なき石も花と見き

あゝ孤独《ひとりみ》の悲痛《かなしさ》を
味ひ知れる人ならで
誰《たれ》にかたらん冬の日の
かくもわびしき野のけしき

……

春きにけらし春よ春
まだ白雪の積れども
若菜の萌えて色青き
こゝちこそすれ砂の上《へ》に

春きにけらし春よ春
うれしや風に送られて
きたるらしとや思へばか
梅が香ぞする海の辺《べ》に

磯辺《いそべ》に高き大巌《おおいは》の
うへにのぼりてながむれば
春やきぬらん東雲《しののめ》の
潮《しほ》の音《ね》遠き朝ぼらけ

（同右）

冬を悲しさと結びつけ、春を喜びと結びつけるという詩想は、いっそ紋切型といっていい。しかし、冬の悲しさに情趣の深さとおもしろさを感じつつこれをきっぱりと斥《しりぞ》け、春の喜びを胸いっぱいに受け容れようとする表現法は、紋切型ではない。見ようによってはわざとらしく感じられる手法だが、冬を斥け春を受け容れるのが内面に生命の昂《たか》ぶりを感じ、その勢いに乗って外部の自然と一体化しようとする青春の心情にほかならず、その心情が自然のうちにも瑞々しい若さを感じとろうとしているのが分かると、詩のこちら側にもむこう側にも広がる若さが、読む者に開放感をあたえないではいないのだ。引用前半の冬の悲しみを謳った三連目──「あ、孤独《ひとりみ》の悲痛《かなしさ》を/味ひ知れる人ならで/誰《たれ》にかたらん冬の日の/かくもわびしき野のけしき」──は読者にも青春の心性の持ち主であることを期待するものだが、青春の気に溢れた『若菜集』の詩風からすると、この期待は不自然なものとは感じられない。

春と青春を重ね合わせ、春の讃美と青春の抒情を重ね合わせた詩人藤村は、また恋と青春を重ね合わせ、恋の讃美と青春の抒情を重ね合わせることをもって重要な詩法とした。『若菜集』冒頭の六編の詩が「おえふ」「おきぬ」「おさよ」「おくめ」「おつた」「おきく」と女性の名を題名とし、詩の内容も当の女性にまつわる恋愛を独白調で、やや客観的に謳ったものであることは、この詩集における恋のモチーフの重要性を端的に示すものだ。いま、なかでとりわけ熱のこもった「おくめ」から九連中五連を抜萃引用する。

こひしきま、に家を出《い》で

こ、の岸よりかの岸へ

越えましものと来て見れば
千鳥鳴くなり夕まぐれ

……

しりたまはずやわがこひは
雄々《をを》しき君の手に触れて
嗚呼《ああ》口紅《くちべに》をその口に
君にうつさでやむべきや

恋は吾身の社《やしろ》にて
君は社の神なれば
君の祭壇《つくゑ》の上ならで
なにいのちを捧《ささ》げまし

砕《くだ》かば砕け河波《かはなみ》よ
われに命《いのち》はあるものを
河波高く泳ぎ行き

ひとりの神にこがれなむ

心のみかは手も足も
吾身はすべて火炎《ほのほ》なり
思ひ乱れて嗚呼恋の
千筋《ちすぢ》の髪の波に流る、

（同右）

詩はおくめという若き女性がみずからの恋心を謳うという形を取ってはいるが、その恋心が藤村の心情に通じるものであるのはいうまでもない。藤村の心情に通じ、さらに広く当時の若き男女に通じる心情として詩は書かれ、そのようなものとして受けとられた。

改めていえば、自然における春の到来や恋愛における感情の昂ぶりを青春の初々しい生命感の発露や、さらには近代的な自我の覚醒に通い合うものとして表現したところに『若菜集』の特質があり、当時にあってそれは詩の新しさとして広く迎え入れられた。同時代の反響は藤村の予想を上まわる広がりをもっていたもののごとくで、『若菜集』刊行の七年後に『若菜集』『一葉舟』『夏草』『落梅集』の四つを合わせ『藤村詩抄』と銘打って刊行した際のその序文には、おのれの詩の新しさが認められた藤村の喜びを語る次のようなことばがある。（文意平明だから原文のまま引用する）

遂に、新しき詩歌の時は来りぬ。

そはうつくしき曙のごとくなりき。あるものは古の預言者の如く叫び、あるものは西の詩人のごとくに呼ばはり、いづれも明光と新声と空想とに酔へるが如くなりき。……新しきうたびとの群の多くは、ただ穆実《ぼくじつ》なる青年なりき。その芸術は幼稚なりき、不完全なりき、されどまた偽りも飾りもなかりき。青春のいのちはかれらの口唇にあふれ、感激の涙は彼らの頬をつたひしなり。こゝろみに思へ、清新横溢なる思潮は幾多の青年をして殆んど寝食を忘れしめたるを。また思へ、近代の悲哀と煩悶とは幾多の青年をして狂せしめたるを。われも拙き身を忘れて、この新しきうたびとの声に和しぬ。

(『藤村詩抄』)


家と家族から離れ、仲間からも離れて単身で仙台に暮らした二四歳の藤村は、青春の孤独と悲哀に見舞われることも少なくなかったろうが、詩へと向かう文学的心境にあっては、孤独と悲哀がそのまま私情として流出するのを押しとどめ、内面の心情が外界の、たとえば春や、たとえば恋愛行為へとつながる道を探し求め、探し当てたときそこに生じる内外の交流を喜びとして表現した。そこに生まれたのが『若菜集』だとして、住みなれぬ異境において時代に後押しされて生まれたこの詩集が時代に広く受け容れられたとなれば、その充実感を藤村が「新しき詩歌の時は来りぬ」と、自信をもって誇らしげに表現したのはむべなるかなと思える。

だが、「新しき詩歌の時」というときの、新しさとはなにか。

時代が新しいとはいいにくい。『若菜集』の刊行が一八九七年(明治三〇年)、引用の序が書かれたのが一九〇四年（明治三七年）、どちらの年を取っても明治維新からすでに三〇年の（あるいはそれ以上の）年月が経ち、歴史的に近代化は確実に軌道に乗り、時代は対外的にはすでに日清戦争を（あるいは日露戦争をも）経験している。引用文中の「清新横溢なる思潮は幾多の青年をして殆んど寝食を忘れしめ」「近代の悲哀と煩悶とは幾多の青年をして狂せしめたる」といったことばからしても、新しさが直接には詩歌の新しさを指すことは明らかだ。社会の近代化が着実に進行し、とともに文学の領域でも写実主義小説、新体詩その他の試みを経て、ようやく詩歌のうちに青年の清新にして尖鋭な情熱を表出できる新しい時がやってきたのだ、と。

社会の近代化の軌道に乗った進行と、いまこそ青春の気概を盛りこむことが可能になったという詩の新しさとの時間的なずれは、新しい詩的ないし文学的な目で世界を見つめようとする文学青年たちに、時代を批判的に見る目を、——したがってまた近代化という時代の流れを批判的に見る目を、——植えつけずにはおかなかった。そして、時代と近代化への批判の目は、ひるがえって、時代にたいする詩の新しさ、青春の気概の新しさに批判の目を向けることを強いた。

時代への批判の目と詩への批判の目をともども保持しつつ、藤村は木曽から小諸へと居を移すなか、『一葉舟』『夏草』『落梅集』に収録された詩を書き継いでいったが、一九〇一年（藤村二九歳）刊行の『落梅集』を最後に、以後、詩作に手を出すことはなかった。さきに引用した「遂に、新しき詩歌の時は来りぬ」で始まる合本詩集の序は一九〇四年の執筆だから、詩を書かなくなって三年後のものだ。ただ、その時点で藤村が詩作を断念していたかどうか、序の文面からは判然としない。そのことからしても、詩歌の新しさと時代とのかかわりには複雑微妙な問題が伏在していたとはいえるだろう。

＊

藤村がいつ詩作を断念したかはさだかでないが、『落梅集』刊行の一年後には最初の小説『旧主人』と『藁草履』の二作が文芸誌「新小説」と「明星」にそれぞれ発表され、四年後には長編小説『破戒』の稿が起こされている。詩への思いがどうであれ、藤村は小説家として身を立てる道を歩み始めていた。

『破戒』は被差別部落出身の瀬川丑松《せがわうしまつ》を主人公とする小説である。丑松は師範学校を出て、いま信州飯山町の小学校の教師をしている。高等四年の担任で生徒に慕われている。

丑松が被差別部落の出身であることは小学校の教師仲間も生徒たちも生徒の親たちも、また丑松の下宿する蓮華寺《れんげじ》に住む人びとも、寺に出入りする人びとも、近所の人びとも、だれ一人知らない。もし知れるようなことがあったなら、教師のあいだからも生徒の親たちのあいだからも猛烈な排斥運動が起こり、丑松は教師として勤めてはいられなくなるはずだ。それが明治後期の田舎町の部落差別の実態だった。現に、『破戒』の冒頭には大日向《おおひなた》という大金持の部落民が飯山病院に入院する話が出てきて、「彼《あれ》は穢多《えた》だ」といううわさが広まると、患者がこぞって大日向の放逐を院長に要求している。やむなく近所の下宿に病臥する病人を院長が出かけて診察すると、

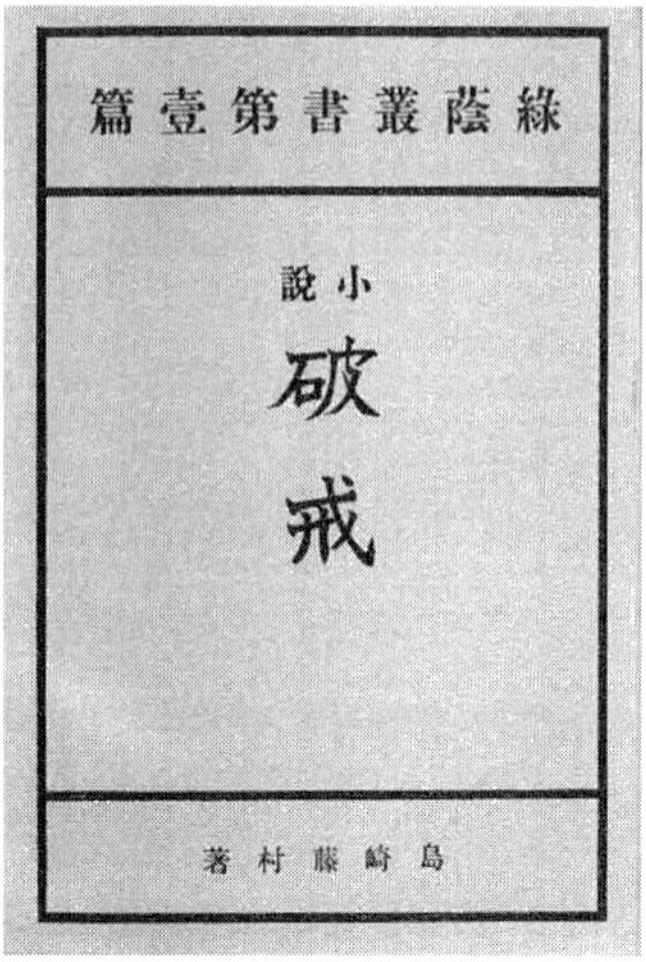

島崎藤村『破戒』

今度は下宿人たちが宿主に「不浄だ、不浄だ」と抗議するさまが描かれる。

そんな部落差別の恐さが身に沁みている丑松の父親は、住んでいた被差別部落を出て人里離れた山村で牧夫としてひっそりと暮らし、丑松にはどんなことがあっても身分を明かしてはならないと厳命する。小説の題名「破戒」の「戒」はこの厳命を指す。父親は小説の前半で、飼っていた牛の種付けの際に、興奮した種牛に突かれ死ぬのだが、弟（丑松の叔父）に託した丑松への最後の伝言も「忘れるな」だった。

小説の進行とともに父の訓戒は丑松の心にだんだんと重くのしかかってくる。戒を守ってこれまでの生活を継続するのか、戒を破って新しい世界へと出ていくのか。二者択一のその問いから丑松は逃れられなくなる。

しかし、戒を破って自分の素姓を明かしたとして、それが社会をどう変えていくのかについて、変化の積極的な展望は丑松にはまったくといっていいほどなかった。法的な立前として四民平等が謳われていたとはいえ、一般の社会、とりわけ封建制の強く残る農村社会では、身分、家柄、門地による差別が根強く残る時代状況の下では、それが当然だった。丑松の敬愛する人物として猪子蓮太郎という社会運動家が登場し、みずから被差別部落出身であることを公言しつつ部落解放に力を尽くすが、藤村は丑松を社会運動家として造形するつもりはなかった。

小学教師丑松と社会との関係は普通の村民以上に疎遠で、稀薄だ。というか、丑松には社会に正面から向き合う気がなく、社会とか世間とかと呼ばれる茫漠たるなにかを相手とするとき、あるいはそういうなにかに包まれてあるとき、そのなにかに丑松は一方的に押しまくられている。父の厳命した戒を破ることは茫漠たる社会ないし世間に向かって素姓を明かすことにほかならなかったが、丑松の思いのなかでは、その告白によって社会ないし世間はぴくりとも動かず、反対に世間の冷たい風があらゆる方向からこちらに吹き寄せてくるだけだ。世間との関係がそれほど稀薄なのに、世間に向かって自分の素姓を告白するかどうか丑松は悩みに悩み、告白する方向へと心が傾いていく。おのれ一個の生きる倫理がそこに賭けられているからだ。

告白の相手として最初に思い定められたのは敬愛する猪子蓮太郎だった。が、蓮太郎が選挙運動中に敵陣営のテロに斃《たお》れたため思いは遂げられず、丑松は新たな告白の相手として小学校の担任クラスの生徒たちを選びとる。異様な選択だ。選択も異様だが、告白のさまも異様だ。丑松は手足を慄《ふる》わせて自分が「卑賤《いや》しい穢多《えた》の一人です」と告白し、さらにこう続ける。

「……私が今こういうことを告白《うちあ》けましたら、定めし皆さんは穢《けがらわ》しいという感想《かんじ》を起すでしょう。ああ、仮令《たとい》私は卑賤《いや》しい生れでも、すくなくも皆さんが立派な思想《かんがえ》を御持ちなさるように、毎日それを心掛けて教えて上げた積りです。せめてその骨折に免じて、今日《こんにち》までのことはどうか許して下さい」

　こう言って、生徒の机のところへ手を突いて、詫入《わびい》るように頭を下げた。

「皆さんが御家《おうち》へ御帰りになりましたら、どうか父親《おとっ》さんや母親《おっか》さんに私のことを話して下さい——今まで隠蔽《かく》して居たのは全く済まなかった、と言って、皆さんの前に手を突いて、こうして告白《うちあ》けたことを話して下さい——全く、私は穢多です、調里《ちょうり》です、不浄な人間です。」

　とこう添加《つけた》して言った。

　丑松はまだ詫び足りないと思ったか、二歩《ふたあし》三歩退却《あとずさり》して、「許して下さい」を言いながら板敷の上へ跪《ひざまず》いた。（島崎藤村『破戒』新潮文庫、二〇〇五年、三七九―三八〇ページ）

　部落差別の重さと暗さが痛いほどに伝わってくる描写だ。なんの罪科《つみとが》もない丑松がここではなんとも卑屈な惨めなすがたをさらしている。差別の壁が圧倒的に大きく、正面切ってそれに立ちむかえないことが、丑松を卑屈な惨めな態度へと追いこんでいる。

　教え子に自分の素姓を明かすのは異様だし、手を突き膝を突いて告白するその態度は卑屈で惨めだが、それは丑松がみずから進んでしたことであり、内的な理由のあることだった。

　内的な理由とはなにか。

　自分の納得できる生きかたをつらぬくこと、——それこそが丑松の心の底にある願望だった。隠し立てなどしないで正直に生きること、それが丑松の望むところだった。部落民であることを隠して生きていること、自分を偽って生きていることが丑松には許せなかった。自分で自分に許せないのだった。

そのように自分と向き合い、自分の生きかたを見つめる精神的な姿勢には、明治以降に流れこんできた西洋近代の思想や、若き藤村が明治学院で学んだキリスト教精神の生きたすがたが認められる。しかし、個としての人間の存在を世間という共同体が大きく包みこみ、個が個として生きることを認めぬ明治の日本にあっては、自分の生きかたをつらぬくことは困難をきわめた。自分の素姓を明かす丑松の告白が、かれの全存在を賭けた思想行為であったにもかかわらず、世間を動かす力としてはほとんど無に等しかったという事実が共同体と個との力の差を端的に示している。

にもかかわらず、丑松は――そして、むろん藤村も――個にこだわらざるをえない。生きることは自己を見つめ、自己の生きかたを問うことと切り離しては考えられないからだ。かくて、丑松の自己告白は社会とは離れた個の世界で自己が自己に向き合う自己倫理の問題と化す。素姓を隠せという父親の戒は、善悪にかかわる倫理の言ではなく、人並みの生活を守るための生きる知恵に類するものだったが、丑松の内面心理において、自己にたいする自己の誠実さを測る倫理的な試金石へと変わっていった。『破戒』は、自己告白のあとの丑松の内面心理にはほとんど触れるところがないが、長く倫理的に苦悩してきた丑松が自己告白によって解放感を味わったことは疑いなく、自己倫理の次元では告白によって問題は一往の決着を見たということができる。

中途半端な決着という印象を拭いがたいが、中途半端さは、日本の近代化が強いたものという面が大きい。自我の確立という近代の核心をなす思想課題が、日本の近代にあっては社会との接点を容易にもちえず、もっぱら自己倫理という個の内面の領域において問われ、格闘されるほかなかったからだ。これまで見てきた、二葉亭四迷も北村透谷も樋口一葉も内面世界において自己と向き合うことを強いられたのだったが、右の三人に比べて自然と社会にたいして文学的に開かれた感性を備えた藤村も、自己にとって自己が問題となる場面では、自己倫理という閉鎖的な領域をぬけ出すことができなかった。

そこに、自己と社会秩序とがそれぞれに別領域をなしつつ並存するという独特の構造が生まれた。

丑松の自己告白が部落解放の社会運動とつながらないことは、すでに指摘したところだ。告白しようかしまいか迷いつづけるうちに丑松の思考は内向の度を強め、外部に厳として存在する社会的な部落差別との接点がかえって見えにくくなる。その点では、社会運動家の猪子蓮太郎とは裏表の関係にあり、丑松は、いうならば、部落差別という社会の壁から逃げるようにして告白すべきか否かを悩んでいるのだ。告白すべきか否かは自己倫理の問題として内部にあり、外部の社会には人びとの心に広く行きわたる差別の意識があって、その二つはぶつかることのないままふしぎな均衡を保って共存している。

丑松が教え子の前に跪《ひざまず》き手を突いて告白しても、むろん均衡は破れない。教え子たちは丑松の留任を校長に歎願し、校長は聞き入れたふりをしつつぬけ目なく丑松辞職の動きを推し進め、一件落着となる。辞職した丑松がアメリカに渡って新しい生活を始めるという形で小説は終わる。新しい生活についての記述はないが、それまでの経過からすると、このアメリカ行きは新たな挑戦というより、現実からの遁走という気配が濃い。自分の生きかたをつらぬきつつ、なお世間と均衡を保って生きていくには、丑松にはどこかで逃げを打つことがどうしても必要だったように思われる。悩んだ末に決断した素姓の告白が逃げにつながるのは、自己を内的につらぬくことと、社会と折り合って生きていくこととの均衡の上に生きようとした、丑松にふさわしい事のなりゆきだった。

丑松だけではない。小説家藤村もそのような丑松像の造形によってなんとか文学的な均衡を得ることができた。現実に存在する圧倒的な壁を前にして、内面世界においてだけはなんとか自分が自分であろうとする人間の生きかたを、藤村は提示できたのだ。

青春のロマン的な情熱を謳《うた》った『若菜集』その他の抒情に別れを告げ、人びとの暮らしの重たさと近代的な個の自己倫理との葛藤を見つめる方向へと視野を切り拓いた藤村が、『破戒』という作品に文学的な充実感を得たであろうことは最終二三章の、以下のような澄明な文章からも見てとることができる。アメリカに行く丑松を飯山町の人びとが見送る場面だ。

> 蓮華寺《れんげじ》で撞《つ》く鐘の音が起った。第二の鐘はまた冬の日の寂寞《せきばく》を破って、千曲川の水に響き渡った。やがてその音が波うつように、次第に拡《ひろが》って、遠くなって、終《しまい》に霙の空に消えて行く頃、更に第三の音が震動《ふる》えるように起る――第四――第五。ああ庄馬鹿〔蓮華寺の下男の渾名〕は今あの鐘楼に上って撞き鳴らすのであろう。それは丑松の為に長い別離《わかれ》を告げるよ

うにも、白々と明初《あけそ》めた一生のあけぼのを報《しら》せるようにも聞える。深い、森厳《おごそか》な音響に胸を打たれて、思わず丑松は首を垂れた。

第六——第七。

詞《ことば》のない声は聞くものの胸から胸へ伝《つたわ》った。送る人も、送られる人も、暫時《しばらく》無言の思《おもい》を取《とり》交《かわ》したのである。

（同右、四〇九—四一〇ページ）

『破戒』の冒頭の一行が、「蓮華寺では下宿を兼ねた」、だったことを思い起こすのがよい。蓮華寺は小説の舞台である飯山町を象徴するような寺であり、そこの鐘が鳴りわたるさまは人びとの生活のリズムをなすかのように小説中に何度か言及される。その鐘の音をアメリカに旅立つ丑松がしみじみと聞く。郷土から差別される丑松がなおかつ郷土とつながってあることを示す見事な描写だ。

散文家としての藤村の目は社会の表層にとどまるものではなかった。

＊

『破戒』によって小説家として世に認められた藤村は、その二年後に長編『春』を、さらに三年後に長編『家』を刊行する。『破戒』が瀬川丑松という架空の人物を主人公とする虚構の物語であったのにたいして、『春』と『家』は藤村らしき人物を話の中心に据えた自伝風の小説で、

『春』では青年期の文学仲間との交流や恋人との出会いが描かれ、『家』では島崎家の複雑な人間関係とそのもつれが描かれる。『破戒』で藤村が凝視した社会の抑圧的風土と個の自己倫理とのどうにもならない齟齬は、『春』の文学青年たちの交流のなかでは、青年たちがいまだ社会の網の目に組みこまれていないためにおもてに出てくることがないが、『家』では、家族とか親族とか呼ばれるものが社会性を濃厚に帯びた存在であるがゆえに、そういう場で自己をつらぬこうとする主人公と家族とのあいだにさまざまな場面で軋《きし》みが生じる。実生活においては軋みは厄介に感じられることが多かったろうが、小説を書く上では藤村は軋みに耳を澄ませ、その奥にあるものを探ることに情熱を傾け、そうやって物語を先へと進めようとした。実体験をありのままに書き記すという作風は明治後期から大正にかけて大きな勢力となる自然主義作家たちに共通する文学手法だったが、なかにあって藤村は、書き記すことばの力によって曖昧模糊《あいまいもこ》とした人生の真実がしだいに明らかになっていくことに小説家としての解放感と達成感を抱くもの書きだった。

その藤村が『家』で描いた家族の関係の複雑さと不可解さをさらに踏みこんでことばにしようと試みたのが、藤村と姪との恋愛関係を主題とする長編小説『新生』である。

藤村自身をモデルとする『新生』の主人公の名は、『春』『桜の実の熟する時』の主人公の名を引き継いで、岸本捨吉。主人公岸本の恋の相手となる姪の名は、節子。叔父と姪の恋愛は、結果として子どもまでできるのだから、社会的には紛れもないスキャンダルだが、それを書くのにかつての自伝小説の主人公の名をもってきたのは、物語を自分のこととして公《おおやけ》にしようとする藤村の覚悟を示すものだ。

小説は前編と後編に分かれる。

前編がまた大きく二つに分かれ、前半は、妻・園子の亡くなったあとの岸本家の五人――岸本捨吉、息子の泉太と繁、姪の節子、手伝いの婆や――の暮らしが描かれる。ふと、次の一節があらわれる。

> ある夕方、節子は岸本に近く来た。突然彼女は思ひ屈したやうな調子で言出した。
> 「私の様子は、叔父さんには最早《もう》よくお解りでせう。」
> 新しい正月がめぐって来て居て、節子は二十一といふ歳を迎へたばかりの時であった。丁度二人の子供は揃って向ひの家へ遊びに行き、婆やもその迎へがてら話し込みに行って居た。階下《した》には外に誰も居なかった。節子は極く小さな声で、彼女が母になったことを岸本に告げた。
> 避けようくとしたある瞬間が到頭《とうとう》やって来たやうに、思はず岸本はそれを聞いて震へた。思ひ餘って途方に暮れてしまって言はずに居られなくなって出て来たやうなその声は極く小さかったけれども、実に恐ろしい力で岸本の耳の底に徹《こた》へた。
>
> (『現代日本文学全集8 島崎藤村集』筑摩書房、一九五三年、一七二ページ)

岸本が節子のことばに「震へた」のは節子の妊娠を正面から受けとめられないからだが、ここまで読んできた読者にもこの話はいささか意表を突かれる出来事なのだ。岸本と節子が同じ屋根の下で二人の男児および婆やと暮らすさまからは、二人のあいだに肉体関係が生じているとは考えにくいからだ。この書きかたでも分かる人には分かってもらえると藤村が思っていたのか、あえてそこに触れないでおくことによって節子の告知の効果を高めようとしたのか、そこは判断に迷うところだが、どちらにしても、この告知を境にして二人の関係は大きく転回する。

当然のことながら岸本は強い自責の念に駆《か》られる。近親相姦の罪過は法的にも世俗道徳の上でも軽々に見過ごされるものではなく、犯した当人に鋭くはね返ってくる。とくに岸本は、このとき四二歳、社会的な分別があって当然の壮年男性であり、知的な仕事に携わっているとなれば、いよいよ重く責任がのしかかってくる。岸本は悩みに悩み、藤村は岸本の悩む心根を丁寧にことばにしていく。

岸本だけでなく節子も深く悩んでいるはずだが、節子の悩みは語られることが少ない。小説が岸本の心理に沿って組み立てられている、という構造ゆえにそうなったといえなくもないが、ならば、岸本の心理に節子の悩みがさほどに投影されていないことになろう。実際、岸本はおのれの罪過の大きさに打ちのめされて前途に光を見出せなくなり、ためにその悩みも相手を慮《おもんぱか》ることの少ない、エゴイスティックな悩みへと沈みこんでいくように見える。罪過を思うことは節子との関係を思うことに大きく重なるはずなのに、岸本は自分だけの世界にこもってきりきり舞いをしているようなのだ。

悩みは内攻するばかりで外へと出ていくことがない。悩みの果てに岸本は酒席で友人がふと口にした、ヨーロッパを見てくるがいい、ということばに乗ってフランス行きを決意する。節子のことはまわりの人がなんとか面倒を見てくれるだろうと考えて。

身勝手きわまる考えでありふるまいだが、岸本には外国に逃げる以外に事態を打開する方途が見つからない。そして、逃亡の身勝手さは岸本の十分に自覚するところだったから、それがまた負い目として岸本にかぶさってくる。せめて実の兄に当たる節子の父親にだけでも詫状《わびじょう》を書かなければとは思うが、出航前の神戸の宿では書くことができず、船中でようやく書き上がるというふがいのなさだ。

日本を離れても日本での罪過がなにかにつけて思い出されるフランス遊学だけに、暮らしには拭い切れぬ暗さがかぶさってくる。とはいえ、宿のフランス人や日本から来た画家仲間との交流が少しずつ広がっていき、『新生』前編の後半は孤独な岸本の心境に多少の明るさが備わってきもして、その色合いの変化は文章に抒情的な美しさを添えるものとなっている。暗く寂しい心をかかえた岸本が異国の風物や生活に触れて好奇心をかき立てられ、新しい環境で生きていくことに知的刺激と生命力の昂進を感じつつ、しかもなお暗く寂しい影を引きずって生きているさまが、一遊学生の繊細微妙な内面と異国の清新な外界の照応として見事に表現されているのだ。

そうしたなかで、節子との手紙のやりとりだけはいつまでも岸本の心を落ち着かせない。フランス行きが自分の招いた罪過からの逃避行であるのに見合って、岸本は節子のことを忘れようと忘れようと思っているのにたいし、節子は逆に岸本とのつながりの持続を願い、岸本との思い出を大事に胸に温めている。節子は変わろうとしているのだ。岸本と離れることによってかえって自分の意志をもち、意志を表明する自立した女へと歩みを進めようとしている。

岸本のパリ生活が一年を過ぎるころ、ヨーロッパでは第一次世界大戦が勃発し、やがてパリにも戦火が及ぶ。岸本は南方のリモージュへの移住を余儀なくされる。リモージュ滞在は二ヵ月半ほどで、その後、南の町をあちこち訪ねてパリへと還ってくる。二度目のパリ生活は半年ほど続くが、そこは詳しく触れられることのないまま、前編が終わる。

後編は、岸本が第一次大戦中のパリを発《た》つところから始まる。

約三年のフランスでの生活ののち、日本でもなんとかやっていけるだろうと思って岸本は帰国の途につく。自分についてはできれば再婚して新しい家庭を営み、節子も相手を見つけて結婚してくれるといいが、と思っている。もといた家にもどると思うと気持ちが落ち着かず、関西でぐずぐずしたりもするが、ともかく家へと帰ってくる。

三年間離れて暮らした節子については、だれかと結婚してくれればと考えていることもあって、自分のほうからは近づかないよう心している。が、それが節子は大変に不満で、岸本といっしょに暮らしながら口数は少ないし、沈んだようすをしていることが多い。

そんな節子を見るにつけ、岸本には憐れみの情が生まれ、節子に近づくようになっていく。節子への思いが声となって耳に聞こえてくる場面を以下に引用する。

彼の耳の底にはかういふ声が聞えた。

「お前はほんたうに人を憐んだことがあるか。もう一度夜明を待受けるやうにして旅から帰って来たお前の心は全体の人の上に向っても、お前の直ぐ隣に居る人の上には向はないのか。お前の眼にはあの半分死んで居る人が見えないのか。その人を憐まないで、お前は誰を憐むのだ。」

……

深い哀憐《あわれみ》のこゝろが岸本の胸に湧いて来た。そのこゝろは節子を救はうとするばかりでなく、また彼自身をも救はうとするやうに湧いて来た。

節子を憐めば憐むほど、岸本は事情の許すかぎり出来るだけの力を彼女のために注がうとするやうになった。

（同右、二八一ページ）

なによりも自分のことを優先する岸本のエゴイズムにゆらぎが生じる場面だ。おもてにあらわれることの少ない節子の切ない恋心に岸本がようやく気づき、それにまっすぐ向き合おうとする。節子を救おうとすることが自分を救おうとすることだという認識は、恋する者ならではの認識といってよく、ここで二人は岸本の外遊前の親しさにもどろうとしている。いや、外遊前の親しさがどちらにとっても釈然としない恋愛関係だったことを考えれば、新しい自覚的な関係に向かいつつあるといえるかもしれない。

岸本の外遊以前とのなにより大きなちがいは、節子が生きてそこにあるというその実在感の確かさだ。節子は相変わらず無口で、岸本の問いかけにも短く答えるだけだが、近親相姦の禁忌《タブー》を犯した身として世間の冷たい目をくぐりぬけて生きてきただけに、岸本との関係については自分なりの考えがしっかりとあり、数少ないことばにその思いをこめることができるようになっているのだ。

引用するのは、岸本が、結婚はできないまでも節子と暮らしを共にしてもいいと思って、自分に一生を託す気はないかと問い、節子が「よく考えて見ましょう」と返事をした、その翌日の情景だ。


「節ちゃん、昨日の話はどう成ったね。よく考へて見ると言ったお前の返事は。」

と岸本が訊いた。その時節子は持前の率直で、明かに承諾の意味を岸本に通はせた。

「お前は叔父さんを受け入れたね――」

「え、。」

と節子はうなづいて見せた。

岸本は節子の意中を訊いて見ようとしたに過ぎなかったが、しかし彼女の「え、」は何がなしに彼を悦ばせた。

……

「泉ちゃんや繁ちゃん〔岸本の二人の男の子〕の大きく成った時のことも考へて見なけりゃ成りませんからねえ。」

「お前はもうそんな先の方のことを考へて居るのか。」

と言って岸本は笑った。……

「お前はそんなことを言っても、ほんたうに叔父さんに随《つ》いて来られるかい。」と復《ま》た岸本が言って見た。

「私だって随《つ》いて行かれると思ひますわ。」

かう節子は答へたが、いつの間にか彼女の眼は涙でかゞやいて来た。や、しばらく二人の間には沈黙が続いた。

「今度こそ置いてきぼりにしちゃいやですよ。」節子の方から言出した。

「何だか俺は好い年齢《とし》をして、中学生の為《す》るやうなことでも為てるやうな気がして仕方がない。」と岸本は言った。「節ちゃん、ほんとに串談《じょうだん》ぢゃ無いのかい。」

「あれ、まだあんなことを言っていらっしゃる――私は嘘なんか言ひません。」

(同右、二八五ページ)


明治・大正期の、しかも年齢的に二〇歳の隔たりのある男と女の間柄のこととて、男女対等とはとうていいえないが、これまで状況に流されるがままなすすべのなかった節子が、ここにきて一人の女として岸本に向き合い、自分の意志をなんとか表明しようとするさまが見てとれる。「こんどこそ置いてきぼりにしちゃいやですよ」というせりふが象徴的だ。かつての岸本のフランス行きに際しては、節子はなにも言えず、黙って耐えるしかなかったのだ。ことば遣《づか》いからすると、依然として岸本が主、節子が従、と見えるが、節子のことばには、そしてふるまいにも、自立へと向かう開放感があって、そうした節子の開かれかたが岸本の心をも開く力となっている。自分が「中学生の為るやうなことでも為てるやうな気」がする、という岸本の自省のせりふは、開かれた心ゆえの感想なのだ。このあたりから二人の心はゆったりと寄りそうようになり、二人だけの親密な世界を作り上げるようになるが、その流れを導く力は節子のほうにあるように見える。節子がそのような力ある女性としてあらわれることによって、二人の関係は個と個がかけがえのない存在としてわたり合う、恋愛としての実質を備えたものとなっていく。

流れゆく時の経過のなかでたがいの心が一定の安らぎを得る場面として、たとえば次のような描写がある。二人が東京都港区高輪の東禅寺境内の墓地を散策する場面だ。

底青い空の方から射して来て居る四月はじめの日の光が二人の眼の前に落ちて居た。岸本は自分の右の手を節子の左の手につなぎ合せて、日のあたった墓石の間を極く静かに歩いた。あたかも、この世ならぬ夫婦のやうな親しみが黙し勝ちに歩いて居る節子の手を通して岸本の胸に伝はって来た。

……

「どうして俺は自分の姪なぞにお前のやうな人を見つけたらう。何故もっと他《ほか》の人にお前を見つけなかったらう。」

岸本は元来た墓地の一区域へ引返して行ってから節子にそれを言出した。節子は墓の隅に小さな帕子《はんけち》を敷いて、例の灰色のコートのま、その石の上に腰掛けた。

「でも、よくこんなに見つかったものですね。」

と節子が言った。

……

その時ほど岸本は節子と二人ぎりでのび〳〵と屋外《そと》の空気を呼吸したり青空を楽んだりするやうな位置に自分を見出したことは無かった。節子はまた、たとえ僅の時でもそれを自分等二人のものとして並び腰掛けながら送ることを楽みに思ふといふ風であった。

……

「もう低気圧〔不機嫌〕は起りません。」

節子は感慨の籠った調子でそれを言って見せて、やがて墓の隅を離れた。

「椿が咲いていますね。」

と節子が言出した頃は、彼女は既に崖を上って、新しい墓のある傾斜の地勢を岸本と一緒に歩いて居た。

……

「しかし節ちゃん、お前はそれでほんとにいいのかい――これから先、さうして独りで立って行かれるのかい。」

「そんなに信用がありませんかねえ――」

この節子の力を入れて言った言葉は岸本に安心を与へた。（同右、三一〇―三一一ページ）

節子のほうが心理的に一歩先を歩みつつ二人は心安らぐ境地へと近づいていく。そんなさまが、静かな筆の運びのうちに浮かび上がってくる。人のいない墓地を舞台装置にするというのは秀逸な選択だ。

が、二人の関係はこのまま安らかな境地へとたどり着いて完結するのではない。どこまで行っても岸本が近親相姦の負い目を払拭できないからだ。

負い目はあるにしても、それを自分の心のうちにおさめて、あるいは節子と共有しつつたがいの心のうちにおさめて、二人の穏やかな関係を持続していくことも不可能ではなかろうと思えるが、岸本はその道を選ばない。というか、作者・藤村はその道を選ばせない。

近親相姦の事実を隠したいと思う気持ちをなじる内面の声が、岸本に聞こえてくる。

「一切を皆の前に白状したら。」

岸本は今まで聞いたことの無い声を自分の耳の底で聞きつけた。もし嘘でかためた自分の生活を根から覆《くつがえ》し、暗いところにある自分の苦しい心を明るみへ持出して、好い事も悪い事も何もかも公衆の前に白状して、これが自分だ、捨吉だ、と言ふことが出来たなら。

そこまで考へ続けて行った時、岸本はこの心の声を打消したいやうに思った。

「嘘でかためたにしろ、何にしろ、あれほど義雄さん〔岸本の兄で、節子の父に当たる人〕に強いるやうにして〔節子とのことを口外しないように〕頼んで置いて、今更そんなことが出来るものだらうか。」

さう思ふと彼は躊躇しない訳にいかなかった。自己の破壊にも等しい懺悔《ざんげ》……その結果が自分に及ぼす影響の恐ろしさを思ふと、なほさら躊躇しない訳にはいかなかった。それの出来る時が、眼に見えない牢屋から本当に出られる時だらう、心から青空の見られるやうな気のする時だらう、……さうは思っても、そこまで行くだけの精神《こころ》の勇気を起さうとするだけでも容易ではなかった。
未だ岸本は一切をそこへ曝《さら》け出してしまふ程の決心もつきかねて居たが、自分の苦《くるし》い出発点に遡って根本から考へ直して掛らうとするには、どうしてもその心の声を否むことが出来なかった。
（同右、三二二ページ）

懺悔（告白）すべきか否か。岸本は『破戒』の瀬川丑松と同様、悩みに悩み、最後にこれまた丑松と同様、懺悔（告白）へと向かう。岸本のその心事はこう述べられる。

今まで射《さ》したことの無い光が……岸本の精神《こころ》の内部《なか》へ射して来たばかりでなく、帰国の日以来兎角《とかく》疲労し易かった彼の身体までが漸くその頃になって回復の時に向って来た。
（同右、三二三ページ）

『新生』が藤村の自伝小説であることを思い起こさねばならない。『破戒』の場合、決意は架空の人物・丑松の決意にとどまったが、『新生』では岸本の懺悔の決意は作者・藤村の決意に重なる。実際、藤村が近親相姦の禁忌に触れた自分の行為を人びとの前にさらけ出す決心をしなければば、『新生』という小説はこの世に存在しようがなかった。その点で『新生』はあえて自分の恥をさらすという作者の決意のもとになりたった小説ということができる。

決意の異常さを思うとき、わたしには『藤村詩抄』の初版の「序」の、

思へば、言ふぞよき。（思ったことがあれば、言うのがよい）

という文言が耳に聞こえてくる。三好行雄の名著『島崎藤村論』（筑摩書房、一九八四年）に何度も引用される印象深い文言だが、藤村という作家は思ったことを言うべきか否かに悩み、また悩み、最後に言うのがよいと心に決めて前へと進むような書き手ではなかったかと思える。「思へば」と「言ふぞよき」のあいだには距離がある。思ったことは言いやすいとは限らない。言わねばと強く思うことは、むしろ言いにくいことが多い。言いにくさを乗り超えて言うところまでいく。そこに書くエネルギーが生まれ、そのエネルギーによって書かれたものに力と重みが備わる。藤村はそういうふうに思考し、筆を進めていく作家だったと思える。

『新生』の例でいえば、禁忌《きんき》に触れる自分の恋愛体験が小説の題材として頭に浮かぶ。それが「思へば」だ。書くべきか否か、迷い、ぐらつき、悩むしかない。迷いと悩みを重ねるなかで体験の重さと書くことの難しさが意識されてくる。そこでひるまないのが藤村だ。かえって、重く、書くのが難しい体験をことばにしようとする意欲が湧いてくる。そして、意欲が高まったところに「言ふぞよき」という決断が生まれる。決断は困難に立ちむかう作家の気魄のあらわれで

あるとともに、実社会との矛盾や軋轢を精神的な糧《かて》として小説のうちに活かそうとする作家の矜持のあらわれでもある。『新生』後編の、節子の「低気圧」が消えたあとの展開は、近親相姦の禁忌《タブー》に触れる岸本と節子の関係がしかもなおたがいに心が通い合い、自立した人格として自己を主張し、相手をも慮《おもんぱか》る、安定した親密な関係たりうることを示している。

とはいえ、岸本と節子のたどり着いた恋情の清らかさをもってしても、禁忌に触れる二人の関係をまるごと肯定することはできなかった。情交に及び、子どもが生まれるところまで行った過去の行為は、二人にとって消しがたい心の傷として残りつづける。残りつづけることを覚悟の上で二人はたがいの愛情をつらぬこうとする。岸本に限っていえば、かれは負い目をもった愛をつらぬくことにおのれの倫理性を見ようとしているし、そういう愛のつらぬきかたに文学としての価値と深みがあると考えている。そして、それは作家・藤村の考えでもあった。

心の傷が消えない以上、二人の関係は晴れやかなものにはなりえず、どこかに暗い影を宿している。『新生』は、岸本と節子がたがいの愛情の持続を誓いつつ、岸本は日本に、節子は台湾にと、別れ別れに暮らすところで終わる。

「思へば、言ふぞよき」という文言は、そういう暗さを見すえ、社会的重圧に耐えて小説世界の構築を要請する、文学者藤村の内面の声にほかならなかった。

第四章

美術表現の近代性

この章では明治後期に活躍した二人の画家と二人の彫刻家を取り上げ、周辺の人びとの動きにも目を配りつつ美術作品と近代との関係を考えていきたい。画家の二人が洋画家・青木繁（一八八二―一九一一）と日本画家・菱田春草（一八七四―一九一一）、彫刻家の二人が荻原守衛（一八七九―一九一〇）と朝倉文夫（一八八三―一九六四）である。

1　青木繁――ロマン的情熱

幕末から明治にかけて日本人の多くが、上層・下層を問わず貪欲に西洋の学問、技術、制度を摂取し吸収しようとしたことはすでに述べた通りだが、こと美術にかんしては、美術そのものが当時の社会や暮らしの主流に位置するものでなかったことからして、摂取も吸収もやや遅れを取ることになった。幕末に洋画の道を志した高橋由一が、教師を見つけるにも、画材や画具を整えるにも、苦労を重ねなければならなかったのは、遅れゆえのことであった。

一八七六年（明治九年）、工学寮（のちに工部大学校と改称）の付属施設として工部美術学校が設立され、イタリアからお雇い教師としてフォンタネージが来日し洋画の基本を教えるようになって、ようやく体制が整った。ところが、フォンタネージは二年後に体調不良で日本を去り、師を失った日本の弟子たちは欧米に留学してさらなる画技の習得をめざすことになる。

フォンタネージが離日した一八七八年にアメリカ人フェノロサが来日した。かれは東京大学で政治学、理財学、哲学などを講じるかたわら、日本美術の研究を進め、伝統的な日本画の復興を訴えた。かれが一八八二年に行なった「美術真説」と題する講演は日本美術の優秀さを説くもので、低迷していた日本画を活性化させる大きな力となったが、裏を返せば、写実を基本とする洋画のありかたに疑問を呈し、結果として洋画界の勢いを殺《そ》ぐものとなった。一人の外国人講師のものの見かたや言説によって、日本の伝統美術の価値が再認識され、西洋美術熱が後退する、というのは思えば皮肉な話だが、明治期の西洋崇拝の性急さからして十分にありうることだった。フェノロサの講演のあった一八八二年には官営の第一回内国絵画共進会が開かれてもいるが、その展覧会には洋画の出品が拒否された。

逆風を肌に感じた洋画家たちはヨーロッパ帰りの画家たちをも交えて「明治美術会」を結成し、劣勢を挽回しようとする。

洋画が再び隆盛へと向かう転機となったのが、九年間のフランス留学を終えて帰国した黒田清輝の活躍だ。留学中に師ラファエル・コランのもと、官学派《アカデミー》の画風に印象派の外光表現を取りこんだ折衷の様式を学んだ清輝は、帰国後、《舞妓》や《湖畔》など日本的な画題を明るい清新な色調の絵に仕立て上げた。新しい画風は「紫派《むらさきは》」と呼ばれて人びとの注目を集めた。師のコランが対立する官学派《アカデミー》と印象派を巧みに折衷してまとまりのある絵を作り上げたのに似て、清輝は洋画の作風と日本的な情緒をカンバス上に無理なく融合させ、斬新にして分かりやすい画面を作り出した。親しみのもてる絵であることが人気のもとをなした。

清輝の活躍もあって、一八八七年の設立時には西洋画科を置かなかった東京美術学校が、九年後の九六年には西洋画科を新設した。また同年に清輝が久米桂一郎、藤島武二らと新たな洋画団体・白馬会を結成して、洋画界にも日本画に負けないだけの活気がもどってきた。

一四歳で郷里・久留米（福岡県）の洋画家・森三美《みよし》に絵を習い始めた青木繁が、一六歳で洋画家を志して上京し、小山正太郎の画塾・不同舎に入門したのは、いまいう東京美術学校に西洋画科が設けられ、白馬会が結成された三年後のことであった。

不同舎入門の翌年には青木繁は東京美術学校西洋画科選科に入学し、黒田清輝の指導を受ける。小山正太郎と清輝は、同じ洋画家でも画風は清輝の「新派」にたいして正太郎が「旧派」と呼ばれるほどにちがっていたが、青木繁はどちらに傾くというのでもなく、自分の表現を求めてわが道をゆく趣きがあった。かれは西洋画科選科で洋画を学ぶ一方で、上野図書館に足繁く通い、哲学、宗教、神話、文学の書を熱心に読んでいるが、同じころにかれが日本やインドの神話や歴史に材を取った絵を制作していることからして、神話、宗教、歴史の書に耽ることは絵を描くことに強く結びついていたと考えられる。写実を基本とする日本の洋画界にあって、青木繁はそこから大きく隔ったところをめざして歩みを進めていた。

むろんそれは青木繁に限ったことではなかった。時代が絵の表現に写実を超えた広がりを求めていたのだ。同時代の西洋の世紀末芸術——たとえば、ラファエロ前派、ホイッスラー、ギュスターヴ・モロー、アール・ヌーボーなど——がいち早く紹介され、それに倣《なら》った幻想的・物語的・装飾的な絵が藤島武二その他の画家によって描かれていた。

画家の内面に混沌とした表現意志ないし表現意欲があり、それが色と形を求めてカンバス上に激しく噴《ふ》き出してくるといった、そんなエネルギーに溢れた絵が青木繁の作品だ。絵が絵として完結せず、絵におさまり切らぬ力が絵の世界をゆり動かしているように感じられる絵といってもよい。見る側にもエネルギーの必要とされる絵だ。

西洋画科選科の学生だった二一歳のときに白馬会第八回展に出品し、設けられたばかりの第一回白馬賞を受賞した作品十数点のうちの一点が《黄泉比良坂《よもつひらさか》》(色鉛筆、パステル、水彩)である。古事記神話で、イザナギノミコトが死んだイザナミノミコトの住む黄泉国《よもつくに》に行き、イザナミノミコトに会ったときの話を絵にしたものだ。イザナミの体に蛆《うじ》がたかり、見るも醜いすがたになっているのを見て逃げ帰ろうとするのを、イザナミと連れの女たちが追いかけるという場面が描かれる。

青木繁《黄泉比良坂》
[Wikimedia Commons]

絵の右上には薄明かりの地上がほの見え、裸身のイザナギが両腕で頭をかかえ、背をかがめて前方へ走り去ろうとしている。その一角以外は、くすんだ青を基調とする洞穴のような黄泉国が広がり、薄暗がりのぼんやりとした世界に輪郭のはっきりしない裸女が五人ほど描かれる。中央の三人の裸女には細長いひも状の魔物らしきもの（古事記に「雷《いかずち》」とあるものの形象化か？）がまつわりつき、女たちはイザナギを追いかけるというより魔物に取りつかれて悶《もだ》えている。ほの明るい地上と対照的な、ほの暗い洞穴には魑魅《ちみ》魍魎《もうりょう》のうごめく異界の雰囲気が漂って、イザナギの脱出行に緊迫の度を加えている。

絵は全体として薄靄のなかにあるような曖昧さに覆われているが、薄気味の悪い世界の佇《たたずま》いと苦しみ悶える男女のすがたが、目を引きつけて放さない。似たような絵が西洋の世紀末の絵にあったことは思い起こされるが、世紀末の絵の頽廃はここにはなく、あるのはいまだ形の整わぬ混沌とした暗い力だ。縦四八・五センチ、横三三・五センチの紙に色鉛筆とパステルと水彩で描かれているが、絵を描く青木繁の内面を突き動かしていたのは、古事記神話に触発された物語的な想像力と、原初の人間の世界をなんとか形象化したいと望む絵画的野心だったと思える。

裸のままで自然のなかに置かれた男女は、自然から起ち上がり人間らしき行動を取ろうとしつつ、いまだ深く自然にとらわれ、あがきもがいている。世界はいまだ薄明のなかにあって、物の一つ一つが明確な輪郭を結ばず、人間たちの動きも自然の衝動に突き動かされて右往左往するという域を出るものではない。そういう原始のイメージが青木繁にあり、そのイメージを数十センチ四方の絵に定着したいという熾烈な思いが昂じてこの絵ができたもののごとくだ。同じ年に描かれた油彩画《輪転》にも、似たような物語的想像力と絵画的野心を見てとることができる。二つの絵が描かれたのは青木繁が二一歳のときだが、若き画家にとって絵筆を手に画面に向かうことは、「いま」と「ここ」を超えて大きく自在に空想を広げ、自然の、人間の、生きることの原初に至ろうとすることだったといっていいかもしれない。そうしたロマン主義の熱情を受容してくれるものとして絵はかれの前にあった。

いや、かれの前にあっただけではない。《黄泉比良坂《よもつひらさか》》をふくむ十数点が多くの洋画家の出品した白馬会の展覧会において賞を受けたことからすると、絵にロマン主義的構想をこめることは手法として十分に認められることだったと考えられる。青木繁の一〇年に満たない短期間の画業は、こんにちの目から見ても独創的といえる質を備えてはいるが、同時代の絵のあいだにあってけっして反時代的な試みではなかった。西洋の文化・文明が堰を切って流れこむ日本の近代において、日本画も洋画もそれぞれに曲折の多い歴史を刻んだのだったが、青木繁が絵を志す一九世紀の末には、画家たちのあいだに流派の対立や勢力の消長はありつつも、画題の面でも手法の面でも全体として作り手の個性を尊重し、表現の多様性を認める方向へと時代は流れていた。美術史を眺めると、このあたりから日本画・洋画を問わずいまに名の残る画家が次々と登場してくるのも、表現の自由と多様性を基本条件とする近代精神の広がりと深く関係する事柄だった。

《黄泉比良坂》《輪転》は東京美術学校西洋画科選科在籍中の作品だが、選科を卒業した翌一九〇四年にはかれの代表作であり最高傑作である《海の幸》が描かれる。縦七〇センチ、横一八二センチの、青木の作としてはのちの《わだつみのいろこの宮》と並ぶ大作である。裸の漁師たちが、銛《もり》で射止めた大鮫を肩にかついで誇らしげに海岸を行進する油彩画だ。漁師は左に向かって一〇人が二列縦隊で行進し、銛の刺さったまま漁師の肩にかつがれる大鮫が三頭、二頭の鮫は漁師の体を超えるほどの大きさで、尾は地面に垂れている。

神話に取材した絵といってもおかしくないほど原始的な風情の感じられる横長の大作だが、物

青木繁《海の幸》［Wikimedia Commons］

語の一場面を絵にしたものではない。西洋画科選科の卒業を機に、同郷の画友・坂本繁二郎《はんじろう》や恋人・福田たねなどと安房《あわ》（いまの千葉県）の港町・布良《めら》に旅したときに見かけた情景を絵にしたものだ。海も漁も漁師たちも、青木繁にとってはめざましい体験だったのであろう。想像力をかき立てられた若き画家が人間の原初の営みを表現しようとして、絵筆を手に息をつめるようにカンバスに向かうさまが思われる。一〇人の漁師たち――左端にもう一人、描きかけのままに終わった人物がいて、それを数に入れると、一一人の漁師たち――はいずれも全裸で、胸を張り、鮫の重みに負けることなく、両脚でしっかりと地面を踏みしめて前へと進んでいる。裸体の男たちの力強い動きは人間の原始の力とでもいうべきものを感じさせる。力なく垂れ下がる巨大な鮫との対比が原始の力にいっそうの生命力と躍動感をあたえている。

　ともに人間の原初の粗暴さと力強さにせまろうとするものではあっても、《海の幸》は、《黄泉比良坂》や《輪転》と同列に扱うことはできない。一年前の二つの作品が原初の薄明の世界を表現したものとすれば、布良《めら》の海岸の旅に材を得た

《海の幸》は、これまた原初の世界に思いを馳せながら目覚めた世界を表現したものといわねばならないのだ。視点を変えていえば、古事記神話に材を取った物語絵が、自然に大きく包摂され、自然の動きに随従しつつ右に左に動くほかない男女を描くのにたいして、目で見、耳で聞いた現実の漁村の生活から立ち上がった漁撈《ぎょろう》の絵は、自然から身を引き離し、自然に立ちむかう人間の集団を画面に定着したものということができる。

人類の黎明期といったものを想定すれば、歴史的な順序としては薄明の世界から目覚めた世界へ、自然に大きく包まれた段階から自然を離脱する段階へと進むのが順当だろうが、青木繁にはそうした順序の意識は稀薄で、古事記神話なり漁村生活なりの触発する、自然にしっかりと根を下ろして生きる人間の、そのエネルギーの原始性と粗暴さこそが表現意欲をそそってやまないものだった。有形無形の技術・知識・制度の輸入と整備を通じ、国家社会の近代化が着々と進行するそのなかで、人間の生きるエネルギーの原始性と粗暴さに心引かれるというのは、いかにも反抗期の青年にふさわしい心の動きだが、その思いを力のこもった人間集団の動きとして画面に造形することは、時代と切り結ぶ美意識のゆたかさと鋭さなくしてはかなわぬことだった。

人間集団のエネルギーの原始性と粗暴さに呼応するかのように、横長の画面の全体は絵として整わぬ荒っぽい仕上げとなっている。青木繁にはほかにも未完成と思える絵が何点かあるが、《海の幸》は白馬会第九回展に出品されているから、当人はこれをもって完成作と考えていたのであろう。未整備の荒っぽさがエネルギーの溢出を感じさせて、絵の躍動感がかえって高まるかのごとくだ。よく見ると画面下部の裸の足の指が白く塗り残されていたり、定規を当てて引かれた縦横の計測線があちこちに見えたり、前に描かれた輪郭線らしきものが残っていたりするが、それが絵の品位を下げたり、絵の印象を弱めたりすることはない。人や物の動きがおさまるところにおさまって充実した完成形を取る、というのは絵のめざすところではなく、絵筆を措《お》いたあとも過剰なエネルギーに情景がゆらぐといった、そんな絵を青木繁は描きたかったのだと思える。《海の幸》では、左に向かって行進する裸の男たちの脚の形が揃うことなく、歩幅も向きもそれぞれに雑多であるところに、エネルギーの過剰が感受されるように思う。

神話や文学に強く引かれた青木繁だが、《海の幸》を描いた時期に詩人・蒲原有明との交友が始まっている。ロマン派詩人有明は《海の幸》の、はるか神話時代にさかのぼるエネルギーに感応するロマン的心性の持ち主だった。絵にこと寄せて題名も「海のさち」とされた有明の詩の一節を以下に引く。引用文中「忌々《ゆゆ》しき」と「精《くわ》し銛《もり》」は意味が取りにくいが、前者は「立派で、勇ましい」、後者は「美しい銛」と解していいかと思う。

……

海部《あまべ》の裔《すえ》よ、汝等《いましら》、頸直《うなじす》ぐに、
勝鬨《かちどき》高くも空にうちあげつつ、
胸肉《むなじし》張れる姿の忌々《ゆゆ》しきかな。
「自然」の鞴《たたら》に吹ける褐《くり》の素膚《すはだ》。

……

汝等《いましら》見れば、げにもぞ神の族《うから》、
浪打つ荒磯《ありそ》の浜を生《いき》に溢れ、
手に手に精《くわ》し銛《もり》取り、い行き進む。
（『原色日本の美術27　近代の洋画』小学館、一九七一年、一〇一ページより孫引き）

時代は政治・経済的な視点から見れば、大日本帝国憲法が一八八九年に発布され、第一回帝国議会が一八九〇年に開かれて国家制度の大枠が整い、合わせて資本主義経済の着実な発展が国の経済力・軍事力を高め、対外戦争へと乗り出す勢いを示しているときだ。そんな経済発展と国力の充実が多くの人びとの心をとらえて放さないときに、絵に限りないロマン的情熱をこめる若い画家と、イギリスの画家・詩人ロセッティやフランスの詩人ヴェルレーヌに傾倒し、現実を超え出た象徴世界の構築に心を砕く詩人とが、たがいに相手の発想法と美意識に共感し友情を育《はぐく》んでいく事実は、芸術が時代の政治・経済的な動向とは次元のちがうところで創造力を発揮する存在であることを思わせる。「海部《あまべ》」「自然」「神の族《うから》」「荒磯《ありそ》の浜」「精《くわ》し銛《もり》」といったことばは、現実を超え出ようとする詩人の意志が選びとった措辞にほかならなかった。

最後に取り上げたい青木繁の作品は、《海の幸》の三年後に描かれた《わだつみのいろこの宮》だ。《黄泉比良坂《よもつひらさか》》と同じく古事記に取材した作品で、兄・海幸彦《うみさちひこ》に借りた釣針を失くした山幸《やまさち》彦《ひこ》が、釣針を求めて海の底に下り、豊玉姫と侍女に出会う場面を描いた油彩画だ。縦長の画面の上方に桂の木に腰かけた山幸彦が描かれ、下方の左に紅衣の豊玉姫、右に白衣の侍女が描かれる。腰かけた山幸彦にたいして下の二人の女はすっくと体の伸びた立ち姿で、この三人が縦に伸びる二等辺三角形に配置され、その三角形の中心に水を盛る器が、二人の女の足元に水を汲む井戸が配される。総じて暗く濁った色調の絵が多い青木繁の作品からすると、この絵は洒落《しゃれ》た明るい感じの絵といえる。二人の女の服の紅と白の対照が目に鮮やかだ。

裸足の女の足元の井戸は、口が地面からほんのわずかに浮き上がった、陶磁器製らしき艶《つや》のあ

青木繁《わだつみのいろこの宮》
[Wikimedia Commons]

る円形の作りで、水がその口までたっぷりと入っている。青白く光る井戸の円形の縁と、底の深さを思わせる青黒い水の対比が見事で、エネルギーや情熱の激しさとは別に、こういう落ち着いた場面の描写にも画家の技量が確かに働いている。井戸のやや左寄り、ちょうど豊玉姫の左足の親指のあたりから水の泡が球形を少しずつ変化させつつぽつりぽつりと上方に昇り、豊玉姫の右手にまで達していて、その細かい動きを追ってみたくなるとともに、描かれているのが海底の場面だったことを改めて思わせられる。水の泡はすぐ右隣の桂の茎と並行して上へと昇っていて、太く重たい茎と軽くはかない泡の動きとの対比も目を楽しませる。

こんなふうに細部を追って絵を楽しめるのは、この作品が構成のしっかりした、色にも形にも配慮の行きとどいた、完成度の高い絵だからだ。ありあまるエネルギーを画面にたたきつけ、ロマン的情熱のほとばしりが絵を未完の作と思わせるのも辞さないこれまでの作品とちがって、神話の一場面を調和の取れた隙のない図像として仕上げることにエネルギーを注いで出来上がった作品、それが「わだつみのいろこの宮」だといえようか。

以後、エネルギーと情熱に溢れたロマン的な絵は影を潜める。世紀末西洋絵画風のロマンの香りは漂うものの、そこにエネルギッシュな荒々しさはもはや感じられず、絵は抒情風の穏やかさに傾いていく。青木繁の若さを思うと、その先にひょっとして新しい画境が生まれたかもしれないとの想像は可能だが、胸の病いは二八年の命しか許さなかった。

《黄泉比良坂》から《わだつみのいろこの宮》まで、わずか四年間の作品群は、ロマン主義の時代とはいいにくい時代にロマン主義の可能性を熱烈にさし示している。

2　菱田春草——せめぎ合う伝統と近代

明治時代後期の洋画の世界のありようを照らし出す画家として、わたしたちは内なるロマン的心情が時代にうまく適合しえなかった青木繁を取り上げたが、同時代の日本画の世界を象徴する画家として、岡倉天心門下で活躍した菱田春草を取り上げる。

もともと日本画と洋画は画想も画法も異なるものだったが、明治の中ごろからどちらの側にも相手とのちがいがことさらに強く意識されるようになった。そして、ちがいを意識する度合は日本画家のほうが洋画家に比べてずっと強かった。

くりかえし述べたように、文明開化を国の政治的・経済的・文化的課題とする明治の日本は西洋の技術・制度・文化・思想が滔々《とうとう》と流れこむ社会だった。なかに混じって洋画も流れこみ、人びとは西洋流の進んだ新しい文物としてこれを受け容れ、その画想や画風や画法を学び身につけようとした。当然ながら旧来の日本画は人びとの関心を引かなくなり、日本画の世界は沈滞・低迷を余儀なくされた。

そんなとき日本画の救世主となったのがお雇い外国人講師として来日したアメリカ人フェノロサだった。かれは日本の伝統美術の優秀さを説いてまわり、弟子の天心らと社寺を訪ねて所蔵の古美術を調査し、また日本画家を育成する東京美術学校の設立に尽力した。フェノロサの伝統美術礼賛は先進欧米人の評価だけに格別の説得力をもち、日本画復興の気運をもたらした。フェノロサの協力者として岡倉天心がいたことも幸いした。幼時から英語に親しんだ天心は、ものごとを広い視野で考える習慣を身につけ、日本美術についても国粋主義の狭隘さをぬけ出して自由な立場で向き合うことができたし、のみならず、書斎で観念的に思考をめぐらす人というより、動きながら考え、みずから動くことによって状況を変えようとする実践的な知性の人だった。

その天心を終生、師と仰ぎ、敬愛しつづけた画家が菱田春草だった。天心は春草の画才を高く評価し、親身になって指導し、それに応えて春草も努力に努力を重ねた。

フェノロサを引き継ぐ形で日本美術の顕彰と日本画の復興に力を尽くした天心だったが、新しい時代の日本画家としてかれがめざしたのは伝統を超え出た新しい日本画だった。文明開化とともに輸入された洋画は新しいといえば新しいが、洋画とは画題も画風も画法も大きく異なる日本画がその新しさを借りてくるわけにはいかなかった。めざすべき新しい日本画は新しい洋画と旧来の日本画を両《ふた》つながら否定し、二重の否定のそのむこうに、伝統的な日本美術に具《そな》わる美の本質を体現した絵として登場しなければならなかった。

しかし、二重の否定のその先に生まれる新しい日本画という構想は、論理としては筋が通ってはいても、その論理を画面にどう生かし、どう実現するかとなると、制作者に並々ならぬ難問を突きつけるものだった。ことに日本画のように大和絵、水墨画、障屏画、装飾画、文人画、浮世絵と過去に多種多様な蓄積があり、その一つ一つの部門がいくつもの流派に分岐している場合、なにをもって新しいとするかの判断すら分明ではなく、不用意に新しさを追求すれば絵としての美しさや品位が失われかねなかった。

菱田春草《寡婦と孤児》
[Wikimedia Commons]

たとえば、春草二〇歳の作に《寡婦と孤児》と題する日本画がある。東京美術学校の卒業制作として一八九五年に描かれた絵だ。

あちこちに綻《ほころ》びのある鎧《よろい》と軍刀が置かれた板の間に、眠る幼児を抱きかかえて坐す、悲しげな表情の若い女が描かれる。題名からすれば、鎧の主は戦死し、残された女房がいたいけな吾子をかかえて嘆く図ということになろう。板の間は奥へと続くかに見え、奥の壁の上方の隙間から月の光が斜めに射しこんで場面をほの明るくしている。時は夜、月光の射す壁の隙間には壊れかかった御簾《みす》の一部がのぞき、右手の壁の破れと相俟《あいま》って女の不如意の境遇が想像される。

夫の遺品として戦場から送り返された武具を前に、寡婦となった女房が幼な子を抱いて嘆き悲しむ図は、日本画の伝統のなかで、歴史画や物語絵としてはしばしば描かれたが、この絵には周知の歴史ないし物語の一場面とのつながりを示すものは見当たらない。となれば、描かれた現在と結びつけて絵を理解するほかなく、夫は明治中期の本格的対外戦役たる日清戦争で死んだということになろう。題名に使われる「寡婦」や「孤児」が翻訳語調の堅苦しいことばであることからして、春草もその連想を否定する気はなかったと思える。

が、鎧や、長い黒髪や、裾を引きずるようなたっぷりとした服をもって近代的な戦争を連想させようとするのは、新しいとはいえようがちぐはぐさを拭えない。古典的な図柄を近代的な戦争にぶつけるという斬新な発想は、日本画の革新に邁進する天心や春草にとっては心ときめくものだったろうが、洋画の流入以降、絵の基準が大きくゆれ動く日本画の世界にあっても、ここまでの新しさは多くの画家の賛同するところとはならなかった。《寡婦と孤児》は卒業制作の成績審査でも評価が分かれ、「化物絵」との酷評もあったが、最終的に校長・天心の裁断で優等第一席になったという。

天心は、日本画としては異様ともいえる画面の作りを新しさとして歓迎したのだろうが、若き春草のこの作品は技法的にも新しさを備えていた。見やすい例が鎧の描きかただ。色といい線といい、精密な写実に徹しようとする姿勢があらわだ。立てて置かれた胴には五〇枚以上の小札《こざね》を横に縅《おど》したものが上下五段に並ぶが、その五段が白、灰色、褐色、土色、青の五色にきちんと色分けされ、曲線を描く小札《こざね》の一枚一枚が細い線で丁寧に描き分けられる。一枚一枚の形は不揃《ふぞろ》いで、古い鎧をどこかから見つけてきて写生したかと思えるほどリアルだ。三段目と四段目の小札《こざね》はところどころ欠け落ちてもいる。

草摺《くさずり》は、胴から外された五段下りの四間がばらばらにべたっと板の間に置かれている。胴の描きかたと同じように小札《こざね》が細かい線で精密に描き分けられている。前に伸びる一間は下のほうに大きな破れ目ができている。

板の間に置かれた鎧の部分部分を上から下まで、一点たりとも手をぬくことなく綿密に描こうとするこの写実的手法は、母と子の顔立ちや服、部屋の壁や板の間や窓などの、細かくはあるがいかにも日本画ふうのよどみない柔らかい描法とは鋭く対立する。絵を見ていると、寡婦の悲嘆の情に寄りそおうとする気分がおのずと醸成されるのだが、鎧が物としてそこにある、そのくっきりとした存在の形が、寡婦への自然な感情移入を妨げる。鎧の存在がなにやらうるさく感じられるのだ。

絵の題材や描く手法が伝統的な日本画の枠におさまらないのは、天心の美術理論に導かれた春草の望むところだった。かれのめざす新しい日本画は、新来の洋画に対立するとともに、旧来の日本画に対立するものでもなければならなかった。《寡婦と孤児》は見る者に違和感をあたえるものだったが、ひょっとして作者自身も違和感を抱いたかもしれない。が、違和感があったにしても、春草は制作の発条《ばね》として新しい日本画に向かって前進しようとしたかに思える。題材からしても手法からしても実験的という印象を拭えない絵のありようが、そんな思いへとわたしたちを誘うのだ。

が、実験的という点では、春草が横山大観《たいかん》とともに試みた無線描法が、もっとずっと実験的だった。紙や絹の上を滑る筆の、圧力の大小、速度の遅速によって太い線、細い線、濃い線、薄い線、なめらかな線、凝った線、等々が引かれ、その線が対象の輪郭や佇《たたず》まいや運動感、また、描き手の息づかいや対象への思いを示す日本画において、その線を使わないで、あるいは可能なかぎり排除して画面を描き上げようとするのが無線描法だ。いわゆる美術学校騒動で天心が学校長の地位を追われ、春草や大観も教員を辞職し、天心を中心に日本美術院を創立する一八九八年ごろに試みられた技法で、日本画の世界に改めて自分たちの存在を打ち出そうとする思いもそこにこめられていたのかもしれない。日本画の常識からすれば、異端たるをまぬがれない手法で、「朦朧体《もうろうたい》」という悪口が広がったりもした。

無線描法の代表作の一つが一八九九年作の《秋景（渓山紅葉）》だ。

線らしきものは探しても見つからない。秋の風景画だから、画面には岩があり、紅葉があり、小さな滝があり、川があり、猿の親子がいるが、線が引かれた形跡は見当たらない。物には形があって、たとえば岩と紅葉は、くすんだ黒色と白っぽい紅色が接する境界を紅葉の輪郭としてたどることはできるが、そこに輪郭線が引かれているわけではない。二つのちがう色が隣り合わせに置かれることによって輪郭が出来上がっている。しかも、隣り合う二つの色のちがいが際立たないようぼかした色づけがなされていて、輪郭は強くおもてに出てこない。親子の猿は静かな秋景色のなかでは自由に動きまわる異質の存在なのだが、これまた風景に溶けこむように描かれて異質性は際立たない。四年前の《寡婦と孤児》の鎧に見られた写実的にして精密な描写は、ここにはまったく見られない。以前の実験に潔く別れを告げ、次の実験に一から取り組むという進取の姿勢には、洋画と対決しつつ伝統的な描法を超え出ていかねばならぬ日本画家の課題の重たさと、その重たさに耐えて新しい日本画を生み出そうとする実作者の誇りと苦悶のさまが見てとれるように思う。

風景の全体が霧に包まれて曖昧模糊たるすがたを取る《秋景（渓山紅葉）》だが、左端下方の、

菱田春草《釣帰》［PD（Public Domain)］

黒岩にまといつく滝水の流れと、その上方の紅白二色の紅葉は、それなりの明確さを備えている。皮肉めいた言いかたをすれば、線こそ引かれていないものの、多少とも伝統的な息づかいの感じられる部分ということになろうか。絵を見る者のさまよう視線はそこを束の間の休息所とすることができるし、この小部分の鮮明さと画面大半の茫洋たる雰囲気との対比は魅力的だ。「鮮」と「朧」のその対比に清明な安らかさが感じられるとき、春草たちがなんとかその先へ行こうとした伝統的な日本画のその伝統がけっして簡単に否定できるものではなく、有形無形のゆたかさを湛えた、奥深いものであったことが改めて思われる。

表現の技量に秀でた春草が日本画の奥の深さを知らなかったはずはない。が、かれは知るがゆえにさらにその先へと進みたかった。無線描法の実験は続く。実験の極致ともいうべき《釣帰《ちょうき》》（一九〇一年）に至ると、もう「鮮」らしきものはどこにもなく、画面全体が薄ぼんやりと煙っている。

画面の手前に川が描かれ、そこに釣舟が一艘、いまにも岸につこうとしている。舟上には男が四人、うち二人は舟の前後で両手に棹を握る舟頭で、残りの二人は舟の中ほどで魚籠をのぞきこむ釣人だ。四人が蓑笠をつけていることから雨模様の天気だと知れるが、雨にかすむ四人のすがたは判然とせず、笠、蓑、棹、手甲、脚半がそれと分かる程度だ。が、影絵のようにぼんやりとしたその四人が、これまたぼんやりとしたまわりの風景にうまく溶けこんでいる。

絵が線と色とを二大要素とするとはよくいわれるところで、線を使わないとなれば色彩の重きが格段に増す道理だが、春草の無線描法では、線のない全体がぼんやりと一つに溶け合うおもしろさを生かすべく、色も対立を排し、なだらかに溶け合うように配色される。だから、絵は一つ一つの物の存在のおもしろさや、物と物とが作り出す構図のおもしろさを表現するというより、さまざまな物が一つに溶け合って醸《かも》し出す、全体の雰囲気の超現実的な美しさに力を注ぐものとなっていく。

日本中世の山水画が行きついた「気」の表現、それが春草のめざすところでもあったかに思えてくる。山水画が線を縦横に駆使して表現した「気」を、春草は線を排除しつつ表現しようとしたのではないのか、と。

が、近代精神にふさわしい新しさを求めた春草が、中世的な「気」の表現に沈潜するのをよしとしたとは考えられない。《釣帰》でいえば、川岸から伸びる白い道が画面の右に向かってとぎれたあと、左に曲がって再び画面にあらわれ、そのまま奥へと伸び、やがて雨にけぶる野原のなかに消えていくが、その消えていくあたりからむこうへと広がる、ちょうど画面の上半分に当たる空間はたしかに「気」の霊的な崇高さに通じてはいる。が、その霊的な崇高さが画面の全体に

は行きわたらない。絵の下半分に描かれる近景は日常的な親しさを感じさせて、霊的でも崇高でもない。そう思って全景に目をやると、上方の空間の超現実的な広がりも中世的な「気」の表現というより、社会を桎《しっ》梏《こく》と感じる個がなにかの拍子に世俗を離れて自然と一体化するといった、そういう近代的な空間の経験を表現したものに思えてくる。そして、同じころに描かれた、いくつもの同手法の絵を見ていくと、絵のなかで空間表現の実験が行なわれている印象がいよいよ強まる。

無線描法の絵は少なくとも五、六年は描きつづけられるが、一九〇四年、春草が大観らとともに一年半の米欧旅行に出かけ、ニューヨーク、ワシントン、ロンドン、ベルリン、パリで大観・春草作品展を催したころから少しずつ脱却の方向へと向かう。

一年二ヵ月の合衆国滞在、次いで三ヵ月のイギリス・ドイツ・フランス旅行、そのなかでの数回にわたる作品展の開催が、日本画と洋画を見る目に新しいな

菱田春草《落葉》［Wikimedia Commons］

にかを加えたのは確かだろう。洋画と対決しつつ伝統を超え出た新しい日本画を作り出すという姿勢に変わりはなかったろうが、洋画と日本画のちがいをたえず突きつけられる外遊の日々は、なにをどう描くべきか、考えないではいられない歳月だったにちがいない。

無線描法の実験は長く続いたが、そこを脱して新しい物と空間の表現に至る過程も、ゆっくりとした長い道のりだった。絵がゆっくりと変わっていくさまを見ると、春草は頭で考えたのちに絵に向かうのではなく、できつつある絵と対話しながら描いていく画家だとの思いを強くする。

その春草にして、新しい境地の作だと文句なくいえるのが晩年の名作《落葉《おちば》》と《黒き猫》だ。

《落葉》は横に長く伸びる六曲一双の屏風絵だ。秋も深まった雑木林が描かれるが、横に奥に広がる風景にしんとした落ち着きがあって、鑑賞者は静かな安らいだ気分で絵に向き合うことができる。雑木林の太い樹々はどれもこれも幹の真ん中か、もっと下のところで切りとられ、枝は描かれない。枝や葉の描かれる細い樹木は左隻《させき》に一本、右隻《うせき》に二本あるだけだ。左隻と右隻のほぼ同じ位置にある、枯葉のつく柏の木と緑の葉をつけた杉の若木とが穏やかな対照をなしている。静かな林にゆっくりと視線をめぐらすと、左隻に日雀《ひがら》が二羽、右隻に尉鶲《じょうびたき》が一羽、動きを示唆するものとして目にとまる。が、この三羽は大きさといい、色といい、姿形《すがたかたち》といい、まわりと穏やかにつながって、風景をかき乱すことはない。実際に雑木林のなかを歩いていてふとそんな小鳥の存在に気づくことはあって、そのときもしばらく小鳥のことが気にかかりはしても、いつしか体と心は林にもどって静かな散歩が続くのだが、絵のなかの三羽もそんなさりげない存在だ。

小鳥だけではない。六曲一双の雑木林の全体が、ただそれが自然にそこにあるといったさりげなさだ。そのさりげない風景を描くのに、造形や配色や構図に細心の注意が払われている。散りしく落葉は数百枚、いやひょっとして一〇〇〇枚を越えるかもしれない。それが手前に密に、むこうへ行くほどまばらに色うすく描かれ、奥へと広がる林の大きさを感じさせる。遠くの風景が色も形もしだいにぼやけていくのは無線描法の名残りとも見られなくないが、前景から遠景への移りゆきが細かく配慮の行きとどいた、いかにも自然な移りゆきで、そこには手法の独自性以上に、自然に向き合う画家の誠実さと、自然との交流の深さが感じとれる。

やや引いた位置に立って二つの画面を視野の下におさめると、どこにでもありそうな身近な景色が装飾的に完璧に整えられていることに心打たれる。目の前の自然のありのままの美しさを表現したいという思いと、日本画が長きにわたって培ってきた様式の美を生かしたいという思いとが一つになって画面がなりたっているようで、全体の調和を賞でつつ樹々の一本一本や、落葉の散らばりようや、小鳥の佇《たたずま》いに目をやりたくなる。新しい日本画を求めて実験に実験を重ね、ひたむきに前へ進もうとした春草だったが、晩年に至ってそのひたむきな努力が落ち着きのある大らかな自然の表現へと行きついたのを見ると、画家のしあわせな心境を思わないではいられない。明治における日本画と洋画の対立は厄介の面や滑稽な面を多くふくむものではあったが、そのただなかにあって春草は絵に打ちこむ真摯さと純粋さを失うことがなかったように思われる。

《落葉》と並ぶもう一つの名作《黒き猫》は静かに落ち着いた風景画ではなく、黒猫が明確な焦点をなす、いうならば演劇的な絵だ。

縦一五一センチ、横五一センチの細長い画面の、下端の左隅から太くごつごつした柏の幹が右

菱田春草《黒き猫》
［Wikimedia Commons］

に大きく曲がりくねって伸び、幹の真ん中あたりに黒猫がうずくまり、幹の根もとに柏の落葉が二枚。絵の下半分に描かれるのはそれだけだ。上半分は、画面の右枠で切られた太い幹が枠の外で左に湾曲して右枠の上端近くで画面に入りこみ、上に下に枝分かれして広がるさまが、枝の動きと枝にまつわりつく黄葉の重なりによって示される。

幹の堂々とした湾曲、枝分かれの精粗さまざま柔軟自在の変化、黄葉の（地面の落葉に至るまでの）配置の妙は、江戸の画家尾形光琳の大胆にして知的な装飾を思わせる。確かな技量なくしてはかなわぬ、寸分隙《すき》のない造形だ。

薄い褐色の地の上にいまいう柏の薄い灰色の幹と枝と、地の色のよりやや濃い褐色の葉が描かれた、舞台装置とでもいいたくなる風景のなかに、頭のてっぺんから足の先、尻尾の先まで真っ黒な猫が置かれる。大きくはないが濃い黒の塊の存在感は強烈で、絵の前に立つ人の目は真っ先にそこに行く。こちらをまっすぐにらむ二つの目が挑戦的で、存在感の強さを高めている。全体が黒一色に塗られたなかに、その目と鼻先と耳と、足指の割れ目と体の輪郭線にわずかに白色が混じるが、それも、対比によって猫の黒さを強調するような配色法だ。

黒猫が絵の眼目で、柏の幹・枝・葉が背景だという構成は動かない。眼目と背景という構図からしてすでに演劇的だが、黒猫と柏とのあいだには主と従の関係におさまらぬせめぎ合いのごときものがあって、それが演劇性を高めている。たとえば、黒猫の上方の柏の枝と葉は模様的におもしろいというだけでなく、黒猫をおのれの世界に誘いこもうとする生命力を具えていて、黒猫はそれに耐えて強い姿勢を保っていると見られなくはない。また、黒猫のうずくまる太い幹と黒猫とのあいだには押しつ押されつの関係を想定することが可能だ。《落葉》に描かれた自然が、静かな落ち着いた風景をなすのにたいして、《黒き猫》の背景をなす自然は、眼目となる猫に作者の造形意志が強くこめられるのに見合って、それに拮抗するダイナミズムを内に秘めつつ背景としてやや引いた位置を占めているように思える。

《落葉》と《黒き猫》、――二つの名作の重なり合うところが日本画家・菱田春草の到達点だった。

3　荻原守衛と朝倉文夫――近代彫刻とはなにか

日本の近代彫刻を文明開化の流れのなかで考えようとすると、彫刻と日本の近代との距離の遠さにまずは目が行かざるをえない。

絵画ならまだしも、江戸から明治にかけての近代化の流れに沿って伝統的な日本画と外来の洋画との交錯のさまを一つの場の出来事として考えることができるのだが、彫刻ではそれがむずかしい。普通に絵とか絵画とかいえば日本画も洋画もそこに引っくるめて考えられ、実際わたしたちは襖《ふすま》や屛風《びょうぶ》に描かれた虎や松や梅の絵や、掛軸にして床の間に飾った山水画や、画帖に仕立てた浮世絵などと、美術館の壁に並べて展示された油絵や水彩画やエッチングなどとをともに「絵」もしくは「絵画」に属するものとして享受している。明治時代の人びとには日本画と洋画のちがいはいまのわたしたちより強く意識されたかもしれないが、とはいえ、どちらもが「絵」

もしくは「絵画」であることに疑問はなかった。

彫刻では事情がちがった。

彫刻に近いものを日本美術史のなかに探せば、まず目につくのは仏教彫刻だ。旧著『日本精神史（上）』で取り上げたものだけでも、百済観音像（法隆寺）、菩薩半跏像（中宮寺）、阿修羅像（興福寺）、鑑真和上像（唐招提寺）、雲中供養菩薩（平等院鳳凰堂）、阿弥陀如来像（同上）、大日如来坐像（円成寺）、金剛力士像（東大寺南大門）、無著《むじゃく》・世親《せしん》像（興福寺北円堂）、と名作が目白押しだ。が、すぐれた彫像が次々と作られるのは鎌倉時代までで、室町時代以降は見るに値する作品が急激に減っていく。理由としては、長く寺院の強力な物質的・精神的庇護者であった貴族の勢力が衰えたこと、仏教の大衆化によって現世利益の追求と極楽往生が仏教信仰の主流となり、仏像への崇敬の念が薄れたこと、禅宗の説く無の思想が一方で枯山水の庭や頂相《ちんぞう》彫刻や水墨画を生み出しつつも、尊厳さと華やかさに通じる如来像や菩薩像の制作には消極的だったこと、などが挙げられようが、江戸時代には仏教が幕藩体制のもとに政治的に包摂され、それなりに安定した位置をあたえられて仏寺・仏像の設営と造作も行なわれたにもかかわらず、注目すべき仏像としては、諸国をめぐり歩き、人びとの注文に応じて数百数千体の木彫仏を制作した円空と木喰《もくじき》の作品以外にはほとんどない。かくて、一四世紀から一九世紀までの五〇〇年以上にわたって仏教彫刻は陽の当たらぬ存在たらざるをえなかったが、明治初年の全国的な排仏毀釈の運動はそれに追い打ちをかけるものだった。仏師は職人として生きていくのもむずかしかった。

そのとき仏師たちの多くは糊口を凌ぐために江戸時代に職人芸として定着した根付《ねつけ》や鍔《つば》や牙彫《げぼり》

など工芸品の製作に赴いた。開国によってこれらの工芸品に海外から多くの注文が寄せられ、業界は時ならぬ活況を呈した。

しかし、根付《ねつけ》や鍔《つば》や牙彫《げぼり》といった掌《てのひら》におさまるような工芸品と、ロダンの「考える人」や「バルザック像」とを、三次元の彫刻作品だからといって同列に扱い、その素材や手法や美しさやそこにこめられた理念の異同を比較検討するのは、理に合わぬ試みに思える。隔たりが大きすぎて、比較検討により対象となる作品の理解が深まるとは思えないからだ。となれば、彫刻と絵画は一九世紀西洋の文化世界では並び称される美術ジャンルだったとしても、日本の文化世界にやってきたとなると、日本画という対抗軸をもつ絵画とちがって、彫刻は、伝統の美術のうちに比較対照可能な類同品を求めがたい、応接に戸惑う対象となる。それでも、一八七六年（明治九年）に政府が開設した工部美術学校には画学科と並んで彫刻学科が設けられた。設立の事情を述べた同校の「沿革」に興味深い文言が見える。

図画学の募集には数十名の応募者があったが、彫刻学の応募者は職工風の者、数名にとどまった。その数名にかんし、かれらは学則についてもその一部に通じているだけだ、とした上で、以下のように述べられる。（現代文に訳して引用する）

そもそも日本において彫刻の技術を学ぶというのは全体として賤《いや》しい仕事であって、西洋各国の場合のように立派な身分の者がこの技術を学んで立身出世しようとするのとは事情が異なっている。なぜと問うまでもなく、事実そうなのだ。だから、彫刻学科だけは官費を支給することにして四〇名を募集し修業させることにすれば、応募者も集まるはずだ。
（青木茂・酒井忠康校注『日本近代思想大系17 美術』岩波書店、一九八九年、四三三ページ）

彫刻学科を開設する工部美術学校には、イタリアの彫刻家ヴィンチェンツォ・ラグーザをお雇い外国人教師として招き、西洋近代彫刻を日本に根づかせようとする意図があったが、近代彫刻は日本にとって技術としても芸術としても縁遠く、なじみにくいもので、生徒募集すらままならぬというのが明治初期の実情だった。

ラグーザは西洋の近代彫刻をなんとか日本に根づかせようと、彼我の文化のちがいを踏まえ、広く配慮をめぐらし、さまざまに工夫を凝らす熱心な教師だったが、近代彫刻がなにからなにまで新しい世界だとなれば、その制作に携わる彫刻家の卵たちは、教えられること、学ぶことを一つ一つ自分の頭と体で受けとめ、なぞり、反復しつつ前へと進むほかなかった。思案も実作も試行錯誤の連続だった。そのような日本近代の彫刻の黎明期の作家として、以下でわたしたちは荻《おぎ》原守衛《わらもりえ》と朝倉文夫の活動ぶりを見ていきたい。

まずは荻原守衛だ。

一八七九年（明治一二年）に長野県南安曇郡穂高村の農家の五男に生まれた守衛は、二〇歳の年に画家を志して上京し、洋画家小山正太郎の不同舎で学んだのち、二一歳の一九〇一年、渡米してニューヨークの美術学校に通学した。そこからさらにフランスに渡り、パリのサロンでオーギュスト・ロダンの《考える人》を見て衝撃を受け、いったん帰米したものの彫刻家を志して再び渡仏し、アカデミー・ジュリアンで彫刻を学んだ。ロダンとの面識も得た。

守衛は三〇歳の若さで亡くなったから残された作品は多くない。最初の作はアカデミー・ジュリアンでの習作《坑夫》である。イタリアの若者をモデルにした胸から上のブロンズ像で、首、肩、胸、腕の肉づけの荒々しさと力強さが、人体の実相に肉薄しようとする守衛の気迫を伝えている。筋肉の凹凸、表面の肌ざわり、体を支える骨格のありかた、などに十分に注意を払いつつ、たんに目に見える外形にとどまらず、そこに息づいている人間の生命、人間であるというそのありかたをなんとかしてつかまえ、表現したいという熱意が像の隅々にまで及んでいる。彫像を作ることが、人間とはどういうものか、人間が生きているとはどういうことか、という問いと切り離しがたく結びついていることが像を見つめているうちに感じられてくる。

荻原守衛［Wikimedia Commons］

がっちりした胸の上に乗る頭部は左のほうへとやや上向きに曲げられている。動きを重視するロダンの彫刻に倣《なら》うものであろうが、頭部のこのひねりが、生きた体の軽やかさ、自由さに通じているところが魅力的だ。日本古来の仏像彫刻にはこういう自然な動きは求めがたい。西洋近代彫刻ならではの、個性をもった人間のすがたがそこにはある。

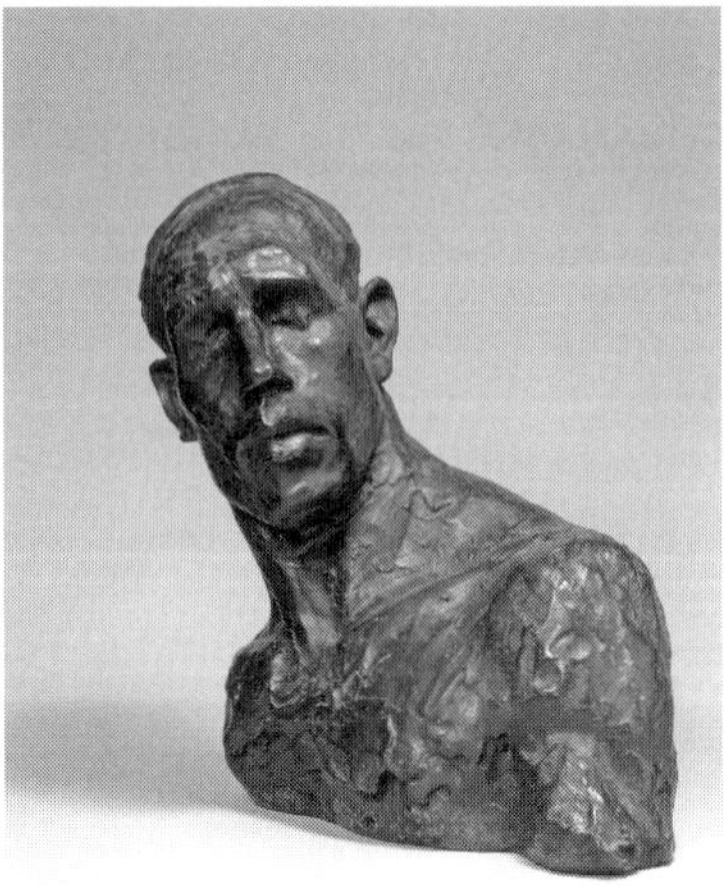

荻原守衛《坑夫》［碌山美術館］

絵画の制作から彫像の制作へと守衛を転身させたのは、ロダンの近代彫刻のもつ人間の個としての存在の力強さと確かさではなかったか。技術的に荒っぽさを残しつつ、前から見ても横から見ても背後から見てもこちらにせまってくる力を感じさせる《坑夫》は、見る者を、そんな思いへと誘う。

《坑夫》に続く、日本に帰ってからの作《文覚《もんがく》》もその思いを裏切らない。

文覚は平安末から鎌倉時代にかけて生きた歴史上の人物で、『平家物語』によれば、もと摂津渡辺党に属する武士だったが、人妻に横恋慕し誤ってその女を殺害したため、出家して文覚を名《な》告《の》ったという。空海を篤く信仰し、源頼朝や後白河院の支援を得て空海ゆかりの神護寺、東寺、西寺、高野大塔、四天王寺などの修復に力を尽くした。

守衛の上半身像《文覚》は剃った頭は僧形なのだが、両腕をゆったりと組み、肉づきのいい腹、胸、肩をもち、その上に精悍な頭部が太い首にしっかりと支えられて位置を占めるさまは、たくましい壮年の男性像というのがふさわしい。ここでも、守衛が一人の人間の、個性をもって生きるすがたを形にしようと努力を重ねていることは、はっきりと見てとれる。文覚を描いたものとして伝藤原隆信作《文覚画像》があって、ひょっとして守衛はそれを見たかもしれないが、見ていたとしても彫像《文覚》は画像をなぞるようなものではまったくなく、粘土を重ねたり削ったりしながら守衛は、自分の手のもとでいま歴史上の人物が生まれてくるように感じていたのではなかろうか。

西洋近代においてさまざまな対立と葛藤を経て歴史的に確立された個人は、自由と自立を原理とする存在だ。近代に至って人間が自分を一人の個人として自覚するようになるということは、自分が絶対的な神の支配からも、共同体の権力やしきたりからも、外へ内へと広がる人間関係からもぬけ出した独立独歩の一個人だと自覚することだ。神の支配や共同体の権力やしきたりや、広汎な人間関係がなくなるはずはないが、外からやってくる多種多様な力と対決し、内なる思考と意志と感情にもとづいて生きていこうとすること、それが自由で自立した個人の生きかただった。

明治期の啓蒙思想や民権思想は独立独歩の生きかたを推奨し、個人の自由と自立を顕彰する思想ではあったが、封建的な社会意識の根強く残る時代にあって、個の自由と自立の思想は理解するのがむずかしかったし、実践するとなれば社会的不利益を蒙《こうむ》ることをも覚悟しなければならなかった。のみならず、近代化にともなう国民国家の形成は国権の強大化へと向かわざるをえず、強大化した国権は、民権や個の自由・自立を擁護し推進するどころか、場合によってはそれを強権的に抑圧し阻害する力となってあらわれた。

若き日に画家を志して上京し、渡米してニューヨークの美術学校に学び、パリでロダンの《考える人》を見て彫刻家に身を転じた荻原守衛が、封建制もしくは国民国家体制と個の自由・自立との対立・葛藤といった歴史的・社会的問題に関心をもっていたとは思われないが、西洋の近代彫刻の制作に全精力を傾ける芸術家として、生きた個人、生命の具わった人体をどう造形するかについては考えないではいられなかった。

個人の自由・自立という観点からすると、人物彫刻の造形はふしぎな位置に立つ。一人の人間がまわりの世界からぬき出されて、これ以上は剝《は》ぎとれるもののない、ぎりぎりの個体として造形されるのが人物彫刻だ。着衣の像の場合、服は外的なものといえなくはないが、服と体は、あるいは服と人物は一体をなすものとして造形されねばならず、服が取り外し可能だと見えるようなら失敗作というほかはない。

外形的にはそのようにぎりぎりに切りつめられて造形される人物像ないし人体像だが、しかし、その内実においては、生きた、感情と意志をもった、鑑賞者とのあいだに人間的な交流のなりたつ存在でなければならない。そういう存在であることがその人物が自由で自立した存在であることにほかならない。そのかぎりで人物を造形する彫刻家は自由で自立した人間をめざしているということができる。

その自由と自立は、では現実の世界を生きる普通の個人の自由および自立とどうかかわるのか。現実の個人は世界とのさまざまな関係のなかで生きているから、その自由と自立も関係のなかでの自由であり自立だ。が、個人の自由と自立は、その一方、程度の差はあれ関係からの離脱を必須の条件としている。となれば、個の自由と自立を考えるには関係から離脱した個の存在を想定せざるをえない。そして、彫刻家がアトリエできりぎりの個体として造形しようとするものは、まさしく関係から離脱したそういう個の存在にほかならない。彫刻家が外形をぎりぎりの個体へと切りつめつつ、その内実を人間にふさわしいものにしていく実作過程は、木や粘土やブロンズを素材として自由で自立した個人を造形する営みだということができる。

見かたを変えていえば、人物像の彫像としての美しさは自由な自立した人間の美しさにまっすぐ通じているということだ。格別の由緒や権威や名誉をもたない普通の人間をモデルに像を造形する近代彫刻にあっては、人物にまつわる社会的な背景や肩書きを剝《は》ぎとってぎりぎりの個としての存在にせまらねばならないが、それは自由な自立した個にせまる行為に、さらには自由な自立した個の美しさを表現する行為に重なるものだ。生命力を湛え、動きとエネルギーを内に秘めたロダンの近代彫刻に導かれて、みずからの手で《坑夫》や《文覚》の像を作り上げつつあるとき、守衛は一人の近代人として自由な自立した個に近づく道を一歩一歩着実に進んでいたように思われる。その道はあらかじめ設《しつら》えられたものではなく、制作行為が道となり道として続くといったふうだったろうが、自由で自立した個に至る道としては思想と美のからまり合うまことにゆたかな道だったと思える。

《文覚》に続く、落ち着きのある秀作が《北條虎吉像》だ。守衛を経済的に支えていた帽子問屋の兄・荻原本十が、同業の北條虎吉に勧め、話がまとまっての制作だという。胸から上の着衣の像で、腕は肩から少し下がったところで切れている。

正面からほんの少し左に傾くうつむき加減の顔は、緊張のなかに落ち着きを保っている。長く商売をやってきて、そろそろ老年にかかろうかという世慣れた人の顔だ。が、一見無造作に作られているように見えて、頭髪から額《ひたい》、眉、目、鼻、口、顎《あご》、頬、耳と、どこを取っても凹凸のはっきりとした明快な作りになっている。日々の暮らしと喜怒哀楽が積み重なってこんな顔がいまここにあるのだ、と素直に納得できる顔立ちだ。特別な人ではないし、特別な人たらんとしているのでもないが、存在そのものが人を引きつけるような魅力をもつ顔とでもいえようか。

服は和服だが、顔の作りの丁寧さに比べると、途中で放り出したような雑な作りだ。むろん意図してのことであろう。人物はなにか考えごとをしているようにも見えるが、この服の作りからして、やや遠くを見つめやる目は、身だしなみなどには頓着せず、商売上かなにかのもっと実質的なことを思いやっているように見える。

作者にとって《坑夫》は異国の人の像、《文覚》は七〇〇年も昔の人の像であるのにたいして、《北條虎吉像》は同時代を生きる身近な人の像だ。その近さが内面的な人柄の表現をも可能にしている。《坑夫》や《文覚》では外形をしっかりととらえ、表現し、その力感や運動感のうちに、当の個人の生きる力と自由・自立のさまを浮かび上がらせようと力を尽くした守衛が、《北條虎吉像》ではさらに進んでその人柄、その生きた過去にまでせまろうとしている。前近代に比べて共同体の束縛がゆるやかになる近代において個人と個人との関係が相手の人柄に関心を寄せ、人柄を軸とした対等な関係に移っていくことを考えると、《北條虎吉像》における人柄の表出は、彫刻制作における守衛の近代性をものがたるものといえるかもしれない。

死を前にした守衛の最後の彫刻が《女》だ。守衛の代表作というだけでなく、日本の近代彫刻の代表作の一つだ。

　裸の若い女性が立て膝で台の上に立ち、両手を背中で組み、反《そ》り気味に上体をひねりながら顔を上に向けたポーズを取っている。普通には見ることのない無理な姿勢だが、体の全体に若さがみなぎって美しい。が、近代彫刻と個としての人間との関係に注目してきたこれまでの議論からすると、この若き女性の像は一個人としての統一的なすがたを視野におさめるのがむずかしい。体の線は前から見ても、右横あるいは左横から見ても、うしろから見ても、なめらかに大きくも小さくも流れ、見る者を清爽な気分に誘うが、そこに一人の人間が確かにいるとは思いにくい。

荻原守衛《女》［碌山美術館］

流れるような量感ゆえに物体としての統一感はあるが、人間としてのまとまりがなかなか見えてこない。顔が上向きで正面から対峙できないのが統一感を得にくい原因の一つかもしれないが、さて、実際に上方から顔に対面しつつ全体を見下ろしたら、像はどんな見えかたをするのか。
　上向きの顔は、若い女の流麗な全身の動きが自然な勢いとして顔を上へと向けるよう求めたところがある。たしかにこの像の制作において守衛は、一個の人物としての統一よりも、女の体の物体としての動きのおもしろさと美しさに心引かれているように見える。人の体は物体とはいい切れず、生命体というのが穏当だが、この像の場合、守衛は生命体の表現をめざしながら同時に物体としての曲線の流麗さ、曲面のやわらかさとなめらかさ、動きの切れのよさに強く引きつけられている。線も面も動きも下から上へと向かう力が格段に大きく、それが上向きの顔へとつながっていくのだが、この力の向きは生命体の動きというよりやはり物体の動きというのがふさわしいように思える。

ロダンの近代彫刻と比較した場合、ここまで物体としての量感や運動感を強く押し出してくる《女》にはいささかの違和感を覚えざるをえないが、その一方、若き女性の体の線と面の動きの美しさをどこまでも追い求めないではいないその感性は、いかにも彫刻家らしい美意識の発現だとも思える。制作の現場でも、現場を離れた思索の場でも真摯な探究家でありつづけた守衛を思えば、物体としての美に目を奪われた《女》のあとにさまざまな発展の道を想定することが可能だが、三〇歳の早すぎる死はその道をすべて閉ざしてしまった。

＊　＊　＊

荻原守衛と並ぶもう一人の彫刻家として朝倉文夫を取り上げる。

二人のあいだにはさほどの接点がなく、彫刻家としてのつき合いもほとんどなかったようだが、日本における近代彫刻のありようを考えようとすると、二人を並べてみたくなる。

　年齢は守衛が四歳ほど年上だが、画家から彫刻家に転じた守衛とちがって、朝倉文夫は東京美術学校の彫刻科選科に入学しているから、彫刻を始めたのはほぼ同じころだ。パリでロダンの彫刻を見て彫刻家を志し、パリで学んだのち日本に帰って制作に打ちこんだ守衛にたいして、文夫は外国に留学することなく、日本の地で制作に励んだ。美術学校を卒業した翌年（一九〇八年）の第二回文展に出品した作品《闇》がいきなり最高賞の二等賞に輝き、以後、第八回文展まで毎回連続して入賞し、彫刻家としてその名は広く知られるようになった。

　代表作は第四回文展（一九一〇年）で最高の二等賞を得た《墓守》である。二六歳の作だ。住居の近くにある谷中天王寺のなじみの老墓守をモデルにした作という。

　なじみといえば像にある種の親しさがこめられているとは見えなくはないが、それよりなにより印象的なのが、すっくと立った老人の堂々とした誇らしげなすがただ。地下足袋《じかたび》を履《は》いた足は右足より左足がほんの少し前に出、それが儀式張った緊張感をほぐしつつ、しかし両足がしっかりと地面に着いて、まっすぐに立つすがた

朝倉文夫

朝倉文夫《墓守》［朝倉彫塑館］

をしっかり支えている。作業用のズボンを着《は》き、上衣は腰帯で締めて尻《しり》からげをし、その上に膝までとどくたっぷりとした外套を羽織《はお》り両腕を背中で結んだ安定感のある立ちすがたが、老墓守を立派な落ち着きのある人物に仕上げている。首のまわりをたっぷりと覆うマフラーにくるまれ穏やかに前方を見やる頭部は、ゆたかな顎《あご》ひげを垂らし、深い皺《しわ》をあちこちに刻みつつ、老齢にふさわしい穏やかさを保っている。風格あるこの像にたいしては、こちらもゆったりとした気分でいつまでも向き合っていたい気がする。

　そう思わせるのは、老人なるものの理想的といっていいすがたが造形されてそこにあるからだ。老いることは必ずしも喜ばしいことではなく、とくに進歩や競争や効率を重んじる近代にあっては老いは警戒され厄介視されることが少なくないが、一人の人間のたどるべき行路として見れば、老いには老いの独特の価値と魅力があるのはいうまでもない。その価値と魅力が墓を守りながら長い歳月を生きてきた一人物の落ち着いた堂々たる立ちすがたに体現されているのがこの作品で、老いの理想的なすがたとでもいうべきものをそこに見ることができる。

日本の近代彫刻が写実を旨とし、なかでも朝倉文夫は自他ともに認める写実派の彫刻家ではあるが、《墓守》は写実というだけでは済まぬ、人間的なゆたかさを備えた作品だった。顔の作りなど、なじみの老墓守の顔立ちをそっくりそのまま模したものかもしれない。しかし、像の前に立つ鑑賞者は生身の人間に思いを誘われるのではない。谷中天王寺で働く老墓守がどんな人だったかというよりも、目の前に老境を迎えた立派な一人物が造形されているのを見て、その老人らしい立派な風格はどこからくるのか、というところに思いがいくのだ。彫刻家がモデルとなった老墓守の現在を見つめ、そのすがたをリアルに表現しようと努めていることは疑いないが、一人の人間とひたむきに対峙するなかで彫刻家の目には老人の「いま」だけでなく、長く生きてきた時間の積み重なりが見えていたのではないかと思える。その積み重なりは老墓守を老人の一典型へと押し上げていったもののごとくで、この彫像は日々墓をめぐり歩く一労働者の個別的な顔立ちや体つきを忠実に写し出しつつ、この世を生きる喜びと辛酸を数多《あまた》経験してきた老人の理想化されたすがたを表現しているかに思えるのだ。

日本の仏像彫刻にも西洋の古代彫刻や近代彫刻にも老人の像は多くはない。だから「墓守」の像にもこれといった手本はなかったかもしれないが、それはそれでかえってモデルの観察に緊張感をもたらし、像を作り上げていく心身の集中力を高めたとも考えられる。彫像のお手本はなくとも、文人画その他の画像には老人のすがたは数多く描かれているし、身のまわりにいる老人となれば、数といい多様性といい不足するところはない。老人にまつわるそんな経験が無意識のうちに生かされて、この老人像を深みのある充実したものにする力になったと考えられる。

　実際、体の全体に力の行きとどいた、いかにも安定感のある立ちすがたを眺めていると、この像が二六歳の若き彫刻家の作であることを忘れそうになる。像の完成度の高さは作者の技量の卓越さを示すのはいうまでもないが、ともに、人びとの共有する敬老の心性といったものを合わせ考えたくなる。老人という存在に、過ごしてきた歳月のゆたかさと輝きを見てとる人間観がわたしのいう敬老の心性だ。

　それが功成り名遂げた老人にかかわって表出されるのではなく、身近なごく普通の老人の像のうちに表現されていることに心打たれる。朝倉文夫には老墓守を理想的な人間だと思う気持ちも理想的人物に造形する気持ちもありはしなかったろう。にもかかわらず、生身の人間と対峙し、そのすがたをどうにかしてその人物らしく表現しようと努力を重ねるうちに、そこに理想的な老人の像が立ちあらわれてくる。荻原守衛も一つの像の制作のたびごとに体験していたことだろうが、それこそまさしく芸術活動ならではの、とりわけ彫塑活動ならではの経験だった。彫刻制作という活動を媒介にして一人の人間と対峙することは、その人間の個性ないし個別性と徹底してつき合うことであると同時に、人間にとって個としてあるとはどういうことか、個として生きるとはどういうことかを、体と心で感じること、考えることでもあった。

　もともと彫刻は一つ一つの作品の独立性が強く、作品を相互に関係づけ流れとして見るのがむずかしい。荻原守衛は明治日本の代表的な彫刻家と見てよかろうが、ロダンとのつながりは明瞭に見てとれるものの、守衛以前の日本の彫刻や彫刻家とのつながりはたどりにくいし、以後の彫刻や彫刻家との系譜もたどりにくい。当人自身の作品についてはそれなりにつながりがあるように思えて、わたしたちは《坑夫》《文覚》《北條虎吉像》《女》の四作を並べて論じたが、そこにも流れとはっきりいえるほどのものがあるといえるかどうか。

朝倉文夫についても同じように、前代や後代の作品との系譜はたどりにくい。長く日本彫刻界の元老的存在であり、数多くの後進を育てたといわれる文夫にしてそうだ。かれ自身の作品についても、《墓守》はほかをぬきん出た位置にあって他の作品との比較にさほどの意味が認められない。

彫刻における個の表現の、彫刻の本質に根ざす重要性、および、本質的に重要な個の表現が、にもかかわらず持続的な流れを作り出しにくいという、二つのことを指摘する言をもって、この章の締めくくりとしたい。

第五章

日清・日露戦争——ナショナリズムの嵐

前章で取り上げた四人の造形芸術家——青木繁、菱田春草、荻原守衛、朝倉文夫——は、その代表作とされるものを一九〇〇—一〇年のあいだに発表していたし、その前の第三章で取り上げた四人の文学者——二葉亭四迷、北村透谷、樋口一葉、島崎藤村——は、藤村の『新生』を除けば、同じ一九〇〇年代かそれより一〇年前の一八九〇年代にその代表作を世に問うていた。

造形芸術家にせよ文学者にせよ、かれらはその一人一人が、西洋の先進文明とともにやってきた近代絵画、近代彫刻、近代文学に心の内面を深くゆすぶられ、その技法と精神をわがものにしようと心死に努力を重ねるとともに、近代社会にとって芸術ないし文学がどのような意味をもつのか、芸術家ないし文学者は近代社会においてどう生きるべきなのか、をたえず自問せざるをえなかった。なにかを絵によって、彫刻によって、文学によって表現することと、表現されたものの意味を内面において問うこととが切り離しがたく交錯するのがかれらの営みだった。

西洋近代の絵画や彫刻や文学に心をゆすぶられた芸術家や文学者たちが、自己の内面に根ざす主体的表現を獲得しようと苦闘していた、一八九〇年から一九一〇年にかけての二〇年間は、政治・社会史として見れば、日清戦争と日露戦争が国をゆるがす大事件として登場する時代であり、ナショナリズムの嵐が社会に吹き荒れた時代だった。

一八八九年の大日本帝国憲法の発布、一八九〇年の第一回衆議院議員総選挙、同年の第一回帝国議会開会によって日本は西洋流の近代国家としてそれなりに形の整ったものとなった。憲法の制定は国の基本を憲法に置く法治国家としての体裁を内外に示すものだったし、選挙で選ばれた代議士が国政の是非を論議する帝国議会の成立は国民国家の基礎が置かれたことを内外に示すものだった。憲法の制定も議会の開会も、それだけでは形式にとどまり、運用次第では法治国家も国民国家も形骸化しかねないのは歴史の示す通りだが、明治維新以降、日本の国家体制がしだいに近代化されつつあることは西洋先進諸国のおおむね認めるところで、憲法制定や議会開会についても近代化の流れに沿う動きとしてまずは好感をもって迎えられた。

憲法制定と帝国議会の開会は、国内の藩閥政府と反政府勢力との対立の構図にも大きな変化をもたらした。自由民権運動の流れを継ぐ反政府勢力は大日本帝国憲法の規定する国家体制にも帝国議会のありかたにも不満や異見がなくはなかったが、ひとたび憲法が制定され議会が開かれたとなると、それらを前提とし、その枠内で反政府のたたかいを進めていかざるをえなかった。中江兆民のように、衆議院の弱腰を批判し、衆議院は政府の前に「腰を抜かして」「無血虫《むけつちゅう》の陳列場」になったと罵倒して議員を辞職するという例もなくはなかったが、それは例外中の例外というべく、兆民のあとに続く者はいなかった。

1　日清戦争とその前後

兆民の辞職は一八九一年の二月のことだが、それより二ヵ月半前に時の首相・山県有朋《やまがたありとも》は施政方針演説でこう述べている。

予算中に就きまして最《もっとも》歳出の大部分を占めるものは、即《すなわち》陸海軍の経費で御座います。

……蓋《けだし》国家独立自衛の道に二途《にと》あり。第一に主権線を守禦《しゅぎょ》すること、第二に利益線を保護することである。その主権線とは国の境域を謂《い》い、利益線とはその主権線の安危に密着の関係ある区域を申したのである。……即《すなわち》予算に掲げたように、巨大の金額を割《さ》いて陸海軍の経費に充つるも、またこの趣意に外ならぬことと存じます。まことにこれはやむをえざる必要の経費である。（第一回帝国議会「施政方針演説」）

（大山梓編『山県有朋意見書』原書房、一九六六年、二〇三―二〇四ページ）

文中の「主権線」が国境の内側の領域、つまり日本の領土をさすのにたいして、「利益線」はその領土と密接に関係する領域、ここでは具体的に朝鮮半島をさす。国民国家がそれなりに形を整えたばかりのこの時点で、首相の山県は朝鮮半島でのなんらかの軍事的な衝突を想定し、そのために「巨大の金額を割いて陸海軍の経費に充つる」必要があると議会に訴えかけている。

山県の主観において、明治維新以来の文明開化、富国強兵、殖産興業という近代化の大きな流れは必然的に朝鮮の制圧を射程に入れた軍備の増強へと向かうものだと観念されていたが、それは独り山県の主観のうちなる観念にとどまるのではなく、政権の中枢をなす内閣のメンバーやその指揮下にある官吏はもちろんのこと、議会で政府の議案に反対することの多い自由党や立憲改新党の議員の主観にも陰に陽に浸透しつつある観念だった。

時代は西洋の先進列強が植民地獲得をめざしてアジア、アフリカに武力進出を企てる帝国主義のまっただなかにあった。人権や自由や平等も近代化の標識だったが、他国の植民地支配や他民族の軍事制圧もまた近代化の有力な標識だった。一方を民権の名で呼び、他方を国権の名で呼ぶとすれば、民権の伸張も、国権の伸張も西洋の先進文明にならって近代化を実現しようとする日本の知的エリート層にとってともどもめざすべき目的であり、国権の伸張は当然のごとくに植民地支配や軍事制圧をふくんでいた。国権を支える理念として、すべての国の自治と相互の対等な関係を求める万国公法的なものの考えかたが唱えられることもなくはなかったが、一九世紀後半の世界の現実、とりわけ日本が身近に経験する東アジアの現実は、万国公法の理念とはおよそかけ離れた弱肉強食の世界であり、権謀術数の世界であって、西欧先進国と肩を並べる近代国家たらんとすることは、そういう世界で生きていくことと別のことではなかった。

憲法制定および帝国議会開会と並ぶ大きな政治課題として条約改正の問題があったが、幕末に結ばれた米欧先進国との不平等条約を平等なものにしていく、という国際法にかなう課題も、この時代にあっては、先進列強の利害得失のからみ合いのなかで右にゆれ左にゆれしながら解決していかねばならなかった。条約改正が真っ先に実現したのはイギリスとのあいだに日英通商航海条約が調印された一八九四年七月のことだが、新条約の調印にイギリスが応じたのは、九一年のロシア・フランス同盟の成立、九二年のロシア・フランス軍事協定の成立によって国際社会での孤立を恐れたイギリスが、日本に接近すべくみずからの既得権の部分的放棄を承知で改正を認めたからであった。

このときの条約改正は関税自主権の完全な回復にまでは至らぬ不十分なものだったが、領事裁判権が撤廃されたことは日本が主権国家として認められたことを意味するわけで、国の近代化の前進を示すものではあった。

が、西欧先進国に追いつき肩を並べようとする国の近代化は、西洋列強の基本路線たる帝国主義的侵略へと向かわざるをえなかったし、それと一体のイデオロギーたるアジア蔑視の思想を内にかかえこまざるをえなかった。福沢諭吉は早くも一八八五年の「時事新報」の論説で「脱亜論」(アジアを脱するの論)ということばを用いているが、西洋流の国民国家の形成が文字通り脱亜の事業であり、アジア蔑視をともなう事業であることは、一八九〇年代の日本の政治指導層や知的エリート層の心に広く受け容れられる観念だったのである。

日英通商航海条約の締結に尽力した時の外務大臣・陸奥宗光は、日清戦争の発端——甲午農民戦争(東学党の乱)——から終幕——ロシア・ドイツ・フランスによる三国干渉——に至る過程を詳細に記述した『蹇蹇録《けんけんろく》』の冒頭近くで、東学党の乱を鎮圧するために朝鮮政府が中国(清)に援兵を求めているとの報に接し、日本政府がただちに朝鮮出兵を決意したときの政府の意向をこう回顧している。(原文のまま引用する)

日清両国がおのおのその軍隊を派出する以上はいつ衝突交争の端を開くやも計りがたく、もしかかる事変に際会せばわが国は全力を尽くして当初の目的を貫くべきは論を待たずといえども、なるべく平和を破らずして国家の栄誉を保全し日清両国の権力平均を維持すべし。またわれはなるたけ被動者たるの位置を執り、つねに清国をして主動者たらしむべし。またかかる一大事件を発生するや外交の常習として必ず第三者たる欧米各国のうち互いに向背を生ずることあるべきも、事情万やむをえざる場合のほかは厳に事局を日清両国の間のみに限り、努めて第三国の関係を生ずるを避くべし、とはその要領なりき。
（陸奥宗光『新訂 蹇蹇録――日清戦争外交秘録』岩波文庫、一九八三年、二六ページ）

政治のつねで、政策決定一つに何重もの配慮が働いて、部外者には真意が読みとりにくい。日本を被動者（受身）の位置に置き、清を主動者にするというのはどういうことか。好戦的と見られるのを嫌ったのか、それとも清の実力を計りかねたのか。実際に戦闘が始まると、日本は勝ちに乗じて朝鮮に点在する清軍の拠点を次々に攻撃し、勢いに乗って中国本土の大連や旅順口や威海衛を占領するに至るわけで、被動・主動の概念を戦争指導者たちがどうとらえていたか、改めて疑問が湧く。

それはともかく、朝鮮出兵に際しても、朝鮮の地での日本軍と清軍との軍事的衝突に際しても、朝鮮が一独立国として遇されることがないのは驚きだ。戦闘は朝鮮国土で行なわれるのだから、朝鮮のことをまったく無視しては作戦も立てようがないのだろうが、さきの陸奥外相の回顧録にも第三者の欧米各国についての言及はあるが、朝鮮国の状況や朝鮮政府の意向については言及するところがない。国が乱れて統一国家として形をなさず、国内の反乱を抑えるにも隣国の援助を求めざるをえないほど武力も弱体だとなれば、武力衝突を見すえた会議では視野の外に置かれるしかないということなのか。そこには富国強兵に邁進する近代国家の弱国蔑視のさまがあからさまに示されている。自国の国権は重要この上ないが、アジアの弱小国の国権は踏みにじって

青山停車場（当時の甲武鉄道）より出発する歩兵第三連隊

かまわない、とする帝国主義的ナショナリズムが政治支配者たちの心に共同の観念として根づいていることを示す事実だ。

それは帝国主義的ナショナリズムを体現する権力者たちの共同観念というにとどまらず、広く人びとを支配する共同の観念となりつつあった。たとえば、朝鮮出兵が新聞各紙に報道されたその日から、義勇兵として朝鮮に行き清国軍と戦いたいという申請が相つぎ、義勇兵を組織し渡韓するという義勇兵運動が全国に広がっていき、献金運動も盛り上がった。人びとにとって国家規模の戦争は前代未聞の、まったく新しい経験だったが、義勇兵運動や献金運動の盛り上がりは、国家の戦争が自分一個と無関係の出来事ではなく、多少ともかかわりのあることとして意識されていたことを示していよう。そして、戦争を知らせるジャーナリズムや、報道に触発されたさまざまな集団行動や個人の動きは、それら自体が国家の戦争を人びとの生活にかかわらせる装置であり、運動であり、動きだった。

ジャーナリズムは、戦争という未知の大事件の発生を発行部数拡張の好機ととらえ、事実の報道に力を入れた。新聞に付録として写真が掲載されるようになったのも日清戦争に始まったことだった。実際、多くの新聞が発行部数を伸ばしたし、国民国家確立期のナショナリズムの昂揚に見合うように、事実の報道と並行して国威発揚に通じる戦争讃美の文章が紙面を飾った。代表的な例として「時事新報」に載った福沢諭吉の「日清の戦争は文野の戦争なり」と題する記事を原文のまま抜萃引用する。

朝鮮海豊島《ほうとう》の付近に於て日清両国の間に海戦を開き、わが軍大勝利を得たるは、昨日の号外をもって読者に報道したる所なり。……戦争の事実は日清両国の間に起りたりといえども、その根源を尋ぬれば文明開化の進歩を謀《はか》るものとその進歩を妨げんとするものとの戦にして、決して両国間の争いにあらず。……日本人の眼中には支那人なく支那国なし。ただ世界文明の進歩を目的として、その目的に反対してこれを妨ぐるものを打倒したるまでのこと……。かの政府の挙動はともかくも、幾千の清兵はいずれも無辜《むこ》の人民にしてこれを鏖《みなごろし》にするは憐れむべきがごとくなれども、世界の文明進歩のためにその妨害物を排除せんとするに多少の殺風景を演ずるは到底まぬがれざるの数なれば、彼等も不幸にして清国のごとき腐敗政府の下に生れたるその運命の拙《つた》なきを自から諦むるのほかなかるべし。

(『福沢諭吉全集 第十四巻 時事新報論集 七』岩波書店、一九六一年、四九一—四九二ページ)

日本は文明国、清(中国)は野蛮国、だから日清戦争は文明と野蛮の戦争だというのは、いかにも福沢らしい割り切りかただが、勝利を喜ぶあまり威丈高に他国を見下してみせる文の運びは品のよいものではない。清の兵士の死を「無辜の人民」の死だと悼みつつ、腐敗政府の下に生まれた以上は諦めるほかないと結論づける文のひねりかたなど、ナショナリズムの偏狭さばかりが鼻につく。一個独立の人間として生き、考えようとした若き日の福沢はどこに行ったかと思う。

この時期ナショナリズムの嵐はそれほど強く日本を席巻していたということだろうが、席巻のさまをうかがうもう一つの事例として、明治の特異なキリスト者内村鑑三の「日清戦争の義」と題する論文からさわりの部分を原文のまま引用する。

吾人の〔われわれ日本人が〕朝鮮政治に干渉するは、彼女〔朝鮮のこと〕の独立いまや危殆《きたい》に迫りたればなり。世界の最大退歩国〔中国のこと〕がその麻痺的蟠屈《ばんくつ》の中に彼女〔朝鮮〕を抱懐し、文明の光輝すでに彼女の門前に達するにも関せず、惨虐妄行のなお彼女を支配すればなり。……孔子を世界に供せし支那は、いまや聖人の道を知らず。文明国がこの不実不信の国民に対するの道は、ただ一途あるのみ。鉄血の道なり。鉄血をもって正義を求むるの途なり。……日本の勝利は東洋六億人の自由政治、自由宗教、自由教育、自由商業を意味し、日本の敗北と支那の勝利は、その結果たるや吾人の言を煩《わずら》わさずして明らかなり。……日本は東洋における進歩主義の戦士なり。ゆえにわれと進歩の大敵たる支那帝国を除くのほか、日本の勝利を望まざるものは宇内万邦あるべきにあらず。

（河上徹太郎編『明治文学全集39　内村鑑三集』筑摩書房、一九六七年、三〇九―三一一ページ）

書き手の気分の昂揚は福沢の論説文を超えるものがある。「文明」「自由」「進歩」が眩しく輝くことばであったことが、調子の高い文面から伝わってくる。福沢の場合もそうだったが、内村のこの文でも、日本が文明、自由、進歩の側にあり、中国が惨虐妄行（野蛮）、蟠屈（不自由）、退歩の側にあることはいささかも疑われていない。

仁川に上陸する日本軍

日清戦争が文明と野蛮、自由と強権、進歩と退歩の戦いではなく、当時の日本が文明、自由、進歩の側に立つ国ではなかったことは、戦争後に日本と中国のあいだで結ばれた下関条約にもとづく日本の朝鮮統治および台湾統治のうちにあからさまに示されている。以下、台湾統治に即して、日本政府と日本軍の残虐な植民地支配のありさまを見ておく。

一八九五年四月に調印された下関条約において台湾全島と付属の島嶼《とうしょ》は日本に割譲された。講和の階段では日本は台湾と中国本土の中間にある澎湖《ほうこ》諸島を占領しているだけで、台湾本土には一歩も足を踏み入れてはいなかったが、以後の中国本土侵略や南方のマレー半島や南洋諸島への進出の根拠地として台湾の領有はぜひとも必要だった。

台湾割譲に驚いたのは現地に住む人びとだった。中国本土から台湾に渡り現地人と協力して台湾の近代化を進めていた中国人が中心となって、条約調印の一月後には「敵に仕えるよりは死することを決す」という宣言のもと台湾民主国が樹立された。が、日本の近衛師団が数日後に台湾に上陸すると、清軍は戦わずして後退したし、民主国総統は大陸に逃亡する始末だった。

が、その後も台湾の植民地化は順調には進まなかった。先住民が日本統治に激しく抵抗したからだ。抵抗に手を焼いた初代台湾総督の樺山資紀《かばやますけのり》は、六月に日本政府に軍隊増派を要請し、さらに翌七月に再度の増派を要請した。先住民を中心とした武装抵抗に加えて、マラリアや赤痢や脚気が日本軍のあいだに広がったため、武力制圧は困難を極め、一八九五年一〇月にようやく南部の主要都市台南を支配下に置くことができ、翌一一月に台湾全島の平定宣言が出された。

下関条約調印後の、宣戦布告なきこの戦闘において、日本は七万六〇〇〇人の兵力（軍人四万九八三五人、軍夫二万六二一六人）を投入し、死傷者五三二〇名（戦死者一六四名、戦病死者四六四二名、負傷者五一四名）を出し、中国人兵士・住民一万四〇〇〇名を殺害した。義が明らかに台湾人の側にあるこの戦争においてこれだけの犠牲者を出していながら、日本政府にも日本軍にも日本国民にも戦争を疑問視し批判する声は、挙がらなかった。それどころか、朝鮮を主要な戦場とする日清戦争も、下関条約後の台湾を戦場とする戦争も、官民一体となった日本の軍国ナショナリズムを拡大深化する強い力をもち、日本を西洋列強と並ぶ帝国主義国家へと押し上げていったのだった。

　下関条約調印の六日後にロシア、ドイツ、フランスの三国が清から日本に割譲された遼東《リャオトン》半島を清に返還するよう勧告する。三国干渉だ。中国を始めとするアジア諸国に政治的・軍事的侵略を重ね、港湾や都市などいくつもの重要地点を統治下に置く西洋列強が、日本の遼東半島領有にかんし、朝鮮の独立を有名無実化し、極東の永久平和の障害になるという理屈をこねて中国に返還するよう勧告する。「極東の永久平和」とはなんともしらじらしい文言だが、それが帝国主義世界の現実だった。

旅順を攻撃する日本軍

　露・独・仏による遼東半島返還の勧告にたいしては日本の官と民とでは反応がちがった。首相伊藤博文はただちに御前会議を開き、(一)勧告拒絶、(二)列国会議による遼東半島問題の討議、(三)勧告の無条件受諾、の三案を提示し、いったんは(二)案が採択された。が、翌日これを知った外相陸奥宗光が強く反対したため、政府は三国に対抗しようとイギリス、イタリア、アメリカの援助を得ることを画策したりしたものの奏功せず、やむなく勧告の無条件受諾を決定した。西洋列強を相手とする以上、自他の軍事力、政治力、経済力を踏まえた現実的な判断をするしかなかった。
朝鮮と中国東北部という異国の地での戦争に未経験の緊張と混乱と不安を感じ、戦果と戦況の報道に心躍りするなかで国家とおのれを一体化するナショナリズムの大波に引きずりこまれた国民にとっては、遼東半島の返還を要求する三国干渉と、要求を受諾せざるをえなかった日本政府の対応は、戦勝に浮かれた気分に真向から痛撃をくらわすものであり、陸奥宗光の『蹇蹇録』のことばを借りれば、国じゅうを「政治的恐怖《パニック》」に陥れるものであった。『蹇蹇録』の最終章に以下の文言がある。

当時国中一般の状況如何というに、社会はあたかも一種の政治的恐怖《パニック》に襲われたるが如く、驚愕極まりて沈鬱に陥り、憂心忡《ちゅうちゅう》々〔心が落ちこみ〕、今にも我が国の要所は三国の砲撃を受くるの虞《おそれ》あるもののごとく、誰一人として目下の大難を匡《きょうきゅう》救すべき大策ありと高談する者なく、……

（陸奥宗光『新訂　蹇蹇録――日清戦争外交秘録』岩波文庫、一九八三年、三六三ページ）

明治維新このかた西洋文明の優秀さを建築物や鉄道や電信・電話やガス灯や工場設備などを通じて目《ま》の当たりにし、知識としても教えこまれてきた庶民にとって、その西洋先進の三国が手を組んで遼東半島の返還を要求したとなれば、政府が要求に応ぜざるをえないのは悔しいけれど仕方のないことだと理解できた。だから、返還に応じるなと政府を突き上げることはできず、さりとて西洋列強のアジア侵略外交の実情からして返還要求が公正なものだとはとても思えず、かれらの心は「沈欝に陥り、憂心忡々《ちゅうちゅう》」の域をぬけ出せなかった。

返還決定の報をたまたま遼東半島の旅順口で聞いたジャーナリスト徳富蘇峰は、自伝のなかでその衝撃を以下のようにつづっている。

この遼東還付が予のほとんど一生における運命を支配したといっても差支えあるまい。この事を聞いて以来、予は精神的にほとんど別人となった。而《しか》してこれというも畢竟すれば力が足らぬ故である。力が足らなければ、いかなる正義公道も、半文《はんもん》の価値も無いと確信するに至った。

そこで予は一刻も他国に返還したる土地に居るを潔《いさぎよ》しとせず、最近の御用船《ごようせん》を見つけて帰ることとした。而《しか》して土産《みやげ》には旅順口の波打際から、小石や砂利を一握りハンカチに包んで持ち帰った。せめてこれが一度は日本の領土になった記念として。

（徳富猪一郎『蘇峰自伝』中央公論社、一九三五年、三一〇―三一一ページ）

一度は自国の領土となった海浜の小石や砂利をハンカチに包んでもち帰るというのは、いかにも熱血の言論人のやりそうなことだが、自伝にそれを記すのは、おのれの私的なふるまいが時代の民意によくかなうものであることを誇らしく思う気持ちもあったかもしれない。

時代の民意といえば、薪のなかに臥して身を苦しめ、苦《にが》い胆《きも》を嘗めて恨みを忘れないようにしたという、中国・春秋時代の故事に由来する四字熟語「臥薪嘗胆」が、三国干渉の際の日本で「世論の合い言葉として流行した」と『日本国語大辞典』の「語誌」の項にわざわざ記されているほどだ。総合雑誌「太陽」に載った「臥薪嘗胆」と題する文章には、「三国の好意、必ず酬《むく》いざるべからず、わが帝国国民はけっして忘恩の民たらざればなり」と、「干渉」を「好意」とひねってまで復讐を誓うことばが見られるし、当時九歳の小学生だったときの思い出を語る平塚らいてうの以下の一節は、軍国ナショナリズムの広がりの大きさを如実に示している。

〔クラス担任の〕二階堂先生について、忘れがたいことの一つは、露、英《ママ》、仏の三国干渉のため、戦勝日本が当然清国から割譲されるべきであった遼東半島を熱涙をのんで還付したことの次第を、わかり易く、じゅんじゅんと語り、「臥薪嘗胆」を子供心に訴えられたことでした。教室には極東の地図がかけてありましたが、それはいうまでもなく遼東半島のところだけ赤く塗りつぶしたものでした〔赤塗りは日本の領土であることを示す〕。話しながら先生が黒板に、特に大きく書かれた「臥薪嘗胆」の文字は今も心に浮びます。

（平塚らいてう『わたくしの歩いた道』新評論社、一九五五年、二四ページ）

日清戦争は多くの戦死者と戦傷者を生み出し、大小さまざまな破壊をくりかえした実戦の場面においても、その後の欧米列強や東アジア各国の政治勢力や軍事勢力の動きにおいても、近代国家として体制を整えつつあった日本の人びとを、支配階層と被支配階層ともども、さらなる国力の充実——軍事力と経済力を中心とする国力の充実——を望む方向へと大きく導くものだった。

2 戦後経営

ロシア、ドイツ、フランスの三国干渉によって遼東半島の返還は余儀なくされたものの、朝鮮支配の前進、台湾および澎湖列島の割譲、巨額の賠償金(日本円で三億一〇〇〇万円)をもたらした日清戦争は、国内のナショナリズムの気分を大いに盛り上げ、政治・経済・社会はさらなる強国への道を進むことになった。戦勝によって明確に自覚されるようになった強国化への道、——その道を着実に歩んでいくための政治・経済上のさまざまな施策が「戦後経営」の名で呼ばれるものだった。

下関条約調印の四ヵ月後の一八九五年八月、第二次伊藤博文内閣は日清戦争後の国家財政のプランを示す「財政意見書」を提出し、大幅に増加する歳出を向けるべき主要部門として、一、陸軍の拡張、二、海軍の拡張、三、製鋼所の拡張、四、鉄道および電話の拡張、の四つを挙げた。製鋼所が兵器や弾薬の生産と直結する産業であることを思えば、意見書が軍事力の拡大・充実とそれを支える生産設備や公共施設の拡大・充実を主眼とするものであることは明らかで、それは日清戦争後の支配層の思いにも民意にもかなうものだった。欧米列強の主導する帝国主義的国家経営は東アジアの日本国家にも着実に根を下ろしつつあった。

軍事力および経済力の増強は藩閥政府の基本方針であったばかりでなく、日清戦争後は代議士総会で軍備拡張・実業奨励を掲げた自由党も承認しうる方針となっていた。これまでの議会では政府の提出した予算案に政党が異議を唱え、軍事予算が大幅に削減されるといった事態がくりかえされたが、日清戦争後初の第九議会(一八九五年)では政府と自由党の提携が実現し、軍事費、勧業費、製鉄所設立、交通運輸機関拡充、治水対策費などを大幅に盛りこんだ予算案が可決され、予算規模は戦前の二倍にもふくれ上がった。

国を挙げて軍備と産業の充実が図られ、各部門の生産力は確実に高まっていった。

軽工業部門は、明治の初期から政府の援助のもと紡績業や製糸業の機械化が行なわれてきたが、日清戦争後、機械生産はさらなるめざましい発展を示している。工場工業の発展を示す代格は紡績業で、戦争直前の一八九三年には四〇会社、三八万錘《すい》であったのが戦後五年経った一九〇〇年には七九会社、一一四万錘《すい》と設備が三倍にふえ、生産量も二一万梱《こり》から六四万梱《こり》と三倍にふえている。日本製綿糸は日清戦争後、中国・朝鮮への輸出がしだいにふえ、やがて綿製品は日本の重要な輸出品目となった。

重工業部門は、巨額の固定資本を必要とし、技術上の多大の困難をともなうことから軽工業部門に比べて発展が遅れたが、一九〇一年の官営八幡製鉄所の操業を画期として本格的な機械工業化へと歩みを進めることになった。

その八幡製鉄所にしても、巨額の国費の投入と、国内産の鉄鉱石の不足を中国の大冶《だいや》鉄山からの輸入でなんとか凌いで操業に漕ぎ着けたものの、不馴れなため故障が続出し、操業八ヵ月で作業の中止へと追いこまれた。しかし、日露の関係が険悪の度を加えている以上、軍需産業の要をなす製鉄所は一日も早く操業を再開しなければならない。再開は一九〇四年七月、日露開戦の五ヵ月後のことだった。

軍事力、経済力の増強・拡大という喫緊の急務に応えるべく、国の強力な支援のもとに発展が図られたのは、重工業の柱をなす造船業でも変わらなかった。戦争のための軍艦はもちろん、遠く西アジアやヨーロッパに貨物を運ぶ商船の製造についても、木造船を中心としたこれまでの造船業は大きな転換が図られねばならなかった。一八九六年には航海奨励法と造船奨励法が公布され、大型鉄鋼汽船の製造にたいしては補助金が支給されることになった。それでも国内最大の長崎造船所で大型船として二〇〇〇トン前後の船を二隻作れただけで、海軍拡張計画で予定された軍艦の大部分は海外の造船所に注文してそろえねばならなかった。日清戦争で日本が中国から得た賠償金の半分近くがロンドンで海外支払資金として利用されたが、その大部分は海軍の軍拡費となったのだった。

見てきたように、長崎造船所は経営規模の面でも生産技術の面でもいまだ成長の途上にあったが、経営者たる三菱家はほかのいくつかの産業部門にも手を伸ばすことによって実業家としての社会的地位を高めた。日清戦争直後の一八九六年に、岩崎弥之助と岩崎久弥が三井家の三井高棟《たかみね》とともに男爵に列せられ、華族の一員となった。もともと政界との結びつきが強く、その筋からさまざまな便宜の供与を受けていた三菱家だったが、日清戦争以前は「商人」に類する存在として、それほど高い社会的地位をあたえられてはいなかった。それが華族の栄に浴したことは経済活動にたいする政治支配者たちの期待をはっきり示すものだった。と同時に、政治支配者の側に取りこまれた大企業の経営者が、以後、国際的な、また国内での、さまざまな矛盾や対立のなかで、政治支配とは一線を画す自立した経済人として事に処すことはむずかしくなった。

その一方、ナショナリズムの昂揚のもとに進められた日清戦争後の軍事力と経済力の向上と充実は、実社会のさまざまな場面に、融和しがたい対立や衝突を生み出さずにはいなかった。労働争議を例に採れば、一八七〇年代から八〇年代にかけては年に一、二件程度だったのが、日清戦争後の一八九六年には二〇件、九七年には七六件と急増している。九七年度の後半から政府が争議の統計を取り始めてもいる。

同じ九七年、アメリカで労働運動について学んで前年に帰国した高野房太郎が、アメリカのサンフランシスコで結成した職工義友会を日本で再建し、労働問題演説会を開催した。多くの鉄工や活版工が集まったことに勢いを得たかれらは、一〇日後に高野を幹事長とする労働組合期成会を結成した。

期成会の呼びかけに応じて労働組合結成の動きが起こり、まずは九七年一二月に鉄工組合が結成された。軍需生産にかかわる砲兵工廠や造船所などで働く職工を主体とする組合で、一年間で三二支部、三〇〇〇人の組合員を獲得した。続いて印刷会社の職工が活版工組合を結成した。労働条件の厳しさが、労働者に、自分たちの力でなんとか事態を打開し、働きやすい職場にしていこうとする意欲をかき立てた結果の、組合結成だった。

九八年の二月には発信人不明の檄文《げきぶん》をきっかけとして、上野から青森までを結ぶ日本鉄道会社の機関方がストライキに立ち上がった。上野・青森間の鉄道はそのほとんどがとまり、あわてた会社側は懸命にストの切り崩しを図ったが機関方の結束は堅く、最終的に機関方の代表と会社側とのあいだで団体交渉がもたれ、機関方の要求の大半が認められてストライキは解かれた。

このストライキは新聞にも報道されたが、軍事力増強と経済発展の背後で進行する、労働条件の劣悪化と下層労働者の生活の逼迫は、多くの人びとがみずから経験し、身近に目にするところとなっていた。「毎日新聞」記者として日本各地を渡り歩き、都市や地方社会の貧困と悲惨な状況を具《つぶさ》に観察した横山源之助は九九年、広く目配りしつつ状況を客観的に記録した警世の書『日本之下層社会』を刊行した。

産業の発展が一企業内の労働条件の劣悪化というにとどまらず、周辺地域に多大の害を及ぼした例としては、栃木県の足尾銅山の鉱毒事件がある。足尾銅山は政府の払い下げを受けて古河《ふるかわ》市兵衛が経営していたが、採掘量の増加とともに流れ出る悪水による鉱毒の害も拡大し、被害は関東平野北部の渡良瀬川流域に広く及んだ。洪水のたびに渡良瀬川の悪水が周辺の田畑に氾濫したのだ。

被害に耐えかねた鉱毒被害民三五〇〇名が一九〇〇年二月、四回目の東京請願行動に打って出る。官憲と憲兵による苛烈な弾圧が行なわれ、逮捕者百余名、うち五一名が兇徒聚衆罪《きょうとしゅうしゅうざい》などで前橋地裁に送られた。裁判では一〇〇人近い大弁護団が法廷闘争を展開したが、最終審の大審院で訴訟手続きの不備を理由に公訴そのものが無効とされ、被害の実態も責任の所在も曖昧なまま事件は闇に葬られそうになった。

が、翌一九〇一年、長く鉱毒問題にかかわり帝国議会で損害の補償を訴えていた田中正造が、議員を辞職した上で明治天皇の馬車に直訴するという非常手段に出た。世論が沸き、新聞も大きく報道して、婦人運動家の矢島楫子《かじこ》、潮田千勢子《うしおだちせこ》による「鉱毒地救済婦人会」や、東大・早稲田・慶応・明治など都下の大学生による「学生鉱毒救済会」などが組織され、また、キリスト者の安部磯雄、内村鑑三や社会主義者の木下尚江、幸徳秋水、荒畑寒村などが支援活動に加わった。政府は鉱毒調査会を設置したり、鉱業主に鉱毒予防工事を命じたりしたが、他方で、軍事上、産業上、銅の需要の高まりが否定しがたい事実として予測される以上、その施策は問題解決とはほど遠い、中途半端なものにならざるをえなかった。

こうして、明治の初めに目標として掲げられた富国強兵、殖産興業の延長線上にある軍備増強、帝国主義的侵攻の大きな動きは、さまざまな矛盾にぶつかり、次々と社会的問題を引き起こしつつ前へと進んでいった。日清戦争の前後から急速に国内に広がったナショナリズムの気風がその動きを後押ししたのはいうまでもない。ただ、矛盾の拡大がナショナリズムをもってしても包摂できないほどに社会問題を深刻化させ激化させたのも事実で、足尾鉱毒被害民の東京請願行動が多数の負傷者・逮捕者を出した一九〇〇年には、労働運動も大きな高まりを見せ、事態を憂慮した山県内閣は新たに治安警察法を制定し、運動の弾圧に乗り出している。横山源之助『日本之下層社会』に詳細に記録されているように、日本の軍備増強、帝国主義化の道は社会のあちこちに大小さまざまな亀裂を生みつつ進行していったのだった。

3　日露戦争——一世を風靡する主戦論、抗する非戦論

日清戦争後もヨーロッパ列強の中国侵略は続いた。

一八九八年三月にはドイツが膠州湾《こうしゅうわん》を租借し、ロシアが旅順と大連を租借した。数ヵ月後にはイギリスが九竜半島と威海衛を租借し、翌九九年にはフランスが広州湾を租借した。国家エゴイズムむき出しの列強の侵略だったが、弱体化した清朝政府はなすすべをもたなかった。立ち上がったのは民衆だった。

ドイツの膠州湾占領はとりわけ横暴・無法なものだったから、「扶清滅洋《ふしんめつよう》（清を扶《たす》け西洋の勢力を滅ぼす）」をスローガンとする民間宗教団体「義和団」の活動が北の山東省を中心に盛んになった。義和団の運動がキリスト教会堂の焼き打ちや宣教師殺害に及ぶと、清朝は軍閥・袁世凱《えんせいがい》に運動の弾圧を命じ、義和団は北へ移動した。「扶清滅洋」のスローガンは近代化に苦しむ下層の農民や労働者の支持を得、運動は大きくふくれ上がった。運動はやがて北京・天津にまで達し、大胆な攻撃をくりかえすなかで、ついに北京・天津の外国公使館地域や居留民地域を包囲するまでに至った。

義和団の運動にたいする清朝の対応は、これを鎮圧するのでもなく、といって擁護するのでもなく、統治力の弱さを如実に示すものだったが、日本をふくむ列強八ヵ国が居留民と公使館を保護するため軍隊を出動させ、義和団とのあいだに戦闘が行なわれると、突如、清朝は列強にたい

して宣戦を布告し、清国と列強は戦争状態に入った。

日本では北清事変の名で呼ばれるこの戦争で、日本軍は列強八ヵ国の編成する連合軍の主力となって戦った。天津の攻略から北京の攻撃・占領までは協力してきた列強だったが、勝利後は利害の対立が表面化し、戦争終結の議定書調印には一年の歳月を要した。

北清事変は二ヵ月あまりの短い戦争だったが、日本は連合軍の主力となって戦ったことによって、帝国主義列強のあいだでの国際的地位を高めることとなった。事変の一年半後（一九〇二年一月）には日英同盟が結ばれるが、同盟の締結は日本が西洋の先進帝国主義国から列強の一員として公認されたこと

日本海軍の艦隊

を意味していた。列強とは、隙あらば他国への侵略と戦争を辞さない国であることを自明の前提としていた。

日英同盟はロシアのアジア進出を牽制するために結ばれたものだった。同盟締結以前は日本とロシアのあいだでたがいに利害を調整し妥協しつつアジア進出を図ろうとする努力もなされた

が、日英同盟を結んだあとはロシアを仮想敵国に見立て武力衝突も辞さない覚悟で対応がなされるようになっていった。

ロシアの東アジアにおける対外政策は日本に劣らず強硬なものだった。もともと東アジアにおける不凍港の確保を大きな目標としていたロシアは、清から旅順、大連を租借したあと、義和団事件に乗じて満州に兵を進め、事実上満州を軍事占領し、種々の権益を獲得した。ロシアの満州占領は隣接する朝鮮を統治下に置く日本との緊張を一挙に高め、日清戦争後にやや落ち着きを取りもどしていたナショナリズムの気分が再び盛り上がりを見せるようになった。

ロシアの満州占領の意志は堅かった。ロシアと清とのあいだには満州還付にかんする露清協定が結ばれ、ロシア軍は三回に分けて六ヵ月ごとに満州から撤退することが約束されていたが、ロシア軍は撤退するどころかむしろ兵力の増強を策した。

ロシアの軍事力が日本のそれを上まわることは広く知られていたから、ロシアの東アジア進出は日本国民のあいだに怒りとともに不安をかき立てた

日本陸軍の戦闘の様子

日本陸軍の砲兵

が、戦争やむなしの世論が高まるなかで不安は戦争をよしとする主戦論へと流れていった。

日本の軍事力と経済力の不十分さや、不確定要素の多い列強の国際関係からして、日本の政治支配層や軍事指導層のあいだにはロシアとの戦いに疑問を抱く向きもなくはなかったが、国民の主戦ナショナリズムは疑問を押し流すだけの勢いがあった。たとえば、日露開戦の八ヵ月前に東大教授六人に学習院大教授一人を加えた面々が桂太郎首相のもとを訪れ、満州問題にかんする「七博士意見書」なるものを提出している。いまこそロシア攻撃の好機だ、ただちに事を起こして満州問題を解決せよ、との対露強硬論を唱えた文書だ。内容が新聞に載ると、二ヵ月後には「対露同志会」が結成され、弱腰の政府に強硬策をせまる国民運動が広がっていった。

主戦論はジャーナリズムでもしだいに大きな勢力となり、非戦の立場を取っていた「毎日新聞」や「二六新報」や一部の地方紙も主戦論に鞍替えしていく。最後まで非戦論の孤塁を守っていたのが黒岩涙香の「万朝報《よろずちょうほう》」

だったが、ロシア軍が満州撤退の最終期日（一九〇三年一〇月八日）になっても満州に居坐っているのを知って、「万朝報」もついに主戦論に転じた。戦争へと向かうナショナリズムの勢いに抗しえなかったのである。

それまで「万朝報」の記者として紙上で非戦の論陣を張っていた幸徳秋水、堺利彦、内村鑑三の三人は、社主・黒岩涙香の主戦論の論説を読んでただちに退社を決意する。涙香は慰留に努めたが三人の意志は固く、四日後の「万朝報」紙上に内村の「退社に際し涙香兄に贈りし覚書」と、堺・幸徳連名の「退社の辞」と、涙香の「内村、幸徳、堺、三君の退社に就て」の三つの文章が並べて掲載された。三文とも文語文だが、以下、口語に訳してそれぞれ全文を引用する。

まずは、内村の文だ。

> わたしは日露開戦に同意するのは日本国の滅亡に同意することだと確信している。
>
> とはいえ、国民すべてが開戦を決意したとなれば、それに反対する気持ちにはなれない。けれど、言論をもって世に立つ者として、自分の確信を語らないのは思想家の本分に外れることだと思う。
>
> とくに「万朝報」が日露開戦に同意したとなれば、（その思いをわたしは十分に理解するけれども）本紙上に開戦反対に類する論文を書くのはわたしにはできないことだし、「万朝報」が人びとの信用を失うことにもなろうと思う。
>
> となれば、わたしは心苦しい気持ちは大きいが、当分は論壇から身を退く決意を堅めた次

内村鑑三
[Wikimedia Commons]

第で、その点、よろしくご諒察いただきたい。「万朝報」にたいするわたしの好誼にはなんの変わりもない。

明治卅六年十月九日　内村鑑三

黒岩涙香兄

退社した三人のなかで内村はとくに涙香と親しかったというが、右の文面にも友への思いやりが滲み出ている。そういう友情の上に立って、しかし、彼我の思想上のちがいを明確に表現する。言論人として見事な姿勢だというべきだろう。

次は堺・幸徳連名の「退社の辞」だ。

わたしたち二人は不幸にもロシア問題にかんして「万朝報」紙と意見を異にするに至った。

わたしたちが平生から社会主義の見地を取り、国際間の戦争は貴族、軍人たちの私闘であって、国民の多数はその犠牲者となっているのだと考えていることは、本紙の読者諸君はよくご存じのことと思う。ところが、そういうわたしたちの意見を受け容れていた本紙が、ここにきて対外事情が切迫してくると、戦争はもはや避けようがないと思い、不可避ならば挙国一致の態勢を取って当局を助け、盲進するほかないと考えていることは、これも読者諸君のご存じの通りだ。

そうなれば、わたしたちは「万朝報」社の記者としては沈黙を守らざるをえないが、しかし、沈黙したまま所信を語らないのは社会にたいする思想家の本分と責任を果たさないことだと思う。ならば、退社を願い出るほかはない。

わたしたちの願い出にたいし黒岩氏は寛大義俠の心をもって社内にとどまるよう強く勧められたが、ここまでくればどうしようもない。わたしたちは黒岩氏その他の社友の多年の好誼に背を向けて、社に別れを告げることになった。

ただ、「万朝報」編集以外のことについては、これまでの交情を永く持続していきたいとわたしたちは強く望んでいるし、黒岩氏たちもそうすると誓われた。

以上、退社に至る思いを述べて読者諸君の諒察を得たい。

堺　利　彦

幸徳　伝次郎

これまた、意見を異にするに至った友人への敬意を失わず、思いを冷静沈着につづった爽やかな文だ。

最後にくるのが、主戦論に転じて三人の退社の因をなした涙香の文章だ。

堺利彦

幸徳秋水
[Wikimedia Commons]

「万朝報」にもし光明があるとすれば、内村、幸徳、堺の三君はその中心をなす人たちだ。その三君がロシアとどう対するかという国の方針をめぐって社の意見と一致しない点があるため、時を同じくして万朝報社を去ることになった。悲しまないでいられようか。

けれども、君子は気軽に人に合わせるものではない。たがいに人格を重んじて親しむことは私情であって、私情ゆえに意見を曲げるのは節操を尊ぶ三君の許すところではない。われらは三君の退社を悲しむけれど、悲しいからといって節操を守る三君に従うわけにはいかない。われらは節を守り通す退社こそ三君の本領だと考え、いよいよ敬服の念を深くするものだ。

われらが秘かに期待したのは、長く三君と行《こう》を共にすればおのずからその人格に感化され、三君と同じ高さには到達できないとしても別れ別れにはならないだろう、ということだった。が、いまや期待に反する事実に直面することになった。ただ、幸いにも三君は私的な交際はこれまで通りで行こうと言われる。われらは今後も光明をはるかに見てとれることをもって慰めとするほかはない。

「万朝報」の声価と信用についていえば、三君の退社によって声価も信用も少なからず下落するかもしれない。三君よ、以前からわれらに教えてくれていた一視同仁〔博愛〕の主義に則って、ときに社にやってきて指導してくれたまえ。別れに臨んで三君の健康を祈る。

涙香にとって「万朝報」が内村、幸徳、堺の三人の記者を失うことは残念至極のことであったのだろう。文面には未練が残って歯切れが悪い。

しかし、露清協定に違反して満州に駐留するロシアへの怒りと不安が、対露開戦の大潮流となりつつあるとき、大衆紙の社主として涙香がその潮流に乗るしかないと決断したのは、それはそれでありうる選択だった。涙香は堺・幸徳の非戦論をそれとして了解しつつ、「万朝報」の社主としては三人とはちがう立場に身を置くしかないと考えたのだった。

興味深いのは、涙香が三人と自分とのちがいを「節操」（原文は「操守」）の語で表現していることだ。非戦論から主戦論への「万朝報」の転向が節操なきことと非難されるのを承知の上であえて「節操」の語を用いているのはいうまでもない。

しかし、涙香の文を丁寧に読むと、かれがおのれの無節操を自認し、そこに居直って節操ある三人の退社に敬意を表しているのでないのは明らかだ。三人はそれぞれに自分の思想を生きる言論の人、自分は政治、経済、事件、犯罪、催事、文芸、娯楽に相わたる雑多な記事をまとめて読者に提供する一大衆紙の責任者、という彼我の立場のちがいを踏まえて、節操ある三人の言動を称揚しているのだ。三人の節操ある態度を称揚することで、一見無節操に見える「万朝報」の主戦論への転向が、追いつめられた末の居直りでも、過去の思索や言説の完全放棄でもないことを示唆し、さらには、非戦論をつねに視野に入れつつ主戦論を展開すること、そのことを三人に向かって、また読者に向かって示すところに涙香の真意があったように思われる。主戦論に転じた「万朝報」ではあったが、その論は、高まる世上の主戦論の大合唱の声に和して非戦論の執拗な弱音を威圧的に踏みつぶそうとするものではなかった。

内村、幸徳、堺の三人は退社後も非戦論の論陣を張りつづけた。内村は論の多くをキリスト教関係の雑誌に発表し、幸徳と堺は退社後新たに「平民社」を創立し、機関紙として週刊「平民新聞」を発行し、日露戦争中も非戦論の立場をつらぬいた。

ここでは内村鑑三の非戦論の一節を引いておく。発表されたのは雑誌「聖書之研究」の一九〇四年九月号、日露戦争のさなかの文だ。日清戦争の始まるころに「日清戦争の義」を書いて日本軍の出兵を義戦として肯定した内村は、戦争の終わるころには日本の義に疑いを抱き、以後、一貫して戦争の非を説きつづけ、日露戦争についても戦前・戦中・戦後を通じて変わらず戦争否定の態度をつらぬいた。引用するのは「余が非戦論者となりし由来」と題する論文からだが、由来の一が新約聖書の研究、由来の二が争闘を自制して無抵抗主義を取ったおかげで心の平安と生活の安定がもたらされたという個人的な経験、そして、その次に来るのが以下に引用する由来の三に当たる部分だ。(原文のまま引用する)

三、私をして非戦論者とならしめし第三の動力は過去十年間の世界歴史であります。日清戦争の結果は私にツクヅクと戦争の害あって利のないことを教えました。その目的たる朝鮮の独立はかえって危くせられ、戦勝国たる日本の道徳は非常に腐敗し、敵国を征服しえしも、故古河市兵衛氏〔足尾銅山経営者〕のごとき国内の荒乱者は少しもこれを制御することができずなりました。これは私が私の生国なる日本において見た戦争（しかも戦勝）の結果であります。

もしそれ米国における米西戦争〔アメリカ・スペイン戦争〕の結果を想いますれば、これよりもさらに甚《はなは》だしいものがあります。米西戦争によって米国の国是は全く一変しました。自由国の米国は今や明白なる圧制国とならんとしつつあります。現役兵わずかに二万をもって足れりとし来たりし米国は今や世界第一の武装国とならんと企てつつあります。そうして米国人のこの思想の変化に連れてきた、彼等の社会の腐敗堕落というものは、実に言語に堪えない程であります。私は私の第二の故国と思い来りし米国の今日の堕落を見て、言い尽くされぬ悲歎を感ずる者であります。そうして、この堕落を来たしました最も直接なる原因は、言うまでもなく米西戦争であります。

（河上徹太郎編『明治文学全集39 内村鑑三集』筑摩書房、一九六七年、三一六―三一七ページ）

引用の前段では、朝鮮の独立を大義名分として日清戦争を戦った日本が、戦勝後にみずから朝鮮の独立を侵す政策を実行し、国内においても戦争のゆえにかえって道徳的な腐敗が進行していることを指摘し、もって非戦論の論拠としている。そして後段では目をアメリカに転じ、一八九八年のアメリカ・スペイン戦争がアメリカ合衆国を自由国から圧制国へと一変させ、帝国主義国家の一員たらしめた事実を指摘して、非戦論のもう一つの論拠としている。

戦争が、とりわけ戦争に勝つことが、人びとの冷静な判断力を低下させ、道徳的な頽廃を招くという観察は鋭い。そこには、高揚するナショナリズムに危うさを見てとる、国の枠を超えた普遍的にして公正な目が働いている。また後段で、アメリカ・スペイン戦争を視野の下に置いて自由国をも惑わす戦争の魔力に警鐘を鳴らす目配りの大きさは、日本の言論界にあって内村を独自の思想家たらしめる特質だといえよう。

観察の鋭さと公正さ、さらには目配りの大きさを備えた内村の非戦論は、説得力のある明快な論ではあったが、戦争の熱気が社会を覆う二〇世紀の初頭にあっては、権力者たちが強力に流布しようとし、人びとの多くが呼応しようとする主戦論の喚声に抗しようがなかった。「平民新聞」によった幸徳・堺の非戦論も、社会的影響力という点では事情はそれほど変わらなかった。

ジャーナリズムのほとんどが主戦論に傾いた日露戦争期には、権力の側からする戦争宣伝にこそ活気が満ちあふれ、勢いに乗っていくつもの新機略があらわれた。代表例の一つが「軍神」の誕生である。

並外れた武勲を最後に戦死した軍人を神に見立てて崇拝するのが「軍神」だが、最初に軍神として祀《まつ》られたのは、日露戦争の旅順口閉塞作戦の指揮官・広瀬武夫だった。行方不明の部下を気遣って三度も船内を捜索したが見つけられず、ボートに移って退却しようとしたところで敵弾に当たり戦死した海軍少佐（死後、中佐に昇進）だ。戦死報道の溢れる新聞のなかで広瀬中佐の死は特別大きな扱いを受け、模範軍人ぶりを示す記事が紙面をにぎわした。中佐の肉片が佐世保港に到着した際には海陸軍将校、儀仗兵その他が出迎え、佐世保駅までの沿道には各学校の生徒や大勢の市民がつめかけた。列車に乗せられ東京へと向かう棺《ひつぎ》は、途中の駅で多くの人に出迎えられ、新橋駅に到着すると、官民数百名がこれを囲み、広瀬家までの道中は雨のなか大群衆が集まり棺を見守った。

一〇日後の葬儀は幾千名もの会葬者が集うなかで厳粛に催され、その後に記念の銅像を建設するための義捐金が募集され、三つの像が建設された。また、戦死の一年後には七〇〇ページ近くに及ぶ『軍神広瀬中佐詳伝』が刊行された。

華々しい死を遂げた一海軍中佐を神にまで祀り上げるこうした共同幻想の基底には、砲弾・銃弾が飛び交い、敵味方双方に死傷者が続出する戦争ゆえの激しい感情の波立ちがあったにちがいないが、その熱狂は、内村や幸徳・堺による非戦の訴えを大きく包みこむものとしてあった。

与謝野晶子
[Wikimedia Commons]

非戦の声は主戦の声に比ぶべくもないほど小さかったが、とはいえ、大きな潮流をなす主戦イデオロギーにたいして非戦の声を挙げたのは少数のキリスト者や社会主義者だけではなかった。たとえば歌人・与謝野晶子は旅順の戦いに従軍した弟に事よせて戦争への懐疑を一編の詩に明快に表現した。以下にその全文を掲げる。

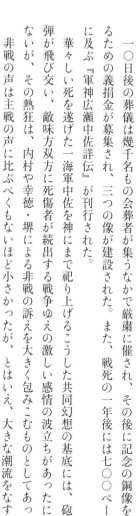

君死にたまふことなかれ

旅順口包囲軍の中に在る弟を歎きて

あゝおとうとよ、君を泣く、
君死にたまふことなかれ、
末に生れし君なれば
親のなさけはまさりしも、
親は刃《やいば》をにぎらせて
人を殺せとをしへしや、
人を殺して死ねよとて
二十四までをそだてしや。

堺《さかひ》の街のあきびとの
旧家をほこるあるじにて
親の名を継ぐ君なれば、
君死にたまふことなかれ、
旅順の城はほろぶとも、

ほろびずとても、何事ぞ、
君は知らじな、あきびとの
家のおきてに無かりけり。

君死にたまふことなかれ、
すめらみことは、戦ひに
おほみづからは出でまさね、
かたみに人の血を流し、
獣《けもの》の道に死ねよとは、
死ぬるを人のほまれとは、
大みこゝろの深ければ
もとよりいかで思《おぼ》されむ。

あゝおとうとよ、戦ひに
君死にたまふことなかれ、
すぎにし秋を父ぎみに
おくれたまへる母ぎみは、
なげきの中に、いたましく

わが子を召され、家を守《も》り
安しと聞ける大御代も
母のしら髪《が》はまさりぬる。
暖簾《のれん》のかげに伏して泣く
あえかにわかき新妻《にひづま》を、
君わするるや、思へるや、
十月《とつき》も添はでわかれたる
少女《をとめ》ごころを思ひみよ、
この世ひとりの君ならで
あ、また誰をたのむべき、
君死にたまふことなかれ。

(『現代日本文学全集15 与謝野寛・与謝野晶子・石川啄木・北原白秋集』筑摩書房、一九五四年、七三ページ)

弟に寄せる親愛の情が激戦地に従軍する弟の死を気遣う心に連なり、それが無残に人を殺し、人の殺される戦争への疑問へとつながっていく。弟の従軍ゆえに地理的にはるかに遠い旅順口が作者の関心を引いてやまないものとなってはいるが、作者は情においても理においても戦争の殺し殺される情景には近づこうとしない。弟への親愛の情がそれだけ強いからでもあろうし、その親愛の情を失いたくないからでもあろう。

詩のことばをたどっていけば、親愛の情に触れてくるものとして「おとうと」「親」「堺の街」「あきびと（商人）」「旧家」「家のおきて」「父ぎみ」「母ぎみ」「暖簾」「新妻」といった語が自然な連想のままにくりだされ、戦争にまつわるものとしては「刃《やいば》」「殺せ（殺して）」「旅順の城」「すめらみこと」「獣の道に死ね」「死ぬるを人のほまれ」といったことばが目につくが、後者の語群の尖った剣呑な響きからしても、作者が戦争への懐疑を一編の詩に明確に定着させようとする意図がうかがわれる。

が、その意図は確固たるものではあるが、詩の中心に位置するものではない。中心に位置するのは苛烈な戦場に赴いた弟への気遣いだ。題名にもなり、詩中で五回もくりかえされる「君死にたまふことなかれ」の文言からしても、そのことは明らかだ。親愛の情に触れてくるものとしてさきに挙げたことばの、微光を放つような素直さと懐かしさを思うと、作者が弟への思いの深さにみずから驚き、その思いに拮抗することばを紡ぎ出そうと詩心を傾けているさまが想像される。戦争の進展とともに主戦論が声高に唱えられるのは与謝野晶子の十分に承知していることだったし、主戦論に異を唱える非戦論の存在もひょっとしてかの女の視野に入っていたかもしれない。しかし、世上の主戦論や非戦論と同じ地平でかの女はこの詩を書こうとしたのではなかった。弟と自分を結ぶ親愛の情の上に静かに身を置き、情の温もりを手放すことなく、これまで自分たちの生きてきた世界や、戦争にまつわる遠い世界に触手を伸ばしているのだ。その詩法からして、政治イデオロギーから遠く隔たった詩といわねばならない。

にもかかわらず、軍国主義の燃え立つ戦時下にあって戦争に言い及んだ詩がイデオロギーと別次元の表現として受けとられるのはむずかしかった。詩の発表されたのは文芸雑誌「明星」の一九〇四年九月号だが、同じ年の総合雑誌「太陽」一〇月号の文芸時評欄には、この詩を痛烈に批判する詩人・評論家大町桂月の文章が掲載された。桂月は、とくに第三連は天皇を侮辱するもので、「詩歌の本領を失へるのみならず、日本国民として、許すべからざる悪口なり、毒舌なり、不敬なり、危険なり」と痛罵した。文学の世界に生きる大家までが、天皇崇拝と軍国主義の勢いに呑まれて紋切型の政治言語を弄するところにナショナリズムの浸透力の大きさを見てとることができるが、ここまで言われて晶子は黙ってはいられなかった。(原文は候文だが、普通の現代文に訳して引用する)

歌は歌です。歌を読む稽古をした以上は、後代の人に笑われることのない、本当の心を歌っておきたく思います。本当の心を歌わない歌に値打ちはない。本当の歌や文章を作らない人にどんな見所があるのでしょう。長い長い年月の後まで動かず変わらぬ本当の人情、本当の道理に自分があこがれるような、そんな心をもちうるだろうかと思っています。

(与謝野光・新間進一編『与謝野晶子選集 第5 晶子随想集』春秋社、一九六八年、一一五ページ)

外から「日本国民として」などとイデオロギー臭の濃いことばを投げつけられて、同類のことばを投げ返すのではなく、歌を詠む内面の心に目を向け、その心に寄りそうようにして抗議のことばを紡ぎ出しているところが感銘深い。晶子にとって一編の詩を政治対決の素材にしないことが、詩の心の——晶子のことばでいえば、歌の心の——真実をつらぬく絶対の条件だった。戦争に向き合わざるをえない場面でも詩を書くとなれば詩の心の真実に徹する。そこに見てとれる文学者としての矜持が詩「君死にたまふことなかれ」の格調の高さを支えているのだと思う。

沸き立つ軍国イデオロギーのなかでは本当の心は容易にことばにならず、ことばになっても容易に人の耳に響かなかったろうが、本当の心をことばにする努力は消え失せはしなかった。日露戦争下に視野を限っても、木下尚江『火の柱』『良人の自白』、夏目漱石『吾輩は猫である』『倫敦塔』などの小説や、『藤村詩集』、正岡子規『竹乃里歌』、蒲原有明『春鳥集』などの詩歌集の刊行が文学精神の存在を告知している。

次に、「君死にたまふことなかれ」のあとを追うようにして書かれた大塚楠緒子《くすおこ》の詩「お百度詣《まうで》」を引用する。表現ののびやかさと連想の自在さは晶子に及ばないが、身近な人への情愛とナショナリズムの矛盾は静かに、しっかりと見つめられて読む者の胸に響く。

お百度詣《まうで》

ひとあし踏みて夫《つま》思ひ

ふたあし国を思へども
三足ふたたび夫おもふ
女心に咎《とが》ありや

朝日に匂ふ
日の本の
国は世界に只一つ
妻と呼ばれて契りてし
人は此の世に只ひとり

かくて御国と我夫《わがつま》と
いづれ重しととはれなば
ただ答へずに泣かんのみ
お百度詣あゝ咎ありや

(伊藤整『日本文壇史8　日露戦争の時代』講談社文芸文庫、一九九六年、五二ページ)

二人の女性詩人の詩には時流に抗する澄明な抒情が共通して流れていて、そこにわたしたちは文学的連帯とでもいうべきものを感じとることができる。

戦争へとひた走った軍国ナショナリズムが、戦争の終わったあとのポーツマス条約において、戦勝に見合う賠償金を獲得できなかったことに怒り狂い、暴動にまで至ったのが日比谷焼き打ち事件であった。

*　*　*

主戦論は日々大きな声となってジャーナリズムをにぎわし、圧倒的多数の国民が陰に陽にその声に和していったが、主戦論がいかに声高に叫ばれ、人びとの戦意がいかに高揚しようと、戦争という国家行動が国民の生活に突きつけてくる経済的負担や困苦や犠牲や悲惨は、否定できない事実として目の前にあった。そして、日清戦争から日露戦争までの一〇年間における経済力と軍事力の拡大・発展に見合って、戦争の強いる負担や困苦も大きく拡大し深化した。左に掲げるのは日清戦争と日露戦争における日本の軍事力のちがいを示す数字だ。

	（日清戦争）	（日露戦争）
出兵兵士数	二四万人	一〇八万人
死者数	二万五千人	八万四千人
臨時戦費	二億円	一七億円
軍艦数	二八隻	一〇六隻

（『詳説　日本史図録　第3版』山川出版社、二〇一〇年、二二四・二三〇ページ）

軍国ナショナリズムが戦勝を確信するものであり、戦勝の暁には負担や犠牲に見合う補償を期待するものであるのはいうまでもない。戦争の実情を知る政治指導者や軍事指導者には、どちらが勝ったとも負けたともいえない形で戦争が終わり、これ以上戦っても勝算がないと分かっていたから、賠償金なしの講和締結やむなしとの判断があったが、確信と期待にふくれ上がる大衆のナショナリズムは指導者の判断やかけひきの枠内におさまるものではとうていなかった。

アメリカ・ポーツマスでの講和会議の模様は一九〇五年八月末から新聞で報道されていたが、九月一日には、「万朝報」「大阪朝日新聞」を始めとする多くの新聞が講和の詳しい内容を紹介した上で、条約破棄の論説を掲げて政府を批判した。これまで対外強硬論を唱えてきた諸団体は講和問題同志連合会を結成し、条約締結日の九月五日に日比谷公園で講和条約反対国民大会の開催を決定した。

政府と民心とのあいだに大きな亀裂が生じていることは疑いようがなかった。これまで戦争という大目的に向かってまっしぐらに進んできた官と民が、ここに来て、大きく離反し、真正面からぶつかることになった。戦争を主導した政治・軍事支配者たちは支配者の権威にかけても、国際社会における威信にかけても、講和条約に異を唱える民衆の声と動きを抑えこむほかはなかった。

政府は九月五日の日比谷公園の大会を治安警察法にもとづいて禁止した。

国民大会の開会は午後一時の予定だったが、朝八時には数百人の警官が日比谷公園の六つの門すべてを丸太の柵で封鎖し、なかに人を入れない態勢を取った。午前一〇時ごろから人びとが集まり始め、丸太の柵に入園を阻まれて、警護の警官隊とのあいだににらみ合いが続いた。開会予定の午後一時が近づくと、集まってくる群衆はどんどんふえ、その数は数万に達した。怒号の渦巻くなか何人かが柵を飛びこえて園内に突入すると、勢いを得た群衆は柵を壊し始め、壊したところから続々となかに入り大会場へと向かった。

大会は挙行され、憲政本党の河野広中を座長として「講和条約破棄決議」を採択し、三〇分で終わった。

が、集まった人びとの忿懣《ふんまん》はそれではおさまらず、警備の警官隊ともみ合うなかで事態はしだいに暴動化の様相を呈してきた。最初に群衆の攻撃の的になったのは政府の御用新聞たる「国民新聞」社と内務大臣官邸だった。国民新聞社は窓ガラスが割られ扉が壊され、内務大臣官邸はレンガ塀が崩され火の手が上がった。

それまでサーベルをぬかないで群衆に対決していた警官隊に午後三時すぎ抜剣命令が出、警察は群衆を剣で切りつけるようになった。群衆のなかに死傷者が出、警官への怒りと憎しみが高まった。夕方から夜にかけて、市内の二警察署、六警察分署、二〇三の派出所・交番が焼き打ちされた。そのほか、首相官邸、外務大臣官邸、大蔵大臣官邸、桂太郎私邸、アメリカ公使館なども標的にされたが、警官に加えて武装兵士が警備に当たったので被害は軽微で済んだ。

翌九月六日も騒動は続き、新たにキリスト教会や路面電車が焼き打ちされた。この二つは講和反対と直接に結びつくものではなかったが、戦後の人びとの不満がどこに向かうか分からないといった不穏な空気が首都には流れていた。焼き打ちの範囲も外へと広がりつつあった。

政府はこの日の夜、二つの緊急勅令を発した。戒厳令と新聞雑誌取締令だ。政権をゆるがすナショナリズムの動きを強権的に抑えこもうというのである。軍隊が治安出動し、政府批判の新聞・雑誌の発行に停止命令が出された。戦争のもたらした犠牲と困苦に発する講和条約反対の運動は、以後、しだいに鎮静化していった。

九月五日、六日の騒擾《そうじょう》における死者は一七人、負傷者は二〇〇〇人、検束者は二〇〇〇人だった。警察はこの機会に疑わしい人物をできるだけ検束しようとし、負傷しているとか現場を徘徊しているという理由で検挙し、また、遊郭や木賃宿に厳しい捜索の手を伸ばした。検束者二〇〇〇人のうち兇徒聚衆罪で起訴されたのは三〇〇人あまりだった。

以上、ポーツマス条約をめぐる大騒動は、条約破棄を決議した国民大会が、合わせて戦争の継続と敵ロシア軍の粉砕を決議するものであったことからも明らかなように、日本の民衆の、排外主義・膨張主義に色濃く染まったナショナリズムの発現にほかならなかった。日本の世論は戦前から戦中にかけて着実に軍国主義への道を突き進んでいた。

が、その一方、多くの人びとの思いが権力者の施策に異を唱える反政府行動として都市の空間に現出したことは、民衆が国民国家に包摂される従順な受動的存在にとどまらず、状況によっては自分たちの共同意志や私的感情を支配体制にぶつける不服従の存在でありうることをも示していた。日露戦争以後、植民地主義的な朝鮮支配や満州支配をいよいよ強力に推し進め、帝国主義列強との武力衝突を想定しつつ経済力・軍事力の増強に邁進する国家支配層は、国内においては大小さまざまな形を取ってあらわれる民衆の不服従と抵抗の意志と行動に、手段を尽くして対決しなければならなかった。

第六章

森鷗外と夏目漱石——近代的知性の面目

日清戦争から日露戦争にかけての歴史を、社会の動きと民心のありさまに即して追跡したあとに、森鷗外と夏目漱石について論じるというのは、どういう意図にもとづくのか。その問いに答えるところから話を始めたい。

年代でいえば一八九〇年代の初めから一九〇〇年代の半ばに至る歴史を、わたしたちは国民国家の確立が生活意識においても社会行動の上でも明確に感じられるナショナリズムの時代ととらえた。それは重苦しい分裂と統一の時代だった。分裂は、資本主義の発展にともなう階級対立を基軸としつつ、そこから派生するさまざまの政治的・社会的・文化的な分裂の形を取ってあらわれたし、さまざまな対立と分裂をなんとか国の枠組のうちに包摂しようとする動きは、支配権力の中央集権的な統合政治を基軸としつつ、そこから派生するさまざまの社会的・文化的な、強制の要素と自発性の要素の錯綜する統一としてあらわれた。

吹き荒れたナショナリズムの嵐は現にその時代を生きた人びとにとっても、後世のわたしたちにとっても、息のつまるような重苦しさを感じさせるものだったが、そうした激動の時代にあって精神の安定を保って生きていくことは可能だったのか。可能だったとすれば、その精神を支える思考と感情と生活意識は、時代とどう向き合い、どう距離を取っていたのか。それを考える好個の素材として鷗外と漱石を取り上げたい。

鷗外と漱石は政治に深入りするもの書きではなかった。だから精神の世界にナショナリズムの波が強く押しよせてくる場面でも、かれらはそれとは別の地平でものを考え、ものを書くことができた。のみならず、二人は日清・日露戦争の期間をはるかに超えて長く執筆活動に携わることになったから、時代の現実にたいしても時代を生きる自分にたいしても長い経験と広い視野をもつことができた。そういう二人の作品を通して、ナショナリズムの勢いに呑みこまれることのない時代精神のすがたを展望してみたいと思う。

1　森鷗外（その一）――『舞姫』と『雁《がん》』

鷗外は西洋の文化、思想、芸術に広く通じるとともに、他方、日本の歴史や伝統文化にも強い愛着と関心をもつ、近代有数の知識人であった。その鷗外が日本近代にどう対峙したのか。初期と中期の二つの小説で造形された女性像と恋愛模様を主たる手がかりに、時代と鷗外とのかかわりを探るのがここでの課題だ。

鷗外は一八八一年（明治一四年）、一九歳で東京大学医学部を卒業し軍医となった。三年後の八四年、ドイツ留学を命ぜられ、当時の世界的医学者ローベルト・コッホやマックス・フォン・ペッテンコーフェルやロート軍医監のもとで医学を学んだ。留学期間は四年に及び、滞在地もライプチヒ、ドレスデン、ミュンヘン、カールスルーエ、ベルリンに及んだ。医学の勉強を主としつつ、あいまに文学・芸術・哲学・美学の勉強にも精を出す教養ゆたかな日々だった。

ドイツ留学で経験したことを素材としつつ、状況の設定や背景描写には異国情緒を漂わせ、全体を文語雅文体のロマン主義的短編に仕上げたのが、鷗外最初期の三つの文学作品『舞姫』『うたかたの記』『文づかい』である。

森鷗外

『舞姫』が雑誌「国民之友」に発表されたのは一八九〇年一月、ドイツから帰国して一年数ヵ月後のことだ。留学経験のなまなましさが消えずに残る時期の執筆だったと思われる。

話の中心をなすのは、鷗外の分身とおぼしき日本人留学生・太田豊太郎と貧困にあえぐドイツの舞台芸人エリスとの恋愛である。

見も知らぬ二人が初めて出会ったのはベルリンの中心街ウンター・デン・リンデンの教会の前だ。少女エリスは近所のアパートに老母と住むが、死んだばかりの父を葬う金がなく街角で泣きくれていた。見かねた太田は少女をアパート四階の住居まで送っていき、粗末なベッドに横たわる父の遺骸を見、涙ぐみ身をふるわせて窮状を訴えるエリスに同情し、挙句、腕時計を外して置いていく。

前途を嘱望されたエリート留学生と、頼るべき人とていない薄幸の少女という組み合わせはいかにもロマン主義小説にふさわしい構図だが、初対面で憐憫の情をかき立てられ、戸口まで送りとどけるだけでは済まず、家に入って貧窮の生活を目《ま》の当たりにし、時計を置いていくという話の展開も、なにやら現実離れした夢想の気配が漂う。少女は太田の親切なふるまいに感じ入り、太田の下宿を訪れるようになって、ここに身分のちがう若き男女の恋物語が始まる。

二人の仲はしだいに深まる。エリスの老母もその関係を受け容れ、太田は母子の家に同居することになって、「エリスと余とはいつよりとはなしに、有るか無きかの収入を合せて、憂きがなかにも楽しき月日を送りぬ」という境遇が訪れる。

ある日エリスが舞台で卒倒し、その後、ものを食べるたびに嘔吐し、妊娠したと知れる。事態は大きく転回する。

エリスとの関係をどうするか、太田は決断をせまられる。留学の成果を生かし日本に帰ってエリートとしての道を歩むか、その道を棄て、ドイツにとどまって生まれた子を迎え、正式の所帯をもつか。若き太田にとっては手にあまる難題だが、鷗外はなんとしても主人公をその難題の前に立たせたかった。

もともと太田は自分のエリート性を強く意識する人物として設定されている。親の期待に応えて勉学に励み、優秀な成績で大学を卒業し、留学後もさまざまな誘惑を斥けて政治学の習得に専心してきたというのが、これまでの太田だ。が、そんな太田もヨーロッパの自由な空気を吸うち、立身出世の道を突き進む自分の生きかたに疑問を感じるようになっていく。政治学よりも歴史文学のほうが自分の精神に近く、自分の心を自由にしてくれると思ったりもする。

貧しい少女との恋愛は、個の自由という観点からして、エリート青年の生きかたに深くかかわってくる。思えば、ヨーロッパ近代の文学は、人間精神の自由にかかわるものとして恋愛をこの上もなく重要な主題としてきた。恋愛は個人にとっても社会にとっても生きる筋道や対人関係を狂わせかねないほど危険なもので、そこをうまくやり過ごすのが賢い処世法だとされもするが、その一方、とくに近代の小説は、その危険性をもふくめて、ほかにはない自由な精神のあらわれを男女の恋愛と交情のうちに見てきたのだった。

犀利な西洋文化の理解者だった鷗外がそのことを知らなかったはずはない。日本のエリート留学生と薄幸のドイツ人少女との恋愛という構図の設定は、東西文化の接触の意味を問う、というふくみさえもっていたかもしれない。ただ、エリスは年も若く（一六～一七歳）、生活面でも文化面でも太田と対等にわたり合える境地にはなく、ために東西文化の接触は二人の人間の関係としてあらわれるというより、相手との関係をおのれの内面に受けとめて自問し自答する太田の煩悶の形であらわれることが多いのだけれども。

太田の内面において、恋愛へと向かう精神の自由は世俗の功名を求める立身出世の志向とは鋭く対立する。対立はたんに観念上の対立というにとどまらず、実生活に及んでくる。エリスとの恋を大切にすることは生まれてくる子を慈しむことであり、そこで家庭を築くとなれば、これまでめざしてきたエリートとしての地位や名誉は望めなくなるからだ。

恋愛を取るか、立身出世を取るか。太田は岐路に立たされる。しかしかれはおのれ一個の決断として一方を取り、他方を捨てることができない。友人の相沢謙吉がエリスとの事情を知った上で栄達の道の修復に努めてくれるのを見るとそちらに心引かれるし、生まれる子のためにエリスが襁褓《むつき》用の白木綿《しろもめん》や白いレースを準備するのを見ると、かの女と別れることはとてもできないと思う。逡巡する心にみずから苛立ちながら、どうにも決着をつけることができない。

まわりの人間たちのほうが動く。親友の相沢は、たまたまベルリンにやってきた大臣に太田を引き合わせる。太田の抜群の語学の才能に惚れこんだ大臣は、自分といっしょに帰国することを太田に強く勧める。

思わず「そうします」と答えた太田は、答えたすぐあとに自分の軽薄さにみずから驚く。大臣と別れ、雪の降る夜道を自責の念に駆られながら足を運び、歩き疲れてベンチに倒れるように腰を下ろすと、いつのまにか眠りに落ちる。目を覚まし真夜中にようよう家にたどり着くと、エリスはまだ起きている。憔悴し切った太田は声を出すこともできずその場に倒れ伏してしまう。人事不省の状態が数週間続く。

そんな太田をエリスが看守る病床に、ある日、相沢が訪ねてくる。相沢は、エリスにまつわる事の顚末《てんまつ》を詳しく知った上で、大臣には太田の病気のことだけを報告し、エリスには太田が大臣の帰国の勧めに応じたことを打ち明ける。

聞くなり椅子から飛び上がったエリスは太田の不実を痛罵し、その場に倒れてしまう。しばらくして意識がもどると、エリスは錯乱の挙動を示し、繦褓《むつき》を見ると顔に押し当ててすすり泣く。狂暴さが遠のくと赤児のような痴呆状態が続き、医者に見せると、治癒の見こみのないパラノイア（偏執病）との診断が下される。

そんなエリスをアパートに残し、同居の老母に生計に必要な金をあたえて、太田は帰国の途につく。

締めくくりの二行を原文のまま引用する。

ああ、相沢謙吉が如き良友は世にまた得がたかるべし。されどわが脳裡に一点の彼を憎むこころ今日までも残れりけり。（『森鷗外全集　第一巻』筑摩書房、一九五九年、一六ページ）

歯切れの悪い幕切れに、身にあまる課題をかかえた太田のゆれる心がよくあらわれている。恋を取るか世俗の功名を取るかという二者択一にもどって考えれば、太田の帰国は結果的に世俗の功名を取ったことになろう。しかし、見てきたように、帰国は太田の主体的な決断といえるようなものでなかった。また、外の力が働いてそうなったことに太田は満足してはいなかったし、納得もしていなかった。どころか、帰国の勧めに従ったことを自分の弱さとして責めていた。

では、帰国しないでドイツにとどまり、エリスとともに暮らすという決断はありえなかったのか。

『舞姫』を読むかぎり、それはありえなかったように思える。

二人の最初の出会いがロマン的な夢想に近いことはすでにいった。若い男女の幻想的な恋愛譚としてメルヘン風に話が進んでもおかしくはない、それは出だしだった。が、太田はその経歴からしても置かれた境遇からしても立身出世の道を歩むエリートだから、早晩、恋と栄達が秤《はかり》にかけられるし、そうなれば、恋は俗世の波をかぶらざるをえない。ところが、太田自身は純な恋愛と俗世の功名との落差を見ようとしない。相手が年端も行かぬ生活力のない少女である以上、太田のほうが恋を地につけたものにする努力をしなければ、関係は宙に浮く。実際、二人の関係は生活の実質のともなわぬ、情念のやりとりにしかなっていない。恋愛がときに遊戯に近いと思えるのもふしぎではない。

太田とエリスの恋愛の延長線上には、太田がドイツにとどまり二人の共同生活を構築するという選択肢はなかった。エリスの妊娠後、その可能性が二人の視野の片隅に置かれることはあったかもしれないが、情念がいかに高揚しようとも共同生活への道は開けない。太田にはそれが不可能であるのが分かっていた。大臣の帰国の勧めを受け容れたとき、受諾へとかれを追いやった力として、ドイツにとどまってもどうにもならないという現実的な認識が働いていた。

責任といえば、そういう恋愛のありようにたいしても、太田には責任があり、責任の自覚があった。責任を自覚するから、大臣と別れたあとに錯乱状態で雪の夜道をさまよい、家につくや人事不省の眠りに落ちもしたのだ。が、それで責任が消えるわけではむろんない。つつがなく帰国できるよう計らってくれた相沢について、最後の一文で「彼を憎むこころ今日までも残れりけり」というのも、責任の自覚を示すことばだ。

責任を取り切れず、エリスを狂気へと追いやった罪の意識を拭えないまま帰国する、というのが、エリート青年・太田の、異国の少女との恋の結末だ。悲劇的な終幕だが、当人にも読む者の心にもカタルシスをあたえない、苦味《にがみ》ばかりが残る終幕だ。

苦味は太田がエリスにたいして責任を取れなかったし、精神的に自由にもなれなかったところから来る。エリスとの恋愛の渦中で太田は無意識の出世志向を意識化する機会を何度かもったが、その意識は出世志向の支配をくつがえすにはとうてい至らず、かえって支配の強さを意識させた。無意識の出世志向を意識化した太田には精神の自由への憧れや「器械的人物とはならじ」(同右、一三ページ)といった思いが生じもしたが、それらは太田の心の内面にたゆたう観念にとどまった。明治以降、日本の近代社会にしだいに根を張り、人びとの心を無意識のうちに支配するに至った出世志向にとうてい太刀打ちできるものではなかった。エリスと太田の恋は苦《にが》い敗北を運命づけられていた。

では、作者鷗外は苦さをどう受けとめていたと考えるべきか。

ドイツ留学のエリート青年をメルヘンの主人公ではなく現実を生きる血と肉をもった人間として描くとなれば、結末が意気の揚がらぬ苦いものになるのは鷗外にとってそうあるしかないものだった。薄幸の少女との恋愛と立身出世に通じる留学生活という対比はロマン主義小説にふさわしい構図ではあるが、この二つは秤にかけるにしては重さがちがいすぎた。鷗外は書き進むうちに日本社会における、とりわけエリート層における出世志向の根深さと強さに改めて気づいたはずだ。話が展開するにつれて、相沢その他のエリートたちが太田の自由意志を封じて栄達の道に連れもどす動きが多彩に描かれるが、描く鷗外の筆は要所を押さえて実に生き生きとしている。かれらの動きはかれら一人一人の信念や意志や倫理の枠を超えて、支配機構そのものの信念であり意志であり倫理であるかのごとくにあらわれ、それゆえにいっそうの強さを発揮している。

出世志向と支配機構との密接不可分な結びつきこそが、『舞姫』を書くなかで鷗外がしたたかに実感した日本社会の特質だった。以後、軍医としてエリートの道を歩む鷗外は、そのような社会と折り合って生きていくことになるが、文学者・鷗外は、出世志向とははっきり距離を置き、近代と反近代の交錯する社会のうちに人間的に納得できる多様な価値を見つけていこうとしたのだった。

＊

雑誌「スバル」に『雁』の連載が始まったのが一九一一年、『舞姫』の発表からすると二一年後のことだ。

その二〇年ほどのあいだ、鷗外の書いた小説はきわめて少ない。それが「スバル」に『ヰタ・セクスアリス』『青年』『雁』を発表するあたりから、目に見えて小説作品の数がふえていく。もののとらえかたに知的な安定感の備わった作品が次々に生み出されていく。文体もかつての文語雅文体から一変して、事柄や心理を文面にかっきりと定着させようとする、無駄のない清潔明敏な口語体が採用される。

『雁』は、文体は近代的な清新さを感じさせるが、描かれるのは東京は本郷界隈の、江戸の雰囲気の残る古風な世界だ。

主人公は古風な地にふさわしい古風な女で、名をお玉という。母が早くに亡くなって、飴細工《あめざいく》を売る父と二人暮らしをしていたが、どこやらの巡査に見初められて所帯をもった。ところが巡査には女房も子どももあり、女房が尋ねてきた大騒ぎのあとにお玉は父との二人暮らしに逆もどり。世話をする人があって、末造という男の妾《めかけ》にならないかと話をもちかけられ、末造が父の生活費も工面してくれる、という条件に父思いのお玉が乗って話がまとまり、いまお玉は本郷無縁坂の一軒家に女中のお梅と二人で暮らしている。末造は毎日のように夕方やってきて一時《いっとき》を過ごすが、女房お常のことを慮《おもんぱか》って泊まっていくことはない。

同じ本郷に住み、日々の散歩で無縁坂を通る岡田という医科大学生がいた。ある日、岡田は散歩の途中で風呂帰りのお玉を見かけ、女が一軒家に入るのを見るともなしに見た。以後、女のことが気にかかって家の前を通るときにそちらに目をやると、窓のむこうに女の顔が見える。むこうもこちらを意識しているようだが、さていつから窓に顔が見えるようになったかと考えてみると、以前は窓はしまっていて、顔の見えるのは近ごろのことに思える。

そんな淡い交流ととりとめのない思いの先に次の文が来る。

通るたびに顔を見合せて、その間々にはこんなこと〔女の顔が窓に見えるようになったこと〕を思っているうちに、岡田は次第に「窓の女」に親しくなって、二週間も立った頃であったか、或る夕方例の窓の前を通るとき、無意識に帽を脱いで礼をした。そのとき微白《ほのじろ》い女の顔がさっと赤く染まって、寂しい微笑《ほほえみ》の顔が華《はな》やかな笑顔になった。それからは岡田はきまって窓の女に礼をして通る。

(『森鷗外全集　第三巻』筑摩書房、一九六二年、七ページ)

引用は、さきに「無駄のない清潔明敏な口語体」と形容した文体がどういうものか、その実例を示す意図をふくんでのものだが、書き写していても、「そのとき微白い女の顔がさっと赤く染まって、寂しい微笑《ほほえみ》の顔が華《はな》やかな笑顔になった」という一文など、なんと切れ味のよい筆の運びだろうかと思う。もとは大学生の寄宿舎の小使いだった男が、貯めたお金を大学生に貸したりして蓄財に努め、一人前の高利貸になったのがいまの末造で、親孝行のためとはいえ、世事に通じた、一癖ありそうなそんな男に囲われたお玉が、家の前をよく通る若い大学生につい気を引かれるのはいかにもありそうなことだ。「そのとき……」の一文はそんなお玉の心のときめきを簡潔・的確に表現して申し分がない。

とはいえ、お玉は古風な女である。心のときめきが強い感情となって全身をかけめぐったり、勢いあまって突発的な行動に出たりはしない。感情と行動はつねに穏やかに進み、穏やかに後退する。それがお玉の品のよさだ。妾という世を憚《はばか》る境遇をもかの女は穏やかに受け容れている。古風なお玉は妾になってもけっして品下《しなくだ》るということはない。

以下、お玉の穏やかさを示す場面として、末造の世話になる話がまとまって、末造とお玉が名のある料亭で威儀を正して対面する場面を引く。末造は高利貸の身を偽って立派な実業家だと相手には伝えてある。

〔お玉を〕ふっくりした円顔の、可哀らしい子だと思っていたのに、いつの間にか細面《ほそおもて》になって、体も前よりはすらりとしている。さっぱりとした銀杏返《いちょうがえ》しに結《ゆ》って、こんな場合に人のする厚化粧なんぞはせず、殆ど素顔と云ってもよい。それが想像していたとは全く趣きが変っていて、しかも一層美しい。末造はその姿を目に吸いこむように見て、心の内に非常な満足を覚えた。お玉の方では、どうせ親の貧苦を救うために自分を売るのだから、買手はどんな人でも構わぬと、捨身《すてみ》の決心で来たのに、色の浅黒い、鋭い目に愛敬《あいきょう》のある末造が、上品な、目立たぬ好みの支度をしているのを見て、捨てた命を拾ったように思って、これも刹《せつ》那《な》の満足を覚えた。（同右、一六ページ）

お玉が古風で穏やかな女性であることはもちろん、世知に長《た》け、計算高い末造までがお玉の雰囲気に引かれて気分がゆるやかになり、座に古風で穏やかな空気が広がるのが感じとれる情景だ。立居振舞はあくまでひかえ目でありながら、性格の穏やかさがいつのまにかまわりにも伝染して人の心をなごませる。それがお玉の人柄に備わった徳であり、鷗外はそういう人物を中心に据えた一つの世界を、無駄のないことばで造形することに文学的な喜びを感じているようなのだ。

お玉と父親とのあいだにも、穏やかに流れゆく、似たような心の交流がある。

巡査がお玉の婿として入りこんできたあとに一騒動あって、世間体を憚った父と娘はやや離れたところへ引っ越したが、お玉と末造の話がまとまると、お玉は無縁坂の一軒家に、父親はほど近い池の端の借家に、別々に住むことになった。

別々に住んではいても、親孝行のお玉は親のもとに出かけていってあれこれ面倒を見たいと思っている。そのために、末造に頼んで父親の住居を近くにしてもらったのだ。が、父を訪ねたいとは思っても、末造への気兼ねがあって気軽には出かけられない。そんな頃合いの父親の心理を描いたのが次の一節である。

とうとう一週間立っても、まだ娘は来なかった。恋しい、恋しいと思う念が、内攻するように奥深く潜んで、あいつ楽な身の上になって、親の事を忘れたのではあるまいかと云う疑いが頭を擡《もた》げてくる。この疑いは仮りに故意に起して見て、それを弄《もてあそ》んでいるとでも云うべき、極めて淡いもので、疑いは疑いながら、どうも娘を憎く思われない。ちょうど人に対して物を言う時に用いる反語のように、いっそ娘が憎くなったらよかろうと、心の上辺《うわべ》で思って見るに過ぎない。

それでも爺さん〔父親のこと〕はこの頃になって、こんな事を思うことがある。内にばかりいると、いろんな事を思ってならないから、己《おれ》はこれから外へ出るが、跡へ娘が来て、己に逢《あ》われないのを残念がるだろう。残念がらないにしたところが、せっかく来たのが無駄になったとだけは思うに違いない。その位な事は思わせてやってもよい。こんな事を思って出ていくようになったのである。（同右、二〇ページ）

父の心と娘の心はぴったりと重なってはいない。しかし、確実に通じてはいる。娘が末造に気兼ねして父の家に来ないのと、父がほんの少し娘をがっかりさせるために出かけるのとは、心理の働きにずれがある。が、二人とも自分たちの行為がやむをえないものであり、相手に認容されるものであるとは思っている。二人のあいだに穏やかな心の交流がある、というのはそういうことだ。

すでに引用は多いが、もう一つだけ、お玉の心の動きをかの女の境遇と生きかたにかかわらせて説明した一節を引いておきたい。

立派な実業家だと思ってその保護下に入った末造が、実は高利貸だったことが分かり、お玉は「唇までが蒼《あお》くなり」「背中に冷たい汗が出た」りもするのだが、鷗外はお玉のその悔しがる心理をこう説明する。

一体お玉の持っている悔しいという概念には、世を怨み人を恨《うら》む意味が甚《はなは》だ薄い。強いて何物かを怨む意味があるとするなら、それは我身の運命を怨むのだとでも云おうか。自分が何も悪い事をしていぬのに、餘所《よそ》から迫害を受けなくてはならぬようになる。それを苦痛として感ずる。悔しいとはこの苦痛を斥《さ》すのである。自分が人に騙《だま》されて棄てられたと思った時、お玉は始めて悔しいと云った。それからたったこの間、妾というものにならなくてはならぬ事になった時、また悔しいを繰り返した。今はそれがただ妾と云うだけではなくて、人の嫌う高利貸の妾でさえあったと知って、きのうきょう「時間」の歯で咬《か》まれて角《かど》がつぶれ、「あきらめ」の水で洗われて色の褪《さ》めた「悔しさ」が、再びはっきりとした輪郭、強い色彩をして、お玉の心の目に現われた。お玉が胸に欝結《うっけつ》している物の本体は、強いて条理を立てて見ればこんな物でもあろうか。

（同右、二二三ページ）

明晰な鷗外が引用文の文末では珍しくぼかした言いかたをしているが、それも明晰さが崩れて曖昧さに流れたのではなく、お玉の穏やかさに引かれておのずと文体が円《まる》くなったように読める。お玉に寄りそう鷗外の心地よさが読みとれる気がするのだ。

お玉は運命を怨む女だといわれている。怨むのは、いうまでもなく、恵まれた運命ではないからだ。たしかに妻子ある巡査が入婿に来たり、妾の身に甘んじなければならなかったり、旦那が高利貸だったりという運命は恵まれたものではない。しかし、お玉は世を怨み人を怨むより「我身の運命を怨む」ような女だという。ということは、恵まれない運命に耐えて生きていくしかなく、実際に耐えて生きているということだ。受身の、消極的な生きかただが、鷗外は一人の女性のものの感じかた、ものの考えかた、行動のしかた、人との接しかたの隅々にまで受身の、消極的な態度が行きわたる、そういう人物を造形しようとした。

受身の、消極的なお玉の生きかたに見合って、お玉の世界はそうなるしかないようにものごとが進んでいく。巡査が入婿に来て去っていったのも、いま末造の妾として一軒家に父と別れて暮らすのも、ものごとがそのように進み自然にそうなったというふうに描かれている。明治という時代に首都東京の一角に一人の女がひっそりと住み、そのまわりにはそれなりの人間関係や生活や行動がなりたっているが、そうした一世界の全体がありのままにそこに置かれてあるといったふうに感じられるのだ。なにごとも穏やかに受け容れ、角《かど》が立たないように自分を抑えて生きていくお玉の生きかたがまわりに投影され、まわりの世界もなにかを無理強いするような権柄ずくな世界ではなくなり、ゆるやかに時間の流れる、落ち着いた世界になっているといえばいえようか。

とはいえ、そんな日々を過ごすお玉を幸せな女とはやはりいうことはできない。さきの引用文にいう「悔しさ」ないし「苦痛」はお玉の境遇の根っこにわだかまるものであり、そういう根っこをかかえて生きる人間が幸せであるはずはない。「悔しさ」ないし「苦痛」はいなしたり諦めたりすることはできようが、その存在をなくすことはできないからだ。

思うがままにものごとが進まないし、思うがままに生きていけないのがお玉の境遇だ。その境遇に悔しさや苦痛を感じることはあるが、お玉は悔しさや苦痛に耐えて生きている。それが身についた自然なお玉の生きかただ。読むうちに、それこそがいかにもお玉らしい生きかただと納得される一方で、その生きかたにうっすらとした悲哀の漂うのが感じられてくる。お玉を見つめる鷗外の目にうっすらとした悲哀の影が差しているように思えるのだ。

わたしはお玉の人格が古風で穏やかであること、その生きかたが受身で消極的であることをくりかえし指摘した。その人格も生きかたも、自主・自由を尊び、主体性に重きを置く西洋近代の人間観には背を向けるような人格であり生きかたである。西洋近代の学問や思想や文学に通じ、二〇代の数年間ドイツ留学の経験をもつ鷗外がそのことをわきまえなかったはずはない。西洋を手本としつつ近代化へと向かう日本にあって、鷗外はあえて非西洋的な女性を主人公とする非西洋的な世界を構築しようとしたのだ。無駄のない明晰・的確なことばで。

『雁』の落ち着いた、リズミカルな文体からして、非西洋的な人物と非西洋的な世界は鷗外にとって身近な、ありのままの、それゆえにある意味で自然な存在であったにちがいないが、西洋の思想や文化に親しんだ者の目からすれば、人物の生きかたや世界のありかたに痛々しさや苦しさのようなものが感じられるのも否定しがたい事実だった。

知的な明晰さをもって文をつづっていこうとすれば、痛々しさや苦しさは抑えて書き進むしかないが、抑えきれないでそこはかとなく匂い出てくる。それが読者にはうっすらとした悲哀として感じられるのではなかろうか。

話が進むにつれていまいう悲哀感はほんの少しずつだが強まっていくようで、小説の最後に置かれた、題名とも関係する雁の話は、鷗外自身が悲哀感を意識して提示したもののように思われる。

こんな話だ。

末造が用事で遠出をし、翌日まで帰ってこられないという日のことだ。お玉は女中のお梅にも実家に帰って一泊してくるように勧め、一人になって医大生岡田の夕方の散歩を待ちうけ、きょうこそゆっくり話をしようと胸をときめかせる。

が、間《ま》の悪いことに、その日に限って岡田は僕——語り手の僕——と二人連れで散歩に出かける。連れのある岡田にお玉は声をかけられない。岡田も帽子を取って礼をしただけで通りすぎてしまう。お玉は髪結《かみゆい》に行って髪を整えてもいたのだが、岡田はそのことに気づいたかどうか。

そのあと岡田と僕は上野の不忍《しのばず》の池に行き、そこでもう一人の友人に会う。池には一〇羽ばかりの雁がいて水草のあいだを泳いでいる。友人が雁に石を当てようとするのを岡田がかわいそうに思い、逃がそうと石を投げると、その石が一羽の雁に当たり雁は死んでしまう。暗くなり人目のなくなったところで、友人が裸になって池に入り死んだ雁を取り上げる。家にもち帰って料理し、三人で食べようというのだ。

帰り道には交番がある。死んだ雁を外套の下に隠した岡田を、僕と友人が両側からはさんで交番をやり過ごす。そのすぐ先がお玉の家だ。お玉は二、三軒先に出迎えているが、三人連れにはやはり声をかけられない。岡田も顔を赤くしただけでそのまま通りすぎる。

これがお玉と岡田の最後の出会いだ。翌日には岡田は留学の準備で本郷を離れ、以後、二度とそこに帰ってはこない。お玉のその後は霧のなかだ。

声をかけられなかった永遠の別れと、雁の死、——うっすらとした、というのでは足りぬ抒情的な幕切れだが、鷗外は情に浸るような書きかたはしない。別れと死を物語の最後にもってこようとする意図は明らかだが、別れと死に文学的な美しさを添えることより抒情を節度あるものにすることにいっそう意を用いた書きかただ。読後に長く尾を引く悲哀を思うと、『雁』の全編に漂う悲哀は作家鷗外が世の中と向き合うときの文学的な情趣の基本形をなすもののように思われるが、知性ののびやかさと共存するためにも、悲哀はうっすらとした淡さを基調としなければならなかった。

2　森鷗外（その二）——『渋江抽斎』

『舞姫』と『雁』は小説だが、『渋江抽斎』は小説とはいいにくい。江戸末期に儒学者・漢方医・考証学者として都の一角に住んだ渋江抽斎なる人物の生涯とその周辺の人びと、また渋江家の後続の人びとの暮らしを史実に即して編年的に書き記した長編の読みもので、一般に「史伝」の名で呼ばれる。晩年の鷗外は史伝を書くことに新しい文学的境地を見出し、『渋江抽斎』に続いて『伊澤蘭軒』『北条霞亭《かてい》』を史伝三部作として残した。

抽斎が儒学に通じ、医学を専門とし、考証に分け入ることに力を傾けたことは、趣味の赴く方向が鷗外とよく似ている。そのことが抽斎に注目し、伝記らしいものを書いてみたいと思わせる大きな動機になっているのはまちがいない。史伝『渋江抽斎』はもとは新聞に一一九回にわたって連載されたものだが、「その六」に以下の記述がある。

抽斎はかつてわたくしと同じ道を歩いた人である。しかしその健脚はわたくしの比《たぐい》ではなかった。はるかにわたくしに優《まさ》った済勝《せいしょう》の具〔丈夫な足〕を有していた。抽斎はわたくしのためには畏敬すべき人である。

しかるに奇とすべきは、その人が康衢《こうく》通逵《つうき》〔大通り〕をばかり歩いていずに、往々径《こみち》に由《よ》って行くことをもしたという事である。抽斎は宋槧《そうざん》の経子〔宋代の儒書〕を討《もと》めたばかりでなく、古い武鑑や江戸図をも翫《もてあそ》んだ。もし抽斎がわたくしのコンタンポラン〔同時代人〕であったなら、二人の袖は横町の溝板の上で摩《す》れ合ったはずである。ここにこの人とわたくしとの間になじみが生ずる。わたくしは抽斎を親愛することが出来るのである。

（『森鷗外全集 第四巻』筑摩書房、一九五九年、五二―五三ページ）

畏敬し親愛しうる先達を見つけ出した喜びが湧出するような心地よい文章である。が、このように主観がおのずとおもてに出てくる文は『渋江抽斎』には多くはない。主観的な気分や感情を極力抑えた、そっけない乾いた記述が続くのが『渋江抽斎』の文体の基本の形だ。引用文中にいう畏敬と親愛に話を限っていえば、鷗外は畏敬の念や親愛の情を吐露するような文はほとんど書かなかった。抽斎の身の処しかたや行状を細かく跡づけていくことが主眼であって、そうやって事実を丹念に追っていくことがすなわち抽斎を畏敬することであり、抽斎に親愛を感ずることだった。

例をもって示すのがよかろう。次の引用文中、第二段落以下の文が事実に即した記述というものだ。文中の「保さん」というのは抽斎の実子で、鷗外は伝《つて》を便りにその存在にたどり着き、ここに初めて顔を合わせることになった。

気候は寒くても、まだ炉《ろ》を焚く季節には入らぬので、火の気のない官衙《かんが》の一室で、卓を隔てて保さんとわたくしとは対坐した。そして抽斎の事を語って倦《う》むことを知らなかった。

今残っている勝久さんと保さんとの姉弟、それから終吉さんの父脩《おさむ》、この三人の子は一つ腹で、抽斎の四人目の妻、山内氏五百《いお》の生んだのである。勝久さんは名を陸《くが》と云う。抽斎が四十三、五百が三十二になった弘化四年に生れて、大正五年に七十歳になる。抽斎は嘉永四年に本所へ移ったのだから、勝久さんはまだ神田で生れたのである。

終吉さんの父脩は安政元年に本所で生れた。中三年置いて四年に、保さんは生れた。抽斎が五十三、五百が四十二の時の事で、勝久さんはもう十一、脩も四歳になっていたのである。

抽斎は安政五年に五十四歳で亡くなったから、保さんはその時まだ二歳であった。幸に母五百は明治十七年までながらえていて、保さんは二十八歳で恃《じ》〔母親〕を喪《うしな》ったのだから、二十六年の久しい間、慈母の口から先考《せんこう》〔亡父〕の平生を聞くことを得たのである。

（同右、五六ページ）


鷗外と保さんの初の顔合わせは「抽斎の事を語って倦むことを知らなかった」と記されるにとどまるが、この対話は鷗外がこの史伝を書く上で決定的な意味をもった。

儒学者として、医者として、考証学者として抽斎がどういう立場を取り、なにに興味をもち、どう研究を進めたかといったことは、かれの書き残したものや、まわりの人の記録や日誌から推察し、一定のイメージを作り上げることができる。実際に鷗外はそういう作業にも力を注いではいるが、しかし、この本は抽斎の知的業績の顕彰をねらいとするものではない。知的活動をふくめた五三年の日々をあるがままに浮かび上がらせようとするものだ。

抽斎が死んだのが一八五八年（安政五年）、『渋江抽斎』の執筆が一九一六年だから、そこに五八年の隔たりがある。鷗外の書こうとする抽斎の日々の暮らしはすでに六〇年ほども前に終わって歴史のなかに埋もれている。その埋もれた日々が、実子の保さんと初めて会って話しているうちに少しずつ浮かび上がってきたのだ。「倦《う》むことを知らなかった」という文言の裏には知的好奇心というだけでは足りない、心の昂《たか》ぶりが秘められていたのではなかろうか。

しかも、引用文の最終段落に記されているように、保さんが二歳のときに抽斎は亡くなっている。父子がともに暮らした経験はゼロに近いといってよい。保さんの語った抽斎の話はそのほとんどが母、五百から聞いたものだったのだ。だとすれば、『渋江抽斎』に述べられる抽斎の「平生」は五百から保さんに伝わったものをさらに鷗外が聞いて書き記したもの、ということになる。

ふしぎなのは、そうやって五百から保さんへ、保さんから鷗外へと伝わった又聞きの話が、作品として提示されたのを読むと、いま目の前に進行する日々の出来事のように思えることだ。そこには『雁』で示された、ものごとを明晰・的確に表現する文学的技量のさらなる精錬を見なければならないが、それと並んで、一つ前の引用にあった抽斎への畏敬と親愛が表現を透明化する働きをなしたことを見なければならないと思う。

抽斎が思想や文芸の考証において大通りに通暁するとともに径《こみち》にも分け入る篤実な学者・文人として畏敬と親愛の念のもてる人であることは考証を趣味とする鷗外のすでに知るところだった。その抽斎が家庭の人として、また日々を過ごす生活の人として、人びとを広く受け容れ、冷静にものごとを判断し、経済的に余裕はないながら自分なりに筋を通して生きようとした人であることは、おそらく保さんの話を聞いて初めてしかと分かったことだった。『渋江抽斎』を読めば、鷗外が学者・文人としての抽斎だけでなく、平生の抽斎に心からの畏敬と親愛の念を抱いていたのが分かるが、その畏敬と親愛の念は五百にも保さんにもまちがいなく共有されていた。「抽斎の事を語って倦《う》むことを知らなかった」という初顔合わせは、二人の対話者が抽斎への畏敬と親愛の情をたがいに確かめ合う場でもあったにちがいない。

保さんと鷗外の出会いの重要性をいうために保さんについて筆を費やすことになったが、実は保さんは抽斎が生きて活躍する作品の前半では出番がきわめて少ない。抽斎の死ぬ二年前にようやく産声を挙げるのだから、当然といえば当然のことだ。たいして、保さんに二十数年にわたって抽斎のことを語り聞かせた五百は、抽斎の四番目の妻で、夫と一四年間生活を共にしているから、出番ははるかに多い。しかも鷗外お気に入りの女性である。まずは五百が抽斎の妻として迎えられるときの文を引く。文中に「徳」とあるのは八ヵ月前に死んだ三番目の妻の名だ。

そして徳の亡くなった跡へ山内氏五百が来ることになった。抽斎の身分は徳が往き、五百が来る間に変って、幕府の直参になった。交際は広くなる。費用は多くなる。五百はにわかにその中に身を投じて、難局に当らなくてはならなかった。五百が恰《あたか》も好しその適材であったのは、抽斎の幸《さいわい》である。

（同右、八四ページ）

最後の一文には、畏敬し親愛する抽斎への祝福の気持ちがこめられていようが、鷗外はさらに祝福のことばを重ねようとはしない。主観をできるかぎり抑え、感情に走らない筆法はここでも守られている。

五百は江戸時代にあっては珍しいほどに自立性が強く、気性の激しい女である。そして鷗外はそういう五百に魅力を感じ、そういう面をもなんとか表現したく思っている。どうするか。主観を抑え、事実をして語らしめるというのが鷗外の変わらぬ作風だった。二つばかり例を挙げる。

一つ目は五百が子どものころの話だ。文中、「くみ」は五百の父忠兵衛の正妻で五百の実母、「牧」は忠兵衛の妾である。

既にしてくみは栄次郎を生み、安を生み、五百を生んだが、次で文化十四年に次男某を生むに当って病に罹《かか》り、生れた子とともに世を去った。この最後の産の前後の事である。くみは血行の変動のためであったか、重聴〔難聴〕になった。その時、牧がくみの事をたびたび聾者《つんぼ》と呼んだのを、六歳になった栄次郎が聞き咎《とが》めて、後までも忘れずにいた。

五百は六、七歳になってから、兄栄次郎にこの事を聞いて、ひどく憤《いきどお》った。そして兄に謂った。「そうして見ると、わたし達には親の敵《かたき》がありますね。いつか兄《にい》さんといっしょに敵を討とうではありませんか」と云った。その後五百は折々箒《ほうき》に塵払《ちりはらい》を結び付けて、双手《そうしゅ》の如くにし、これに衣服を纏《まと》って壁に立て掛け、さてこれを斫《き》る勢《いきおい》をなして「おのれ、母の敵、思い知ったか」などと叫ぶことがあった。父忠兵衛も牧も、少女の意の斥《さ》す所を暁《さと》っていたが、父は憚って肯《あえ》て制せず、牧は慴《おそ》れて咎《とが》めることが出来なかった。

（同右、一〇七ページ）

もう一つの例が、抽斎の死後、五百の義理の兄・比良野貞固《さだかた》が五百にたいし、生活の面倒を見るから一家で自分のところに移り住むよう申し出たときのことだ。

比良野貞固は抽斎の遺族を自邸に迎えようとして、五百に説いた。しかしそれは五百を識《し》らぬのであった。五百は人の廡下《ぶか》〔軒下《のきした》〕に倚《よ》ることを甘んずる女ではなかった。渋江一家の生計は縮小しなくてはならぬこと勿論である。夫の存命していた時のように、多くの奴婢を使い、食客を居《お》くことは出来ない。しかし譜代の〔古くからの〕若党や老婢にして放ちやるに忍びざるものもある。寄食者の中には去らしめようにも往《ゆ》いて投ずべき家の無いものもある。……五百は己《おのれ》が人に倚《よ》らんよりは、人をして己に倚《よ》らしめなくてはならなかった。そして内に恃《たの》む所があって、あえて自らこの衝《しょう》に当ろうとした。貞固の勧誘の功を奏せなかった所以《ゆえん》である。

（同右、一一四ページ）

子どものころから自分の意思を頑固に押し通し、他人の厚意や親切を素直に受け容れない五百は、ために金銭上の苦労に見舞われたり、人づき合いがうまく行かなかったりもしたが、その性格からして、ぶつかった困難はみずからの力で切りぬけていくほかはなかった。女手一つでなにもかも解決できるはずはないが、場合によっては抽斎に相談し、また他人の助けを借り、裏で工作をめぐらして事態をまるくおさめようとする。そのときの判断や行動がいかにも合理的で、五百のさわやかな人柄を感じさせる。知的世界を本領とする抽斎にふさわしい配偶者がそこにいる、と思わせるのだ。

とはいえ、二人が四書五経の話や武鑑の話に興じたとは考えられない。五百は幼少のころ儒書の手ほどきを受けているから多少の話し相手にはなれたろうが、多くの子どもと使用人をかかえた一家を取りしきるのが仕事だ。日々の暮らしから遊離した観念世界を楽しむ余裕などあるはずがなかった。

それはそうだが、鷗外は知的世界に生きる抽斎の生涯を追いかけているうちに、抽斎と五百が二本の柱となって作る渋江家が知的な合理性の備わったゆたかな世界であることに思い至る。書物と取り組むことを主体とする観念上の知と、日々のこまごまとしたものごとの差配に発揮される知とは同質のものではありえないけれども、渋江家における二人の動きと、一家のありさまを見ていると、観念的な知と日常的な知がたがいに交錯し、世間の常識や慣習にただ従うだけの惰性的な暮らしをぬけ出した、人間的な合理性を求める新鮮な知が働いていると鷗外には思えたのだ。別の視点からいえば、抽斎の観念的な知は、五百の日常的な合理性と主体性に交わることによって、日常の世界へと解き放たれたということができる。日常世界に解き放たれたそういう知は抽斎の知というより、抽斎・五百の共同の知というのがふさわしく思われるが、鷗外は、日常に降り立ちながら、そこに埋没するのではなく、日常になんらか合理性の息を吹きこもうと格闘する知のありかたに強い興味を示した。

そういう知の、いささかどぎついあらわれであることは承知の上で以下の例を引く。一八五五年の安政の大地震とからめて鷗外が言及する記事だ。

わたくしはこの年の地震の事を語るにさきだって、台所町の渋江の家に座敷牢《ざしきろう》があったと云うことに説き及ぼすのを悲しむ。これは二階の一室を繞《めぐら》すに四目格子《よつめごうし》をもってしたもので、地震の日には工事すでに終って、その中はなお空虚であった。……

座敷牢は抽斎が忍び難きを忍んで、次男優善《やすよし》がために設けたものであった。

抽斎が岡西氏徳〔三番目の妻〕に生せた三人の子の中、ただ一人生き残った次男優善は、少時、放恣佚楽《ほうしいつらく》のために、すこぶる渋江一家を困《くるし》めたものである。優善には塩田良三《りょうさん》という遊蕩仲間があった。……

抽斎が座敷牢を造った時、天保六年生れの優善は二十一歳になっていた。そしてその密友たる良三は天保八年生れで、十八歳になっていた。二人は影の形に従う如く、須臾《しゅゆ》も〔片時も〕相離るることがなかった。

（同右、一〇五ページ）

道楽息子に手を焼くというのは江戸時代にはよくあることだ。遊び仲間がいれば遊蕩の勢いがつきもしただろう。まして、優善は生みの母が早くに死に、いまは継母のもと、義理の妹弟三人といっしょに暮らしている。渋江家では居場所を見つけにくかったであろう。抽斎の蔵書をもち出して売り、遊びの金にしていたという。

座敷牢のことを書くのを鷗外は「悲しむ」というが、抽斎にも、そして五百にも悲しむ気持ちがあったように思われる。家庭の人としての抽斎と五百を考えると、二人は子どもの一人一人にたいして、また同居人のたれかれにたいしてもゆったりと構えて多くを許すふうがあって、厄介な優善についても座敷牢を作ろうか、いや作らなくてもいいだろう、と心がゆれ動いたにちがいなく、作ろうと決めてもその決意の背後には悲しみの情が揺曳していたと思える。

座敷牢の設置をもって知的なふるまいとするのはいささか奇矯なもの言いと受けとられかねないが、そこにこめられた抽斎と五百の心事を思うと、それが感情に駆られた決断からは遠く、懐疑や逡巡を内にふくんだ重たい決断であるがゆえにかえって知的だと感じさせられる。優善と渋江家は、抽斎の死後も即《つ》かず離れずのゆるやかな関係が続くが、そのゆるやかさにも同じような知のあらわれを見てとることができる。

抽斎の知が抽象的な観念の世界で働くにとどまらず、日常の世界に降りてきて五百の知と連携しつつ、ゆったりとした合理的でゆたかな世界を作り上げていくさまは、鷗外にとってまことに心楽しい眺めだった。そして、鷗外は抽斎と渋江家の伝記を書き進むうちに、抽斎独自の観念世界で働く知のさまよりも、日常世界に解き放たれ、人びとのさまざまな言動と交じり合い、ときに歩調を合わせ、ときに反発しつつ働く、だれの知とも明確に名づけがたい共同の知にいっそうの興味を抱くようになったもののごとくだ。かくて抽斎その人を主題とする伝記が抽斎とその周辺の世界を主題とする伝記へと広がり、抽斎への畏敬と親愛がまわりの人びとへの畏敬と親愛へとつながっていった。

日常世界への関心の広がりと、まわりの人びとへの畏敬と親愛の広がりがなかったら、抽斎の死後にまで伝記の筆が及ぶことはありえなかったろう。

大抵伝記はその人の死をもって終るを例とする。しかし古人を景仰《けいこう》する〔慕い仰ぐ〕ものは、その苗裔《びょうえい》〔子孫〕がどうなったかと云うことを問わずにはいられない。そこでわたくしは既に抽斎の生涯を記し畢《おわ》ったが、なお筆を投ずるに忍びない。わたくしは抽斎の子孫、親戚、師友等のなりゆきを、これより下《しも》に書き付けて置こうと思う。

わたくしはこの記事を作るに許多《あまた》の障礙《しょうがい》のあることを自覚する。それは現存の人に言い及ぼすことが漸《ようや》く多くなるに従って、忌諱《きき》すべき事に撞着《とうちゃく》する〔ぶつかる〕こともまた漸く頻《しきり》なることを免れぬからである。……しかしわたくしはよしや多少の困難があるにしても、書かんと欲することだけは書いて、この稿を完《まっと》うする積《つもり》である。

渋江の家には抽斎の没後に、既に云うように、未亡人五百、陸《くが》、水木《みき》、専六、翠暫《すいざん》、嗣子成善《しげよし》と矢嶋氏を冒した優善とが遺《のこ》っていた。十月朔《さく》〔十月一日〕にわずかに二歳で家督相続をした成善と、他の五人の子との世話をして、一家の生計を立てて行かなくてはならぬのは、四十三歳の五百であった。

（同右、一二七―一二八ページ）

時代がいまに近くなれば記事が現存の人に触れることが多くなり、迷惑のかかることもあるかもしれないというのは、世間的な配慮というものだろう。が、鷗外は抽斎の伝記を書くなかで世間にたいしてしだいに信頼の念を厚くするようになっていた。江戸末期の渋江家のまわりに広がる世間は格別に変わったところはなく、まずは普通の世間だった。そして、渋江家の日常をつづるうちに普通の世間がさまざまな困難や災厄をかかえつつ人間味のある世界として浮かび上がることに鷗外は心地よさを覚え、その気持ちが筆を前へと進める力になっていた。

些細な出来事やそれをめぐる人間関係に目を留め、そこに日々を生きる人びとの暮らしのゆたかさとおもしろさを見てとる鷗外の執筆のリズムは、抽斎の死とともに消えてなくなりはしない。抽斎の死は渋江家の日常に、またその周辺の世界に大きな変化をもたらしはするが、それでもって一家や周辺の世界の日常が消滅しはしない。そして日常の世界が持続するかぎり、そこには、まちがいなく、日々を生きる人間のゆたかさがあり、おもしろさがある。そういう確信に支えられて鷗外は、抽斎の死後も伝記を書き継ごうとしたのだった。

驚くことに、さきの引用文は『渋江抽斎』の真ん中よりちょっとあとにあらわれる。ということは、抽斎の伝記の半分近くを抽斎死後の渋江家の記述が占めるということだ。引用文の最後の一段落を読み直していただきたい。「渋江の家には抽斎の没後に、……」で始まる部分だ。書くべき場をしっかりと眺めわたし、くっきりと輪郭づける文章で、気分を新たに濃密な日常に立ちむかおうとする鷗外の思いが感じとれる。抽斎死後の渋江家のさまが伝記のつけ足しだとは鷗外はまったく思っていない。

抽斎の死が一八五八年（安政五年）であることにも注目していいかもしれない。ペリーの黒船来航の五年後のこと、幕末・維新の激動のただなかの年だ。『渋江抽斎』にはそこからあと五十数年にわたる渋江家とその周辺の出来事が書き記されるが、幕末から明治にかけての政治的・経済的・社会的大事件についてはまったくといっていいほど言及されることがない。たとえば明治元年（一八六八年）、渋江一家はかつて抽斎が藩医として仕えた津軽藩から、江戸を去って津軽に移るよう命ぜられる。家族六人に若党二人がつき従うのが渋江家の一行だが、長旅の準備はどうなされ、また同行の士族の顔ぶれはどうで、旅の苦労はどのようなものだったかは詳しく述べられるが、同じ年の政治史上の出来事としては鳥羽・伏見の戦いと徳川慶喜の上野寛永寺入りがちらっと出てくるだけだ。普通の人びとが日々努力を重ね、右往左往し、失敗も成功もし、喜怒哀楽を経験するさまを鷗外は目を凝らして観察し、丹念に書き記していったのだが、その観察や記述にとって、名の高い権力集団や支配者層の動きは避けて通るに如《し》くはないと考えられていたようなのだ。史伝『渋江抽斎』を書き進む鷗外にとって、よく知られた歴史上の事件よりも人びとの生きる日常の真実のほうが疑いもなくゆたかで興味深かった。

史伝という文学形式に到達した鷗外は、自分の思考と筆が世の中の一見平凡で単調な雑事のなかに解き放たれていくことに喜びを感じ、そうやって世の人びとと心を通わせることに文学者としての生き甲斐を見出していたように思われる。思い合わせられるのが、死ぬ三日前に友人・賀《か》古《こ》鶴所《つるど》に口述したという遺言の一節だ。片仮名を平仮名に変えて引用する。

死は一切を打ち切る重大事件なり。いかなる官憲威力といえどもこれに反抗することを得ずと信ず。余は石見人森林太郎として死せんと欲す。宮内省、陸軍、皆縁故あれども、生死別るる瞬間あらゆる外形的取扱いを辞す。……墓には森林太郎墓の外、一字も彫るべからず。

（『新潮日本文学アルバム1　森鷗外』新潮社、一九八五年、九五ページ）

死んで名もない人になれるとはさすがに鷗外も思わなかったろうが、名もない人になりたい、名もない人として遇されたい、という思いは痛切だった。東京都三鷹市禅林寺の墓と分骨された郷里津和野町永明寺の墓の墓石には、いずれも「森林太郎墓」とだけ刻まれている。

3　夏目漱石（その一）——『三四郎』『それから』『門』

『三四郎』は明るくほほえましい青春小説である。

郷里の熊本を出て東京の大学に入学する主人公の三四郎は、田舎者らしい悩みをかかえこむことにはなるが、その悩みとて明るくほほえましい。上京した三四郎がつき合う人物たちも、おおむね生活の苦労を感じさせない若き男女である。

三四郎を田舎者に設定することによって、漱石はユーモアのセンスと文明批評の目を小説に生かすことができた。

熊本から東京に向かう汽車のなかで、三四郎は見も知らぬ夫人に声をかけられる。名古屋でいっしょに降りたときには、不用心だから同じ宿に泊まってくれと頼まれる。とうとう同じ宿の同じ部屋に泊まることになり、二人はたがいに背を向けたまま口もきかないで横になる。次の朝、名古屋駅で二人が東海道線と関西線に別れる場面がこう描かれる。

「あなたはよっぽど度胸のない方ですね」と云って、〔女は〕にやりと笑った。三四郎はプラット・フォームの上へ弾《はじ》き出されたような心持がした。車の中へ入ったら両方の耳が一層ほてり出した。しばらくは凝《じ》っと小さくなっていた。やがて車掌の鳴らす口笛が長い列車の果《はて》から果まで響きわたった。列車は動き出す。三四郎はそっと窓から首を出した。女はとくの昔にどこかへ行ってしまった。

（『漱石全集　第四巻』岩波書店、一九六六年、一二三ページ）

初期の作品『吾輩は猫である』や『坊っちゃん』における作者の目そのままに、漱石は三四郎の滑稽な挙動をおもしろがっている。

夏目漱石

東京のありさまもまずは田舎者の目に映った情景として提示される。

三四郎が東京で驚いたものは沢山ある。第一電車のちんちん鳴るので驚いた。それからそのちんちん鳴る間に、非常に多くの人間が乗ったり降りたりするので驚いた。次に丸の内で驚いた。もっとも驚いたのは、どこまで行っても東京が無くならないという事であった。しかもどこをどう歩いても、材木が放り出してある、石が積んである、新しい家が往来から二三間《げん》引っこんでいる、古い蔵が半分取崩されて心細く前の方に残っている。凡ての物が破壊されつつあるように見える。そうして凡ての物がまた同時に建設されつつあるように見える。大変な動き方である。

三四郎は全く驚いた。……今までの学問はこの驚きを予防する上に於て、売薬ほどの効能もなかった。三四郎の自信はこの驚きと共に四割方減却した。不愉快でたまらない。

（同右、二三ページ）


ここでは三四郎の心の大きな部分を占めるのは驚きだが、一つ前の引用の駅頭場面では恥ずかしさが大きな部分を占めていた。いずれも田舎者が都会風の文明ないし風俗に触れたときに起こりがちな感情だが、それが不愉快だとなれば、なんとか都会風の生きかたを身につけて不愉快を愉快に転じなければならない。田舎者の三四郎がどうやって都会風の文明や風俗に親しみ、都会風の生きかたを身につけていくのか。それを青春の物語として展開するのが『三四郎』の主題だった。

三四郎には都会風の生きかたをわがものにするだけの思考力と行動力が備わっていたし、周辺に配された人物たちもそれを助けるのにふさわしい親切心と節度をもった男女だった。作品が明るくほほえましい青春小説に出来上がったゆえんだ。

周囲には主な人物として男四人、女二人が配される。男は大学生、理学生、高校の英語教師、画家の四人で、いずれも学問ないし芸術とかかわる人物たちだし、女二人も、男たちの輪のなかに入って抽象的な話題に口をはさむ知的な女性たちだ。三四郎は最初は田舎者の実直なまじめさで授業に精勤するし、途中でやや怠け癖がついても、右の六人の集団のなかにいるかぎり、知的な好奇心を失うことはない。その意味で、知的に恵まれた環境にあるといってよい。

新聞紙上での連載という発表形式への配慮も働いたのであろう、漱石は、そんな知的世界に浮かび上がる人間模様を軽いタッチでおもしろおかしく描き出そうとしている。漱石の頭脳には深刻な観念上の問題がわだかまっているようなのだが、その問題が思索を深める方向へとは向かわないで、人間関係の多様さ、おもしろさを映し出す方向へと流れていく。例として、絵画論が画家とモデルの人間関係の記述へと流れていく一節を引く。画家の原口さんが美禰子《みねこ》をモデルとして制作している場面だ。

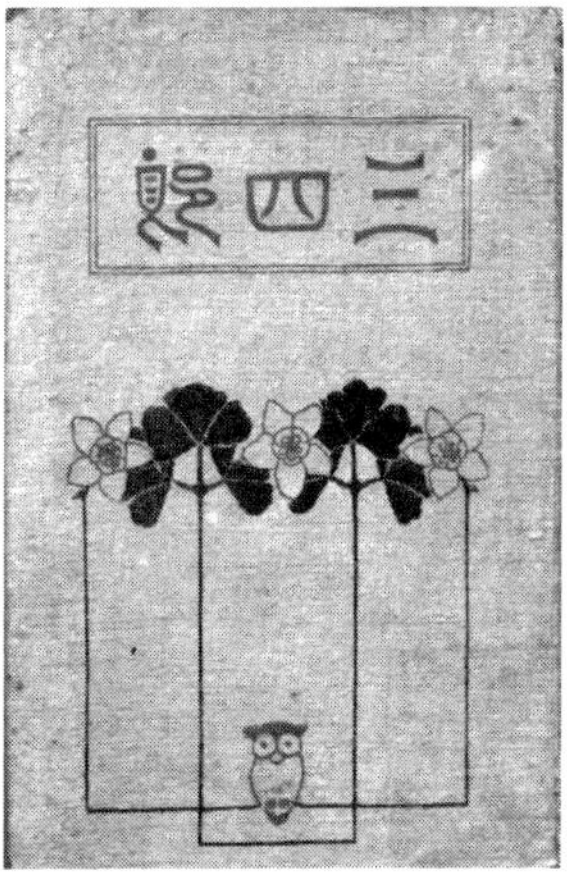
夏目漱石『三四郎』

原口さんは、美禰子を写しているのではない。不可思議に奥行のある画《え》から、精出して、その奥行だけを落して、普通の画《え》に美禰子を描き直しているのである。にもかかわらず、第二の美禰子は、この静かさのうちに、次第と第一に近づいてくる。三四郎には、この二人の美禰子の間に、時計の音に触れない、静かな長い時間が含まれているように思われた。……もう少しで双方がぴたりと出合って一つに収まるという所で、時の流れが急に向きを換えて永久の中に注いでしまう。原口さんの画筆《ブラッシ》はそれより先には進めない。……突然原口さんが笑い出した。

「また苦しくなったようですね」

女は何にも云わずに、すぐ姿勢を崩して、傍《そば》に置いた安楽椅子へ落ちるようにとんと腰を卸《おろ》した。そのとき白い歯がまた光った。（同右、二四九ページ）

文中「第一の美禰子」はアトリエに立つ実物の美禰子、「第二の美禰子」が絵に描かれた美禰子で、問われているのは、絵筆を動かす時間の流れのなかで三次元の存在がどう二次元の平面に移されるかという絵の本質的な表現の問題なのだが、原口さんの笑いとともに問題は中途で放り出され、話は原口さん、美禰子、三四郎のあいだの、青春のさわやかさをも感じさせる交友のさまへと転じていく。

転換は漱石の意図に出るもので、ここの場合、絵画に並ならぬ関心をもつ漱石の解こうとする芸術表現上の本質的問題が、明るくさわやかな青春群像に背負わせるには重すぎると感じられたための転換かもしれない。いずれにせよ、絵にまつわる話は小説の全体からすればわきに位置するものだから、話の転換は読む者にもの足りなさを感じさせはしない。

が、三四郎と美禰子の恋愛譚の淡泊さは、それが小説の主軸の一つをなす以上、読者にもの足りなさを感じさせずにはいない。

さきにいった六人の主な登場人物に三四郎を加えた七人の青年男女は、いずれも独身である。だが、相手を男として、あるいは女として意識するような関係は三四郎と美禰子のあいだにしかあらわれない。しかも、この二人についてはたがいを特別の存在として印象づけるような場面があちこちに設定されている。が、読者が踏みこんで関係のありようや変化を探ろうとすると、はぐらかされる。二人のあいだに恋愛がなりたっているかどうかすら疑わしく思えてくる。三四郎が美禰子に引かれているのは分かるが、美禰子の気持ちがつかめない。三四郎にもつかめないが、読者にもつかめない。

三四郎と美禰子の最初の出会いは、三四郎が大学構内の池のむこうに看護婦といっしょの美禰子を見かける場面だが、その美禰子が池のこちらに来て自分の前を通りすぎたあと、早くも三四郎は心に波立ちを覚える。


三四郎は茫然《ぼんやり》していた。やがて、小さな声で「矛盾だ」と云った。大学の空気とあの女が矛盾なのだか、あの色彩とあの眼付《めつき》が矛盾なのだか、あの女を見て、汽車の女を思い出したのが矛盾なのだか、それとも未来に対する自分の方針が二途《ふたみち》に矛盾しているのか、または非常に嬉しいものに対して恐れを抱く所が矛盾しているのか、——この田舎出の青年には、すべて解らなかった。ただ何だか矛盾であった。

三四郎は女の落としていった花を拾った。そうして嗅いで見た。けれども別段の香《におい》もなかった。三四郎はこの花を池の中へ投げこんだ。花は浮いている。

田舎者の心の迷いが記されているのだが、その迷いが恋の迷いといえるほどのものかどうか、そこがはっきりしない。

（同右、三一ページ）

この何日か後に二人は病院の廊下で会い、次いで高校教師の広田先生の移転先の部屋に掃除に来て出会い、さらに菊人形の展示を見に来て、このときは二人だけで近くの野中を散歩もするのだが、関係が深まっていくようには見えない。いま、その野中の散歩がこれで終わるという場面を引く。目の前に小さな泥濘《ぬかるみ》があり、なかに手頃な石が置かれている。

三四郎は石の扶《たす》けを藉《か》らずに、すぐに向《むこ》うへ飛んだ。そうして美禰子を振り返って見た。美禰子は右の足を泥濘の真中にある石の上へ乗せた。石の据《すわ》りがあまりよくない。足へ力を入れて、肩を揺《ゆす》って調子を取っている。三四郎はこちら側から手を出した。

「お捕《つか》まりなさい」

「いえ大丈夫」と女は笑っている。手を出している間は、調子を取るだけで渡らない。三四郎は手を引っこめた。すると美禰子は石の上にある右の足に、身体《からだ》の重みを託して、左の足でひらりとこちら側へ渡った。あまりに下駄を汚すまいと念を入れすぎたため、力が余って、腰が浮いた。のめりそうに胸が前へ出る。その勢いで美禰子の両手が三四郎の両腕の上へ落ちた。

「迷える子」と美禰子が口の内で云った。三四郎はその呼吸を感ずることが出来た。

（同右、一三七ページ）

二人の体の触れ合いに言及したおそらく唯一の場面で、男女の動きには若者のぎこちなさが感じられてほほえましい。が、両手と両腕の触れ合いはこれっきりでのちに反響を呼ぶことはない。「迷える子《ストレイシープ》」という聖書のことばはのちに何回か出てくるが、これとて謎めいたことばとしてつぶやかれるだけで、それが心に入りこみ情愛や思索を深めることはない。『三四郎』の青春世界は広く外へと向かう社交心や好奇心は旺盛だが、内向する深みには欠けるところがあって、そのことは恋愛の関係においても変わらない。美禰子はやがて別の男との結婚がまとまり、わだかまりなく新しい家庭生活に入っていくし、三四郎の心にもさほどのゆらぎは見られない。

＊

『それから』は、『三四郎』の半年後に新聞連載が始まった。話の内容からして『三四郎』の続編と見られてもおかしくはないが、小説の肌合いには大きなちがいがある。

なにより主人公の代助が三四郎とは大きくちがっている。純朴な田舎者で、明るくにぎやかな都会風の生活と文化に憧れる三四郎を陽とすれば、自分では仕事をもたず親の臑《すね》をかじってその日暮らしをしながら、世の中の動きには不満をもち、といって自分から積極的に動き出そうとはしない代助は陰の人であり陰の生活者だ。日清・日露戦争を経て国家意識が高まり、さらなる国家の強大化に向けて人びとの意欲がかき立てられる社会にあって、代助のような生きかたが世に快く受け容れられるはずはなく、そういう人物を主人公に設定したところにすでにして漱石の時代批評の目が働いていた。

代助はまず、社会を背負うようにして自分に向かってくる父親の冷たい視線とたたかわねばならない。

「……金は取らんでも構わない。……月々お前の生計《くらし》ぐらいどうでもしてやる。だから奮発して何かするがいい。国民の義務としてするがいい。もう三十だろう」

「そうです」

「三十になって遊民として、のらくらしているのは、いかにも不体裁《ふていさい》だな」

代助は決してのらくらしているとは思わない。ただ職業のために汚《けが》されない内容の多い時間を有する、上等人種と自分を考えているだけである。親爺《おやじ》がこんな事を云うたびに、実は気の毒になる。親爺の幼稚な頭脳には、かく有意義に月日を利用しつつある結果が、自己の思想情操の上に、結晶して吹き出しているのが、全く映らないのである。仕方がないから、真面目な顔をして、

「ええ、困ります」と答えた。老人は頭から代助を小僧視している上に、その返事がいつでも幼気《おさなげ》を失わない、簡単な、世帯《しょたい》離れをした文句だものだから、馬鹿にするうちにも、どう

も坊ちゃんは成人しても仕様がない、困ったものだという気になる。そうかと思うと、代助の口調がいかにも平気で、冷静で、はにかまず、もじつかず、尋常きわまっているので、こいつは手の付けようがないという気にもなる。

（同右、三四五―三四六ページ）

親子だし経済的に依存もしているから、二人の関係は簡単に切れることがないが、たがいの思いがこれだけ噛み合わないのも珍しい。いまの会話は長編小説の始まったばかりの時点での問答だが、二人の思いは最後まですれちがったままだ。父にとっては仕事をしないでのらくらしているのはだめな生きかたであり、代助にとってはそれが上等人間の有意義な生きかたであって、二人はそれぞれの価値観を頑固に守り通そうとするのだ。

では、作者である漱石の立場はどういうものだと考えるべきか。

夏目漱石『それから』

代助のように仕事をしないで親の経済的庇護下に生きていけるのは社会の圧倒的な少数者にしか許されないことだと承知の上で、しかし漱石は、一見穀潰《ごくつぶ》しのような代助の生きかたにそれなりの理解と共感を示している。代助の生きかたについては、いま見た父親ばかりでなく、兄や嫂《あによめ》も合点の行かないひねくれたものを感じ、それはそのまま社会の常識に通じてもいるが、そういう家族および社会のありようを事実として認めつつ、漱石自身は代助の生きかたを価値なきものとは思っていない。もう少し丁寧にいえば、「奮発して何かする」とか、それが「国民の義務」だといった、国家社会と自分とを重ね合わせて精励する生きかたは、時代に合った生きかたであり、常識のよしとする生きかただとは分かっていても、漱石は、自分一個の心情としてそれに同調する気にはなれず、むしろ、そういう時代の雰囲気や常識の広がりに拭いがたい違和感をもたざるをえないのだ。

漱石の心にわだかまる、時代へのそういう違和感が代助のような主人公を生み出したといってよい。時代の雰囲気に乗れず、その言動がややもすると時代の常識を逆撫《さかな》でするような『それから』の主人公は、その存在そのものに漱石の時代批評がこめられているということができようか。代助の生きにくさ、居場所のなさは時代の息苦しさのあらわれにほかならず、漱石は代助の生きにくさ、居場所のなさに寄りそい、そこに人間的な意味を見出すことによって、時代の否定面に光を当てようとしたのだった。

が、高等遊民たる代助は社会と鋭く対立し、社会を強く批判する闘士ではない。自分のものの考えかたや生きかたに固執し守りぬこうとはするが、自分一個のこととして守ろうとするだけで、それを他人に向かって主張したり世に広めたりする気はまったくといっていいほどない。さきの問答で父親のほうは「奮発」とか「国民の義務」といったことばを相手に投げかけ、別の問答でも「誠実と熱心」とか「国家社会の為に尽す」といったせりふを口にするが、代助は正面切ってそれに反論することはなく、適当に受け流すという以上には出ない。

『それから』のなかで代助と家族、代助と世間常識とが大きくずれる話題としては、いまいう「誠実と熱心」「国家社会の為」といった富・出世・名誉にまつわるもののほかに、結婚にまつわる話題がある。前々から代助は父親の友人で、実業界に名の通った人の娘との結婚を家族から薦《すす》められている。が、代助にはそもそも結婚というしきたりに違和感がある。その違和感をどう守り通そうとするか。ここでの問答の相手は嫂《あによめ》の梅子だ。


　代助はこの二三年来、すべての物に対して重きを置かない習慣になった如く、結婚に対しても、あまり重きを置く必要を認めていなかった。佐川の娘というのはただ写真で知っているばかりであるが、それだけでも沢山なような気がした。……従って、貰《もら》うとなれば、そう面倒な条件を持ち出す考えも何もなかった。ただ、貰いましょうと云う確答が出なかっただけである。

　その不明晰な態度を、父に評させると、まるで要領を得ていない鈍物《どんぶつ》同様の挨拶ぶりになる。結婚を生死の間に横たわる一大要件と見なして、あらゆる他の出来事を、これに従属させる考えの嫂《あによめ》から云わせると、不可思議になる。

「だって、貴方《あなた》だって、生涯一人でいる気でもないんでしょう。そう我儘《わがまま》を云わないで、好い加減な所で極《き》めて仕舞ったらどうです」と梅子は少し焦《じ》れったそうに云った。

　生涯一人でいるか、或いは妾《めかけ》を置いて暮《くら》すか、或は芸者と関係をつけるか、代助自身にも明瞭な計画はまるでなかった。ただ、今の彼は結婚というものに対して、他の独身者のように、あまり興味をもてなかった事はたしかである。……ただ結婚に興味がないという、自己に明らかな事実を握って、それに応じて未来を自然に延ばして行く気でいた。だから、結婚を必要事件と、初手から断定して、いつかこれを成立させようと喘《あせ》る努力を、不自然であり、不合理であり、かつあまりに俗臭を帯びたものと解釈した。

代助は固《もと》よりこんな哲理《フィロソフィー》を嫂《あによめ》に向って講釈する気はなかった。が、段々押し詰《つめ》られると、苦し紛《まぎ》れに、

「だが、姉さん、僕はどうしても嫁を貰わなければならないのかね」と聞く事がある。代助は無論真面目《まじめ》に聞く積《つもり》だけれども、嫂《あによめ》の方では呆《あき》れてしまう。そうして、自分を茶にするのだと取る。

（同右、四二一―四二二ページ）

時代のちがいを感じさせられる状況設定であり、問答ではある。二一世紀のこんにち、結婚してもしなくてもよいという態度はもはや無分別だとも、わがままだとも思われないし、不可解だと首をかしげられることもないといってよかろう。

それはそうだが、親の金銭的援助を頼りに、定職に就くでもなく、これといった明確な目標があるのでもなく日を過ごす代助と、一人の実業家として、あるいは一人の主婦もしくは妻としてなすべき仕事、果たすべき責任があり、仕事をなし責任を果たすことに社会的意義を認めてもいる代助の父や嫂とのあいだに、しきたりとしての結婚のとらえかたに隔たりが生じ、社会意識のその隔たりが感情的な対立を招きよせるという事態には、時代のちがいを超えたリアリティがあ

る。高等遊民的な生きかたについても結婚についても、社会的構図からすれば通念を踏まえた父親や嫂が多数派をなし、代助は少数派にとどまるが、漱石は容易に融和しえない感情の対立のうちに時代の社会意識の矛盾を見てとろうとした。

代助という人物の造形には漱石の時代批評がこめられていることはすでに言った。そういう人物の存在することが時代の画一性に亀裂を生じさせるのだ。一九世紀末の帝国主義の時代に、強国たらんとし、国民国家としての統一をさらに強化しようとする国家意識は、当然のこと、亀裂の生じるのをよしとしない。亀裂の芽を摘み、富国強兵の実を高めようとする。国家意識のそうした意向は世間の常識に反映せざるをえない。代助と世間常識との折り合いのつかなさは、個の意識と国家意識の矛盾の一つの露頭をなすものと見てよい。漱石は一編の小説のなかでその矛盾に文学的リアリティをあたえたかったのだが、そのためには、国家意識に随順する父親や嫂のような考えかたと国家のありかたに違和感を抱く代助の考えかたがともにリアリティをもち、両者の、生活上の対立、および感情の上での対立がリアリティをもつこと、——そのことがなによりも求められたのだ。

さて、父親や嫂の考えかたや生きかたは社会に適合し、社会に支えられてあるものだから、小説のなかで人びとが活動し、たがいのあいだにさまざまな関係が生じ、そこに社会らしきものがすがたをあらわせば、その網の目のどこかに組みこまれて一定のリアリティをもつことができる。が、代助の考えかたや生きかたは社会とずれるところにその特質があるのだから、社会とのつながりがリアリティの源になるとは簡単にはいえない。社会のしきたりとか世の習いとかいわれるものになじめず、世の中への違和感を考えかたおよび生きかたの核とする代助にとっては、不用意に社会とつながることはおのれを失うことになりかねないのだ。

といって、おのれのうちに閉じこもることがリアリティに通じるかといえば、それもちがう。父子のつながりを切れば途端に衣食住に窮するし、そこは父の財力に頼ったとして、それ以外の外との関係を切りつめて世捨人のようなこもりかたをすれば、その考えかたと生きかたは自己を軸に空回りし、いよいよ空疎化していくほかはない。空疎化の進行は自己の存立を脅かすとともに、生きかたと核をなしていた世の中への違和感をも実質なきものにしてしまう。

代助の暮らしぶりは、身のまわりの世話をする婆さんや書生の目から見ても、父や兄や嫂の目から見ても、友人の目から見ても、地に足のつかぬ、とらえ所のないものに見えているが、それは、見かたを変えていえば、自我が内にこもって空転するのを避ける処世法だったと考えられる。世を拗《す》ねたひねくれ者の処世法だが、すでに引用した父親との対話場面や嫂との対話場面に見てとれるそのような処世法を、代助は『それから』の前半では頑《かたくな》に守り通す。というか、作者の漱石が代助のそういう処世法をくりかえし登場させる。

のらりくらりと煮え切らない処世法のくりかえしは、またかと読む者をうんざりさせる面がなくもないが、その一方、くりかえしによって代助にはそれ以外に手の打ちようがないほどにそれが身についた自然なふるまいかただと感じられるようになる。代助の性格と存在に徐々に厚味が増してくるように感じられる。

世の中とずれた人物を一人の生きた人間として社会に定位させることのむずかしさが、改めて思われる。世の中とずれた人物はずれた分だけその内面が抽象的ないし観念的になりやすく、日々の暮らしにおいても社会のうちにふさわしい位置を見つけにくい。しかし、漱石にとっては、そういう人物を主人公として造形することが、自分がいま生きる世界を、常識の目とはちがうまなざしのもとに浮かび上がらせるためにぜひとも必要だった。のらりくらりの処世法の再三再四の登場は、むずかしい課題に挑む漱石の執念の強さを示すものと読むことができる。代助という主人公は物語の前半においては、技法として野暮ったく感じられる、くりかえしの方策をもってしても、なんとかリアリティをもたせたい厄介な存在だったのだ。

ところが、小説の後半に来て物語に大きな変化が起こる。代助が愛の関係にぐんぐんと引きこまれ、みずから踏みこんでもいくのだ。相手は友人平岡の妻三千代である。

代助と平岡が親しくつき合っていた学生時代に、三千代は友人の妹として二人の前にあらわれた。二人はともに三千代に恋心を抱き、そこに三角関係のようなものが生じたが、結局は代助がみずから身を引いて平岡と三千代が結婚し、二人は平岡の仕事の関係で京阪地方に住むことになった。移って一年ほどして子どもが生まれたが、まもなく死に、以後三千代は体調が思わしくない。平岡のほうも会社の仕事が思い通りに行かず、借金をかかえたまま辞職し、三年の京阪生活を切り上げて東京に帰り、新たに新聞の編集の仕事に就いている。

世事に疎《うと》く、なにごとにつけ身を乗り出すことのない消極的な代助だが、昔のよしみで金の工面をしたり二人と会って話をしているうちに、三千代の病気もあって平岡が身をもち崩し、夫婦の間柄に暗い影が差していることに気づいてくる。じっとしていられなくなった代助は、三千代には会って話を聞き、事の真相にせまろうとし、平岡にたいしては自堕落な生活を立て直すよう意見する。それまでの代助には見られなかった積極的な動きだ。

動きの底に三千代への愛の感情が潜んでいることにやがて代助は気づく。とともに、その愛がまさしくこの世界のただなかに、現実にあらわれた俗な出来事でありながら、そこから身を退きたくなるようなものではないことをも自覚する。


自分と三千代との現在の関係は、この前逢った時、既に発展していたのだと思い出した。否、その前逢った時既に、と思い出した。代助は二人の過去を順次に溯《さかの》ぼって見て、いずれの断面にも、二人の間に燃える愛の炎を見出さない事はなかった。必竟《ひっきょう》は、三千代が平岡に嫁ぐ前、既に自分に嫁いでいたのも同じ事だと考えつめた時、彼は堪えがたき重いものを、胸の中に投げこまれた。彼はその重量の為に、足がふらついた。（同右、五二五ページ）

「愛の炎」といういいかたが象徴的だ。代助は自分の心のなかに燃えつづける情熱に思いを寄せ、その情熱にたいしては違和も疎隔も感じてはいない。どころか、それは時間をつらぬく持続性をもち、胸にずしりと響く重たさをもつと感じている。高等遊民として日陰でその日その日を惰性的に過ごす代助とはちがう、生命力ゆたかな代助がここにはいる。

代助は炎の道を歩もうと決心する。成算があってのことではない。燃える炎が否応なく自分を前へと駆り立てる力をもっているからだ。魔ともいうべきその力を漱石はおのれの文学的力量の限りを尽くして表現する。代助の心が三千代に向かって生き生きと動き出すのにつれて漱石の筆の運びが躍動する。

例として次の一節を引く。ある雨の日、代助は大きな白百合の花をたくさん買って部屋に飾る。三千代には、話があるからすぐ来てくれ、と手紙を書き、書生にとどけさせる。

代助は、百合の花を眺めながら、部屋を掩《おお》う強い香の中に、残りなく自己を放擲《ほうてき》した。彼はこの嗅覚の刺激のうちに、三千代の過去を分明《ふんみょう》に認めた。その過去には離すべからざる、わが昔の影が烟《けむり》の如く這《は》い纏《まつ》わっていた。彼はしばらくして、「今日始めて自然の昔に帰るんだ」と胸の中で云った。こう云い得た時、彼は年頃にない安慰を総身に覚えた。なぜもっと早く帰る事が出来なかったのかと思った。始めからなぜ自然に抵抗したのかと思った。彼は雨の中に、百合の中に、再現の昔の中に、純一無雑に平和な生命を見出した。その生命の裏にも表にも、欲得はなかった、利害はなかった、自己を圧迫する道徳はなかった。雲のような自由と、水の如き自然とがあった。そうしてすべてが幸《ブリス》であった。だからすべてが美しかった。

やがて、夢から覚めた。この一刻の幸《ブリス》から生ずる永久の苦痛がその時卒然として、代助の頭を冒して来た。彼の唇は色を失った。彼は黙然《もくねん》として、我と吾手《わがて》を眺めた。爪の甲の底に流れている血潮が、ぶるぶる顫《ふる》えるように思われた。彼は立って百合の花の傍《そば》へ行った。唇が弁《はなびら》に着くほど近く寄って、強い香を眼の眩《ま》うまで嗅いだ。彼は花から花へ唇を移して、甘い香に咽《む》せて、失心して室《へや》の中に倒れたかった。彼はやがて、腕を組んで、書斎と座敷の間を往ったり来たりした。彼の胸は始終鼓動を感じていた。彼は時々椅子の角や、洋卓《デスク》の前へ来て留まった。それからまた歩き出した。彼の心の動揺は、彼をして長く一所に留まることを許さなかった。同時に彼は何物をか考えるために、無闇《むやみ》な所に立ち留まらざるを得なかった。

その内に時は段々移った。（同右、五五六—五五七ページ）

引用文の前半、書く漱石の筆が解放されたかのような、「純一無雑に平和な生命」「雲のような自由」「水の如き自然」といった清々しい措辞が新鮮に読者にせまってくる。世の中と反《そ》りが合わず、屈託に屈託を重ねる代助の日々は「生命」からも「自由」からも「自然」からも遠かった。いま代助はそうした遊民の境遇から大きく転換し、「自然の昔」に帰ろうとしている。そして、自然の昔に帰ることは、新しい未来に、新しい生命と自由に生きようとすることにほかならない。

が、これまでの代助の暮らしぶりからして決意一つでそれが大きく転換するとはとうてい思えない。知的な代助がそのことを自覚しないはずはなく、だから、引用文の後半に新しい未来に向かう代助の心身の動揺が描写されるのは当然のことだ。代助はどうやって心身の動揺を克服し、新しい未来へと進むことができるのか。

すべては三千代と代助の結びつきいかんにかかっている。しばらく経って三千代が雨のなかを訪れ、白百合の香のする部屋のなかで二人は静かに向き合う。話はとぎれがちだ。

代助は三千代と平岡が結婚する前の、自分と三千代がたがいに愛を感じていた間柄に立ちもどり、そこから新しい愛の関係を築こうと覚悟を固めている。三千代はどうか。平岡との愛が危機的な状況にあるのは三千代も承知し、代助も感じていることだが、男尊女卑の明治の世に人妻の身で夫を捨てて別の男のもとに赴くことができるのか。代助への愛は、三千代にとってそこまで強くゆるぎないものと感じられているのか。

世慣れぬ三千代と代助のこと、そんな深刻な問題を前にしてなめらかに会話が進むはずはない。昔話がしばらく続いてたがいにやや気が軽くなったりもするが、それぞれが自分のいまを振り返ると気が晴れるということはない。と、突然、代助の本心がまっすぐに口に出る。

「僕の存在にはあなたが必要だ。どうしても必要だ。僕はそれだけの事をあなたに話したいためにわざわざあなたを呼んだのです」

代助の言葉には、普通の愛人の用いるような甘い文彩《あや》を含んでいなかった。彼の調子はその言葉と共に簡単で素朴であった。むしろ厳粛の域に逼《せま》っていた。……代助の言葉が、三千代の官能に華やかな何物をも与えなかったのは、事実であった。三千代がそれに渇いていなかったのも事実であった。代助の言葉は官能を通り越して、すぐ三千代の心に達した。三千代は顫《ふる》える睫毛《まつげ》の間から、涙を頰の上に流した。

「僕はそれをあなたに承知してもらいたいのです。承知して下さい」

（同右、五六三―五六四ページ）

会話がまたしばらく周辺をさまよったあと、三千代は明確に答える。

その〔昏の〕間から、低く重い言葉が、繋がらないように、一字ずつ出た。

「仕様《しよう》がない。覚悟をきめましょう」

代助は背中から水を被《かぶ》ったように顫《ふる》えた。社会から逐《お》い放たるべき二人の魂は、ただ二人むかい合って、たがいを穴のあくほど眺めていた。そうして、すべてに逆《さから》って、たがいを一所に持ち来たした力をたがいと怖れ戦《おのの》いた。

（同右、五六八ページ）

三千代の覚悟はなまなかの覚悟ではない。数日後の会話で、「この間から私は、もしもの事があれば、死ぬつもりで覚悟をきめているんですもの」と改めて不退転の覚悟が示される。

こうして二人は、自分たちの行為が社会の敵意と糾弾の的になることを十分に意識し、心に顫えを感じながら愛を全《まっと》うする決意を固める。

愛を全うするのに三千代は死を覚悟するほど思いつめねばならなかったが、代助は代助で社会との命がけのたたかいを覚悟しなければならなかった。

〔三千代との〕会見の翌日、彼は永らく手に持っていた賽《さい》を思い切って投げた人の決心をもって起きた。彼は自分と三千代の運命に対して、昨日から一種の責任を帯びねば済まぬ身になったと自覚した。……彼は自ら切り開いたこの運命の断片を頭に乗せて、父と決戦すべき準備を整えた。父の後には兄がいた、嫂がいた。これらと戦った後には平岡がいた。これらを切り抜けても大きな社会があった。個人の自由と情実を毫《ごう》も斟酌《しんしゃく》してくれない器械のような社会があった。代助にはこの社会がいま全然暗黒に見えた。代助はすべてと戦う覚悟をした。
（同右、五七〇ページ）

三千代との恋愛を生きようとすることは、責任や戦いと縁遠かった代助に否応なく責任を背負わせ、戦いへと赴かせるものだった。高等遊民たる境遇に甘んじることなく、一個の主体的人間として生きることを強いるものだった。さしあたり味方と思えるのは三千代だけ、ほかは家族も友も社会もすべて敵、というのはいかにも索漠たるたたかいの構図だが、二人は家族と社会の厚い壁を前にしてそれとのたたかいに生きる意味を見出しつつ、自分たちの愛の生活を作り上げていくしかなかった。

それがどんな生活になるかを『それから』は語らない。二人の前途は重苦しく、安楽な生活などは予想もできないような寂寥感を漂わせつつ小説は終わる。

社会に受け容れられない愛を、代助が三千代とともに主体的に生きようとする人生行路の大きな転換をもって、漱石は小説の終止符を打った。

＊

『門』は、恋愛、病気、出産など数々の出来事に遭遇し、そのたびに喜怒哀楽の経験をともに重ねてきた年配の夫婦が、都会の片隅で静かな日を送る、そのひっそりとした暮らしを舞台とする小説である。住居は小さい路地の奥まったところに位置し、一方は崖がせまって外との関係を遮断している。

作品の書き出しはこうだ。主人公夫婦の静かな暮らしを叙述する、漱石自身のこれまた静かな筆の運びに触れてもらうべく、やや長目の引用をする。

宗助は先刻《さつき》から縁側へ坐蒲団《ざぶとん》を持ち出して日当りのよさそうな所へ気楽に胡坐《あぐら》をかいて見たが、やがて手に持っている雑誌を放り出すと共に、ごろりと横になった。秋日和と名のつく程の上天気なので、往来を行く人の下駄の響きが、静かな町だけに、朗らかに聞えて来る。肱枕《ひじまくら》をして軒から上を見上げると、きれいな空が一面に蒼《あお》く澄んでいる。その空が自分の寝ている縁側の窮屈な寸法に較べて見ると、非常に広大である。たまの日曜にこうしてゆっくり空を見るだけでも大分違うなと思いながら、眉を寄せて、ぎらぎらする日をしばらく見つめていたが、眩《まぼ》しくなったので、今度はぐるりと寝返りをして障子の方を向いた。障子の中では細君が裁縫《しごと》をしている。

「おい、いい天気だな」と話しかけた。細君は、

「ええ」と云ったなりであった。宗助も別に話がしたい訳でもなかったと見えて、それなり黙ってしまった。しばらくすると今度は細君の方から、

「ちっと散歩でもしていらっしゃい」と云った。しかしその時は宗助がただうんと云う生返《なま》事を返しただけであった。

二三分して、細君は障子の硝子《がらす》の所へ顔を寄せて、縁側に寝ている夫の姿を覗いて見た。夫はどういう了見か両膝を曲げて海老のように窮屈になっている。そうして両手を組み合わして、その中へ黒い頭を突っ込んでいるから、肱《ひじ》に挟まれて顔がちっとも見えない。

「貴方《あなた》そんな所へ寝ると風邪引いてよ」と細君が注意した。……

宗助は両肱の中で大きな眼をぱちぱちさせながら、

「寝やせん、大丈夫だ」と小声で答えた。

それからまた静かになった。

（同右、六二五―六二六ページ）

右の文は、主人公・宗助の仕事が休みの日曜日の午後に、夫婦がひっそりと、またのんびりと時を過ごしている一場景を描写したも

夏目漱石『門』

のだが、もう一つ、漱石がやや解説ふうに二人のいまの暮らしぶりを述べた一節を引いておく。宗助の妻は名を御米《およね》という。

宗助と御米とは仲の好い夫婦に違いなかった。一緒になってから今日まで六年程の長い月日をまだ半日も気まずく暮した事はなかった。いさかいに顔を赤らめ合った試《ためし》はなおなかった。二人は呉服屋の反物を買って着た。米屋から米を取って食った。けれどもその他には一般の社会に待つ所の極めて少ない人間であった。彼等は、日常の必要品を供給する以上の意味において、社会の存在をほとんど認めていなかった。彼等にとって絶対に必要なものはお互いだけで、そのお互いだけが、彼等にはまた充分であった。彼等は山の中にいる心を抱いて、都会に住んでいた。

（同右、七七四ページ）

この解説ふうの文章があらわれるのは『門』の後半、全体の五分の三が経過したあたりだ。そして、そこまでに述べられる宗助と御米の暮らしは、世間とのつき合いがごく限られ、「山の中にいる心を抱いて、都会に住んでい」る中年夫婦の日々といえるものだ。近代小説がありきたりの平凡な社会や生活を前提としつつ、そこに尋常ならざる出来事や特異な人間関係や狂気に類する情念や心理を配することによって物語をめりはりのあるものとすることを考えれば、『門』の淡々とした話の進行は、いかにも平凡で地味なものに感じられる。中年夫婦の落ち着いたふるまいと気分を記述する漱石の文章は、明晰で節度が保たれているから、読んで退屈することはないが、ここまで日常をゆさぶる事件がないのはやはり異とするに足る。あえてそれらしきものを探せば、宗助の年の離れた弟・小六（高校生）の今後の生活をめぐる、叔母との金銭上のトラブルと、崖の上に住む家主（坂井家）に夜中に泥棒が入り、崖下の二人の家の庭に落ちた盗品を置き去りにして逃げたことと、盗品を返しにいったのをきっかけに坂井家とのつき合いが始まったことぐらいが挙げられようか。それらとて、平凡な日常をさほど超えるものではなく、実際、さほど超えるものとして描かれてはいない。

しかし、世間とのつき合いをなるべくひかえ、二人だけで日を送るひっそりとした暮らしぶりが、二人の性分に合った生きかただというだけでは済まず、二人の過去の一点と強烈に結びついていることが、やがて明らかになってくる。さきの解説ふうの引用文は、漱石がその過去の一点に踏みこもうとする助走部分のしょっぱなに置かれた文章なのだ。

話は宗助の大学生時代にさかのぼる。宗助には安井という名の、同じ大学生の親友があった。夏休み明けにその安井が下宿生活をやめ、新しい一軒家を借りて住むことになる。以下は、宗助が初めて新しい家を訪ねたときの情景だ。

宗助のここを訪問したのは、十月に少し間のある学期の始めであった。残暑がまだ強いので宗助は学校の往復に、蝙蝠傘《こうもりがさ》を用いていた事を今に記憶していた。彼は格子の前で傘をたたんで、内を覗きこんだ時、粗い縞の浴衣を着た女の影をちらりと認めた。格子の内は三和土《たたき》で、それがまっすぐに裏まで突き抜けているのだから、はいってすぐ右手の玄関めいた上《あが》り口を上らない以上は、暗いながら一筋に奥の方まで見えるわけであった。宗助は浴衣の後影《うしろかげ》が、裏口へ出る所で消えてなくなるまでそこに立っていた。それから格子を開けた。玄関へは安井自身が現れた。

座敷へ通ってしばらく話していたが、さっきの女は全く顔を出さなかった。声も立てず、音もさせなかった。広い家でないから、つい隣の部屋位にいたのだろうけれども、いないのとまるで違わなかった。この影のように静かな女が御米《およね》であった。

安井は郷里の事、東京の事、学校の講義の事、なにくれとなく話した。けれども、御米の事については一言も口にしなかった。宗助も聞く勇気に乏しかった。その日はそれなり別れた。

（同右、七八六—七八七ページ）

思わせぶりな記述ではある。二〇歳そこそこの若い男女の恋の鞘当《さやあ》てを描こうというのだから、世間から身を退くようにしてひっそりと静かに暮らす年配の夫婦の日々とは文の匂いがちがってくるのは当然だった。安井は御米のことを妹だといって宗助に紹介するが、宗助は素直に信じない。しかし、安井に向かって正面から疑問を質《ただ》すことができない。黙って隣の部屋で安井と宗助の会話に耳傾ける御米のふるまいもそうだが、それもこれも青春の恋愛感情の熱気ともつれを示すものにほかならない。

が、それから一年あまり、安井と宗助の友情は持続し、御米と安井の同居生活も続いて三人のあいだには、まずは平穏な時が流れる。少なくとも漱石は冷静に淡々と筆を進め、平穏なつき合いのなかで宗助と御米がやや親しくなっていくことが知られるのみだ。
一年後の冬に安井がひどいインフルエンザにかかり、神戸方面での転地療養を余儀なくされる。御米も同行する。二人は京都の宗助に毎日のように絵はがきを送り、宗助はそれを机の上に積み重ねて読み直し、見直した。安井の病気が回復し、療養の終わる直前に宗助は二人の転地先の宿を訪れ、海を眺めて楽しい三日間を過ごし、三人いっしょに京都に帰ってくる。
そのあとに続くのが次の文だ。

宗助は当時を憶い出すたびに、自然の進行がそこではたりと留《と》まって、自分も御米もたちまち化石してしまったら、かえって苦はなかったろうと思った。事は冬の下から春が頭をもたげる時分に始まって、散り尽した桜の花が若葉に色を易《か》える頃に終った。すべてが生死の戦いであった。青竹を炙《あぶ》って油を絞《しぼ》るほどの苦しみであった。大風は突然不用意の二人を吹き倒したのである。……

世間は容赦なく彼等に徳義上の罪を背負《しょわ》した。しかし彼等自身は徳義上の良心に責められる前に、一旦茫然として、彼等の頭が確かであるかを疑った。彼等は彼等の眼に、不徳義な男女《なんにょ》として恥ずべく映る前に、既に不合理な男女として、不可思議に映ったのである。そこに言訳らしい言訳がなんにもなかった。だからそこに云うに忍びない苦痛があった。

（同右、七九四ページ）

転地先から京都に帰ったあとの早春から新緑の候にかけて「事」が——「生死の戦い」であり、身を焦《こ》がす「苦しみ」である「事」が——起こったことは示唆されるが、それが具体的にどのようなものであったかを漱石は書かない。書こうとしない。

書かせなかったものはなにか。

そう問うとき、愛の炎に焼かれ、たがいの狂熱をどう制御しようもなく、情念の深淵へと引きずりこまれていく宗助と御米の愛の形が、『それから』の後半に示される代助と三千代の愛の形を引き継ぐものであることが強く心にせまってくる。

御米と宗助、三千代と代助——この二組の男女の関係は似ているといえばそういえもするが、異なる点も少なくない。大きなちがいとしてたとえば、一方が京都を舞台とするのにたいし、他方は東京が舞台であること、年齢も恋の渦中にある御米と宗助が二〇代前後にたいし、三千代と代助は三〇代、いまだ俗に染まらぬ青年男女と俗のしがらみのなかで生きる中年男女、といったちがいが挙げられるわけで、二組の恋愛は単純に重ね合わせられるようなものではない。

しかし、恋する男女が魔に取りつかれたかのように心乱れ、右にゆれ左にゆれしながら容易に先が見通せず、死を賭しても愛を全《まっと》うすると覚悟を固めたとき、ようやくなにほどかの心の安定が得られるという心情の面では、それとこれとは驚くほど似ている。さきの引用文中にある、「生死の戦い」「青竹を炙《あぶ》って油を絞《しぼ》るほどの苦しみ」「大風は突然不用意の二人を吹き倒した」「頭が確かであるかを疑った」「〔自分たちが〕不合理な男女として、不可思議に映った」などの文言は『それから』の代助と三千代の心事にそのまま通じているといえるのだ。

二組の恋愛の、心情の上でのそういう連続性が宗助と御米の恋の最後の昂揚の書かれなかった大きな理由だとわたしは考えるが、見かたを変えれば、それを書く以上に漱石には書きたいことがあった。それはなにか。

話のつながりとして、さきの引用文に続く一節を引用する。引用文冒頭の「曝露《ばくろ》」とは人妻の御米が宗助と結ばれる不倫の事実が周囲に知られるようになったことを指す。

曝露の日がまともに彼等の眉間《みけん》を射たとき、彼等はすでに徳義的に痙攣《けいれん》の苦痛を乗り切っていた。彼等は蒼白い額を素直に前に出して、そこに炎に似た烙印《やきいん》を受けた。そうして無形の鎖でつながれたまま、手を携えてどこまでも、いっしょに歩調を共にしなければならない事を見出した。彼等は親を棄てた。親類を棄てた。友達を棄てた。大きく云えば一般の社会を棄てた。もしくはそれらから棄てられた。学校からは無論棄てられた。……

これが宗助と御米の過去であった。

この過去を負わされた二人は、広島へ行っても苦しんだ。福岡へ行っても苦しんだ。東京へ出て来ても、依然として重い荷に抑えつけられていた。

（同右、七九四―七九五ページ）

こちらの引用文のほうが『それから』の代助と三千代との連続性がいっそう強く出ているといえるかもしれない。親を棄て、親類を棄て、友だちを棄て、社会を棄てる——もしくはそれらから棄てられる——ということは、まさしく代助と三千代が『それから』の最後で心に抱いたぎりぎりの覚悟だったのだから。

『それから』では最後の覚悟だったものがここでは「過去」に押しやられる。過去の事実として確認されるだけで封印され、それ以上に語られることはない。どころか、過去の重荷を負わされた二人の、広島での苦しみも福岡での苦しみも東京での苦しみも、苦しみとして語られることはほとんどない。魔に取りつかれたような狂熱の恋物語と、恋の不合理、不徳義ゆえに社会総体を敵にまわすことになった苦しみ以上に漱石には書きたいものがあったので、それは、過去の狂熱の恋や恋の不合理ゆえに負わねばならなかった苦しみを、おのれの、またたがいの運命として受け容れつつ、それに静かに耐えて生きていく暮らしに人間的な価値を見出したいという思いだった。顧《かえり》みて当人たちも茫然とするほかない恋のドラマと、そのあとに来る、地を這いずりまわるような苦悩の物語のそのむこうに、漱石は、そのような激越なドラマや物語を内に秘めてなりたつ、人間らしい暮らしの可能性を遠望していたもののごとくで、それがひっそりと穏やかな宗助と御米の日々にほかならなかった。

過去が過去にあったすがたのままで二人の眼前にあらわれることはもはやない。といって、過去の事実が消えてなくなることはない。過去は二人それぞれの心に沈潜していて、ときに思いがけずあらわれてくる。それをどう捌《さば》くかは二人の生きかたに深くかかわっていて、二人は長い年月をかけてそれをひっそりと穏やかにやり過ごす法を身につけてきた。二人のあいだではいつしか安井のことが話題になることもなくなった。

ところが、『門』の終盤近く、いまは満州に暮らす安井の名が家主の坂井の口の端に上る。坂井の弟が蒙古で怪しげな事業に手を出し、蒙古王のために金を集めようと東京に来ているらしい。明後日の晩にその弟が坂井の家に話に来ることになっていて、蒙古からいっしょに帰ってきた安井とかという連れが同席するはずだが、あなたも話を聞きに来ませんかと誘いがかかるのだ。

不意を打たれた宗助は「蒼い顔をして坂井の門を」出る。

家に帰っても宗助は平静を保てない。具合が悪いからといって御米にふとんを敷いてもらって横になるが、眠れはしない。御米は心配そうに枕元にいるが、「あっちへ行っていい」といわれて茶の間に引きさがる。一人になった宗助は、安井のことを話そうと思い直し御米を呼び立てるが、いざ御米がやってくると言い出すきっかけがつかめず、熱い湯を頼んだだけで不安な一夜を過ごす。

翌日は落ち着かぬ気分のまま仕事に出かける。机に向かっても用が手に着かず、ぼんやりと時を過ごす。さっさと家に帰って早目に夕食を済ますと、御米を誘って二人で寄席に行く。宗助に噺を楽しむ余裕はないが御米はそれなりに楽しんでいるようで、宗助は帰りたいのを我慢して最後までつき合う。

その翌日は夕刻に安井が家主の家にやってくる日だ。安井と顔を合わせるのを恐れる気持ちもあって、宗助は仕事を終わっても家に直行せず、途中の牛肉店に寄って酔えない酒を飲む。過去の影におびえる自分に納得できないまま、宗教だの坐禅だのが心に浮かんだりもし、夜遅くなって宗助は家にたどり着く。

漸く家へたどり着いた時、彼は例のような御米と、例のような小六と、それから例のような茶の間と座敷と洋燈《らんぷ》と箪笥《たんす》を見て、自分だけが例にない状態の下に、この四五時間を暮していたのだという自覚を深くした。火鉢には小さな鍋が掛けてあって、その蓋《ふた》の隙間から湯気が立っていた。火鉢の傍《わき》には彼の常に坐る所に、いつもの坐蒲団《ざぶとん》を敷いて、その前にちゃんと膳立てがしてあった。

宗助は糸底を上にしてわざと伏せた自分の茶碗と、この二三年来朝晩使い慣れた木の箸を眺めて、

「もう飯は食わないよ」と云った。御米は多少不本意らしい風もした。

「おやそう。あんまり遅いから、大方どこかで召し上がったろうとは思ったけれど、もしまだだといけないから」と云いながら、布巾《ふきん》で鍋の耳をつまんで、土瓶敷《どびんしき》の上におろした。それから清《きよ》を呼んで膳を台所へ退《さ》げさした。

（同右、八二三ページ）

なんの変哲もない日常の設えと動作とことばのやりとりがそっと置かれている。御米と小六と清は安井の東京滞在についてまったく知らないから、かれらはいま普段の心で普段の日常をそのまま生きているのだが、その日常そのままがおのずから宗助の波立つ心を静める働きをもってここに置かれている。宗助に明確な自覚はないが、かれと御米との間柄においては安井のことを話題にするよりも、それを伏せたままひっそりと穏やかな日常を過ごすほうが心の安定を保つこと

ができ、実際、二人はこれまでの長い年月そうやって心の安定を保ってきたのだ。ひっそりとした日常が過去の暗い負い目を鎮静する絶対の力をもってはいないことは、坂井の話に不意打ちをくらった宗助の動揺にはっきり示されているが、長く連れ添ってきた二人にとって穏やかな時の経過以上に過去の負い目を和らげるものはない。

それでも心の不安を拭えぬ宗助は、しばらくして鎌倉の寺に参禅のために出かけていく。「門」という小説の題名とも関連するよく知られた一幕だが、一〇日ほどの山門生活のなかで宗助の心は一向に悟りへと向かわない。禅寺の雰囲気は清浄さと敬虔さが保たれているし、宗助の世話をし、仏道修行にかんする宗助の質問に応答する若い僧も、押しつけがましさや気取りのない、誠実で正直な人物だが、宗助は入門の当日からその場になじめないものを感じ、日を経てもその実感は変わらない。仏道に近づこうとする気がなくはないが、特別な場での特別の勤行や所作がそこにつながらない。入門時の違和感をそのままに、それに徒労感が加わって宗助は山門を去ることになる。家に帰れば、これまで通りのひっそりと穏やかな日々が続くことになるが、それこそが宗助にとって、そして御米にとって、ほっと息のつける場であり暮らしだ。

『門』の最終場面はこうだ。

御米は障子の硝子《がらす》に映る麗《うらら》かな日影をすかし見て、
「本当にありがたいわね。ようやくの事春になって」と云って、晴れ晴れしい眉を張った。
宗助は縁に出て長く延びた爪をきりながら、

「うん、しかしまたじき冬になるよ」と答えて、下を向いたまま鋏を動かしていた。

（同右、八六三―八六四ページ）

本書三五四―三五五ページに引用した『門』冒頭の文章と右の引用文とを読み比べてほしい。情景と文体とがなだらかにつながるさまが見てとれるだろう。そして、こうした日常の暮らしの情景とそれを映し出す淡々とした文体は小説全体の基調をなしてもいて、その基調に支えられて『門』は品格のある作品となることができた。大小さまざまな事件とそれにともなう喜びと苦しみをふくみつつ、少しずつ時間が降り積もっていく日々の暮らしこそが人間の生活のゆたかさだ、と、『門』は語っているように思える。この小説を低い声の生活讃歌と評したいゆえんだ。

4　夏目漱石（その二）――「現代日本の開化」

前節で取り上げた三編の小説は、一組の男女を中心に周辺の家族や友人・知人の織りなす小さな世界を心理面に深く分け入って丁寧に描くものだったが、漱石は人びとのこまやかな日常に目を配る作家というにとどまらなかった。日々の暮らしの穏やかな進行や、そこに時折生じる大小の事件や心の波立ちに人間的な意味を感じるとともに、広く日本の社会を見わたし、その動向に目を向けないではいられないもの書きだった。ことに一九〇〇―〇三年のロンドン留学は、日本と西洋の文化と思想のちがいをしたたかに思い知らされる経験となり、以後、漱石は国家の動向や社会の風潮に容易に同調しえない知識人として時代を生きることになった。

ロンドン留学以降ずっと宿題のように突きつけられてきた、東西の文化・思想の落差の大きさをことばにしたものが講演記録「現代日本の開化」だ。『門』刊行の翌一九一一年、大阪朝日新聞社の企画した和歌山での公開講演の記録だ。

題名にある「開化」は明治の「文明開化」を指していて、とすると「現代日本」は明治期の日本ということになる。西洋に学び、西洋に追いつこうとし、西洋と競い合ってきた明治の四十数年はどういう時代だったか。そのなかで日本はどう開化——いま風にいえば、近代化——されたのか。漱石はそれを語りたかった。

聴衆を目の前にした講演だから本題に入る前に時候の挨拶があったり、人びとの緊張をほぐすための冗談話があったりと、漱石のサービス精神のうかがわれる語り出しだが、いざ開化を論じるとなると、話はすぐにも本格的な論の体裁を取ってくる。

まずは開化に二種類の活動があるといわれ、その一つが、道具や器械の発明、さらには鉄道や郵便や電話の制度の整備など、人間の労力の節約のための活動であり、ほかの一つが、人間がみずから積極的に乗り出していく趣味や娯楽に類する活力消耗の活動だとされる。漱石の携わる文筆活動はむろん第二の活動だ。西洋の書物にも出てこない区分法で、漱石が自分で考え出したものであろう。

それに続けて漱石は次のようにいう。

われわれは長い時日《じじつ》のうちに種々様々の工夫を凝《こら》し智慧を絞って漸く今日まで発展して来たようなものの、生活の吾人《ごじん》の内生に与える心理的苦痛から論ずれば、今も五十年前もまたは百年前も、苦しさ加減の程度は別に変りはないかも知れないと思うのです。それだからして、この位労力を節減する器械が整った今日でも、また活力を自由に使い得る娯楽の途が備わった今日でも、生存の苦痛は存外切《せつ》なもので、あるいは非常という形容詞を冠《かむ》らしても然るべき程度かも知れない。

（三好行雄編『漱石文明論集』岩波文庫、一九八六年、二四―二五ページ）

最後の一文は、もの言いが古風で分かりにくいが、くだいていえば、「便利な器械が整い、あれこれ娯楽を楽しめるようになった今日でも、生活の苦痛は思ったほど軽くはなく、非常に苦しいともいえるかもしれない」といったところか。漱石のいいたいのは、明治期の日本は文明開化が進んで社会は大きく様変わりしたけれども、内面に目を向けると、わたしたちは心安らかに生きていけるようになったわけではなく、生きるのに開化以前と変わらないほどに苦しがっている、ということだ。

内面に目を向けるのも、生きる苦しさをいうのも、漱石独特の視点の取りかたであり、ものの見かただ。

時代の流れは、内面に目を向ける方向にも、生きる苦しさに思いを寄せる方向にも動いてはいなかった。反対に、前章で述べたように、戦争によって国家の威力が国際社会に示されることに人びとが充実感をもち、みずからを国家と一体化させていくナショナリズムが社会を覆いつつある時代だった。

漱石はそういう時代の流れに乗れなかった。乗れない理由の大きな一つに二年半のロンドン留学で西洋の文化と思想の力強さと根深さに触れ、おのれの知的な立脚点の脆弱さを突きつけられて、神経衰弱になるほどに悩んだ経験が挙げられるが、帰国後も漱石は立脚点の脆弱さに目をふさがなかった。脆弱さのよって来《きた》るところに目を向け、自分一個の知と思想の問題として脆弱さを克服しようとした。時代の流れに乗れない知識人として、人びとが国家の軍事力・経済力の強化と威信の向上を自分のことのように喜ぶ時代の風潮にたいし、鋭い疑いの目を向け、おのれの知と思考によって自分なりに生きる道を見出そうとした。

そのときの自分の覚悟を漱石は、「現代日本の開化」の三年後の講演「私の個人主義」のなかでこう語っている。

> 私は……文芸に対する自己の立脚地を堅めるため、堅めるというより新しく建設するために、文芸とは全く縁のない書物を読み始めました。一口でいうと、自己本位という四字を漸く考えて、その自己本位を立証するために、科学的な研究やら哲学的の思索に耽《ふけ》り出したのであります。……
>
> 私はこの自己本位という言葉を自分の手に握ってから大変強くなりました。……今まで茫然と自失していた私に、ここに立って、この道からこう行かなければならないと指図をして

くれたものは実にこの自我本位の四字なのであります。
自白すれば私はその四字から新たに出立《しゅったつ》したのであります。……
その時、私の不安は全く消えました。私は軽快な心をもって陰鬱《いんうつ》な倫敦《ロンドン》を眺めたのです。比喩で申すと、私は多年の間懊悩《おうのう》した結果ようやく自分の鶴嘴《つるはし》をがちりと鉱脈に掘り当てたような気がしたのです。……今まで霧の中に閉じこまれたものが、ある角度の方向で、明らかに自分の進んで行くべき道を教えられた事になるのです。（同右、一一四―一一五ページ）

自己本位の道は、漱石の生きた時代の状況の下では、ナショナリズムとほぼ正反対の道だった。自己に還ることによってかえってナショナルなものが深く鋭く意識されるというのが本来の思想のありかただろうが、明治後期の日本のナショナリズムは、自己を失うことによってナショナリズムに同調するという傾向が圧倒的に強かった。

漱石自身がどのようにして自己本位の道にたどり着いたのかは「私の個人主義」でも詳しく述べられないが、その道が西洋近代の多くの知識人が歩いた道であるのは疑いを容れない。漱石の右の引用文に、わたしたちは、西洋の近代思想の匂いを自然に感じとることができる。

が、漱石の歩もうとする自己本位の道が時代にそぐわないものであることはこれまた否定しようのない事実であり、漱石自身そのことを十分に自覚していた。自覚していただけではない。漱石は、西洋近代思想との悪戦苦闘のなかから自力で汲みとってきた自己本位の考えかた、ないしは生きかたが、なぜ時代にそぐわないのか、その理由をみずから解き明かそうとした。

ロンドン留学のころから折に触れて考えつづけてきたその理由を、明治以降の日本と西洋の文化と思想のちがいとして説明したのが講演「現代日本の開化」にほかならない。鍵となるのは西洋の開化は内発的であるのにたいして、日本の開化は外発的である、というちがいだ。

ここに内発的というのは内から自然に出て発展するという意味で、ちょうど花が開くようにおのずから蕾《つぼみ》が破れて花弁が外に向うのをいい、また外発的とは外からおっかぶさった他の力でやむをえず一種の形式を取るのを指したつもりなのです。……西洋の開化は行雲流水の如く自然に働いているが、御維新《ごいっしん》後外国と交渉を付けた以後の日本の開化は、大分勝手が違います。……少なくとも鎖港排外の空気で二百年も麻酔したあげく、突然西洋文化の刺激に跳ね上ったくらい強烈な影響は、有史以来まだ受けていなかったというのが適当でしょう。日本の開化はあの時から急激に曲折し始めたのであります。また曲折しなければならないほどの衝動を受けたのであります。……今まで内発的に展開して来たのが、急に自己本位の能力を失って外から無理押しに押されて否応なしにそのいう通りにしなければ立ち行かないという有様になったのであります。

（同右、二六―二七ページ）

事態を図式的に単純化しすぎた嫌いはあるが、西洋と日本の（文明）開化――別のことばでいえば、近代化――のちがいを内発的と外発的という概念でとらえたその歴史的な観察眼は事柄の核心にせまるものだ。開化（近代化）の性格がそのようにくっきりと対照をなすだけでなく、開化（近代化）へと向かう流れのうちに、一方が内発的、他方が外発的たらざるをえない歴史的必然性が見すえられている。見事というほかはない。

さらにいえば、漱石は日本の外発的開化について、それが人びとに及ぼした心理的な効果にまで説き及ぶ。内発的開化が内なるものが自然に開花していく無理のない開化であるのにたいして、外発的開化は外からの力が否応なしに働いて多くの曲折が生じざるをえない無理な開化である、と。

かつての留学生活で経験した息苦しさや、いま生きる明治という時代への違和感を内省するところにつかみとられた価値評価だろうが、それを人びとの前にきちんと提示することは、漱石にとって、もの書きとしての自負の表れでもあり義務でもあったと思われる。引用を続ける。

日本の現代の開化を支配している波は西洋の潮流で、その波を渡る日本人は西洋人でないのだから、新しい波が寄せる度《たび》に自分がその中で食客《いそうろう》をして気兼《きがね》をしているような気持になる。……食膳に向って……どんなご馳走が出たかハッキリと眼に映じない前にもう膳を引いて新しいのを並べられたと同じ事であります。こういう開化の影響を受ける国民はどこかに空虚の感がなければなりません。またどこかに不満と不安の念を懐《いだ》かなければなりません。それをあたかもこの開化が内発的ででもあるかの如き顔をして得意でいる人のあるのは宜《よろ》しくない。……一言にしていえば現代日本の開化は皮相上滑《ひそううわすべ》りの開化であるという事に帰着するのである。無論一から十まで何から何までとは言わない。……我々の開化の一部分、あるいは大部分はいくら己惚《うぬぼ》れて見ても上滑りと評するより致し方がない。しかしそれが悪いからお止《よ》しなさいというのではない。事実やむをえない、涙を呑んで上滑りに滑って行かなければならないというのです。（同右、三三―三四ページ）

なにやら遠慮がちなもの言いだが、漱石が内にかかえた苦味《にがみ》は確実に伝わってくる。開化が上滑りになったのは、そしていまも上滑りしているのはやむをえない。しかし、上滑りは開化（近代化）のありかたとしてけっしてほめられることではない。できることなら内発的な力に従う堅実な開化にしたい。が、その方策は見出せない。ならば、空虚を感じ、不満や不安の念を懐きつつも上滑りの開化でやっていくしかないか。――そんなふうに考える漱石が、国の軍事力・経済力の向上や国家の威信の高まりを自分のことのように喜ぶ社会の風潮に強い違和感を覚えるのは当然だった。漱石の心づもりでは、自分が講演で呼びかけるのは国家規模の軍事や経済にかかわる支配層でもなければ、国家の威信を直接に担う高級官僚でもなく、自分なりにその日その日を過ごす普通の人びとだ。かれらは社会全体を動かす外発的な、無理強いの開化の動きと自分たちの暮らしとの落差を肌で感じ、どこかに空虚感や不満や不安をかかえて日々を生きているはずだ。その生活感覚を大事にし、そこから世の中の動きを見ていってほしい、と思っていたにちがいない。

だが、国家規模の軍事や経済や政治が、一見それらと領域を異にするかに見える文化や芸術や思想はもちろん、社会の土台をなす底辺の人びとの暮らしをも大きく包むようにして支配力を発揮し、社会全体を動かしていくのが国民国家形成期の時代状況だった。不自然に曲折する無理な開化にたいする空虚感や不満や不安を、多くの人びとは、支配層の政策にわれわれから帰順し、国家との一体化を強めることによって解消しようとした。

そういう時代状況のなかで漱石はあえて空虚感や不満や不安をもちつづけることの大切さを強調する。そこに見てとれるのは、時代にたいする抵抗意識のしたたかさと、自己本位の思想を生きぬこうとするおのれの知と思考への自負だ。

だが、抵抗意識も知と思考への自負も、国家が個人を大きく包摂していくナショナリズムの時代にふさわしい心性ではなかった。小説は世評を博したが、知の人、思想の人として漱石は孤独だった。講演「現代日本の開化」にも孤独の人が世間に向き合ったときの、どうしても折り合いのつかない寂しさがあちこちに顔をのぞかせる。講演の終わり近くの一節を引用する。

私の解剖した事が本当の所だとすれば、我々は日本の将来というものについてどうしても悲観したくなるのであります。外国人に対しておれの国には富士山があるというような馬鹿は今日は余りいわないようだが、戦争以後一等国になったんだという高慢な声は随所に聞くようである。なかなか気楽な見方をすれば出来るものだと思います。ではどうしてこの急場を切り抜けるかと質問されても、……私には名案も何もない。ただ出来るだけ神経衰弱に罹《かか》らない程度において、内発的に変化して行くが好かろうというような体裁の好いことを言うより外に仕方がない。

（同右、三八ページ）

拍子ぬけするような終わりかただが、いかにも漱石らしい話の終わりかただともいえる。明治の開化がどういうものだったかは漱石が長いあいだ考えてきた問題だ。自分にとっても時代にとっても重要この上ない問題を論じるとなれば、論のしめくくりかたの巧拙などを気にしてはいられなかった。自分の思考に誠実であることがなにより求められることだったのだ。

第七章

韓国併合と大逆事件

二〇世紀に入ってやや時が経ち、遠からず天皇睦仁《むつひと》が没し、元号が明治から大正に変わろうというころ、国家権力の横暴ぶりと残酷さを歴史の碑面にくっきりと刻みこむ二つの出来事が起こる。一九一〇年の韓国併合と一九一一年の大逆事件の被告一二名の死刑執行だ。どこまでも暗い闇に引きずりこまれるような出来事だが、見ないで通りすぎるわけにはいかない。目を背けたくなる出来事にたいしてこそ、冷静なまなざしを向ける。それが歴史記述の鉄則だからだ。

1 韓国併合

国家権力の横暴と残酷さが国外に向かって発揮されたのが、一九一〇年八月に完成する韓国併合である。

併合という字からしてうさんくさい。軽い意味に取れば、二つ以上のものを一つにするのが併合だが、以下に見るように、韓国併合は別々だった日本と韓国の二国がなんということもなく一つになるというようなものではおよそなかった。日清戦争後の下関条約で中国（清）が韓国（当時の国号は朝鮮）の独立を承認して以降、日本は中国に代わって着々と韓国への支配権を拡大する外交政策を推し進め、その総仕上げとして韓国を日本の内部に取りこむ併合へと至った。韓国併合に向けての三首脳――首相桂太郎・外相小村寿太郎・韓国統監伊藤博文――の秘密会議に同席した外務省政務局長・倉知鉄吉は日本政府の意図を正直に述べている。併合とは実質的に「韓国が全然廃滅に帰して帝国領土の一部となるの意」だ、と。

「韓国併合に関する条約」が結ばれたのが一九一〇年八月、それ以前に日本と韓国とのあいだには「第一次日韓協約」(一九〇四年)、「第二次日韓協約」(一九〇五年)、「第三次日韓協約」(一九〇七年)の三回の協約が結ばれているが、その移りゆきを見ていけば日本政府が韓国をみずからの支配下におさめようと策をめぐらしていることが手に取るように分かる。協約は第一次が全三条、第二次が全五条、第三次が全七条、と、いずれも短いものだ。やや丁寧に見ていこう。

第一次日韓協約は次の三条からなる。

統監府に向かう伊藤博文(馬車のなかの左の人物)

一、韓国政府は日本政府の推薦する日本人一名を財務顧問として韓国政府に傭聘《ようへい》し〔やとい入れ〕、財務に関する事項はすべてその意見を詢《と》ひ施行すべし。

二、韓国政府は日本政府の推薦する外国人一名を外交顧問として外部〔外務省〕に傭聘し、外交に関する要務はすべてその意見を詢《と》ひ施行すべし。

三、韓国政府は外国との条約締結その他重要なる外交案件、すなわち外国人に対する特権譲与もしくは契約等の処理に関しては、予《あらかじ》め日本政府と協議すべし。

（『新版　日本外交史辞典』山川出版社、一九九二年、七四九ページ）

国の財政と外交について韓国の自主的な決定を許さず、日本政府推薦の顧問の指示に従うことを定めた条文である。第二条で外交顧問に外国人を当てることにしたのは、広い視野のもとで外交を考えようとするためではむろんなく、そのほうが内外の警戒心を多少ともやわらげることができるだろうと考えての策だった。実際、そのとき外交顧問になったのは日本の外務省に勤めていたアメリカ人スティーヴンズだった。

条文にはないが、財政顧問と外交顧問以外にも日本政府は警察顧問、宮内府顧問、軍部顧問を日本人のなかから選んで韓国に送りこみ、顧問政治の体制を強化した。

日露戦争中に結ばれた第一次日韓協約に続いて、日露戦争後にポーツマス条約が結ばれ、その二ヵ月後に第二次日韓協約が結ばれた。日本政府の推薦する顧問が韓国の施政を監督するという顧問政治の体制から、韓国の外交権を剝奪し日本の保護国とする、いわゆる韓国保護条約へと、日本の支配は大きく進んだ。

第二次協約は前文および五ヵ条からなるが、以下に要《かなめ》をなす第一・第二・第三条を引く。

第一条　日本国政府は、在東京外務省により、今後韓国の外国に対する関係及び事務を監理指揮すべく、日本国の外交代表者及び領事は外国における韓国の臣民及び利益を保護すべし。

第二条　日本国政府は、韓国と他国との間に現存する条約の実行を全うするの任にあたり、韓国政府は、今後、日本国政府の仲介によらずして国際的性質を有する何等の条約もしくは約束をなさざることを約す。

第三条　日本国政府は、その代表者として韓国皇帝陛下の闕下《けっか》に、一名の統監（レジデントゼネラル）を置く。統監は専ら外交に関する事項を管理するため京城《ソウル》に駐在し、親しく韓国皇帝陛下に内謁するの権利を有す。日本国政府は、また韓国の各開港場及びその他、日本国政府の必要と認むる地に理事官（レジデント）を置くの権利を有す。理事官は、統監の指揮の下に、従来在韓国日本領事に属したる一切の職権を執行し、ならびに本協約の条款を完全に実行するため必要とすべき一切の事務を掌理すべし。

（同右、七五〇―七五一ページ）

第一条は、日本政府が韓国政府の外交権を接収し、みずからの監理下に置くこと、第二条は、韓国と他国とのあいだに結ばれた既条約を履行する責任と、新条約締結の権限が日本政府にあること、第三条は、日本政府を代表する統監がソウルにおいて外交事項を管理し保護政治を実施することを定めたものだ。韓国の主権と独立を大きく侵す協約であることはいうまでもない。

韓国への政治的・軍事的支配権を拡大していくというのは、さかのぼれば日清戦争以来の日本政府の基本方針だった。第一次日韓協約で明文化された顧問政治もその方針に沿うものだったが、そこから韓国の保護国化へと大きく踏み出したのが第二次協約だ。この協約が国際社会において容易に承認されるとは日本政府も考えてはいなかった。長く中国（清）の属国の地位に甘んじ、国としてのまとまりを欠く韓国にたいし、武力による威嚇をも交えて保護条約の締結にまで至ることは可能だとしても、欧米の先進列強が東アジアにおける日本の支配権拡大をすんなり承認するかどうか。保護国化に当たっては列強の承認を得るための交渉が不可欠だった。

列強との交渉は協約調印の数ヵ月前から始まっている。韓国保護国化に向けての、日本政府の熱意と周到さのあらわれだ。

韓国の保護国化を最初に承認したのはイギリスだった。一九〇二年の日英同盟成立以後、日本と友交関係にあったイギリスは日露戦争での日本の戦力の充実ぶりに意を強くし、一九〇五年八月の「第二次日英同盟協約」第三条において以下のように日本政府の施政を承認した。

> 日本国は、韓国において政事上、軍事上および経済上の卓絶なる利益を有するをもって、大ブリテン国は日本国が該利益を擁護増進せむがため、正当かつ必要と認むる指導、監理および保護の措置を韓国において執るの権利を承認す。
>
> (外務省編『日本外交文書』第三八巻第一冊、一九五八年、六二ページ)

ほぼ同じ内容の条文が一九〇五年九月にポーツマスで結ばれた「日露講和条約」第二条に見える。煩《はん》を厭わず引用しておく。

> ロシア帝国政府は、日本国が韓国において政事上、軍事上および経済上の卓絶なる利益を

有することを承認し、日本帝国政府が韓国において必要と認むる指導、保護および監督の措置を執るにあたり、これを阻害しまたはこれに干渉せざることを約す。

（外務省編『日本外交年表並主要文書〔上〕』原書房、一九六五年、二四五ページ）

イギリスもロシアも、日本と韓国とのあいだには指導、保護、監理の関係があるとし、日本の指導、保護、監理の措置にたいし、それを正当と見なし、異議を差しはさまないことを約束している。いうまでもなく、イギリスもロシアもこの時代の国際社会においては、日本と同様、アジアの諸国や諸地域にたいしてもっぱら指導、保護、監理の措置を執る強国だ。その強国がたがいに指導、保護、監理の措置を正当だと認め合ったのが日英の協約であり、日露の条約だ。強国が弱国の意向を無視して弱国の指導、保護、監理に当たる。それが協約ないし条約の主旨だ。条文には先進列強のうしろめたさはかけらも表出されず、指導、保護、監理は当然の措置であるかのごとくに語られている。そういう侵略主義、植民地主義の世界的風潮のなかで日本政府は韓国併合への道を突き進もうとしていた。

アメリカもイギリス、ロシアと並んで日本による韓国の保護国化を早々と承認している。一九〇五年九月、ポーツマス会議の全権小村寿太郎がアメリカ大統領セオドア・ルーズベルトと会見して韓国の外交権の接収に言及したとき、ルーズベルトから異議なしの応答を得ているが、その背景には、二月前の「桂・タフト協定」により両国が、日本による韓国の保護国化とアメリカによるフィリピン統治を相互承認する、という密約を結んでいた事実があった。

国際政治の場でそれぞれに自国の勢力拡大をもくろむ先進列強が日本による韓国の保護国化を承認したからといって、協約締結によって保護国へと転落する当の韓国が唯々諾々と日本への隷属を受け容れるはずはなかった。

渡韓した伊藤博文から第二次日韓協約案が示されると、韓国の外交権を否定した協約案にまず韓国政府の閣僚が反対の声を挙げた。日本の支援と協力なくして政権の維持はむずかしいと分かっている閣僚といえども、国の独立を否定する案文に同意するわけにはいかなかった。伊藤博文は林董《ただす》公使とともにくわしい案文の説明を行なったが、異論が多く会議は結論に至らない。やむなく伊藤は閣僚たちに御前会議を開かせ、そこに韓国駐箚軍《ちゅうさつぐん》司令官長谷川好道を帯同して参加し、協約の調印を激しくせまった。その場でも三人の閣僚は反対ないし不同意の意思を示したが、残り五人の賛成をもって第二次協約はようやく調印の運びとなった。

韓国の民衆も黙ってはいなかった。ソウルの新聞には第二次協約についての報道がなされ、また、ソウル駐在の日本軍は宮廷周辺で大規模な示威行進をくりかえしたから、第二次協約のうわさはしだいに広まっていった。市内の商店には閉店して協約反対の意思を示す店も見られた。協約の調印が明らかになると、民衆の怒りは高まり、協約に賛成した五人の閣僚は「乙巳五賊《いっしごぞく》」(一九〇五年の売国奴)の名で糾弾された。韓国政府の官僚のなかには協約調印に抗議して自決する人物が何人もあらわれた。

保護国化反対の運動はソウルにとどまらず地方の反日義兵運動を呼び起こしもしたが、国際的孤立のなかの抵抗運動は持続せず、日本軍、憲兵、警察による弾圧のもと大きく広がることはなかった。

表面上、反日運動はおさまったものの、日本の強権的な統治にたいする不満や憤りは韓国の内部にくすぶりつづけた。

第二次日韓協約から一年半ほどの時が経過した一九〇七年六月、ハーグ密使事件と呼ばれる反日工作が発覚する。オランダの首都ハーグで開かれた第二回万国平和会議に韓国皇帝・高宗がひそかに使者を送り、列強の代表に日本の韓国支配の非を訴える抗議書を配付し、また、集まった各国の新聞記者に日本非難の宣伝を行なったという事件だ。日本の韓国支配を承認していた平和会議参加国はこれを相手にしなかったが、皇帝の反逆行為に驚いた日本政府はただちに対抗措置に出た。皇帝に会見した統監・伊藤博文は「朕の関知するところにあらず」、と白を切る皇帝に激しく退位をせまるとともに、総理大臣李完用を呼んで、皇帝が責任を取らないのなら戦争も辞さないと脅迫した。

結局、高宗は退位することになったが、退位の報は日本の強権支配への反発を呼び、ソウルでは数千人が示威運動をし、宮殿の前に坐りこんだ。市内のあちこちで暴動が起こり、親日派の首相・李完用の邸宅が焼き打ちにあった。軍隊内にも不穏な動きがあった。

伊藤統監は暴動の鎮圧と要人の身辺警護を軍隊に指令するとともに、この機をとらえて第三次日韓協約案を提示し、韓国政府に即刻閣議を開かせ、原案を修正することなく可決させた。

協約全七条中、五条を左に引用する。

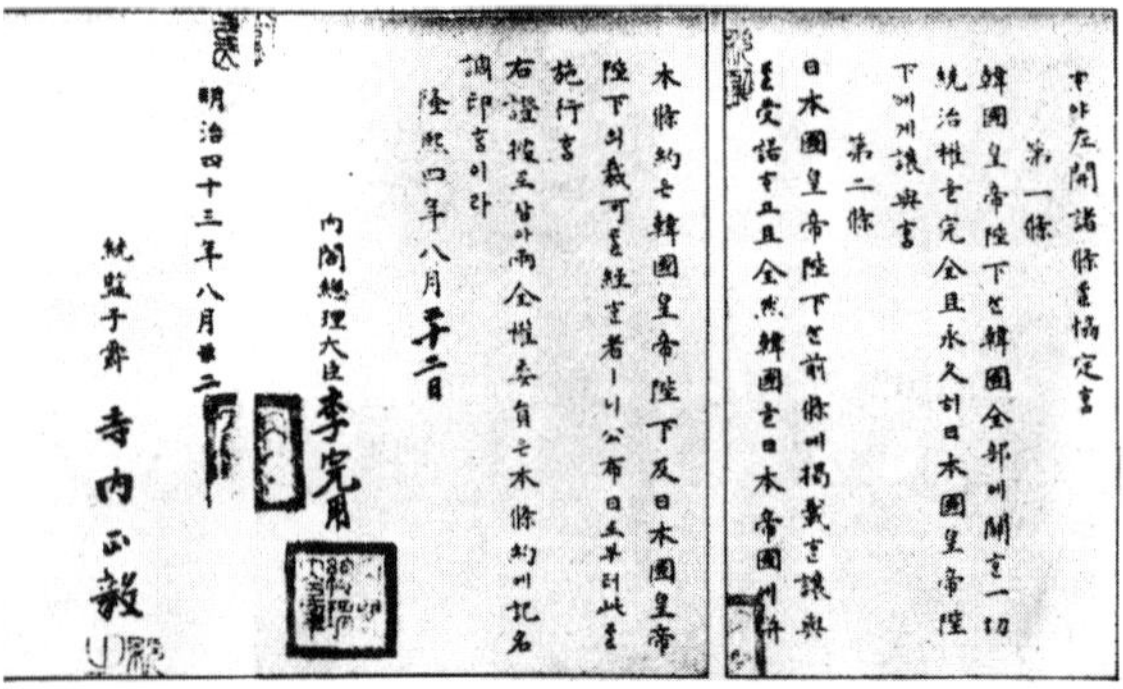

ᄒᆞ야左開諸條를協定홈
第一條
韓國皇帝陛下ᄂᆞᆫ韓國全部에關ᄒᆞᆫ一切統治權을完全且永久히日本國皇帝陛下에게讓與홈
第二條
日本國皇帝陛下ᄂᆞᆫ前條에揭載ᄒᆞᆫ讓與를受諾ᄒᆞ고且全然韓國을日本帝國에倂
本條約은韓國皇帝陛下及日本國皇帝陛下의裁可를經ᄒᆞᆫ者ㅣ니公布日로부터此를施行홈
右證據로삼아兩全權委員은本條約에記名調印홈이라
隆熙四年八月二十二日
內閣總理大臣李完用
明治四十三年八月二十二日
統監子爵寺內正毅

日韓併合条約（韓国文）

第一条　韓国政府は、施政改善に関し、統監の指導を受くること。
第二条　韓国政府の法令の制定及び重要なる行政上の処分は、予《あらかじ》め統監の承認を経ること。
第四条　韓国高等官吏の任免は、統監の同意をもってこれを行うこと。
第五条　韓国政府は統監の推薦する日本人を韓国官吏に任命すること。
第六条　韓国政府は統監の同意なくして外国人を傭聘せざること。
（『新版　日本外交史辞典』山川出版社、一九九二年、七五二ページ）

第二次協約は韓国の外交権を奪いとり、日本の外務省の管理化に置き、もって韓国の保護国化を策すものだったが、右の第三次協約は日本政府が韓国の内政権をも手中におさめ、外交・内政の両面において日本が韓国を支配する位置に立つことを言明するものだった。なお、協約締結の際に交わされた覚書には韓国軍の解散もが定められていた。

第一次協約、第二次協約、第三次協約、と日本の韓国支配が着実に拡大深化するなかで、その総仕上げとして結ばれたのが一九一〇年八月の韓国併合条約だった。

外交権を奪われ、次いで内政権をも奪われ、さらに自前の軍隊を解散させられた韓国は、もはや国として体《たい》をなさぬ、名目だけの国家だったが、その名目をもなくして日本国のうちに組みこもうとするのが日本政府のめざすところだった。第三次協約から併合条約までの三年間、日本の韓国統治はけっして平穏無事に進んだわけではなく、一九〇九年一〇月には伊藤博文がハルピン駅で韓国人安重根《あんじゅうこん》に暗殺される事件や、同年一二月親日派の韓国総理李完用がソウルで韓国人に襲撃され重傷を負う事件などもあったが、日本政府の併合方針は変わらなかった。

日本が韓国を全面的に支配下に置く併合の大方針は、条約の第一条と第二条に次のように表現された。

第一条　韓国皇帝陛下は、韓国全部に関する一切の統治権を完全かつ永久に日本国皇帝陛下に譲与す。

第二条　日本国皇帝陛下は、前条に掲

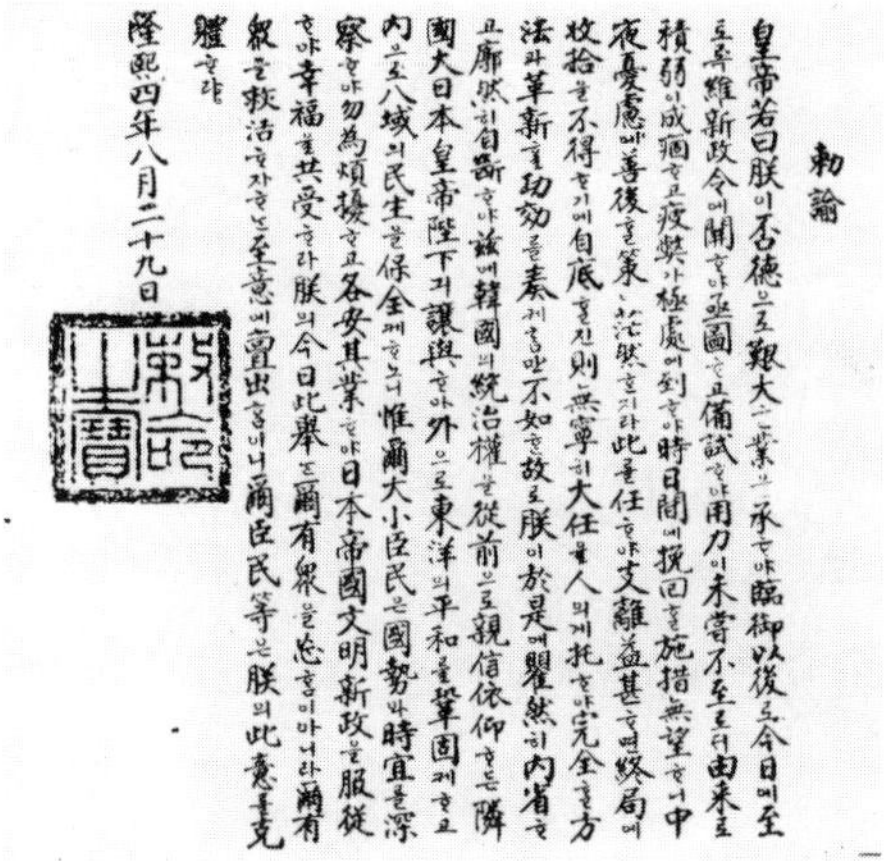
勅諭
皇帝若曰朕이否德으로艱大한業을承하야臨御以後로今日에至
도록維新政令에關하야亟圖하고備試하야用力이未嘗不至로되由來로
積弱이成痼하고疲弊가極處에到하야時日間에挽回할施措無望하니中
夜憂慮에善後할策이茫然한지라此를任하야支離益甚하면終局에
收拾을不得하기에自底할진則無寧히大任을人의게托하야完全할方
法과革新할功效를奏케홈만不如한故로朕이於是에瞿然히內省하
고廓然히自斷하야玆에韓國의統治權을從前으로親信依仰하든隣
國大日本皇帝陛下긔讓與하야外으로東洋의平和를鞏固케하고
內으로八域의民生을保全케하노니惟爾大小臣民은國勢와時宜를深
察하야勿爲煩擾하고各安其業하야日本帝國文明新政을服從
하야幸福을共受하라朕의今日此擧는爾有衆을忘홈이아니라爾有
衆을救活하자하는至意에出홈이니爾臣民等은朕의此意를克
體하라
隆熙四年八月二十九日

日韓併合の勅諭

げたる譲与を受諾し、かつ全然韓国を日本帝国に併合することを承諾す。

（同右、二〇三ページ）

条文中の「全部」「一切の」「完全かつ永久に」「全然」といった、最大級の強さをもつ用語が禍々《まがまが》しい。そこに日本側の倨傲《きょごう》と韓国側の屈辱がともども読みとれるからであろう。

2　大逆事件

一九世紀の終わりから二〇世紀の初めにかけての国際社会にあって、日本が帝国主義の強国として西洋列強に伍していくには明治維新以来の富国強兵・殖産興業の方針を堅持し発展させていくことが必須の条件だった。前節で見た、隣国の国家主権を一歩一歩着実に解体し、簒奪し、自国のまったき支配下に置こうとする韓国併合への過程も、富国強兵・殖産興業と並行して進む日本の帝国主義化の国家政策にほかならなかった。

が、軍備の増強、軍国体制の強化、国家主導の経済活動の拡大は国内に多くの矛盾を生み、人びとに不安や不満を感じさせないではいなかった。日露戦争のさなかに小さいながら反戦の声が挙がったのはそのあらわれの一つだし、戦争後の講和交渉でロシアから賠償金が取れなかったことにたいし激昂した民衆が日比谷焼き打ちにまで至るのは、人びとの不安と不満をさながらに映し出すものといえた。経済活動の現場でも一九〇七年二月に足尾銅山の争議が、同年六月には別子銅山の争議が発生し、別子には争議鎮圧のため軍隊までが動員されている。

社会主義者たちの活動も世紀の変わるころから目に見えるようになり、一九〇一年には日本最初の社会主義政党（社会民主党）が幸徳秋水、安部磯雄、木下尚江らによって結成された。この党は結党の二日後に結社禁止を命じられるが、一九〇三年には「万朝報」社を退社した幸徳秋水と堺利彦が平民社を結成し、「平民新聞」を発行する。「平民新聞」はフランス革命の標語「自由、平等、博愛」をみずからの標語とし、「平民主義」「社会主義」「平和主義」を宣言する新聞だった。帝国主義の道を歩む明治国家と真っ向から対立する結社であり、新聞であるのはいうまでもない。

しかし、戦争熱の高まる日露戦争下の軍国ナショナリズムの時代にあっても、講和条約締結によって戦争状態が一往の終息を見た戦後の時代にあっても、国力の増強と植民地主義政策の拡大とを一体と考える帝国主義イデオロギーが広く社会を覆う状況のもとでは、平民主義、社会主義、平和主義の旗を掲げる運動は少数派の苦闘を強いられた。社会主義者、無政府主義者を自称する人びとのあいだにも大小の意見の対立があり、国家権力の厳しい監視と弾圧のもと運動の継続は困難をきわめた。しかし、幸徳、堺、西川光二郎、石川三四郎、山川均、大杉栄など、運動の中心とな

平民新聞

「平民新聞」の創刊号
[Wikimedia Commons]

った人びとの志と思想は堅固だった。

かれらの集会には警官が臨席したり会場付近に待機したりして取り締まりに当たったが、なかでも大逆事件の直接の原因ともされるいわゆる「赤旗事件」の起こった神田・錦輝館の集会での出来事は、当時の国家権力と反体制派の関係を大映しにするものだった。

集会は、一年二ヵ月の刑期を終えて出獄した同志山口孤剣《こけん》を歓迎して催された。幹事役の石川三四郎は対立する議会政策派と直接行動派の双方に呼びかけて合同の歓迎会を開いたが、閉会まぎわに大杉栄、荒畑寒村らの若者がかねて用意していた赤旗二本を振りかざして場内を駆けまわり、勢いに乗って外にまで駆け出し、待機していた警官隊と小ぜり合いになった。大勢の見物人の見守るなか増援の警官も加わって騒ぎは大きくなり、大杉、荒畑以下、女性四人をふくむ一四人の活動家が逮捕され、留置場に入れられた。留置場で素直に取り調べに応じなかった大杉と荒畑は裸にされて廊下を引きずり回され、蹴る、なぐる、踏むなどの暴行を受けた。

集団の勢いに乗った若者の行動が予想外の騒動にまで発展した事件だったが、社会主義や無政府主義に警戒心を強めていた権力側は、事件にたいし容赦のない弾圧の姿勢を示した。二ヵ月後の判決では、大杉に重禁錮二年半、荒畑に重禁錮一年半、乱闘を止めに入った堺と山川にも重禁錮二年の刑が科された。事件の前に元老・山県有朋《やまがたありとも》が明治天皇に西園寺内閣の社会党取り締まりの不徹底を内奏していたことからしても、反体制派への権力側の危機意識と敵意は上層から末端まで確実に広がり、赤旗事件はその露頭をなすものだったということができる。

規模からいっても深刻さからいっても日本近代史上比類を絶した弾圧事件というべき大逆事件

は、赤旗事件の二年後、天皇暗殺のため爆発物の製造に関与したとして宮下太吉ら四名、数日遅れて幸徳が逮捕されたことに始まる。一九一〇年五月末のことだ。

長野県明科《あかしな》の製材所の職工宮下太吉は日刊「平民新聞」を読んで社会主義思想に傾倒し、大阪平民社を訪ねて日本の歴史が嘘で固められたものであることを教えられる。天皇を神と崇める人民の迷夢を覚ますことこそが社会主義への道と信じた宮下は、天皇襲撃を決意し、爆裂弾の製造に着手する。計画に賛同する仲間三人と連絡を取りつつ爆裂弾の試作を進め、〇九年一一月に爆発実験に成功する。

が、実験の音響が疑惑を呼び、宮下は要注意人物として松本警察の監視下に置かれる。やがて爆裂弾用の薬品やブリキ缶が見つかり、宮下と五人の協力者が逮捕され、さらに宮下が出入りしたことのある平民社（東京）の幸徳が逮捕される。

幸徳の逮捕とともに検察当局は、信州の一地方の事件を無政府主義者による全国的な陰謀事件に仕立て上げる。元老山県有朋の意を受けた桂太郎内閣は反体制思想の弾圧を一挙に遂行しようと奮い立つ。

五月三一日（六月一日、ともいう）の幸徳逮捕に続いて、六月には和歌山県新宮の大石誠之助、岡山の森近運平、東京の奥宮健之《けんし》、七月には新宮の高木顕明《けんみょう》、峰尾節堂、崎久保誓一、成石勘三郎、成石平四郎、八月には熊本の松尾卯一太、新美卯一郎、佐々木道元、飛松与次郎、大阪の武田九平、岡本穎一郎《えいいちろう》、三浦安太郎、九月には神戸の岡林寅松、小松丑治《うしじ》などが逮捕される。松本での爆裂弾製造とその使用をめぐる謀議は、物証もあり事実に触れた証言もあったが、幸徳の逮捕以降、弾圧の網は松本の事件を離れて独り歩きしだした。実際、松本の六人のだれ一人とも面識がないのに、たまたまある会合で皇室の尊厳を傷つける発言をしたという理由で大逆罪に問われた者もあった。日本近代史上、たぐいまれなフレーム・アップ事件だが、思想弾圧に邁進する司法当局の執念はゆらぐことがなかった。

五ヵ月に及ぶ逮捕者の取り調べは威嚇、脅迫、拷問を交えて徹底的に行なわれ、一一月に二六名の被告が大逆罪で起訴され、一二月一〇日に大審院での公判が開始された。公判は最終弁論まで一人の証人喚問も許さず、また一般に公開されることもなかった。新聞記事も差しとめられたから、人びとは事件についてほとんど知るところがなく、全国の無政府主義者が容易ならぬ陰謀を企てた、といった程度の知識を得るにとどまった。そうやって恐怖心が広がるのは、無政府主義思想の徹底的排除をもくろむ権力の意図するところでもあった。

一二月一〇日に始まった公判は異例のスピードで進められ、一二日、一三日、一四日、一五日、一六日、一九日、二〇日、二一日、二二日、二三日、二四日と連日のように開廷され、被告人の訊問が続いた。そして、訊問の終わった翌日の一二月二五日に求刑があり、検察は二六名の被告人全員に死刑を求刑した。

そして、年明けの一月一八日に早くも判決が言い渡される。二名だけに有期刑（懲役一一年と八年）の判決が下されたほかは、残り二四名はいずれも死刑だった。そして翌一九日の夜には半数の一二名が「天皇の恩命」として無期懲役に減刑された。獄中で減刑の事実を知った被告人の管野須賀子に以下の言がある。

一旦ひどい宣告を下して置いて、特に陛下の思召によってと言うような勿体ぶった減刑をする——国民に対し外国に対し、恩威並び見せるという抜目のないやり方は、感心と言おうか狡猾《こうかい》と言おうか、……

（池田浩士編・解説『逆徒「大逆事件」の文学』インパクト出版会、二〇一〇年、六五ページ）

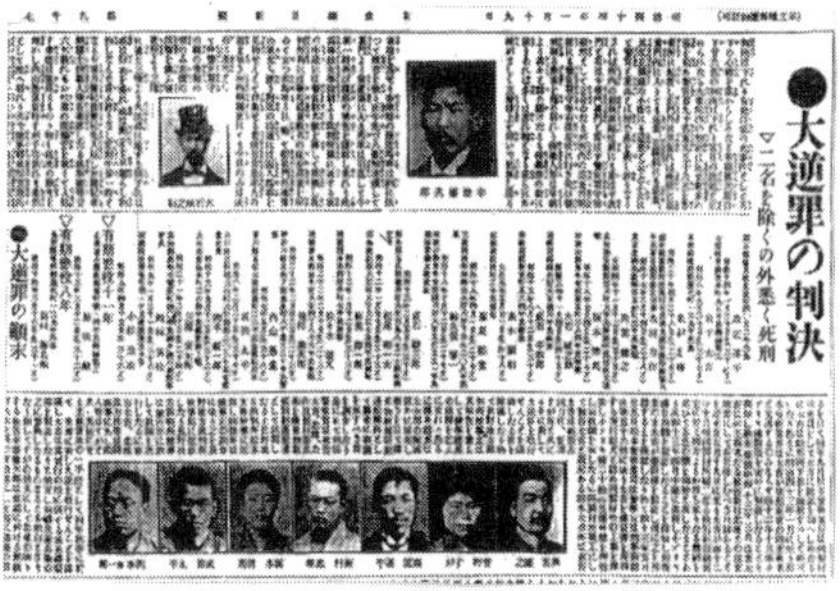
●大逆罪の判決
▽二名を除くの外悉く死刑
●大逆罪の顛末

「大逆事件」を報じた新聞記事

大逆事件のフレーム・アップには反体制思想を徹底的に弾圧しようとする政治権力の総意が背景をなすが、人の命を玩《もてあそ》ぶようなその権力意識をなんと形容したらいいのか。

一二名の死刑執行は一月二四日、判決言い渡しから六日後のことだ。明治期でも言い渡しから執行までは二、三ヵ月かかるのが通例だったから、これまた異常な早さだ。権力者たちはみずからの敵意と暴虐の痕跡を一刻も早く忘却したかったのでもあろうか。

経済力と軍事力の拡大強化を背景に国家統合と海外侵攻の道をひた走る支配権力が、それと真っ向から対立する政治社会思想にたいしていかに非道なふるまいに出るものなのか。公判は非公開、証人喚問なし、新聞報道は差しとめ、と、秘密で固められた事件だったが、わずかに知られる事実の断片からも、集合体としての権力の非道な心性と志向は見てとれる。では、得体の知れぬ権力の闇にいつのまにか引きずりこまれた被告たちは、非道の謀略に人間としてどう向き合ったのか。

被告たちの思いが曲がりなりにも表現されている検事聴取書、予審調書や獄中書簡などは長く日の目を見ず、五〇年以上経ったアジア・太平洋戦争敗北後に初めて読めるようになったのだが、そこから読みとれるのは多くの被告がわけの分からぬ渦に投げこまれて混乱を重ねながら、必死に事柄の真相にせまろうとし、自分なりの判断をもとうとしているさまだ。

以下に、弁護士・平出修あての幸徳秋水の獄中書簡を引用する。書かれたのは一九一一年一月一〇日。検事の論告・求刑および弁護士の最終弁論が終わり、判決の言い渡しを八日後にひかえた時期に当たる。平出修は一一名の弁護団のなかにあって、三〇そこそこの駆け出しながら熱のこもった弁論を展開した弁護士だ。かれはまた石川啄木と親しい歌人、小説家、評論家でもあって、幸徳が左記引用の書簡を書く直前に受けとった平出の書簡には、日本の文学に触れるところがあったものと思われる。

先頃は熱心な御弁論、感激に堪えませんでした。同志一同に代りて深く御礼申し上げます。……私も文芸の趣味が全くないわけでもありません。十五、六歳から三十歳前までは、文芸熱に浮かされて、ほとんど狂するが如くでした。美神へのあこがれは恋に酔うのと同じ

ことで、一生そうしていられれば幸福ですが、この美しい夢は必ず一度は醒める時がありま
す。今でも私はその時代時代の代表的作家の代表的作物《さくぶつ》には一通り目を通して時代の思想に後《おく》れないようにとは努めて居りますが、ドウも昔ほどの興味をもちません。これは一つは日本の文学が余りに夢で、余りに別天地で、人生の実際と余りに没交渉なるためで、若い夢みている人は知らず、深く実際生活の有様を味わった四十前後の人にとっては、何だか物足りなく思われる点があるのではないかと思われます。で、私の希望する、私の楽しむ、私を感動せしむる文芸は、一たびこの美しい夢から醒めて、実際の生活に立返り、深刻に社会の真相を観破した頭脳から迸《ほとばし》った文芸です。思うに社会主義者の心身を打込む文芸は、これでなければなりません。……私は、文芸をもって主義を説き伝道に利せねばならぬというのではありません。文芸はもとより文芸としての真価を有せねばなりませんが、私の望むのは、その真価を人生と交渉ある点に見出したいのです。……日本の文学でも鷗外先生のものなどは、さすがに素養力量がある上に、年も長じ人間と社会とを広く深く知って居られるので立派なものです。私はいつも敬服して読んでいます。とんだ文芸論になってしまいました。お申越しの趣きは、今回事件に関する感想をとのことでしたが、事ここに至っていまさらに何をか言わんやです。また言おうとしても言うべき自由がないのです。想うに百年の後、誰か私に代って言ってくれる者があるだろうかと考えています。（同右、二七八―二七九ページ）

中江兆民に師事した幸徳がかつて文芸に心酔し、社会運動に没頭するいまもそれなりに興味が

持続しているのはいかにもと思えることだが、文学者としても活動する若き弁護士にたいして、同時代の文学にたいする自分の思いを、疑問や批判をもふくめて冷静・率直に書き記すその心事には、権力闘争の俗悪に染まらぬ爽やかさがある。近いうちに死刑判決が下されることを予期し、余命いくばくもないことを感じつつ、自分の人生にとってさほど大きな主題ではなかった文芸に心を傾け、心に浮かぶ思いを静かにつづる。その落ち着いた思考の歩みが、権力の楯に守られて非情苛烈な思想弾圧へと向かう、大小さまざまな動きにたいする静かな批判たりえているように思う。

幸徳は一九一〇年五月三一日に逮捕されてから死刑執行のあった翌年一月二四日まで終始拘束されていたから、その権力批判も内面の声として獄中書簡に表現するほかなかったが、幸徳の盟友・堺利彦は一九〇八年に赤旗事件で逮捕され、重禁錮二年の刑を受けて入獄し、大逆事件で捜査や取り調べが展開する時期にはずっと獄中にあったから、大逆罪には引っかからないで済んだ。出獄は大逆事件の裁判が始まる二ヵ月半前の九月二二日。裁判は非公開で、新聞記事は差しとめられ、堺本人も警察の厳しい監視下に置かれていたから、一二名の死刑が執行されるまでは表向きの裁判批判や抗議行動はできるはずがなかったが、執行後は遺体の世話や遺族の慰問を通じて、死に追いやられた同志を追悼し、自分の思想的立場をそれとなく示し、もって権力の非道と暴虐を間接的に批判することはできた。

死刑は、一月二四日に一二名全員に執行する予定が、一一人目の処刑で日が暮れたため、管野須賀子だけが翌二五日に執行された。堺は二五日と二六日の両夜、死体の引きとりに赴き、茶毘《だび》に付し、遺骨を遺族に引き渡している。

無実の同志にまでむりやり罪を着せ、死へと追いやる権力の仕打ちに直面しながら、なんら有効な反撃を組めない状況のもとで、死者の追悼という形で亡き同志との思想のつながりを確かめることは、堺にとって、自分の社会主義者としての思想性と生きかたを見つめ直す、ささやかだが大切な営みだったにちがいない。

大逆事件以後、反体制運動はいわゆる「冬の時代」を迎える。無政府主義者や社会主義者は沈黙を守り、身を潜めて生きることを余儀なくされる。そんななかで堺は、大逆事件で処刑された同志や獄中にある同志の家族を慰問する旅に出る。家族への心遣いの旅であるのはいうまでもないが、それだけではなかったろう。厳しい思想弾圧体制が敷かれるなか、社会主義者として現実をどう生きるかを模索する旅でもあったように思われる。

慰問の旅は遺骨や遺品の引き渡しなど残務処理が一段落した二ヵ月後に始まる。訪問の地を時系列に沿ってたどると、京都、岡山、熊本、高知、兵庫、大阪、京都、和歌山、三重と続く一ヵ月あまりの旅だった。つねに尾行刑事がつきまとったし、累が及ぶのを怖れて面会を断る家族もあったという。

堺はおのれの意志と思想の力によって権力の抑圧に抗しなければならなかったが、同時に、「冬の時代」の世間の冷たい風も自然体で受けとめつつ生きていかねばならなかった。風の冷たさは切実に感じながら、それを少しでも温もりのあるものにするのが堺の生きかただった。

堺が慰問の旅で訪ねた神戸在住の小松春子のことを書き記した短い文章「丸い顔」の全文を以

下に引用する。春子の夫・小松丑治は大逆罪で起訴され、死刑判決の翌日に無期懲役に減刑され、このときは諫早《いさはや》（長崎県）の監獄にあった。

丸い顔

「神戸、夢野」という所書《ところがき》が既に何か人に物を思わせる力を持っている。「小松春子」という名がまたいかにも優しい、しおらしい感じを人に与える。

神戸の町外れから六、七町、あるいは十町ばかりもあったろうか、夢野村で小松という鶏を飼う所と、あちこち尋ねまわってヤット行き当たった。時は四月の末、ポカポカと暖かい、少し歩けばすぐに汗ばむという日であった。

春子さんの住居は、小さい、小ざっぱりした、たしか板葺《いたぶき》の家だった。春子さんは顔も体も丸々しい、可愛らしい小作りの、二十二三か四五の人だった。

鶏は幾つかに仕切った、篠竹の囲いの中に、十羽二十羽ずつ入っていた。足の丈夫な、目の恐ろしい、春子さんをその強そうな嘴《くちばし》で啄《つつ》き殺しはせぬかと思われるようなのもいた。ほんのいま孵《かえ》ったばかりの、優しい声でピヨピヨ鳴いて、春子さんを親のように慕うかと思われる雛子《ひよこ》の群もいた。

春子さんは、夫がいなくなってから、たった一人の手でこれだけの鶏の世話をしているのであった。そして日曜には教会に行くのであった。そして二月《ふたつき》に一度の〔夫からの〕手紙を唯《ただ》一つの楽しみにして待っているのであった。

僕が帰ろうとすると、春子さんは卵を十ばかり紙袋に入れて、土産にと言って僕にくれた。僕はその紙袋を左の手に載せ、右の手に蝙蝠傘《こうもりがさ》を杖にして帰途についた。

停車場に来ると少しその紙袋の処分に困った。鞄の中に入れるのは危ないし、絶えずそれで手をふさいでいるわけにもゆかぬし、いささか彼《か》の、東海道で梯子を買って処分に困った弥次郎兵衛君の趣きがあると思った。しかし処分に困れば困るほど、一層春子さんの贈物の心が嬉しく感じられた。

東京に帰って後、やはり折折「夢野、春子」とした手紙や葉書が来た。ある時は、二月に一度の手紙が、来るはずの日取りからズット後《おく》れてもまだ来ないが、どうしたのだろうという手紙も来た。

僕はその手紙の来る度に、あの日当りのいい夢野の村と、篠竹の囲いの前に立った春子さんの丸い顔とを思い浮かべていたが、今では春子さんの目も鼻も口もハッキリとは見えないで、ただそのぼうやりした丸い顔ばかりがおぼろげに浮かんでくる。春子さんは今後まだ幾年、二月に一度の手紙を待つのだろう。

（「へちまの花」第三号、大正三年四月一日発行、3ページ）

つらい境遇を生きる若い女の板葺の家を、これまたつらい境遇にある中年の男が訪問し、数十羽の鶏が騒がしく鳴きたてるなかでことばを交わし、心を通わせる。二人にとって初めての出会いだったろうが、わだかまりのある心がしだいにほぐれていく。それがさりげない日常の場で起こっていることに安らかさがある。事件の受けとめかたにしても、社会への対処のしかたにしても、二人のあいだには大きな隔たりがあったのだろうが、無実の罪を着せられて獄中にある男について、かつて当人が暮らしていた家で穏やかにことばを交わすその場は、温もりのある空気に包まれていたと思う。その心地よさを堺は春子から贈られた紙袋の卵に託して語っているように思う。

幸徳が若い弁護士平出修に抱いていたのと同種の敬意と信頼の念が右の短い文章にも流れていて、読む者の心をなごませる。大逆事件以後、当局の厳しい思想取り締まりのもと多くの社会主義者たちは身動きできなくなった。そんななか処刑された同志や獄中の同志の家族を慰問しようとする堺の覚悟には反権力に生きる者の志の高さが感じられるが、それにもまして、訪れた先の人びとと穏やかに心を通わせようとする純朴温厚な心のありかたには、人間としての品位が匂っている。

ちなみに、堺の訪問から二〇年経って春子の夫丑治は諫早の刑務所から仮釈放され自宅にもどってきている。取材に来た新聞記者に丑治は「私など単に神戸にあって平民新聞を読んだり社会主義を研究していたばかり……何のためにやられたのか本当はよく判らないのです」（田中伸尚『大逆事件——死と生の群像』岩波書店、二〇一〇年、二二五ページ）と話している。

節を終わるに当たって、堺が高知に赴いて亡き友・幸徳秋水の墓に詣でたときに詠んだ句を引用しておきたい。

行春の若葉の底に生残る

社会主義者として、虐げられた下層の労働者と生活民の困苦に寄りそうようにして長くともにたたかってきた友の死が、改めて胸にせまってきたのであろう。「生残る」という措辞が無二の親友との永別を語って痛々しい。しかし、今度の慰問の旅は死せる同志の死を深く悲しみつつ、その悲しみを超えて生きていこうとする力に支えられた旅だった。それを思うと、「生残る」という三文字がほんのわずかに明らむようにも見える。堺にとって明るさを失わないで生きることが人間的に反体制を生きることだった。

第八章

民俗への視線、民芸への視線

――柳田国男と柳宗悦

外交面と内政面で日本国家の熾烈な侵略意思と非情・陰惨な暴力性が世上にあらわれたのが一九一〇年、その同じ年の六月に柳田国男の『遠野物語』が刊行された。岩手県遠野に伝わる話を当地に住む佐々木喜善から聞きとってまとめたもので、日本民俗学の幕開けとされる書物である。

柳田は大学卒業後、農商務省農務局の役人として、農民のしあわせに結びつく農政をめざして『時代ト農政』といった書を著す一方、各地方の農民や山民の暮らしの実態と村に伝わる習俗や行事や伝承や信仰に深く興味を抱き、各地を足繁く旅して埋もれた事実の発掘に努めるとともに、発掘し見聞した事実を体系化すべく思索を重ねた。その学問的姿勢は西洋の文化・文明と学問を手本とし、それを理解することに力を注ぐ近代日本の一般的な学問のありかたとは趣きを異にするものだった。

1　民俗学の創成

『遠野物語』は一一九編の短文からなる。一編の長さは不揃《ふぞろ》いだが、均《なら》すと三〇〇字ぐらいで、一〇〇〇字を越えるものはほとんどない。怪異譚や変異譚のたぐいが少なくないが、大抵の話が日本人ならどこかで聞いたような、なにかで読んだような話だし、少なくともそんな気のする部分のふくまれる話だ。

なかから二編、現代語に訳して引く。

柳田国男

四二　六角《ろっこ》牛《うし》山の麓にヲバヤ、板小屋などという所がある。萱《かや》が広く生え、あちこちの村から苅りに行く山だ。ある年の秋、飯豊《いいで》村の者たちが萱苅りに行き、岩穴のなかに狼の子を三匹見つけ、そのうちの二匹を殺し、一匹をもち帰ったところ、その日から狼が飯豊《いいで》の馬を次々と襲った。ほかの村の人馬に害を及ぼすことはなかった。飯豊《いいで》の人たちは相談して狼狩りをすることになった。村人のなかに相撲を取る力自慢の男がいた。男が野に出てみると、雄狼は遠くにいて近づかず、雌狼が一匹だけ鉄というその男に飛びかかった。男は上っ張りを脱いで腕に巻き、やにわに狼の口のなかに突っこむと、狼は腕を噛んだ。男は腕をさらに強く突き入れながら人を呼んだが、だれ一人怖れて近寄らない。そのあいだに鉄の腕は狼の腹まで入り、狼は苦しまぎれに鉄の腕骨を噛みくだいた。狼はその場で死んだが、鉄も担《かつ》がれて家に帰ってまもなく死んだ。

（『定本　柳田国男集　第四巻』筑摩書房、一九六七年、二二三ページ）

五七　川の岸の砂の上に川童《かっぱ》の足跡というものを見るのはちっとも珍しいことではない。雨の降った次の日などはとくに見ることが多い。猿の足と同じく親指は離れ、人間の手の跡に似ている。長さは三寸（九センチ）ぐらいだ。指先のあとは人の指のようにはっきりとは見えないということだ。

（同右、二七ページ）

明治から大正にかけての日本で各地の農村や山村を尋ね歩き、村に伝わる話を丁寧に聞きとっていけば、右のようなおもしろい話、ふしぎな話、心に残る話を集めることはさほどむずかしいことではなかったかもしれない。

だが、柳田はおもしろい話、ふしぎな話、心に残る話を集めるためだけに全国の村々を尋ね歩いたのではなかった。語り伝えられてきた話のなかに人びとの暮らしの真実、人びとの生活感覚、生活感情の深層がうかがわれると思えたからこそ、旅を重ね、思索を重ねたのだった。『遠野物語』では古くから伝わる話が素材として提示されるだけで、それにたいする柳田の思索や考察は記されない。さきに引用した二編の話にしても、たとえば狼の動物学的分類や分布状態の研究の資料として四二話が提示されているわけではないし、五七話から川童の実在の有無の考察へと赴く気は柳田にはない。村の伝承は村人の生活と心のありかたに向けてその意味が探られねばならない。柳田の思索の根にあるのは村と村人にたいする愛情と敬意だった。

民俗学が村と村人にたいするそういう視線のもとに生まれたものだとすれば、それが近代国家とずれた位置に立たざるをえないのは当然だった。韓国併合や大逆罪のフレーム・アップを積極的に推し進める権力国家は、大国化と権力支配の強化の道を歩むほかはなく、村落共同体の古来の伝承や文化や共同性を信頼し、大切にする思想性はもちようがなかった。

柳田国男は強権支配を正面切って批判することはなかったが、穏やかに人びとの暮らしを慈しみ、暮らしのなかから生まれ、暮らしのなかに組みこまれ、織りこまれて存続する習俗や伝承や知恵や信仰に強く引かれるその学問的心性からして、経済大国・軍事大国への道をひた走る同時代のナショナリズムに同調できるはずはなかった。日本の民俗の探究へと柳田を導いたその社会観は、およそ反国家的でも反体制的でもなく、見ようによっては国への愛のごときものが感じられもするが、柳田の愛する国は人びとが自然とともにある日常生活を喜怒哀楽を感じつつ生きていく、ゆるやかな、安らかな国だった。『遠野物語』に還っていえば、狼とたたかう力自慢の男の話や川童の足跡の話に柳田は自然とともに暮らす村人たちの生命力を感じとり、それを国のゆるやかさ、安らかさに通じるものとして書きとどめ、人びとに伝えようとしたのだった。

『遠野物語』以降、民間伝承の聞きとり調査は協力者を得て幅広く粘り強く続けられ、郷土研究ないし民俗研究は深みを増していった。研究が一定の成果を生んだところで、過去の研究を振り返る形で書かれた『民間伝承論』に、民俗学ないしは民間伝承研究の方法論について述べた以下の一節がある。（原文のまま引用する）

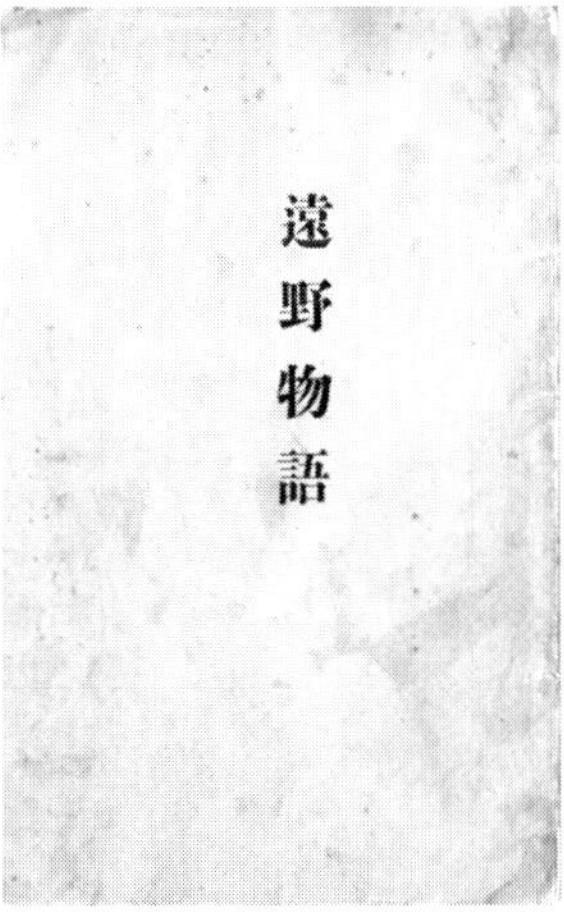

柳田国男『遠野物語』

民間伝承の研究の眼目はどこにあるか

というと、その答は何よりも簡明である。我々は民間において、すなわち有識階級の外もしくは彼等の有識ぶらざる境涯において、文字以外の力によって保留せられている従来の活き方、または働き方、考え方を、ひろく人生を学び知る手段として観察して見たいのである。そうしてその方法が果して成り立つか否かを、なによりも前に突きとめて見たいのである。

（『定本 柳田国男集 第二五巻』筑摩書房、一九七〇年、三四三ページ）

文中「従来の活き方、または働き方、考え方を」とあるところには、さらに「遊び方」「くつろぎ方」「人とのつき合い方」などを加えることができよう。要するに、民間伝承を取っかかりとして柳田は人びとの基本の暮らしの総体に思いを及ぼそうというのだ。そういう学問が西洋起源のものであり、自分も西洋の民間伝承研究、民俗学、民族学、人類学から大いに学ぶところがあったことはこの『民間伝承論』で（また、やや早い時期の『青年と学問』でも）柳田自身の述べる通りだが、ここにいう人びとの暮らしの総体にたいする愛情の念と熾烈な関心は、西洋の学問から学んだものというより、日本各地の村落を自分の脚で旅して歩き、村のありさまを冷静に観察し、人びとの話に耳を傾けるという経験の積み重ねのなかから得られたものであった。

その点でとくに注目しなければならないのが「文字以外の力によって保留せられている」という文言だ。

若き高校・大学時代に田山花袋、国木田独歩、島崎藤村などとともに文学に親しみ、また東京帝国大学法科大学政治科に在籍して農政学を学んだ柳田は、およそ文字から遠い人などではありえなかった。農商務省に勤めるようになってからもみずから『時代ト農政』という書物を著しているし、自身の民俗学研究も文字に書くことによって広く人びとに伝えようとするものだった。にもかかわらず、こと民俗学にかんしては柳田は執拗なまでに文字以外の力の重要性を口にし、文字に頼ろうとする姿勢にたいする警戒心を喚起する。たとえば、

〔従来の地方研究の〕失敗の大元はというと……書き物の過重である。文字のある所でないと歴史はないかの如く考えたことである。ところが文字はもと中央都府のものであった。その用法は至って限られていた。ゆえに読書手習が地方に普及したといっても、これに携わる者は医者か坊主かしからざれば公文《くもん》とか案主とかいった書き役であった。訴訟や行政に携わる者のみに限られていたのであった。その上にまた紙筆も乏しかった。……だから古い言葉は多く残らぬのである。

……

〔英雄譚や大事件を見つけるつもりで〕歴史を学んでも、これを今後の政治の参考とすることすらむつかしい。いわんや個々の町村においては、もともと大事件もなければ大人物もなかったのが普通で、単に無数の微小事件の集積、何代かの無名氏の真面目な努力の綜合が、すなわち今日の共同生活を為したのである。

（同右、一九〇—一九一ページ）

誤解のないように言っておくが、柳田がここで批判している「従来の地方研究」は民俗学の地

方研究ではなく、歴史学の地方研究のことだ。中央都市で作られた文字資料をもとに中央都府の歴史学者たちが大事件、大人物を軸に歴史の流れをたどる研究方法をもってしては、地方の無名の人びとの生活の歴史は明らかにできない、というのだ。そして、地方の生活の歴史と現在を明らかにするのは、高みに立って——中央都府の視点から——俯瞰する歴史学ではない。自然とともに日々を生きる普通の人びとの暮らしに入りこみ、そこにある小さな事実やことばを拾い集めていく民俗学こそがそれを明らかにしうるというのだ。

柳田は生まれて間もない自分たちの日本民俗学が、学問としてまだまだ未熟であるのを十分に自覚していて、だから研究の成果を披露するに際しても謙遜の口調の混じることが多いが、右の歴史学批判にはそれとは別種の、自分の学問的努力への自信と誇りを感じとることができる。民俗学による学問批判は日本の近代化にたいする批判に通じるものだった。

国民の歴史の中には、文字には録されず、ただ多数人の気持や挙動の中に、しかも殆ど無意識に含まれているものが沢山あるということは、私たちの携わっている日本民俗学が世に現われるまでは、教えようにも学ぼうにも、その機会というものがまるでなかったのである。真実というものは今頃になって新たに生まれて来よう筈がない。単にそういうものを囲いの外に置くのが今までの学問であったので、学校へ出て来て学問をしていれば、今まではどうしてもこういう知識から、遠ざからずにはいられなかったのである。

……厄介なことが二つある。その一つは民衆は自分たちの年久しい平凡に倦《う》みかけている。殊に明治以来は読書人が片端から成功した。それを傍から見ているから過度に新〔しい〕学〔問〕を尊信している。ほんの切れ切れの何の訓育的意義のない知識でも、学者に分配してもらうと経陀羅尼《きょうだらに》の如く暗記して、一方に自分等の昔からしていることを粗末にし、また何でもないこととして卑下しているのである。第二には学者の批判力、これが透徹していて少しく同情が足りない。同情ということは諸種の情実、今はまだ明らかになっていない小原因の多くが、埋もれているべきを認めることだろうと思うが、その点が現在は特に欠けている。人間のすることは、たとえ気狂でも動機はあるべきだが、それをすら近代は忘れており、ただ蒙昧とか野蛮とかいう一語で片付けてしまって、自分の理解力を反省せぬ人が多くなった。

（『定本　柳田国男集　第一〇巻』筑摩書房、一九六九年、一七〇ページ）

明治に始まる近代日本の文化、教養、教育が、啓蒙とか合理主義とかの名のもとに、古くからある伝統的なものの見かた、考えかた、暮らしの知恵、作法、しきたりに背を向け、それらを振り捨て、払いのけるところに社会の進歩がある、と考えてきたことは紛《まぎ》れもない事実だ。柳田自身、青年期に舶来の新しい文学に親しみ、農政学の研究に励んでいたとき、近代日本のそういう思潮の埒外にあったとは思われない。

が、地方の村々を尋ね歩き、民衆の暮らしと信仰の奥深さに魅惑され、そこを研究の場と定めて思索と観察を進めたとき、おのれの志す民俗学が近代日本の学問のありかたに、延《ひ》いては、日本の近代化のありかたにそぐわぬものであることが明確に自覚された。

右の引用文でも柳田の近代批判は痛烈である。二段落目の冒頭の「殊に明治以来は読書人が片端から成功した。それを傍から見ているから過度に新学（新しい学問）を尊信している」という一節などには、福沢諭吉『学問のすすめ』以来の日本近代の教育観および学問観への強い違和感が露出している。

右の引用文は柳田民俗学の円熟期の作ともいうべき『日本の祭』から引いたものだが、大学での講演原稿を手直ししたこの書物は人びとの意識から消え去ろうとしている伝統的なしきたりやふるまいや作法のゆたかな意味をことばに表現し、人びとの心によみがえらせようとするものだった。

祭りとはなにか。浮き浮きした気分で晴着に身を包み、誘い合わせて地域の神社に集まり、神に賽銭《さいせん》を捧げ手を合わせて願いごとを唱え、賑やかな歌や踊りを見物し、またみずから参加もして楽しい時を過ごす。人の大勢集まるのを当てこんで神社の境内や周辺には色とりどりの品物を並べた店屋や、普段は目にすることのない見世物小屋が並ぶ。それが若い大学生たちの経験しつつある新しい祭りだ。

柳田は、そういう当世風の祭りの、そのむこうを見ようとする。自然とともに生きる人びとの生活感覚と生活感情に寄りそう祭りのすがたを思い描こうとする。

日本の祭の最も重要な一つの変り目は何だったか。一言でいうと見物と称する群の発生、すなわち祭の参加者の中に、信仰を共にせざる人々、いわばただ審美的の立場から、この行事を観望する者の現われたことであろう。それが都会の生活を花やかにもすれば、我々の幼い日の記念を楽しくもしたとともに、神社を中核とした信仰の統一はやや毀《こわ》れ、しまいには村に住みながらも祭はただ眺めるものと考えるような気風をも養ったのである。

（同右、一八二ページ）

以前の引用文に「中央都府」ということばが見られ、いまの引用に「都会の生活」ということばが出てくる。ヨーロッパの近代が都市の生成・発達と並行して進むことは多くの歴史家の説くところだが、柳田においても近代社会は都府や都会と密接不可分の関係にあるものだった。となれば、都市化ないし都会化によって忘れられたもの、失われたものを掘り起こすには村の民俗、それも都の風潮に染まることの少ない鄙《ひな》びた小村の民俗に即《つ》くことは学問上の必須条件だった。

都会風の近代的な環境のなかで育ち、西洋の文化や技術や制度や思想を手本とし、祭りについてもたんなる一場の賑わいとして「審美的の立場」から眺めることがほとんどの大学生にたいして、柳田はいまなお地方の村々に残る古来の祭りのイメージを鋭く突きつける。

つまりは「籠《こも》る」ということが祭の本体だったのである。すなわち本来は酒食をもって神を御もてなし申す間、一同が御前に侍坐《じざ》することがマツリであった。そうしてその神にさし上げたのと同じ食物を、末座において共々にたまわるのが、直会《なおらい》であったろうと私は思っている。……直会が私の想像のように神と人との相饗のことであるならば、この飲食物が極度に清潔でなければならぬと同様に、これに参列して共食の光栄に与《あず》かる人もまた十分に物忌《ものいみ》をして、少しの穢《けが》れもない者でなければならぬのは当然の考え方で、この慎しみが足りないと、神は祭を享《う》けたまわぬのみでなく、しばしば御憤りさえあるものと考えられていた。この点が我々の同胞の信仰の、最も大きな特色であったということが出来る。

（同右、二一九ページ）

陽気で晴れがましく賑やかな当世風の祭りにたいして、信心を同じくする村の仲間が十分に物忌をして穢《けが》れを払い、神前に清らかな酒食を奉《たてまつ》って神と対座し、のちに同じ食物を神と共食する。古くから村に伝わるそういう「お籠《こも》り」こそが祭りの本体だった、と柳田は言う。

当世風の賑やかな祭りを頭から否定するのではない。それはそれでいまの暮らしのなかから生まれた人びとの思いの発現であることに変わりはない。だが、古くからある祭りは過去の遺物として消えるにまかせておけばよいというものではない。過去の無数の人びとの祈りや願いのこもる共同性の形として、いまの祭りに影のごとく寄り添っている。祭りを行なうことは、そういう無数の人びとの祈りや願いに連なることであり、そうすることによって村の暮らしの奥底へと下りてゆくことだ。そう柳田は考えた。それが柳田の祭りの思想であり、広げていえば、民俗の思想だった。

人びとの信仰的ないし宗教的な思いは、柳田の場合、村としてまとまりをなす地域において、また地域を構成する基本の単位集団たる家族において、共同の幻想として、また感覚・感情として、長く保たれてきたものであった。『遠野物語』はその思いが物語として人びとのうちに生きるすがたを採録したものであり、『日本の祭』は祭りという行事において地域の人びとが身近な神様とどう交流するのか、その交流のさまに人びとの共同の思いをうかがおうとするものだったが、そのあとにくる『先祖の話』では、地域と家をともども視野におさめつつ、そこにあらわれる神や先祖の霊のすがたが人びとの共同の思いの象徴として観察と思索の対象とされた。

『先祖の話』はアジア・太平洋戦争末期の、一九四五年の四月から五月にかけて、書き下ろされたものだ。敗戦が間近にせまるなか、日本をどう立て直していくかという痛切な問題意識が全編をつらぬいている。題名にある「先祖」は直接に家の先祖のことを指している。柳田にとって、人びとが、日本が、立ち直っていくには家こそがその主軸にならねばならなかった。

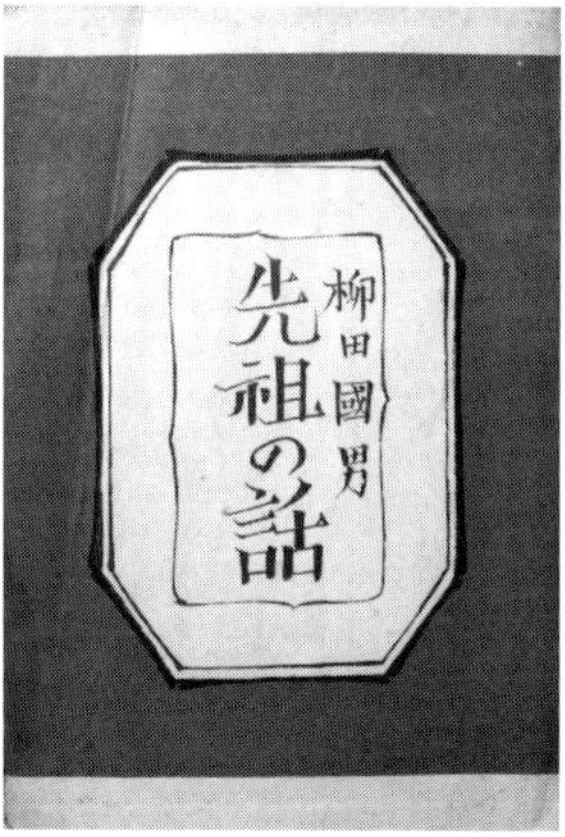

柳田国男『先祖の話』

『日本の祭』において柳田は、村の人びとが村の神と親しくしめやかに交流する「お籠《こも》り」にこそ祭りの本体があるとしたが、その信仰観を受け継ぐようにして、柳田は家の本質をなす人びとの心の動きを、家という共同世界を生きる人びととかれらの先祖の霊魂との精神的な交流のうちに見ようとした。交流のさまは、日本各地の古くからの儀礼や行事や慣習や言い伝えのうちに探られるが、祖霊信仰の核心を柳田はこうとらえる。

私がこの本の中で力を入れて説きたいと思う一つの点は、日本人の死後の観念、すなわち霊は永久にこの国土のうちに留まって、そう遠方へは行ってしまわないという信仰が、恐らくは世の始めから、少なくとも今日までかなり根強く持ち続けられているということである。これがいずれの外来宗教の教理とも、明白にくい違った重要な点であると思う……

（同右、四二ページ）

インド由来の仏教の説くところによれば、先祖の霊は日を経て十万億土のかなたに去っていくのだが、わたしたちの先祖はそうではないと柳田はきっぱりと断言する。

無難に一生を経過した人々の行き所は、……具体的にあのあたりと、大よそ望み見られるような場所でなければならぬ。少なくともかつてはそのように期待せられていた形跡はなお存する。村の周囲の或る秀でた峰の頂きから、盆には盆路を苅り払い、または山川の流れの岸に魂を迎え、または川上の山から盆花を採って来るなどの風習が、弘く各地の山村に今も行なわれているなどもその一つである。……春は〔峰から〕降り、冬は〔峰へと〕昇りたまう、という百姓の守護者が、遠い大昔の共同の先祖であって、その最初の家督の効果が末永く収められることを見守って下さるというような考え方が、あるいは今よりももっとはっきりとしていたのかも知れない。

（同右、一二三—一二四ページ）

先祖の霊がはるかな遠方に消え去らないで、あのあたりと見当のつく身近な峰にとどまるのは、村の暮らしを気にかけ、人びとが日々を無事に過ごせるよう見守るためだ。人びとはそう信じ、柳田もまたそう信じた。先祖の霊はそのようなありがたい存在であり、親しい存在だった。当然ながら、ありがたい霊が峰から村へ降りてくる春には身を清めて鄭重《ていちょう》に迎えねばならなかったし、峰へと帰りたまう冬には鄭重に送らねばならなかった。

一年を通じて先祖の霊が目に見える峰のあたりにいるというのは、亡き先祖といまを生きる村人との近しさ、親しさを端的に示す事実だが、先祖の霊についてはもう一つ際立った特徴があった。

以前の日本人の先祖に対する考え方は、……人は亡くなって或る年限を過ぎると、それから後はご先祖さま、またはみたま様という一つの尊い霊体に融け込んでしまうものとしていたようである。これは神様にも人格を説こうとする今日の人には解しにくいことであり、またいくらでも議論になる点であろうが、少なくともかつてそういう事実があったことだけは、私にはほぼ証明しえられる。まず第一に巻《まき》の本家、すなわち一門の中心において営まれる毎年の先祖祭はそれであって、ここでは先祖とは誰かと尋ねられても、奉仕者自らが答えぬ場合が多いのであった。

（同右、四五ページ）

勘所は、「ご先祖さま、またはみたま様という一つの尊い霊体」のイメージだ。いまのわたしたちにはなじみのイメージとはいいにくいが、柳田はそれこそが日本人の先祖崇拝の本質をなすイメージだと考えていた。

先祖として具体的に亡くなった祖父母や父母のことを考えてみる。死んで数年あるいは二、三十年は当人の面影や声音や印象的なふるまいが思い浮かんで、個としてのすがたが保たれている。が、さらに時が経つと——柳田は仏事でいう三十三回忌あたりを目処《めど》としているようで、それにならえば、三〇年ぐらい経つと——個のすがたは薄れ形なき霊のような存在になっていく。仏事で三十三回忌や五十回忌を弔《とむら》い上《あ》げというのはそこで当の先祖さまと家との関係に一往の区切りがつくことを意味していようが、柳田はかえって、個のすがたを失って形なき霊のような存在になるところにこそ先祖の本質が、先祖と家との本来の関係があると考える。個のすがたを取って思い浮かぶ先祖はいまだ未完成の先祖であって、ご先祖さま（みたま様）という一つの尊い霊体に融けこむのがその完成形だというのだ。

個のすがたが失われてたがいが融け合った一つの霊体ができ、新しい個もやがて形を失ってそこに融けこんでいく、——そういう茫洋たる霊のイメージは家の共同性をとらえる柳田のとらえかたの、その根底に横たわるイメージだったと考えられる。

柳田のとらえる家は個を基本単位とし、個が集まって一つの形をなす共同体ではない。長く続く場があり、労働があり、しきたりがあり、儀式があり、伝統があり、そのなかで親族をなす数人あるいは数十人の人びとが生まれて生きて死んでいく。そういう共同体が家だと柳田は考える。いまの家には数千年に及ぶ前史があり、後史もはるかのかなたにまで及ぶ。家がそのような流れをなす共同体だとすれば、家族の一人一人は個として家の基本単位をなすというより、いっとき個として流れのなかに浮かび出ることはあっても、やがて個としてのすがたを失って流れに融けこんでいく。個の融けこんだ流れこそが——霊体こそが——家の共同性の本体だというのだ。

流れをなす霊体が家をつらぬき家を守ることによって家は永続し、家のゆるやかなつながりとしてある村は永続する。そして、家の永続と村の永続は柳田にとって社会の安定と人びとのしあわせを保証する必須の条件だったから、時代がどんなに新しくなろうと、霊体となったご先祖さまと家とのつながりは——ことばを換えていえば、霊体となったご先祖さまが家の無事息災を守ってくれるという信仰は——、人びとの暮らしのうちに是が非でも生きていなければならないものだった。

アジア・太平洋戦争の敗北が現実味を帯び、国の存亡が問われる危機意識のなかで、柳田は改めて家の存続、村の存続について思いをめぐらす。地方の村々と家々にこそ日本の民俗の生きたすがたが保たれているという民俗学者の識見と信念は、国の危機下にあってもゆらぐことはなかった。だが、その一方、『先祖の話』の終盤に至って、日々の暮らしを共にすることによって育《はぐく》まれ保たれる家々、村々の共同性が、権力支配の網の目を周到に張りめぐらした近代国家の共同性と結びつくかのような記述がなされる。危機意識の強さゆえに生じた思考の乱れと思えるが、民俗への信頼がいつしか国家への帰順につながる思想の変調には、強い疑問を抱かざるをえない。

節を終わるに当たってその点に触れておきたい。

本の終盤で柳田が取り上げるのは、一五年もの戦いのなかで斃《たお》れた若き兵士たちをどう祀《まつ》るかという問題だ。一〇〇万人を超える若者が戦死したのは古今未曽有の事態で、その非業の死は、村に生まれ、村に暮らし、村で死んだ祖先の死と簡単に同列視できるものではない。

まずもって問わるべきは、国家の命令によって見も知らぬ戦地へ駆《か》り出され、厳しい規律の貫徹する軍隊組織に配属され、日々殺すか殺されるかの緊張関係に置かれて死に至った兵士たちの死が、当人にとって、また家族にとって、さらには国家にとっていかなる意味をもっていたかということだ。

アジア・太平洋戦争下、戦争の遂行と勝利を至上目的とする政治・経済・軍事の指導層は侵略戦争を「正義の戦争」「興亜の戦争」と呼号し、若き兵士たちの死を「散華」「玉砕」と呼んで美化したが、当の兵士やその家族や周辺の親しい人びとにとっては、国家の側からする戦争と死の美化にかれらが同調しているように見えても、現実には死が強制された理不尽で無残な死であることに変わりはなかった。

文化人ないし知識人の多くが、生活の資を得る必要もあって戦争協力もしくは戦争肯定へと傾くなかで、柳田は時代の社会とそれなりに距離を取ってものを考えようとしたのだったが、『先祖の話』の締めくくりの部分では民俗への視線に歪みが生じ、自然と日々の暮らしに根ざした家と村の生活習慣・生活感覚・生活思想が抽象的で観念的な国家主義思想のほうへと引き寄せられている。そこに天皇制ファシズムの匂いさえ嗅ぎとれなくはない。

『先祖の話』は全体が八一項目からなるが、終わりから二つ目の項は「七生報国」と題され、日露戦争で軍神として祀《まつ》られた広瀬武夫中佐を引き合いに出し、戦死した兵士たちに「至誠純情なる多数の若者」といった軍国調の賛辞が呈される。そして最終項「八一　二つの実際問題」にも、「国のために戦って死んだ若人」とか「新たに国難に身を捧げた者」といったことばが見える。

報国、至誠純情、国難に身を捧げる、といったことばは、柳田が時代から借りてきた表現と取ることができ、柳田が時代とともに生きていた証しと見ることもできる。しかし、そうした若者たちの心情および死と、日本各地の村や家に暮らし、それぞれに一定の役割を果たして死んでいった無数の村人の心情および行為とのあいだには、見ようによっては途方もない隔たりがある。

考えてみるがよい。海を越えて西に北に、南に東に、戦線が次々と広がっていくアジア・太平洋戦争だが、日本各地の村や町に住む人びとにとっては、突如として始まり、否応なく巻きこまれていく事変にほかならなかった。始まりも唐突なら、その後の経過においても自分たちの与《あずか》り知らぬ遠くのどこかで決定がなされ、事情の分からぬままに若者のだれかれが戦いの場へと駆り出される。日常の暮らしのなかでなにかを思い立ち、個人で、あるいは共同でなにかを実行するというのとはまったくちがう強制力がそこには働いている。しかもその強制力は、若者の徴兵にせよ、農産物の供出にせよ、村の秩序を壊し、穏やかな日々を願う人びとを困らせ苦しめる力としてせまってくる。

満州事変から日中戦争、さらには太平洋戦争と戦線が拡大するなかで、家と村を核とする身近な共同体と、法と議会を備えた近代的な国家共同体の矛盾はいよいよ大きくなり、村に生きる人びとにもそれが感じられはしたが、土俗の共同性を国家の共同性に収攬《しゅうらん》・統合しようとする圧倒的な支配のイデオロギーの広がりのもと、矛盾にあえぐ人びとの苦しみはことばになりにくかったし、国家支配に抗する共同の行動を生み出すこともなかった。

家の暮らし、村の暮らしの実情に通じ、家を大切にし村を大切にする人びとの生活心情に深い敬愛の念を抱いた柳田が、アジア・太平洋戦争下の村落の共同性と国家支配の矛盾とに気づかなかったはずはない。が、『先祖の話』では――そして『先祖の話』のあとに来るアジア・太平洋戦争後の著作でも――、その矛盾を家あるいは村の共同性と国家支配の共同性との矛盾として認識する方向へとは柳田の思索は向かわなかった。日本近代の歴史の大きな流れからすると、家および村の共同性と国民国家の共同性はたがいに対極をなしつつ社会を構成し、近代化の進展とともに家と村の共同性がしだいに国民国家の共同性に統合されていく過程ととらえられる。が、柳田には二つの共同性が社会的にも心情的にも調和しうるとするロマン的幻想があって、ために二つの共同性の矛盾を直視しえなかったように思える。

矛盾を直視しえなかったがゆえに、『先祖の話』の延長線上には個のすがたをなくして一つの霊体となった先祖の霊が子孫の生きるいまの家や村、将来の家や村を包むとともに、さらには、家や村の境域を超えて国家をも包むことが遠望されているかに見える。少なくとも、そのような祖先信仰が戦後の新しい社会の共同性の礎《いしずえ》になることが期待されているようだ。しかしそこには、天皇制国家の苛酷な政治支配にたいする批判と抵抗の欠如こそが露出していると見なければならない。国家の主導した戦争によってもっとも大きな痛手を蒙むったのが村の人びと、家の人びとだったことからしても、地方の村や家に依拠する民俗学は、村や家の共同性と国家支配の共同性との切断と不連続をこそなにより問題とすべきだったと思われるのだ。

2 民芸を慈しむ思想

柳宗悦《むねよし》は、柳田国男に比べると、国家にたいしてきちんとした距離を取り、生涯を通して国家にたいする批判的な目をもちつづけた。アジア・太平洋戦争下においても戦争体制を翼賛する態度を取ることなく、好戦的なことばを書き記すことはなかった。

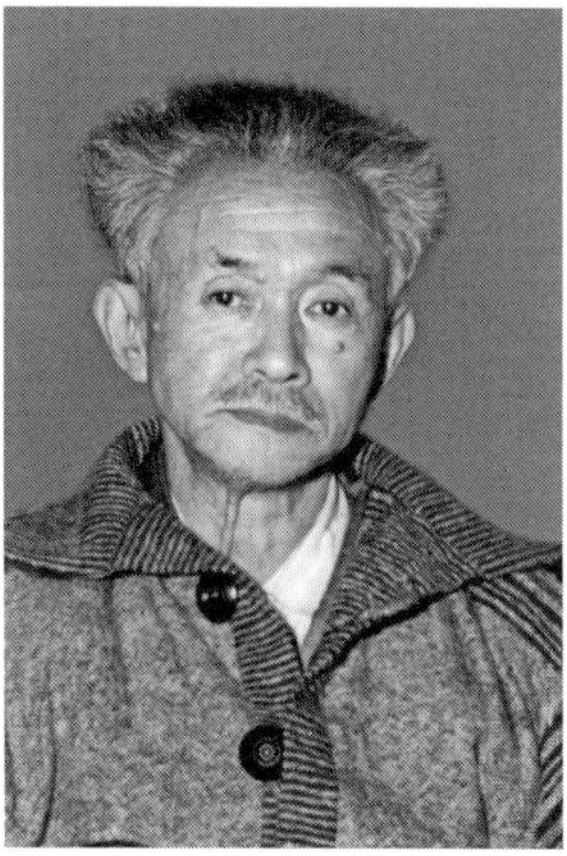
柳宗悦

日本国家の立場と自分の立場が異なることを鮮明に表現したものに、一九一九年、朝鮮で起こった三・一独立運動に際して発表した「朝鮮人を想う」その他の文章がある。

一九一〇年の韓国併合以後、朝鮮の行政、司法、立法、教育、軍事など、すべての権力を掌握した天皇直属の朝鮮総督府は、植民地支配を着々と推し進めた。第一次大戦末期のロシア革命の成功や、終戦直前のウィルソン米大統領の民族自決の提唱などの国際的な気運もあって、朝鮮国内にも日本からの独立を求める声が強くなり、急死した皇帝高宗の葬儀に集まった群衆に向かって「独立宣言書」が読み上げられると、「独立万歳」と叫ぶデモが始まり、反日デモはたちまち全国に広がった。集会やデモの参加者は二〇〇万人とも一〇〇〇万人ともいわれる。

あわてた朝鮮総督府は日本の軍警を動員し、運動を強権的に弾圧した。デモ参加者は容赦なく銃殺・刺殺され、指導者は逮捕・投獄され拷問された。

事件の報が日本に伝わると、柳は独立と自由を求める朝鮮の人びとの心を思いやり、帝国日本の暴力的な同化政策と運動弾圧に怒り、抗議の意志を表明した。以下、「朝鮮の友に贈る書」から引用する。

不幸にも人々〔朝鮮に住む日本の人々〕は貴方《あなた》がたを朋友として信じる事を忘れている。彼らはただ征服者の誇りで貴方がたを卑《いや》しんでいる。もし彼らに豊かな信仰や感情があるなら、必ずや貴方がたに敬念を払う事に躊躇しなかったであろう。もしも朝鮮代々の民族が、その芸術において何を求めているかを知り得たなら、おそらく今日の態度は一変されるにちがいない。……私は日本に対する朝鮮の反感〔三・一独立運動で示された反日感情〕を、極めて自然な結果に過ぎぬと考えている。日本が自ら醸《かも》した擾乱《じょうらん》に対しては、日本自らがその責を負わねばならぬ。為政者は貴方がたを同化しようとする。……これほど不自然な態度はなく、またこれほど力を欠く主張はない。同化の主張がこの世に購《あがな》い得るものは、反抗の結果のみであろう。……朝鮮固有の美や心の自由は、他のものによって犯されてはならぬ。否、永遠に犯され得るものではないのは自明である。真の一致は同化から来るのではない。個性と個性との相互の尊敬においてのみ結ばれる一があるのみである。

（柳宗悦『民芸四十年』岩波文庫、一九八四年、四三―四四ページ）

韓国併合以後、明確な形を取って進む韓国の日本化――同化政策――に柳は強く反対している。

が、柳は政策への反対を政治のことばで語るのではなく、いうならば精神のことばで語ろうとしている。引用文中の「信仰や感情」「芸術」「美や心の自由」といった文言がわたしのいう精神のことばだ。日本の多くの吏員や実業家や軍人や警官を送りこんでなされた同化政策は、朝鮮の人びとの信仰や芸術や美を感受も理解もしない現地の日本人たちの精神の脆弱さ、拙劣さをこそ示しているのであり、それゆえに柳の憤りはいっそうかき立てられたのだった。国家への抵抗と異議は民芸を慈しむ柳の思想に直結するものだった。

柳と朝鮮とのつながりは、一九一四年、朝鮮で小学校の訓導（正教員）をしていた浅川伯教《のりたか》が千葉県我孫子《あびこ》の柳宅に李朝陶磁器を携えてやってきたことに始まる。柳は手みやげの焼物の美しさに驚嘆し、名も知れぬ工人の手になる工芸品の美に目を開かれる。二年後、柳は初めて朝鮮に旅行し、伯教と弟・浅川巧《たくみ》の案内で朝鮮各地を訪ね、多くの朝鮮工芸を目《ま》の当たりにし、朝鮮民族の美意識の高さに心をゆさぶられ、気に入った品を次々買い求める。

朝鮮の工芸品――陶磁器、木工、金工、石工、民画――への愛は、それらを作り出した無名の工人への敬愛へとつながり、さらには朝鮮民族のゆたかな美の感覚、味わいのある生活感覚への敬意へとつながっていく。

隣国に住む民族へのそうした愛と尊敬の念が、経済力と軍事力にものをいわせて植民地的支配を強行し、文化や思想や言語の領域にまで支配を及ぼそうとする同化政策と真っ向から対立するものであるのはいうまでもない。政治の世界とははるかに遠い、美や信心の世界を自分の生きる本領とする柳だったが、三・一独立運動に立ち上がった人びとの心を思いやり、残虐な弾圧に打ちひしがれる人びとの苦悩を思うとき、同化政策を推し進める権力国家とそれに同調するナショナリズムにたいし抗議の声を挙げないではいられなかった。「朝鮮の友に贈る書」は、朝鮮の工芸品の美しさとゆたかさを論の変わらぬ土台としつつ、書き進むうちにしだいに国家への怒りが高まっていったもののように思われる。

朝鮮の工芸品への愛はやがて朝鮮民族美術館の設立へと結実する。柳と浅川巧とが中心となって推進した事業だ。敷地を手に入れるについては朝鮮総督の斎藤実と交渉せざるをえなかったけれども、二人のめざす朝鮮民族美術館は朝鮮民族のすぐれた美術品をすべての人びとに広く示すものでなければならなかった。柳がなにより求めたのは、日本の同化政策に苦しむ朝鮮の人びとと、美しい工芸品という具体物を通じてつながることだった。そんな柳にとって、朝鮮語に堪能で、普段は朝鮮服を着用し朝鮮風の食事を摂り、朝鮮の人びとと親しくつき合う浅川巧は、まさにお誂《あつら》え向《む》きの協力者だった。浅川の生活ぶりや仕事ぶりから柳が学んだことも少なくなかった。

浅川巧は朝鮮民族美術館設立の七年後に四〇歳の若さで朝鮮の地にて死去し、朝鮮人の共同墓地に埋葬された。柳の追悼文に次のことばがある。

浅川が死んだ。取り返しのつかない損失である。あんなに朝鮮の事を内から分っていた人を私は他に知らない。ほんとうに朝鮮を愛し朝鮮人を愛した。そうしてほんとうに朝鮮人からも愛されたのである。死が伝えられた時、朝鮮人から献げられた熱情は無類のものであった。

（『柳宗悦全集　第六巻　朝鮮とその芸術』筑摩書房、一九八一年、六二七ページ）

ほとんど無名といっていい友人にして協力者への熱い追悼の思いと、日本政府の同化政策および独立運動弾圧への憤りは、朝鮮を思う柳の心情において表裏をなすものであり、その底に流れるのは、朝鮮の美しい工芸品とそれを生み出してきた朝鮮の人びとへの澄明にして穏やかな敬愛の念だった。

朝鮮を政治的・経済的に日本の支配下に置き、さらには文化や思想や言語の領域にも支配を及ぼそうとする同化主義政策は、アジア・太平洋戦争下で日本の東南アジア侵略が拡大していくとともに大アジア主義とか大東亜共栄圏の思想とかを生み出していくが、無名の工人の手になる朝鮮工芸品への柳の敬愛の念は、国を挙げての侵略主義に引きずられることのない力たりえた。美の感性と思想が同化主義ないし侵略主義への抵抗の力たりえたことは、天皇制ファシズム下の日

柳宗悦『雑器の美』

本にあって稀有《けう》のことといってよかろうが、権勢の世界に背を向けるようにして、無名の工人の手になる堅実で質朴な工芸品にこそ心を通わせるのが柳の美の心だった。

朝鮮の陶磁器を初めとする工芸品によって西洋流の美とは異質な美に目を開かれた柳は、やがてその目を日本の工芸品へと向けるようになる。早い時期の出来事として江戸後期の遊行僧・木喰《もくじき》上人の木彫仏との出会いがある。柳は木喰仏の調査のため、日本各地を旅している。朝鮮民族美術館を設立した一九二四年のことだが、同じ時期に陶芸家の河井寛次郎や浜田庄司とのつき合いが始まり、かれらとの議論のなかで民衆の工芸をあらわす新語として「民芸」ということばが浮かび上がる。「民芸」とは朝鮮の工芸品と日本の工芸品をともどもふくみ、さらには世界各地の民芸品をもふくみこもうとすることばだが、それはどう作られ、どういう特質と価値をもつ、どんな芸術なのか。民芸の実作者たる河井や浜田と語らいつつ、実作者ならぬ柳は美の理論家ないしは鑑賞者としておのれの美意識を頼りに力を振りしぼって問いに答えようとした。『雑器の美』（一九二七年刊）と『工芸の道』（一九二八年刊）は柳の斬新・犀利な思索の結晶した記念碑的著作ということができる。

以下の引用では「民芸」とほぼ同じ意味で「雑器」ということばが使われている。用語の厳密な使用にこだわらないのが柳の流儀だ。

雑器の美などいえば、いかにも奇を衒《てら》う者のようにとられるかも知れぬ。……ここに雑器とはもとより一般の民衆が用いる雑具の謂《いい》である。誰もが使う日常の器具であるからあるいはこれを民具と呼んでもよい。ごく普通なもの、誰も買い誰も手に触れる日々の用具である。払う金子《きんす》とてもわずかである。それもいつどこにおいても、たやすく求め得る品々である。「手廻りのもの」とか「不断遣《ふだんづか》い」とか、「勝手道具」とか呼ばれるものを指すのである。牀《ゆか》に飾られ室を彩《いろど》るためのものではなく、台所に置かれ居間に散らばる諸道具である。あるいは皿、あるいは盆、あるいは箪笥《たんす》、あるいは衣類、それも多くは家内《うち》づかいのもの。悉《ことごと》くが日々の生活に必要なものばかりである。何も珍しいものではない。誰とてもそれらのものを知りぬいている。

しかし不思議である。一生のうち一番多く目に触れるものでありながら、その存在は注視されることなくして過ぎた。誰も粗末なものとのみ思うからであろう。……語るべき歴史家でさえ、それを歴史に語ろうとは試みない。しかし人々の足許から彼らの知りぬいているものを改めて取り上げよう。私は新しい美の一章が今日から歴史に増補せられることを疑わない。人々は不思議がるであろうが、その光は訝《いぶか》りの雲をいち早く消すであろう。

（柳宗悦『民芸四十年』岩波文庫、一九八四年、八一—八二ページ）

雑器のことを柳は別に「下手物《げてもの》」ともいう。そちらのいいかたのほうが人びとに軽んじられるものという意味合いは強まろうが、軽んじられるものにこそ本当の美が宿る、というのが柳のいいたいことだった。柳はそのことを逆説としてではなく正説として主張したかった。称讃に値する雑器の特質を柳は次のように述べる。

分厚《ぶあつ》なもの、頑丈《がんじょう》なもの、健全なもの、それが日常の生活に即する器である。手荒き取扱いや烈しい暑さや寒さや、それらのことを悦んで忍ぶほどのものでなければならぬ。病弱ではならない。華美ではならない。強く正しき質を有《も》たねばならぬ。それは誰にでも、またいかなる風にも使われる準備をせねばならぬ。装うてはいられない。偽ることは許されない。いつも試煉を受けるからである。正直の徳を守らぬものは、よき器となることが出来ぬ。工芸は雑器においてすべての仮面を脱ぐのである。それは用の世界である。実際に離れる場合はない。どこまでも人々に奉仕しようとて作られた器である。しかし実用のものであるからといってそれを物的なものとのみ思うなら誤りである。物ではあろうが心がないと誰がいい得よう。忍耐とか健全とか誠実とか、それらの徳は既に器の有つ心ではないか。それはどこまでも地の生活に交わる器である。

(同右、八三―八四ページ)

短い文が次々と勢いよく続く。雑器のよさをなんとか読む人に伝えたいという熱気に溢れた文のつらなりだ。合わせて、書く柳が雑器に引かれる自分の心をことばによって確かめているようにも見える。

雑器を慈しむ柳の短文のつらなりをリズムに乗って追ううちに、書く柳があれこれの雑器を脳裡に思い浮かべるだけでなく、何点かをそばに置き、それを眺めたり手で触れたりしながらことばを紡《つむ》いでいるように思えてくる。雑器とのつき合いが観念を超えた、もっと具体的な、体ごとのつき合いに思えるのだ。

柳は好みの雑器を家に置いて日常の用に役立てていたというが、雑器とのそういう具体的なつき合いのなかで柳は、雑器を作った無名の工人の実直な仕事ぶりに思いを致さざるをえなかった。

以下の引用では工人の仕事ぶりが「反復」に力点を置いて述べられているが、ここでの「反復」は工人の労働の全体を象徴することばとして用いられていて、反復の顕彰はそのまま工人の労働の讃歌となっている。

反復は熟達の母である。多くの需要は多くの供給を招き、多くの製作は限りなき反復を求める。反復はついに技術を完了の域に誘う。特に分業に転ずる時、一技において特に冴《さ》える。同じ形、同じ絵、この単調な循環がほとんど生涯の仕事である。技術の完《まった》き者は技術の意識を越える。人はここに虚心となり無に帰り、工夫を離れ努力を忘れる。彼は語らいまた笑いつつその仕事を運ぶ。驚くべきはその速度。否、速やかならざれば、彼は一日の糧《かて》を得ることが出来ぬ。幾千幾万。この反復において彼の手は全き自由をかち得る。その自由さから生れ出づるすべての創造。私は胸を躍らせつつ、その不思議な業を眺める。彼は彼の手に信じ入っているではないか。そこには少しの狐疑《こぎ》だにない。あの驚くべき筆の走り、形の勢い、あの自然な奔放《ほんぽう》な味わい。既に彼が手を用いているのではなく、何者かがそれを動かしているのである。だから自然の美が生れないわけにはゆかぬ。多量な製作は必然、美しい器たる運命を受ける。

それは驚くべき円熟の作である。あの雑器と呼ばれる器の背後には、長き年月と多くの汗と、限りなき繰返しとがもたらす技術の完成があり、自由の獲得がある。それは人が作るというよりも、むしろ自然が産むとこそいうべきであろう。　（同右、八九―九〇ページ）

柳はここで名もなき工人に最大級のほめことばを呈しているが、自分の工人観が一般の工人観とはかけ離れたものであることは十分に承知していた。雑器が下手物《げてもの》――ありきたりの、つまらぬ、粗末なもの――であるのに見合って、雑器の製作に携わる工人も型通りの日を過ごす、これといって取り得のない人間だとされていることを知った上での最大級の讃辞なのだ。

だが、雑器を顕彰する言にも無名の工人への讃辞にも、雑器や雑器職人に目を向けぬ普通の人びとの姿勢を難ずる気配は感じられない。むしろ、雑器がありきたりの、つまらぬものとして見過ごされ、雑器製作が取り得のない、型通りの仕事だと見なされるのを事実として受け容れた上で、しかしその雑器や雑器製作にふしぎな魅力を感じるおのれの感覚は疑いようがなく、その魅力をみずから確認し、また人びとに向かって説き明かそうとして論文「雑器の美」は書かれている。

柳、河井、浜田が考案した「民芸」なる語に改めて注目すれば、それは、

〔吾々は〕民衆の民と工芸の芸とを取ってこの字句を拵《こし》らえたのです。それ故、字義的には民衆的工芸の謂《いい》なのです。いわば貴族的な工芸美術と相対するものです。一般の民衆が日常使う用器が民芸品なのです。（同右、一五九ページ）

と定義される。

「民芸」が民衆によって作られ、民衆の日常使う工芸である以上、民芸のよさと美しさはなにより民衆によって理解され、愛され、慈しまれるのがふさわしい。「民芸」なる語を手にして民衆の世界に生きる工芸の美の探索に新たに乗り出した柳、河井、浜田たちが、民芸と民衆のつながりに目を凝らすのは必然の道行きだった。人目を引くことのない地味な民芸に、堅実にしてゆたかな美を感じとることは、民芸を作り出し、民芸を日々の用具として使いこなす民衆の生活に人間的なゆたかさを感じとることにまっすぐ通じていた。行動的でもあった柳、河井、浜田は日本の各地をわたり歩いて埋もれた民芸の発掘と蒐集に努めたが、人目を引かない民芸からかれらの受けとった奥深い感動と感銘は、だれよりも現在と未来の民衆へととどけられ、民衆と共有さるべきものであった。

くりかえしを厭《いと》わず民芸の魅力を書きつづる柳の文章には民芸と民衆の生活への敬意が変わらず流れているが、人びとに民芸のよさと美しさを分かってもらうにはことばだけでは足りなかっ

た。柳は、かつて浅川巧の協力のもとに設立した朝鮮民族美術館の構想を受け継ぐ、日本の民衆のための民芸館を設立しようと思い立つ。

民芸館について柳の書いた文章は少なくないが、ここでは、いまの日本民芸館（東京都目黒区駒場）の前身をなす、上野公園の御大礼記念国産振興博覧会（一九二八年）に出品された「民芸館」について述べた文から引用する。建物（民芸館）と展示物（民芸品）とをひとまとまりのものとして見せる、という異例の展示形式を取った出品で、民芸に賭ける柳たちの覇気のほどが知られる。

一、これは他の一切の出品物と異なり、家屋及び家具の綜合的展覧である。

一、「民芸」というのは民間に生れ民間に用いらるる工芸、いわば民衆的工芸の義に解して頂きたい。

一、工芸は常に家屋と結合されねばならない。その分離は近代の欠陥である。否、元来建築は綜合的工芸でなければならない。この法則を踏んで試みられたのが「民芸館」である。

一、何ゆえに「民芸」ということに重きを置くか。それは最も健全な、そうして正当な工芸の本道は「民芸」であるという吾々の信念に基いているのである。

一、ここにいう「健全」とは「用」と「美」と「廉」の一致をいう。沢山あるもの、日々の実用に適うもの、誰でも買えるもの、普通にあるもの、そういうものに工芸の美しさが一番豊かに平和に現れているという事は大きな福音ではないか。

……

一、それゆえ家屋はじめここに並べられたものは、悉《ことごと》くが平易なものばかりである。或人が評して甚だ特殊なものではないかといったが、それは平易な民芸が忘れられて、高価ないわゆる美術品のみが工芸だと思う様に慣れてしまったからである。

(『柳宗悦全集 第一六巻 日本民芸館』筑摩書房、一九八一年、一三―一四ページ)

日本民芸館

いわゆる美術品を珍重し美的価値ありとする世上一般の美的評価にたいして、気づけばどこにでもあり、日常に気安く使え、安く手に入れることのできる民芸――民衆の工芸――を強く打ち出そうとする意図があらわである。これまで民芸の顕彰に努める柳の文を見てきたわたしたちには、その延長線上にある文言として素直に受けとることができるが、この宣言めいた文の調子の高さは、建築にまで手を伸ばして民芸にふさわしい展示館を建設し、そこに自分たちが日本各地を訪ね歩いて蒐集してきた民芸の数々を、建物をふくめて自前の斬新な美の理論のもとに統一的に展示するのだ、という気持ちの高ぶりを示しているといえようか。さいわい、柳たちの試みは人びとの注目するところとなり、民芸館は多くの来館者に恵まれたという。

民家風の建物と内部に置かれる民芸品——陶磁器、漆器、家具、調度、衣服、布切れ、彫刻、絵画、書、など——との調和を図り、建物をふくめた全体が生活に根ざした統一的な美しさの表現であるような、そういう総合的展示の場を作りたいという思いは、以後、柳たちのあいだにいよいよ高まっていった。求められたのは、美の標準を示すような各種の民芸品が並ぶ常設の民芸館であり、そこに身を置けば日々の生活がゆたかな美しいものに感じられるような民芸の常設展示館だった。

常設民芸館の設立に向けた柳たちの粘り強い努力は実を結び、上野の展覧会から八年たった一九三六年、東京の目黒区駒場に日本民芸館が開館する。二・二六事件が起こり、軍主導のもと国が総力戦体制へと向かう年のことだ。

朝鮮における日本政府の同化政策と三・一独立運動の暴力的弾圧については強い抗議の意思を表明した柳だったが、総力戦体制へと向かう軍国主義にたいしては批判のことばはほとんど見られない。日中戦争から太平洋戦争へと戦火が拡大するなかでも、柳は軍国体制を翼賛することなく、地道に民芸探索の旅を続けていたが、戦争をめぐる政治的発言のたぐいは口にすることがなかった。

例外として、日本政府の意を受けた沖縄県学務部が県民に沖縄方言の使用を禁じ、日本の「標準語」を使うよう強制していることにたいする凛とした批判がある。「沖縄語問題――国語問題に関し沖縄県学務部に答うるの書」と題する文章で、一九四〇年一月、柳の那覇滞在中に書かれ、那覇市の三つの新聞に同時掲載されたものだ。

標準語（中央語）も沖縄語（地方語）もともに日本語であり、地方人が広く通用する標準語を学ぶのは当然の義務であることを確認した上で、柳は地方語の大切さに説き及ぶ。

> 地方語もまた国語の大切な一要素であるのを忘れてはならぬ。いうまでもなく地方語の発生はその土地の特殊なる自然と歴史とを背景とする。言語は民族の精神、人情、習慣、ひいては文学、音楽等と密接にして必然な結縁を有する。かくして地方の文化性は最も如実にその用語に表現される。地方語の微弱は地方的文化の微弱を意味する。偉大なる地方は常にその土語において偉大なる生活を有《も》ち、文学を有ち、音楽を有つ。もし日本が地方語を有たない日本であるとするなら、いかに特色の少い日本と化すであろう。……吾々は公用語としての標準語も、地方語としての沖縄語も共に大切な日本の国語であるということをゆめ忘れてはならぬ。
>
> （日本民芸協会編『琉球の人文　柳宗悦選集V』春秋社、一九五四年、九四―九五ページ）

行政当局の政策を批判する文章ではあっても、事が言語をめぐる問題であるだけに、柳の批判は政治的というより文化的な色合いの濃いものになっていて、であるがゆえに、柳は批判の意欲をかき立てられ筆が滑らかに前へと進んだように思われる。

　地方語たる沖縄方言の禁止に正面切って〝ノー〟と言う明確な抗議の姿勢にも、沖縄県民が沖縄方言を話す大切さを沖縄の文化と精神の問題として、さらには日本の文化と精神の問題として述べる視野の広げかたにも、全国各地の工芸品を相手に柳の培《つちか》ってきた民芸の思想がおのずと流露している。

　地方語が各地の民芸と重ね合わせて考えられていることは、「地方語の発生はその土地の特殊なる自然と歴史とを背景とする」といったことばからも明らかだ。民芸をこよなく愛した柳、河井、浜田たちは地方の特殊な自然と歴史に強く引かれたのだったが、それは、日本の近代国家が国家意志として人心の収攬を図り、人びとの共同の観念や感情や価値観の画一化を求めるのとは方向性を異にするものだった。市民革命および産業革命を経て生まれた近代という時代において、洋の東西を問わず次々と国民国家が作り出された事実からすれば、国家による統合と画一化は近代と切っても切り離せないものといえようが、民衆の側にも国家への随順・帰一の空気の強まる極東の近代国家にあって柳たちの民芸の思想は、国家への違和感を内部にもちつづけ、「国」の芸ではなく「民」の芸にあくまで寄り添おうとした。若き日の柳が雑誌「白樺」の創刊にかかわった同人の一人であることからすると、同人との交友の広がりのなかで、また時代の知的雰囲気を生きるなかで、白樺派の仲間に底流する大正デモクラシーの自由と反権力の思想が柳のうちに息づいていたとも考えられる。

　なにより見事なのは柳の見出した民芸の美しさが普通の人びとの日々の生活としっかり結びつ

引きつけてやまぬことは、壮麗な美術館の存在とそこを訪れる多くの観客の存在が実物証明している。柳とてそのことを知らなかったはずはない。しかし柳はみずから「下手物《げてもの》」といい「雑器」といい「粗物《そぶつ》」「並物《なみもの》」という民芸とまっすぐ向き合い、くりかえしの作業、ありきたりの器のうちに無名の工人たちの労働を見てとり、さらには地味な民芸とつき合う人びとの地味な生活を思いやることによって、特別な「美術品」の美とは異なる、民芸の美を見出したのだった。

が、そうはいっても、民芸の美はそんなに確然と「美術品」の美から区別されるのか、という疑問は残る。柳たちの設計図をもとに建造され、内部の設えにも生活の匂いが感じられるよう工夫がなされ、作品の展示も伝統的な生活の記憶がふとよみがえるような懐かしさを感じさせる空間、——それが目黒区駒場の日本民芸館だが、そこにゆったりと身を置いてまわりに目をやっていると、ガラスケースにおさめられた白磁の大皿が、また壁にかけられた絣《かすり》の着物がこちらの目を釘づけにする。心は別世界に入りこんで、気づくとしなやかな線の動きや暖色と寒色の配合の妙に体ごと引き寄せられた自分が、「美術館」の美にたいするように作品にたいしているのが分かる。しかも、それが場ちがいなことに思えない。そんな経験からすると、民芸の美は「美術館」の美と切り離されて別の領域をなすものではなく、こちらからあちらへ、また、あちらからこちらへとゆるやかにつながり、物によっては重なり合っているようにも思える。

そう考えるとき、柳の民芸理論の独自性と強靱さがかえって浮かび上がるといえるかもしれない。歴史上にあらわれた美学理論は人びとの日常世界を超えたはるかな高みに美を置き、感覚を整序し概念を磨《と》ぎすますことによってその秘密を解き明かそうとしてきたが、柳の民芸理論はそれとは逆に、美を人びとの日常生活へと送り返そうとするものだからだ。美を非日常の高みに置き、そこに非日常の安らぎを求めるのは、わたしたちのそれこそ日常的といっていい心の傾きだから、民芸理論の浸透によって傾きに変化が生じるとは考えにくいが、美と日々の暮らしとのつながりに目を向け心を傾けることは作品とのつき合いをゆたかにし、ともに日常生活を味わいのあるものにする営みだと考えられる。人びとの日常生活にそれまでにない激烈な変化の生じたアジア・太平洋戦争下でも、敗戦後の貧困と混乱と困苦の時代でも、柳はみずからの民芸理論を堅持し、深めようとした。民芸への愛と敬意が人びとの日常の暮らしへの愛と敬意にしっかりと結びついた思索と実践は、個をつらぬいて生きるのが困難な時代に類稀《たぐいまれ》な思想の強さを発揮しえたのだった。

第九章

言語表現への熱情

柳田国男と柳宗悦は人びとの暮らしと、暮らしの骨格をなす信仰と習俗と物に目を凝らす思想家だった。二人はそれぞれに独自の文体をもち、その文体は人びとの暮らしや信仰や習俗や作り出す物を表現するのにふさわしい実直さと分かりやすさを備えていたが、かれらは自分の書くことばに情熱をこめるたぐいの文章家ではなかった。かれらの情熱は自分のことば以上に人びとの暮らしや信仰に、あるいは人びとのことばに注がれた。

そんなことをあえていうのは、この章で取り上げる斎藤茂吉、萩原朔太郎、宮沢賢治の三人が、自分の書くことばに徹底してこだわる歌人であり詩人であり批評家であり物語作者だからだ。柳田や柳がことばに生きるというより民俗の世界や民芸の世界に生きようとする人であるのにたいして、斎藤茂吉と萩原朔太郎と宮沢賢治はなによりことばに生きる人のように思われるのだ。かれらの作品がそのことを告げている。ことばがそのようにあらわれることに時代の精神の新しさが読みとれるように思う。

まずは、斎藤茂吉だ。

1　斎藤茂吉——自然・自己一元の生

茂吉の第一歌集『赤光《しゃっこう》』が刊行されたのは一九一三年、茂吉三一歳のときだ。茂吉が短歌を詠み始めたのは一九〇五年ごろのことだから、『赤光』はそれから八年経っての刊行なわけで、作品の多くにすでに茂吉らしさがはっきりと出ている。

以下、初版本『赤光』の巻頭に置かれた「悲報来」全一〇首と詞書を引く。

ひた走るわが道暗ししんしんと怺《こら》へかねたるわが道くらし

ほのぼのとおのれ光りてながれたる螢《ほたる》を殺すわが道くらし

すべなきか螢をころす手のひらに光つぶれてせんすべはなし

氷室《ひむろ》より氷《こほり》をいだす幾人《いくにん》はわが走る時ものを云はざりしかも

氷《こほり》きる男の口《くち》のたばこの火赤《あか》かりければ見て走りたり

死にせれば人は居ぬかなと歎かひて眠り薬をのみて寝んとす

赤彦と赤彦が妻吾《あ》に寝よと蚤とり粉《こな》を呉れにけらずや

斎藤茂吉

罌粟《けし》はたの向《むか》うに湖《うみ》の光りたる信濃《しなの》のくにに目ざめけるかも

諏訪のうみに遠白《とほじろ》く立つ流波《ながれなみ》つばらつばらに見んと思へや

あかあかと朝焼《あさや》けにけりひんがしの山並《やまなみ》の天《あめ》朝焼けにけり

七月三十日夜、信濃上諏訪に滞在し、一湯浴びて寝ようと湯壺に浸ってゐた時、伊藤左千夫先生死んだといふ電報を受取った。予は直ちに高木村なる島木赤彦宅に走る。夜は十二時を過ぎてゐた。

いきなり師たる伊藤左千夫の死が主題として提示され、茂吉の哀悼の思いが一〇首の歌の流れのなかに力強く堂々と表現される。終生変わることのない茂吉の歌いぶりが第一歌集の冒頭一〇首にすでに明確に見てとれる。ゆるぎない歌の立ちかたを見ると、茂吉は根っからの歌人だったとの思いを深くする。

「暗し」「しんしんと」「光る」「蛍」「赤かりければ」「あかあかと」「朝焼け」といったことばは茂吉の愛用語といってよかろうが、それらが追悼の思いを一首のうちに定着し、さらなる思いへとつなぐ役割を見事に果たしているし、第一首でくりかえされ、第二首でもう一度くりかえされる。「わが道くらし」や、第二首と第三首で漢字表記から平仮名表記へと変化させつつくりかえされる「殺す」「ころす」や、第一〇首でくりかえされる「朝焼けにけり」は、歌のリズムに安定感をあたえつつ、そこにためられた力が次へと向かう勢いを生み出してもいる。最終句のくりかえしは次へとつながるものではないが、くりかえしのあいだにはさまれる三句、四句「ひんがしの山並《やまなみ》の天《あめ》」が歌の視界を上方に向かって大きく開いている。

「ひた走るわが道暗し……」に始まり、「……ひんがしの山並の天朝焼けにけり」に終わる連作一〇首が、湯壺で左千夫の訃報に接してから翌朝島木赤彦宅で目覚めるまでの情景を時間的順序に沿って点描したものであることは見やすい。が、同時に、歌の進行とともに師匠の死を悲しむ思いがしだいにまわりの世界に染みわたっていくことが注意されねばならない。心にずしんと来た悲しみが島木宅への道や、路上の蛍や路傍の氷室やそこに働く人びとへと広がり、夜更の島木家の夫妻や寝床や眠り薬や蚕とり粉に広がり、さらに瞿粟畑や諏訪湖の波や東の山並みや天へ広がるさまが、作者の目に見えてきた情景であるとともに、作者が大胆かつ繊細なことばの選択によって構築した世界であることがとらえられねばならないと思う。

斎藤茂吉『赤光』

とはいえ、連作一〇首の世界は作者の悲しみが一方的に外へ外へと広がって出来上がった世界ではない。心のなかの悲しみは外へと流れ出て外界の風景や動物や建物や動く人間や家具や日用品に触れることによって、さまざまな要素をかかえこんだ多彩な悲しみとなり、作者だけが感じる悲しみではなく世界とともにある悲しみとなる。歌を読む側の心理に即していえば、作者の心を強く支配する個としての悲しみが、外界のさまざまな景物や事物と交じり合うなかで客観的ないし共同的な悲しみへと近づき、読むほうもまたその悲しみに包まれる思いがするということだ。歌集『赤光』について、初めてその歌に接したとき文学的事件に遭遇したかのごとき衝撃を受けた、と何人もの人が語っているのは、外界へと向かう抒情のエネルギーの大きさと、拡散した抒情がなおも読者を歌の世界に引き寄せる牽引力の強さとを、ともども証《あか》しするものといえよう。「悲報来」の連作一〇首も、暗くくぐもった死の悲しみから出発した歌が、時間の経過とともに外界との交流を深め、場面に生命の息吹が感じられるようになる。

人間の絶対的限界ともいうべき死にたいしても、茂吉は、死を主題にしてゆたかな歌の世界を構築せんとする意志を堅持しえていて、死の意味を文学的に、また思想的に問おうとする者にとって、その世界は対決するに足る確かさを備えている。

伊藤左千夫の急死は一九一三年七月のことだが、その二ヵ月前の同年五月に茂吉の生母いくが故郷の金瓶村で五九年の生涯を閉じている。時間の順序を逆にして配列される初版『赤光』では「1　悲報来」から数えて五番目の連作「6　死にたまふ母」の標題で五九首がおさめられる。『赤光』が日本の近代短歌を新しい水準へと押し上げた名歌集であるのは多くの人の認めるところだが、「死にたまふ母」はその『赤光』中にあって人の心に強くせまる絶唱ともいうべき連作歌群である。

全編五九首は四部に分かれ、「其の一」は母危篤の報に接して汽車で帰郷するさまを歌い、「其の二」は死にゆく母をそばで見守るさまを、「其の三」は野外での火葬のさまを歌い、「其の四」は蔵王の温泉で母をしのぶという構成になっている。連作一〇首の「悲報来」が悲報を耳にした夕刻から次の日の朝までの情景を歌ったものであるのにたいし、「死にたまふ母」は、母危篤の報に接して汽車で山形県の郷里に帰る情景から、中風で口のきけぬ病母のそばで死を見とる場面を経て、遺体を荼毘《だび》に付す場面へと続き、葬儀を終わって近くの山の温泉に浸かって静かに母を思う、数日ないし十数日の悲しみの日々を歌ったものだ。歌数が大きくふえ、歌いこまれる風景や動植物や習俗も多様化し、作者の心情にも細かく丁寧に陰影が施される。生母いくは、茂吉が一四歳で上京して斎藤家で暮らすようになってからはめったに会うことのない間柄だったが、「死にたまふ母」に表出される母への思いは滾滾《こんこん》と湧き出て尽きることがない。感情のゆたかさ、奥の深さと言語表現の闊達さ、緻密さがともども感じられる歌の連なりだ。

四つの部分からとくに目を引く幾首かを引用しつつ話を進める。（初版と改選版とでことば遣いにちがいのあるものは、初版に従う）

母危篤の報に接し、気もそぞろに郷里へと向かう「其の一」の連作から、まず四首を引用する。

ひろき葉は樹にひるがへり光りつつかくろひにつつしづ心なけれ

みちのくの母のいのちを一目《ひとめ》見ん一目みんとぞいそぐなりけれ

吾妻《あづま》やまに雪かがやけばみちのくの我《わ》が母の国に汽車入りにけり

上《かみ》の山《やま》の停車場に下り若《わか》くしていまは鰥夫《やもを》のおとうと見たり

「ひろき葉は……」は「死にたまふ母」五九首の冒頭に置かれた歌だ。胸塞《ふた》ぐ思いで視線がさまようなか広葉樹の葉が風に吹かれて舞うさまがふと目にとまる。葉は動きにつれて明るくなったり暗くなったりする。見るともなく見ていても心が落ち着かない。避けがたく心にせまる母の死をどう受けとめたらいいのか。木の葉が風にゆらぐ自然の動きと、母の死にゆれる心の動きとは次元のちがう動きだが、その二つが歌の世界に並べられるとたがいに通い合うものにも感じられる。とはいえ、二つの動きはぴったり重なり合うものではむろんなく、五句「しづ心なけれ」で心の動揺が表出されると、それとの対比で葉の動きの無心さがかえって意識されたりもする。

引用第二首「みちのくの……」は打って変わって帰心の強さがまっすぐに歌われる。「一目《ひとめ》見ん一目みん」のくりかえしはすでに「悲報来」に「わが道暗し」や「朝焼けにけり」の先例があるが、ここでは作者の気の逸《はや》りがじかに伝わってくる響きの強さがある。

「吾妻《あづま》やまに……」は「其の一」の連作一一首中の八首目に当たるが、ここでようやく故郷が視野に入ってくる。そのほっとする思いが初句「吾妻《あづま》やまに」と四句「我が母の国に」の字余りにあらわれている。「吾妻やま」「雪」（五月の雪だ）「みちのく」は故郷に縁深いことばとして茂吉がどうしても使いたかったものであろう。また、故郷は「我が母の国」と表現される。一四歳で出郷したあとの自分の生活を思うと懐郷の思いをそのまま表出するのが憚《はばか》られるのと、今度の帰郷が母との永別になることを覚悟しての措辞であろう。そんな故郷に「汽車入りにけり」と客観的な第五句が続いて歌がしめくくられる。むろん、客観歌といって済ませられる歌ではない。「けり」は古典文法では詠嘆の助動詞などと説明されるが、「汽車入りにけり」には茂吉の万感の思いがこもっているように感じられる。

「上《かみ》の山《やま》の……」は「其の一」の最後に置かれた一首。ここに初めて作者以外の人間が登場する。駅に茂吉を迎えにきた実弟・直吉だ。のちに見るように、この弟は連作中にもう一度登場するが、そこでもこの人物像には寂しさがつきまとっている。母の死の悲しみに加えて、兄弟二人がともに養子に出された家族関係の複雑さが思われ、そんなところにまで歌の世界が広がっていく茂吉の表現力の闊達さには驚かざるをえない。「鰥夫《やもを》」という俗っぽい語を使っても歌がいささかも品下《しなくだ》ることがない。茂吉の力量のほどを示すものだ。

郷里の駅に着くまでを歌った「其の一」に続いて、「其の二」では死にゆく母を見守るさまが歌われる。緊張感の高い歌が並ぶ連作群だが、あえて選ぶとすれば次の四首ということになろうか。

寄り添へる吾を目守《まも》りて言ひたまふ何かいひたまふわれは子なれば

死に近き母に添寝《そひね》のしんしんと遠田《とほた》のかはづ天《てん》に聞《きこ》ゆる

のど赤き玄鳥《つばくらめ》ふたつ屋梁《はり》にゐて足乳《たらち》ねの母は死にたまふなり

ひとり来て蚕《かふこ》のへやに立ちたれば我《わ》が寂しさは極まりにけり

一首目の「言ひたまふ何かいひたまふ」のくりかえしは中風で口のまわらぬもどかしさにつながる表現だ。母と子は顔を見合わせてなにか言おうとする。が、母は言えない。それでも顔を見合わせている。そのうち、言えなくても言いたい気持ちが伝わればいいと思えてくる。そんな切なさの伝わってくる歌だ。末句「われは子なれば」はすぐ前の歌の末句にも出てくる文言のくりかえしだが、このくりかえしには養子に行った茂吉の負い目を償う意味がこめられているかもしれない。

「死に近き……」と「のど赤き……」の二首は農村の春の情景と死にゆく母を見守る茂吉の心情が、一方は交響曲のような賑やかな音をともなって、他方は弦楽四重奏曲のようなひそやかな音をともなって見事に融合し、わたしたちを玲瓏《れいろう》な悲しみの世界へとつれていく。作者は隅々まで悲しみの行きわたった世界に包まれて全身で悲しみに浸り、悲しみを表現し、わたしたちもまたおのずとその世界に身を浸す。歌の、歌人の、器量の大きさが思われる。

第四首「ひとり来て……」は、母の枕元での臨終を締めくくる歌だ。茂吉の実家は養蚕にも携わっていて、母の死を見とどけたあと茂吉はその蚕室に足を踏み入れる。まわりにはだれもいない。母の死という事実を前にしてさすがの茂吉も蚕に思いを馳せることができず、心の寂寥を抱きしめるほかなかったのか。「立ちたれば」の脚に力がこもらず、そのあとに「我が寂しさは極まりにけり」といった追いつめられた詠嘆がくるのを見ると、死に向き合うとはどういうことかという問いを改めて突きつけられる思いがする。

死にゆく母の間近にあって激しく心のゆさぶられた「其の二」のあとには、火葬を題材としたやや落ち着いた叙景ふうの連作一四首が来る。なかの四首を引用する。

星のゐる夜ぞらのもとに赤赤とははそはの母は燃えゆきにけり

さ夜ふかく母を葬《はふ》りの火を見ればただ赤くもぞ燃えにけるかも

火を守《も》りてさ夜ふけぬれば弟は現身《うつしみ》のうた歌ふかなしく

どくだみも薊《あざみ》の花も焼けゐたり人葬所《ひとはふりど》に天明《あめあ》けぬれば

引用の第一首、第二首で、火葬された母が「赤赤と」「赤くもぞ」燃えていく、という表現が鮮烈だ。母の死の直後の蚕室では悲しみの底へ底へと引きこまれた茂吉が、ここでは気持ちを立て直し、しっかりと燃えゆく母を凝視している。

三首目の歌には、数日前郷里の停車場で会った弟が再び登場する。弟は歌を歌っている。「現身《うつしみ》の」という形容語が死の世界と生の世界を隔てて悲しく寂しい。生の側にある茂吉と弟は、停車場で会ったときよりもたがいをやや近しく感じているのだろうか。歌は二人の悲しみを乗せていつまでも続くように思われる。

そして四首目では火葬の翌朝の情景が歌われる。赤い火の燃える火葬のただなかでは気づかなかったが、一夜明けて現場に目をやるとどくだみや薊の花が惨めに焼けただれてそこらに散らばっている。それも火葬にまつわる偽りのない情景で、母の死の世界に浸り切ろうとする茂吉は一見しらじらしいそんな情景をもことばにしないではいられない。そして、書くとなったら歌人の熱情が呼びさまされ「人葬所《ひとはふりど》」といった独特の造語や「天明《あめあ》けぬれば」といった雅語がつかみ出されねばならなかった。

「其の四」は葬儀のあと蔵王の温泉で過ごした二日間の心境を歌った連作二〇首。風景が広がり時間がゆっくりと流れ、歌は母の死の悲しみを反芻する趣きがある。なかの四首。

ほのかなる通草《あけび》の花の散りぬれば山鳩のこゑ現《うつつ》なるかな

酸《さん》の湯に身はすつぽりと浸りゐて空にかがやく光を見たり

やま峡《かひ》に日はとつぷりと暮れたれば今は湯の香《か》の深かりしかも

山ゆゑに笹竹の子を食《く》ひにけりははそはの母よははそはの母よ

以上の四首については注釈めいた文は省略する。視点を変えて茂吉の歌を見てみたいからだ。「悲報来」と「死にたまふ母」の連作は、それぞれにかけがえのない人の死に出会った悲しみを歌ったものだった。日本の短歌にあっては万葉集以来、挽歌は伝統としてしっかりと根づいていて、茂吉の二編の連作には古典研究にたゆまず努力を重ねた成果がはっきりとあらわれている。それだけではない。死の悲しみに激しく、また繊細に心ゆさぶられた茂吉は、心のゆらぎに目を凝らし、粘り強く丁寧に追いかけ、その場の情景と重ね合わせて独自の表現世界を構築しようとした。伝統を踏まえながら、まぎれもなく近代的な個の表現だと感じさせるような、斬新な抒情歌がそこに生まれた。

が、そうした伝統と近代性の融合は伝統の厚みに支えられた挽歌ふうの抒情歌や自然詠において熱のこもった格調の高い歌を生み出しただけではなかった。短歌の伝統に思いを寄せ、そこから多くを学んだ茂吉だったが、みずから短歌の創作に向かったときの表現意欲は伝統の枠におさまるようなものではまったくなく、奔放自在に未踏の世界に出ていこうとする激しさをもっていた。
見やすい例として狂者を詠んだ歌を取り上げる。知られているように、一〇代の茂吉が養子として入籍した斎藤家の養父・紀一は精神病医であり、茂吉はその意を受けて東京帝国大学医科大学に進み、精神医学を専攻し、卒業後は巣鴨病院に勤務して何人かの患者を受けもっていたから、狂者は身近な存在だった。が、狂者は歌の伝統にとって近い存在ではない。その狂者を遠慮会釈なく取りこんで茂吉は歌を作っている。「冬来　黄涙餘録の二」と題された連作から四首を引く。

自殺せる狂者《きやうじや》をあかき火に葬《はふ》りにんげんの世に戦《をのの》きにけり

ひたいそぎ動物園にわれは来《き》たり人のいのちをおそれて来《き》たり

けだもののにほひをかげば悲しくもいのちは明《あか》く息づきにけり

鰐の子も居たりけりみづからの命死なんとせずこの鰐の子は

「悲報来」や「死にたまふ母」の連作に比べれば、ことばが概念的に割り切られて、作者の情感に十分に即《つ》きしたがうところまでは行っていない、と感じられなくはない。死といのちが対極に置かれ、死が狂者の側にあり、いのちが動物の側にあるといった対立の構図は図式的にすぎて、第一首の「あかき火」や第三首の「明《あか》く」といった措辞が、いのちの側にあるとは分かるものの、読む者を深い情趣へと導かない。

だが、その一方、茂吉が狂者という主題を厄介な、扱いにくいものに感じながら、それを詠むとなったら力をこめてその世界に入りこもうとしていて、その姿勢は読む者の心を打つ。第一首など、情景といい、表現することばといい、その粗暴さはいっそ禍々しいと形容したくなるほどだが、表現者茂吉の一歩も引かぬ熱意と覚悟が歌の背後に見てとれるがゆえに、わたしたちの心は粗暴さに向き合わざるをえないのだ。

連作の流れをたどれば、狂者の自殺に奈落に突き落とされるような衝撃を受けた茂吉が、原始の生命に触れようと動物園に駆けこみ、人間の苦しみや悩みとは無縁に命のままに生きる獣《けだもの》たちのすがたにどうにか生きる力を取りもどす、といった心の動きが見てとれるが、単純ともいえるその心の動きが「にんげんの世」（平仮名書きが印象的だ）「いのちをおそれて」「けだもののほひ」「鰐の子」「命死なんとせず」（字余りに注意）といった考えぬかれた用語によって、輪郭のはっきりとした、一度かぎりの出来事として提示される。背を向けたくなる出来事を歌に詠むのに歌人は背を向ける気配はいささかもない。どころか、出来事の苦々しさ、自分の気持ちの坐りの悪さをもふくめて、情景の本当のすがたをことばにしようと決意を固め、正面切って事態に向き合っている。

狂者にかかわる歌として、「狂人守」という標題のもとに集められた連作から四首を引く。「狂人守」ということばはたぶん茂吉の造語で、精神科医たるおのれをいう呼称だが、伝統的な短歌にはそぐわない刺激的な用語だ。精神病にたいする当時の日本社会の偏見を内にふくむ用語で、茂吉がみずからを狂人守と称するとき、かれは精神科医たる自分にも幾分かゆがんだ世間の目が向けられることに自覚的だった。

うけもちの狂人《きやうじん》も幾たりか死にゆきて折《をり》をりあはれを感ずるかな

くれなゐの百日紅《ひやくじつこう》は咲きぬれど此《この》きやうじんはもの云はずけり

としわかき狂人守《きやうじんもり》りのかなしみは通草《あけび》の花の散らふかなしみ

気のふれし支那のをみなに寄り添ひて花は紅しと云ひにけるかな

狂者を詠んだというより、狂人守である自分のこと、もしくは狂人守の自分と狂者との関係を詠んだ歌というべきだろうが、狂人守と狂者との疎隔感、および、狂者にたいして感じる狂人守の悲哀感の遣り場のなさ、それゆえの狂人守の孤独感はよく伝わってくる。そういう心のありさまは簡単にだれかに話せるものではなく、自分で自分の心に探りを入れるほかなかったろうが、歌に詠むとなったら茂吉はその困難な作業に粘り強く取り組むことができた。だれかを歌に詠むことはその人の世界を部分的にせよ描き出すことだという茂吉の歌作りの要諦は、狂者を詠んだ歌にもまちがいなく生きている。それが現実世界ではうまく折り合いのつかぬ狂者にたいしても、歌の場では生命を吹きこむことのできる原動力となっている。

その原動力が歌作りの上でどのように働いたか。以下でそこのところをもう少し突っこんで考えてみたいが、その前に、これまでの引用歌がすべて『赤光』からだった偏《かたよ》りを補うべく、第二歌集『あらたま』以降の歌集から秀歌十数首を引いておきたい。題材の多様な広がりを意識しての選歌だ。

あかあかと一本《いっぽん》の道《みち》とほりたりたまきはる我《わ》が命《いのち》なりけり　（『あらたま』）

かがやけるひとすぢの道遥《みちはる》けくてかうかうと風《かぜ》は吹《ふ》きゆきにけり　（同右）

かへるごは水《みづ》のもなかに生《うま》れいでかなしきかなや浅岸《あさぎし》に寄《よ》る　（同右）

あかねさす昼《ひる》の光《ひかり》の尊《たふと》くておたまじやくしは生《あ》れやまずけり　（同右）

リンデンの黄に色づきし木のもとに落葉がたまる日に照らされて　（『遠遊』）

ヴェネチアの夜のふけぬればあはれあはれ吾《われ》に近づく蚊《か》のこゑぞする　（同右）

なほほそきドナウの川のみなもとは暗黒《あんこく》の森にかくろひにけり　（『遍歴』）

かへりこし家にあかつきのちやぶ台《だい》に火焔《ほのほ》の香《か》する沢庵《たくあん》を食《は》む　（『ともしび』）

家いでてわれは来《こ》しとき渋谷川《しぶやがは》に卵のからがながれ居《ゐ》にけり　（同右）

一むらの萱《かや》かげに来て心しづむいかなる老《おい》をわれは過《す》ぎむか　（『小園』）

このくにの空を飛ぶとき悲しめよ南へむかふ雨夜《あまよ》かりがね　（同右）

石の上に羽《はね》を平《ひら》めてとまりたる茜《あかね》　蜻蛉《あきつ》も物《もの》もふらむか　（同右）

しづけさは斯《か》くのごときか冬の夜のわれをめぐれる空気の音す　（『白き山』）

日をつぎて吹雪《ふぶき》つのれば我が骨《ほね》にわれの病《やまひ》はとほりてゆかむ　（同右）

よもすがらあやしき夢を見とほしてわれの病《やまひ》はつのらむとする　（同右）

あたらしき時代《ときよ》に老《お》いて生きむとす山に落ちたる栗の如くに　（同右）

さびしくも雪ふるまへの山に鳴く蛙《かへる》に射《さ》すや入日《いりひ》のひかり　（同右）

最上川逆白波《さかしらなみ》のたつまでにふぶくゆふべとなりにけるかも　（同右）

さて、茂吉の歌に息づく生命がどのようにして吹きこまれたのか、そこに探りを入れてみたい。

茂吉は歌の本質を「写生」ということばでとらえていた。歌を詠むきっかけとなった『竹乃里歌』の作者正岡子規が写生を重視したのを引き継いだものだ。

すでに見たように、幕末から明治にかけて西洋文明が激流となって日本に入りこんだとき、写実とか写生といった語は新しい文化のありかたを形容することばとしてしきりに用いられた。自然のしくみを客観的にとらえ、得られた知見にもとづいて自然を開発し利用していく科学技術が写実・写生の名で呼ぶにふさわしい知の働きだったし、その働きが実用の面にとどまらず広く思想や美術や文学の領域にも及んでいることが理解されるに及んで、「写実」「写生」「写真」（「真を写す」）は西洋の文明や精神と近しい関係にある用語として流布するようになった。鎖国政策にも助けられて伝統的な生活様式やものの考えかたが温存されていた社会に、科学技術に支えられた西洋の先進文明が流れこんできたとき、人びとはそこに外界の自然や事物を冷静に観察する合理的ないし実証的な思考が力を発揮しているさまを見てとったのだが、そうした合理的ないし実証的な思考は「写実」「写真」「写生」といったことばに近しい精神の働きだった。すでに見たように、高橋由一や坪内逍遥などの愛用した「写生」「写真」「写実」が美術や文学の手法ということばとして広がっていったのは明治精神史の重要な一章だった。

茂吉を主だったメンバーの一人とするアララギ派が、正岡子規の作風を継いで写生を自派の標語に掲げたのは、自国の長い伝統の規制下にある短歌の世界にも洋風の表現法が浸透するに至ったことを示す事実だった。が、浸透は変質をともなわないではいなかった。とくに茂吉にあっては、おのれの標榜する写生が世に流布する概念と一致しないことに十分に自覚的だった。一九二〇—二一年、茂吉は機関誌「アララギ」に「短歌に於ける写生の説」と題する論文を連載し、中国の画論における「写生」の用語例や子規の用語例を援用しつつ、自分のめざす写生の概念を明らかにしようとした。用語例を丁寧に拾い出していく思考の粘り強さと、さまざまな写生説のなかにあって自説をゆるぎなく打ち出す思考の論理的明晰さが印象に残る論文である。

中国の画論や子規の論を参考に自説を展開するという方法論には、写生が洋風か和風かといったことにこだわらない茂吉の思考の特質がおのずと示されている。写生が短歌の本質とどう関係し、おのれの歌作とどうかかわるのか——それこそが茂吉にとって核心をなす問題だった。

茂吉にとって写生とはなんだったか。それを短く明確に言い切ったことばがある。

実相に観入して自然・自己一元の生を写す。これが短歌上の写生である。

（柴生田稔編『斎藤茂吉歌論集』岩波文庫、一九七七年、一二七ページ）

「実相」といい、「観入」といい、「自然・自己一元の生」といい、畳みかけるような観念語の羅列に気概の激しさは感じられるものの、分かりやすい文ではない。ただ、ものごとの外形をありのままに正確に写す、という普通の写生とはちがう意味を茂吉がそこにこめようとしているのは明らかだ。そして、茂吉のこめた独自の意味を考えるには、歌論よりも歌そのものに即《つ》くのがよい。

すでに引用した『あらたま』四首のうち写生的要素の強い二首を再引用する。

かへるごは水《みづ》のもなかに生《うま》れいでかなしきかなや浅岸《あさぎし》に寄《よ》る

あかねさす昼《ひる》の光《ひかり》の尊《たふと》くておたまじやくしは生《あ》れやまずけり

池の縁に身をかがめておたまじゃくしの動きをじっと観察している歌人のすがたが思い浮かぶ。生まれたばかりの無数の黒っぽい小動物が、体をくねらし競うようにして浅い岸に向かって泳いでいく。見ているうちに歌人の体と心はおたまじゃくしの動きに引き寄せられ、おたまじゃくしの生きる水と草と泥の世界に、さらにはそれらを包んで広がる自然に一体化し、その一体化が「かなしきかなや」「昼《ひる》の光《ひかり》の尊《たふと》くて」といった情感を心に呼びさます。自然の動きと心の動きとのそのような照応を茂吉は人間的・文学的にゆたかなもの、価値あるものと感じ、それを表現するのが写生なのだと言いたかったように思われる。

さきほど引用を見送った『あらたま』二首は、いまの二首より内面性の勝った歌だ。

あかあかと一本《いつぽん》の道《みち》とほりたりたまきはる我《わ》が命《いのち》なりけり

かがやけるひとすぢの道遥《みちはる》けくてかうかうと風《かぜ》は吹《ふ》きゆきにけり

道の前に歌人は立ちつくしている。だが、道を観察しているというより、道を前にして思いに耽っているといったふうだ。たしかに道は遠くまで続いているのではあろうが、その道は多くの人の足が踏み固めた道というより、歌人の未来を象徴するような、歌人の心象風景としての道に近い。もともと「道」ということばは古代中国の道教や儒教以来、人生行路の寓意として多用され、右の二首もそれに乗って人生論ふうの使いかたをしているように思えるが、そう思うと逆に、目の前の道が心象風景というにとどまらず、現実の道としてゆるぎなくそこにあると見えてくる。その意味で、ここでの道は主客未分の道、「自然・自己一元の生」としての道といえるかもしれない。おたまじゃくしの二首が外界の観察から出発して、それをことばに表現する過程で「自然・自己一元の生」が立ちあらわれたのにたいし、道の二首では、出発点にすでに一元の生の受感があり、それが五・七・五・七・七、あるいは五・七・五・八・七、のことばに分かれていったといいえようか。

ヨーロッパの地で詠まれた『遠遊』二首と『遍歴』一首は、リンデン、ヴェネチア、ドナウの片仮名が一見、目を射るが、自分を世界に向かって限りなく開き、世界の生命と一体化しようとする茂吉の歌人魂にとっては、現在地が故郷から遠い異国であることなど、なにほどのことでもなかったのが読み進むうちに納得される。外国での日々が日本の暮らしと変わらなかったとはいえそうもないけれど、歌作りに向かうときには日本での吟詠と同種の情熱を同じ強度で歌に注ぐことができたのではなかろうか。

最後に、アジア・太平洋戦争末から敗戦後にかけての歌三首を『小園』と『白き山』から再引用する。

石の上に羽《はね》を平《ひら》めてとまりたる茜《あかね》蜻蛉《あきつ》も物《もの》もふらむか

しづけさは斯《か》くのごときか冬の夜のわれをめぐれる空気の音す

最上川逆白波《さかしらなみ》のたつまでにふぶくゆふべとなりにけるかも

歌に老いが影を落としてはいるが、老いの命と自然の命の交流を歌に掬《すく》いとる熱意は衰えていない。三首目の「最上川……」の歌など、老いが原初の自然に通い合うとさえ思えるほどだ。茂吉の短歌は、西洋文化との接触が日本古来の伝統芸術を地球大の普遍性へと押し上げた実例の一つといえるように思う。

2　萩原朔太郎――モダニズムと望郷

萩原朔太郎は明治半ばの一八八六年に生まれ、アジア・太平洋戦争（一九三一―四五年）の末期に五五歳で生涯を終えた。茂吉に四年遅れて生まれ、一一年先んじて死んだが、敗戦前後の激動の経験の有無を除けば、明治・大正・昭和と二人の生きた時代は重なり合っている。

しかし、二人の作品を読み比べると、短歌と詩というジャンルのちがいを超えた、表現の肌合いのちがいがはっきりと感じられる。茂吉が熱っぽい抒情の歌人だとすれば、朔太郎は冷えた抒情の詩人であり、茂吉の短歌が田舎者の一徹さと刻苦勉励を支えとして積み上げられた表現だとすれば、朔太郎の詩は、都会に憧れる田舎出のけだるいモダニストの、磨《と》ぎすまされた感性が生み出した独特の表現だということができる。

朔太郎は、一九一三年に北原白秋編集の文芸雑誌「朱欒《ザンボア》」に五編の詩が掲載されて名を知られるようになり、その三年後の一六年に室生犀星とともに詩誌「感情」を創刊し、翌一七年処女詩集『月に吠える』を刊行した。同時代の文学者たちは、たとえば学習院出身者を中心とする白樺派や、茂吉を有力メンバーの一人とするアララギ派のごとく、経済的に恵まれた気鋭の若者たちが同人としてのつながりを保ちながら創作に励むといったふうだったが、朔太郎はちがった。犀星や白秋などは親しい詩人ではあったが、かれらとのつながりは個人と個人の関係にとどまり、その関係も朔太郎のかかえる憂愁や倦怠や孤独を癒やすものではなかった。そして、二〇代の後半に始まった詩作も、憂愁や倦怠や孤独を深めこそすれ、詩人をそこから解き放つものではなかった。その意味で朔太郎は典型的な近代詩人であった。

五五編の詩をおさめる最初の詩集『月に吠える』は、青春の覇気と繊細な魂の震えが微妙に交錯しつつ表出された、読む者に警戒心のごときものを起こさせる作品群である。

よく知られた「竹」の全編を引く。

光る地面に竹が生え、
青竹が生え、
地下には竹の根が生え、
根がしだいにほそらみ、
根の先より繊毛《わたげ》が生え、
かすかにけぶる繊毛が生え、
かすかにふるえ。

萩原朔太郎

かたき地面に竹が生え、
地上にするどく竹が生え、
まつしぐらに竹が生え、
凍れる節節りんりんと、
青空のもとに竹が生え、
竹、竹、竹が生え。

(河上徹太郎編『萩原朔太郎詩集』新潮文庫、一九五〇年、二八―二九ページ)

青空に向かってまっすぐにぐんぐん伸びていく竹の動きをきびきびとしたリズムでとらえた、覇気に溢れた詩だ。しかし前半の「根がしだいにほそらみ、／根の先より繊毛《わたげ》が生え、／かすかにけぶる繊毛が生え、／かすかにふるえ」という四行の、消えゆくようなはかなげな表現も見逃すわけにはいかない。そして、勢いのよさと、動きの減速した脆弱さ、繊細さとの対比に目をとめると、覇気から繊細さへ、また繊細さから覇気への移りゆきが、なにかしらゆるんだ投げやりな移行の形を取ることが見えてくる。右に引用した「竹」も、後半の六行からすると、切れ味の鋭い詩だといえなくないが、前半の七行を合わせて全体をひとまとまりのものとして見ると、そこにひそかにたるみが忍びこんでいるように感じられる。それは『月に吠える』の五五編の詩にほとんど例外なく感じられる特色だ。
たるみが脆弱さ、あるいは繊細さとして詩の世界に広く行きわたっている詩として、名作「春夜」全編を引用する。

浅蜊《あさり》のやうなもの、
蛤《はまぐり》のやうなもの、
みぢんこのやうなもの、
それら生物の身体は砂にうもれ、
どこからともなく、
絹いとのやうな手が無数に生え、
手のほそい毛が浪のまにまにうごいてゐる。
あはれこの生あたたかい春の夜に、
そよそよと潮みづながれ、
生物の上にみづながれ、
貝るゐの舌も、ちらちらとしてもえ哀《かな》しげなるに、
とほく渚《なぎさ》の方を見わたせば、
ぬれた渚路には、
腰から下のない病人の列があるいてゐる、

ふらりふらりと歩いてゐる。
ああ、それら人間の髪の毛にも、
春の夜のかすみいちめんにふかくかけ、
よせくる、よせくる、
このしろき浪の列はさざなみです。

（同右、四六―四八ページ）

初めの三行に「……のやうなもの」が三度くりかえされる。「やうなもの」といわれて意味が明確になるのでも、イメージがふくらむわけでもないが、浅蜊だ、蛤だ、みぢんこだ、と断定するのが憚《はばか》られて「のやうなもの」が添えられたのであろう。たるみを資質とする詩人の特色があからさまに示された語法だ。

行が進むとその繊細なたるみは詩をつづる語法というにとどまらず、詩の世界のもののありかたを示すものとなる。渚が詩人の心情に染まり、春そのものが目の前にあるというより、春のたるんだけだるさが視界全体に広がっていると感じられる。となると、読者はそこにあらわれるものを冷静に見つめるというより、たるみのある表現を通して現実とずれたものがどう脆弱・繊細な幻想としてあらわれるかを期待するようになる。貝類の舌がちらちらと燃え哀しげなるさまも、腰から下のない病人の列が歩いているさまも、そのような幻想として素直に受けとめられる。詩のことばにたるみがあるがゆえに、現実の世界に幻想のしのびこむゆとりがあるといえようか。

が、詩人は幻想に自由に遊ぶことをみずからに禁じているもののごとくで、最後一行、「よせくる、よせくる／このしろき浪の列はさざなみです」は、幻想を振り払って現実に立ち返り、もって詩に終止符を打とうとしているかに見える。「さざなみです」という調子を変えた終止形が、幻想からの覚醒を——したがって、作者が自覚をもって幻想世界をさまよっていたことを——思わせるのだ。

さて、たるみの語法を時代の現実にたいする朔太郎のかかわりかたと関連させて考えると、そこに詩人の精神の独自性が浮かび上がってくる。たるみの語法には外部の現実にたいする朔太郎のぬきがたい違和感が、——どう調和を求めても調和しがたい違和感が、——こめられているように思える。「竹」でいえば、天へとまっすぐに伸びる地上の竹と繊毛がかすかに震えながらけぶる地下の竹とを調和させることができなかったし、「春夜」では、ちらちらと哀しげにうごめく生物の毛の幻想的なたゆたいを現実の渚の風景に過不足なく位置づけることができなかった。詩の作品にあらわれたそのような矛盾、齟齬、ずれは、朔太郎が時代の現実とのあいだに感受する矛盾、齟齬、ずれを反映するものにほかならず、しかも厄介なことに朔太郎は詩作に向かうとき、矛盾や齟齬やずれをなんとか克服して調和の取れた作品世界をめざさないではい

萩原朔太郎『月に吠える』

られなかった。断るまでもなく「竹」についても「春夜」についても、わたしは「たるみ」という語を批判のことばとして使ってはいない。それは、時代を生き、詩を生きる朔太郎が追いつめられたところでかろうじてつかみとった、ぎりぎりの語法だったのだ。

自己と外部世界の矛盾、齟齬、ずれが精神の危機として感受されるというのは、一般化していえば、近代人の疎外と言いならわされてきた事態にほかならない。近代人が個としての自由を獲得するという出来事は、当の個が外部世界との調和を失い、孤独の生を強いられるという出来事と密接不可分の関係にあった。政治・経済・文化の領域で活躍する明治日本のエリートたちを眺めわたすと、西洋近代の思想を学んだにしては近代人の孤独をその深みにおいて生きた者の数は驚くほど少ないが、それはかれらが個の自由を生きることにきわめて不徹底であったことの証しだとしてよい。学んだ知識や思想や技術を権力支配の共同性や世俗の共同性に役立てる道がいくつも用意されている日本社会にあっては、個の自由に徹することはむずかしかった。

明治維新から半世紀以上の時が経ち、デモクラシー、人格主義、教養主義といったことばが多少とも市民権を得た時代には、自由な個として生きることは孤独に生きる苦しさを覚悟すれば、求めて得られない生きかたではなかった。都市についていえば、そういう生きかたが許される程度には、文化的なゆとりと遊びのある生活が徐々に広がりつつあった。朔太郎は詩を詠むほかに、ギターやマンドリンを弾いたり、身のまわりの家具や調度に凝ったり、おしゃれな恰好を楽しんだりしているが、そんな趣味としての遊興が大都市のみならず地方都市でも可能となるのが時代の状況だった。

趣味の面からすれば朔太郎は時代に乗った遊戯の人といえなくはないが、兆す感情の真実にひたむきにせまろうとするその詩は、趣味と遊戯の域をはるかに超えるものだった。『月に吠える』に続く第二詩集『青猫』には、感情の真実を求めて内向の度がいっそう高まった詩が並ぶ。

集の冒頭に置かれた「薄暮の部屋」の前半部分を引用する。

つかれた心臓は夜《よる》をよく眠る
私はよく眠る
ふらんねるをきたさびしい心臓の所有者だ
なにものか　そこをしづかに動いてゐる夢の中なるちのみ児
寒さにかじかまる蠅のなきごゑ
ぶむ　ぶむ　ぶむ　ぶむ　ぶむ　ぶむ。

私はかなしむ　この白つぽけた室内の光線を
私はさびしむ　この力のない生命の韻動を。

恋びとよ
お前はそこに坐つてゐる　私の寝台のまくらべに

恋びとよ　お前はそこに坐つてゐる。
お前のほつそりした頸《くび》すぢ
お前のながくのばした髪の毛
ねえ　やさしい恋びとよ
私のみじめな運命をさすつておくれ
私はかなしむ
私は眺める
そこに苦しげなるひとつの感情
病みてひろがる風景の憂鬱を
ああ　さめざめたる部屋の隅から　つかれて床をさまよふ蠅の幽霊
ぶむ　ぶむ　ぶむ　ぶむ　ぶむ　ぶむ。

（同右、七二―七四ページ）

憂愁、倦怠、孤独は『月に吠える』から確実に受け継がれ、意味の奥行きが増している。詩を書き発表することは自分以外のだれかにことばをとどけようとすることだから、外とのつながりをまったく遮断する行為ではありえないが、朔太郎の自閉の傾向は強まり、ことばは自分に向かって発せられる独語に近づいている。詩人の内部世界の密度が高まっている、といってもよい。病んだ憂鬱な部屋に詩とは縁遠い蠅が登場するのは新鮮だが、その蠅も場ちがいの、うるさい存在ととらえられるのではなく、内部世界の病みと憂鬱に染まった幽霊のごときものとなり、その羽音――「ぶむ　ぶむ　ぶむ　ぶむ　ぶむ　ぶむ」――はけだるい詩の世界の伴奏音となっている。ことばにたいする詩人の音感の鋭敏さは、改めていうまでもない。

詩が自閉の傾向を強め、内部世界の密度が高まることは、詩人の感情の核心をなす憂愁や倦怠や孤独が詩人の内面をも外界をも満たす情緒として詩の全域に広く行きわたることを意味する。実際、「薄暮の部屋」の表現する世界は、蠅のみならず「私」や「恋びと」も病みと憂鬱に染められ、引用しなかった後半部分をふくめて神経の行きとどいた、ふっくらとした世界をなしている。感情と詩語の行き来が自在の度を増したと感じられる。

こうして、詩に表現された内部世界がゆたかな統一性を獲得するに至ると、内部世界と生《なま》の外的現実との交流の道は閉ざされがちになり、内部世界は独自の観念的な完結体となって、その観念世界が外部の現実世界と情緒的に照応するものとなる。「薄暮の部屋」についていえば、「私」が疲れて横になり、「恋びと」がそばに坐り、蠅が羽音を立てる薄暮の病んだ憂鬱な部屋が、詩のなかで言及されることはまったくないけれど、米騒動や労働運動や小作争議や関東大震災の起こった第一次世界大戦後の時代の現実と照応しているということだ。そして、その照応を支えるものとして詩人の心の底にあったのが「かなしみ」と「さびしさ」の情緒だった。

引用詩のなかほど、前後に一行ずつの余白を置いて、「私はかなしむ　この白つぽけた室内の光線を／私はさびしむ　この力のない生命の韻動を」の二行がくる。「かなしむ」「さびしむ」は詩中の「私」のかなしさ、さびしさと作者のかなしさ、さびしさとが一体となったもののように読める。そのかなしさ、さびしさが外の世界へと、また内部の生命や感情へと広がっていくものであることは、さきの二行に、かなしむ対象、さびしむ対象として「白つぽけた室内の光線」と「力のない生命の韻動」が詠われ、また一〇行ほどあとに「苦しげなるひとつの感情」「病みてひろがる風景の憂鬱」が詠われていることからして知られる。詩をつづるときの詩人の感性は、かなしみとさびしさがおのれの感情の底に向かってどこまでも沈みこんでいくとともに、外へ向かってもはるかな遠くまで同じ情緒をおしひろげていくような性格をもつ。それは朔太郎の世界観ないしは現実認識と遠く通じるもののように思われるが、なかでも『青猫』はその情緒にもっとも濃く染められた詩集だといえよう。いま、かなしさとさびしさが隅々にまで行きわたった秀作「鶏」の全編を引く。

しののめきたるまへ
家々の戸の外で鳴いてゐるのは鶏《にはとり》です
声をばながくふるはして
さむしい田舎の自然からよびあげる母の声です
とをてくう、とをるもう、とをるもう。

朝のつめたい臥床《ふしど》の中で
私のたましひは羽ばたきをする
この雨戸の隙間からみれば

よもの景色はあかるくかがやいてゐるやうです
されどもしののめきたるまへ
私の臥床にしのびこむひとつの憂愁
けぶれる木々の梢をこえ
遠い田舎の自然からよびあげる鶏《とり》のこゑです
とをてくう、とをるもう、とをるもう。

恋びとよ
恋びとよ
有明のつめたい障子のかげに
私はかぐ　ほのかなる菊のにほひを
病みたる心霊のにほひのやうに
かすかにくされゆく白菊のはなのにほひを
恋びとよ
恋びとよ。

しののめきたるまへ
私の心は墓場のかげをさまよひあるく

ああ　なにものか私をよぶ苦しきひとつの焦躁
このうすい紅《べに》いろの空気にはたへられない
恋びとよ
母上よ
早くきてともしびの光を消してよ
私はきく　遠い地角のはてを吹く大風《たいふう》のひびきを
とをてくう、とをるもう、とをるもう。

（同右、八九―九一ページ）

「くされゆく白菊のはなのにほひ」や「墓場のかげ」はともかく、夜明けを告げる「鶏のこゑ」や「恋びと」や「母上」が取り立てて「憂愁」や「焦躁」と結びつくわけではない。しかし、詩人は多くの物象のなかからあえてそれらを選び出し、「憂愁」の気配や「焦躁」の気分と結びつける。するとそれらの物象にけだるさがまとわりつき、けだるい空気がゆっくりと広がって詩の世界全体の雰囲気となる。

詩の世界へのけだるさの浸潤に大きな働きをなしているのが「とをてくう、とをるもう、とをるもう」という鶏鳴の擬声語だ。詩のことばとしても散文のことばとしてもわたしは出合ったことがなく、朔太郎の造語と思われるが、よくぞ思い浮かんだものだと思う。朔太郎の聴覚のよさを示す恰好の例といえようか。声に出してゆっくり唱えると、そこから憂愁の気分が流れ出るように感じられる。

『青猫』に収録された詩編は、朔太郎がそのように自分の憂愁や倦怠や孤独の情の内部に分け入り、そこから詩のことばを汲み出して明確な一つの世界を作り出そうとしたものだった。骨身を削るようにして生み出された斬新にして切実なことばの列が、すぐれた詩的幻想の世界をなしていることは否定のしようがない。近代的な個として生きるのが困難な時代に、感情の尖端において近代的な個の孤独を生きようとする詩がそこに提示されているということができる。

しかし、朔太郎はそこにとどまれなかった。憂愁と倦怠と孤独の情緒はかれにとって安住の地ではなかった。『青猫』ののち、『蝶を夢む』『純情小曲集』と続く詩集のなかでは憂愁、倦怠、孤独の情緒に沈みこみ、かなしみとさびしさが全編を覆う詩が続くが、一九三四年の『氷島』に来て、一転、怒りの情を激しくたたきつけるような詩群があらわれる。以下に、「昭和四年の冬、妻と離別し二児を抱へて故郷に帰る」という詞書を付した「帰郷」を引く。

わが故郷に帰れる日
汽車は烈風の中を突き行けり。
ひとり車窓に目醒《ざ》むれば
汽笛は闇に吠え叫び
火焔《ほのほ》は平野を明るくせり。
まだ上州の山は見えずや。
夜汽車の仄暗《ほのぐら》き車燈の影に

母なき子供等は眠り泣き
ひそかに皆わが憂愁を探《さぐ》れるなり。
嗚呼《ああ》また都を逃れ来て
何所《いづこ》の家郷に行かむとするぞ。
過去は寂寥の谷に連なり
未来は絶望の岸に向へり。
砂礫《されき》のごとき人生かな！
われ既に勇気おとろへ
暗憺《あんたん》として長《とこし》なへに生きるに倦みたり。
いかんぞ故郷に独り帰り
さびしくまた利根川の岸に立たんや。
汽車は曠野を走り行き
自然の荒寥たる意志の彼岸に
人の憤怒《いきどほり》を烈しくせり。

（同右、一九七—一九八ページ）

一読するだけで、これまでの詩とは歌いぶりが一変していることは明らかだ。声に出して詠むとすれば、強い声音で急調子で詠むのがふさわしい詩だ。これまでの口語体が文語体に変わったのも、詩人が自分の感情に沈みこみ、内面の気分に酔うようにしてことばやイメージを紡ぎ出していたところから、ことばとイメージを重ねることによって憤怒の感情を高め、高まった感情を外の世界に真正面からぶつけようとする姿勢にいかにも似つかわしい。

語気鋭い急調子がことばの意味を事実のほうへと引き寄せる。かつての詩では、竹の根にしても、浅蜊《あさり》や蛤《はまぐり》や病人の列にしても、蠅や恋びとにしても、また鶏や白菊にしても、現実と夢想のあわいに浮かぶあえかな存在として表現され、それゆえに憂愁や倦怠の暗喩ともなりえたのだが、「帰郷」の汽車や平野や車灯や利根川はもっとずっと現実の重みを備えたものとして読み手にせまってくる。「母なき子供等」が詞書にある「二児を抱へて故郷に帰る」の二児であり、それ以外に読みようのないことは言うを俟たない。同じく一行目「わが故郷に帰れる日」の「わが」と、一五行目「われ既に勇気おとろへ」の「われ」は朔太郎その人と取る以外にはない。起伏の激しい感情が大きく高まる三行「過去は寂寥の谷に連なり／未来は絶望の岸に向へり。／砂《さ》礫《れき》のごとき人生かな！」も、詩人の現実の叫びであるかのように聞きなされる。

『氷島』に並ぶ詩は、その多くがそんなふうに以前の詩とは肌合いを異にするが、とはいえ、それらが朔太郎の詩であることは見紛《みまが》うべくもない。憂愁や倦怠の気分が詩の基調をなすことはなくなっても、近代世界を生きる個の疎外感と孤独感はそこにしっかりと鳴り響いているからだ。

たとえば、故郷のイメージだ。さきにもいうように、現実の外形は平野といい川といい詩人の目にくっきりと映じている。しかし、故郷が自分の過去とどうつながり、いまの自分——「妻と離別し二児を抱へて故郷に帰る」自分——にとってどういう存在なのかは一向にはっきりしない。「いかんぞ故郷に独り帰り／さびしくまた利根川の岸に立たんや」といった詩句からは、故郷と詩人の違和が浮かび上がってくるばかりだ。

違和といえば、朔太郎は都会とのあいだにも調和を見出すことはできなかった。特定のだれかれと懇意な間柄になることはできたろうが、都会をくつろげる居場所と感じることはできなかった。詩の表現に生命の息吹を予感し、感情の深部に下りていってかなしみやさびしさを精妙なことばに定着していったのは、不可能と知りつつ都市生活の疎外と孤独を克服しようとする試みといえなくなかった。

同じ疎外感と孤独感が文語体の強い語調で表現されたために、「帰郷」は悲哀の詩というより憤激の詩となった。語調の強くなった理由の一つに、故郷の共同性にたいする朔太郎の期待の大きさが考えられると思う。妻と離別し二児を連れて帰郷するという行為そのものが、故郷の共同性にたいするなにほどかの期待を示すもので、家庭の危機のただなかで一時的にもせよ期待はふくらみもしたであろう。が、その一方、故郷がおいそれと期待に応えてくれるものでないことは出郷の経験からして朔太郎にはよく分かっていた。詩に表明された憤激は疎外と孤立を強いる状況にたいする憤激であるとともに、そういう状況下にあってなお故郷に救いを求めざるをえぬおのれのふがいなさにたいする憤激でもあった。

外部世界にたいする違和を解消も克服もできず、むしろ違和を生きるなかで見えてくる世界の情景と内面の感情をことばにすることによって『青猫』『蝶を夢む』の詩の世界が——疎外と孤独の、そして憂愁と倦怠の詩世界が——作り出されたとすれば、『氷島』の詩群は同じ違和が叫びとなってほとばしったものといえようが、憂愁と倦怠を吹き飛ばす叫びのなかにも詩人の抱く疎外感と孤独感ははっきりと見てとれる。「何所《いづこ》の家郷に行かむとするぞ」とか「砂礫《されき》のごとき人生かな！」といった声高な詩行は、かえって詩人における疎外と孤独の根の深さを示している。朔太郎の生涯は疎外と孤独の外に出るものではなかった。詩人は振り払いようのない疎外と孤独に背を向けることなく、悲傷の場面でも詠嘆の場面でも叫びの場面でも、自己と世界との齟齬はしっかりと見すえていた。

底のほうからつねに悲哀と悲痛の響きの聞こえてくる詩が、個としてこの世を生きるむずかしさに通じているのは、詩を書くときのそのような姿勢のゆえだった。朔太郎は日本には珍しい近代詩人だったということができる。

3　宮沢賢治——修羅の苛立ちと彷徨

宮沢賢治は、都会の生活および文化とは縁の遠い詩人であり童話作家だった。

斎藤茂吉が東京の養家から中学、高校、大学に通い、その後、精神科の医師として東京に暮らしつつ歌の道を歩み、萩原朔太郎が二〇代の初めから故郷・前橋と熊本、岡山、東京のあいだを行き来し、その後も東京での暮らしと前橋での暮らしが相半ばするのに比べれば、宮沢賢治の都会（東京）暮らしは合わせて一年にも満たず、その詩にも童話にも都市文明の影は薄い。童話『注文の多い料理店』に都市文明への、声高ではないが鋭利な批判を読みとったり、イーハトーヴ、イギリス海岸、ベーリング市、グスコーブドリ、ジョバンニといった片仮名の固有名詞に都市文明への淡い憧憬をうかがうことは可能だけれども。

ともあれ、岩手県稗貫《ひえぬき》郡里川口村（いまの花巻市豊沢町）に生まれた賢治は、三七年の短い生涯の大部分を郷里の実家かその周辺で過ごした。宮沢家は質屋と古着商を兼ねた富裕な商家だったから、賢治は田畑を耕す農民ではなかったが、まわりには田畑や農場や森が広がり、賢治自身、農業技師として近辺の農耕のありさまに思いを及ぼすことも多く、形容するなら、都会のにぎわいからは遠い農村の詩人、農村の童話作家というにふさわしい生涯だった。

農村の生活がまわりの自然に支えられ、まわりの自然とともにあることを賢治が日々の暮らしのなかで実感していたことを示す文章として、以下に、二五歳の年に書かれた童話『狼森《オイノもり》と笊森《ざるもり》、盗森《ぬすともり》』の一節を引く。

狼森、笊森、黒坂森、盗森の四つの森ができたばかりのころ、山を越えて森にやってきた四人の百姓が森に向かって「畑起こしてもいいかあ」「家建ててもいいかあ」「火たいてもいいかあ」「木貰《もら》ってもいいかあ」と叫ぶ。森はそのたびに「いいぞお」「ようし」と答え、四人はそれぞれ家族とともにそこに住みつくことになる。春になって九人の子どものうちの四人がいなくなる。探しても見つからない。


そこでみんなは、てんでにすきな方へ向いて、一緒に叫びました。

「たれか童《わらし》やど知らないか。」

「しらない。」と森は一斉にこたえました。

「そんだらさがしに行くぞお。」とみんなはまた叫びました。

「来《こ》お〔やって来い〕。」と森は一斉にこたえました。

そこでみんなは色々の農具をもって、まず一番近い狼森《オイノもり》に行きました。森へ入りますと、すぐしめったつめたい風と朽葉の匂とが、すっとみんなを襲いました。

みんなはどんどん踏みこんで行きました。

すると森の奥の方で何かパチパチ音がしました。

急いでそっちへ行って見ますと、すきとおったばら色の火がどんどん燃えていて、狼《オイノ》が九疋《ひき》、くるくるくる、火のまわりを踊ってかけ歩いているのでした。

だんだん近くへ行って見るといなくなった子供らは四人共、その火に向いて焼いた栗や初《はつ》茸《たけ》などを食べていました。

狼《オイノ》はみんな歌を歌って、夏のまわり灯籠のように、火のまわりを走っていました。

……

みんなはそこで、声をそろえて叫びました。

「狼《オイノ》どの狼《オイノ》どの、童《わらし》やど返して呉《け》ろ。」

狼はみんなびっくりして、一ぺんに歌

宮沢賢治

をやめて口をまげて、みんなの方をふり向きました。

するとと火が急に消えて、そこらはにわかに青くしいんとなってしまったので、火のそばのこどもらはわあと泣き出しました。

狼《オイノ》は、どうしたらいいか困ったというようにしばらくきょろきょろしていましたが、とうとうみんないちどに森のもっと奥の方へ逃げて行きました。

そこでみんなは、子供らの手を引いて、森を出ようとしました。すると森の奥の方で狼どもが、「悪く思わないで呉《け》ろ。栗だのきのこだの、うんとご馳走したぞ。」と叫ぶのがきこえました。みんなはうちに帰ってから粟餅をこしらえてお礼に狼森へ置いて来ました。

(『宮沢賢治全集8』筑摩書房、一九六八年、二三六―二三八ページ)


百姓が森に向かって叫び、森がそれに答えるという問答が印象的だ。森は眺めやる風景ではなく、共に生きる仲間に近いなにかなのだ。となれば、森に住む狼も仲間に近い。声の応答だけでなく、子どもたちのそばで踊ったり、子どもにごちそうしたりするのになんの不思議もない。村人たちがごちそうのお礼に粟餅を作って置いてくるのも、それはそうだろうと納得できる。

ただ、まわりの自然が人の暮らしを気づかってくれる偏《ひとえ》にありがたい存在だと考えるのは、賢治の真意に沿《そ》わない。さきの童話では、どうしてそうなったか理由は示されないけれど、森は子どもをつれ去って村人を悲しませる存在でもあるのだ。かりにそれがいたずら心に出るものだったとしても、東北の自然の厳しさを熟知していた賢治のこと、自然と人の暮らしが理想的に調和した状況をおのれの文学世界として提示できるわけはなく、いたずら心という形にもせよ暮らしと自然との齟齬を表現せざるをえなかったはずだ。自然のなかに生き、自然に包まれて生きるのが古くから変わらぬ人間の暮らしだとしても、ときに温かく、ときに冷たく、またときに厳しく、ときにまろやかだというのが暮らしのなかで見えてくる自然の実相だった。

自然の冷たさと厳しさを剔出《てきしゅつ》した場面として、たとえば童話『なめとこ山の熊』の末尾近くの一節を引くことができようか。一匹の猟犬を連れて熊を狩る小十郎という名の山男が、雪の降る冬山で大きな熊と出合う場面だ。

小十郎がその頂上でやすんでいたときだ。いきなり犬が火のついたように咆え出した。小十郎がびっくりしてうしろを見たら、あの夏に眼をつけて置いたあの大きな熊が、両足で立ってこっちへかかって来たのだ。

小十郎は落ちついて足をふんばって鉄砲を構えた。

熊は棒のような両手をびっこにあげて、まっすぐに走って来た。さすがの小十郎もちょっと顔いろを変えた。

ぴしゃというように鉄砲の音が小十郎に聞えた。ところが熊は少しも倒れないで嵐のように黒くゆらいでやって来たようだった。犬がその足もとに噛みついた。と思うと小十郎は、があんと頭が鳴って、まわりがいちめんまっ青になった。それから遠くでこういうことばを聞いた。

「おお小十郎、おまえを殺すつもりはなかった。」

もうおれは死んだ、と小十郎は思った。そして、ちらちらちらちら青い星のような光が、そこらいちめんに見えた。

「これが死んだしるしだ。死ぬとき見る火だ。熊ども、ゆるせよ。」と小十郎は思った。それからあとの小十郎の心持はもう私にはわからない。

とにかくそれから三日目の晩だった。まるで氷の玉のような月がそらにかかっていた。雪は青白く明るく、水は燐光をあげた。すばるや参《しん》の星が、緑や橙《だいだい》にちらちらして呼吸をするように見えた。

（『宮沢賢治全集9』筑摩書房、一九六八年、三五―三六ページ）


小十郎の熊撃ちは、熊が殺されるか小十郎が殺されるか分からない凄絶な闘いだ。が、小十郎は熊を殺さないでは生きていけない。熊を憎んでいるわけではないけれども、九〇歳の婆さんと五人の子どもを養うには山の栗や畑の稗《ひえ》だけでは足りず、熊を求めて山を歩きまわらざるをえない。

そして、話の最後では小十郎のほうが熊に殺されてしまう。熊は「おお小十郎、おまえを殺すつもりはなかった」とつぶやくが、そのつぶやきをもふくめて人間と自然との苛酷な関係が大写しになる場面だ。賢治の筆は小十郎にたいしても熊にたいしても冷たくはないし、その間柄も心の通い合いらしきものがあるような書きかたになっているが、にもかかわらず、死がつねに近くにあるその関係は矛盾に満ちた苛酷な関係であることをまぬかれない。賢治は東北の農村に住む生活者として、また表現者として、その矛盾と苛酷さにたいして十分に自覚的だった。

さきの引用でも、「とにかく」以下の末尾三行は小十郎の悲しい死にたいする賢治の鎮魂の文章のように読める。小十郎と熊とのあいだに特別の心の通い合いがあったにしても、激しい闘いののちに一方の死がもたらされたとなれば、その死はけっして心安らかに受け容れられるものではなく、月や雪や星々の力を借りてでも死者の魂を鎮めたく思う気持ちがおのずと生じるようなものだった。自然と人間とが大きな調和のなかにあるといった宇宙観が、法華経から学んだ賢治の大切な仏教思想だったとしても、賢治はそのために現実の具体的な矛盾に目をふさぐことはなかった。大自然と人間との調和への願いは賢治の心のなかに終生変わらぬユートピア思想として生きていたが、その一方、現実世界の矛盾を見つめる知性も、これまた終生変わることなく生きて働いていた。

ただ、現実世界の矛盾といえば、自然と人間との矛盾以上におのれと他人との矛盾、おのれと社会との矛盾が賢治にとっては強く胸に突き刺さる矛盾だった。

明治維新からおよそ五〇年、日本の近代化が大正デモクラシーとなって世に広がる時期に賢治は青年期を迎え、同時代の知的表現者の多くがそうであるように、知的であることによって社会から浮き上がるという孤立感と疎外感に見舞われたが、賢治の場合、周囲の状況のしからしむところとして、またおのれの覚悟としても農村を生きる場としたために、孤立感と疎外感は心の奥深く入りこむものとなった。労働の場でも人づき合いにおいても共同の力が強く働く農村社会にあって、おのれの孤立と疎外を意識しつつ人びととともに生きていくのは容易なことではなかっ

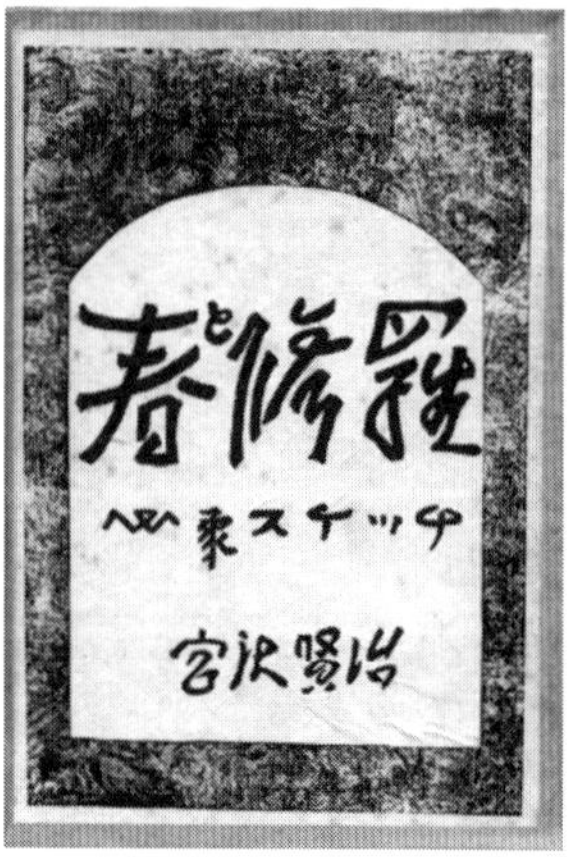

宮沢賢治『春と修羅』

た。

孤立感と疎外感は童話よりも詩においていっそう切実に表現された。子どもを楽しませながら自分も楽しむという愉楽の気分をぬけ出して、詩においては賢治は、心の底で日々実感する孤立と疎外をなんとかことばにし、もって自分の生きかたそのものをみずからに問い、自他に向かって形象化しようとした。その表現行為は理論的にも感情的にも幾重にも屈曲し錯綜し、ときにつかみどころのない作品や詩節を生み出しもしたが、思索と表現とのあいだに緊張感の行き交う詩には、底光りするような力強さと輝きがあって、読む者を自省へと向かわせないではいない。

初めに引くのは、生前に刊行された唯一の詩集『春と修羅』におさめられた、標題と同じ題の「春と修羅（mental sketch modified）」の全編である。

心象のはひいろはがねから
あけびのつるはくもにからまり
のばらのやぶや腐植《ふしょく》の湿地
いちめんのいちめんの諂曲《てんごく》模様

（正午の管楽《くわんがく》よりもしげく
琥珀《こはく》のかけらがそそぐとき）
いかりのにがさまた青さ
四月の気層のひかりの底を
唾《つばき》し　はぎしりゆききする
おれはひとりの修羅なのだ
（風景はなみだにゆすれ）
砕《くだ》ける雲の眼路《めぢ》をかぎり
れいろうの天の海には
　聖玻璃《せいはり》の風が行き交《か》ひ
ZYPRESSEN　春のいちれつ
　くろぐろと光素《エーテル》を吸ひ
　その暗い脚並《あしなみ》からは
　天山の雪の稜《かど》さへひかるのに
（かげろふの波と白い偏光《へんくわう》）
まことのことばはうしなはれ
　雲はちぎれてそらをとぶ
ああかがやきの四月の底を

はぎしり燃えてゆききする
おれはひとりの修羅なのだ
(玉髄《ぎよくずい》の雲がながれて
どこで啼《な》くその春の鳥)
日輪青くかげろへば
　修羅は樹林に交響し
　陥《おちい》りくらむ天の椀《わん》から
　　黒い木の群落が延び
　　　その枝はかなしくしげり
　　すべて二重の風景を
喪神《さうしん》の森の梢《こずゑ》から
ひらめいてとびたつからす
(気層いよいよすみわたり
ひのきもしんと天に立つころ)
草地の黄金《きん》をすぎてくるもの
ことなくひとのかたちのもの
けらをまとひおれを見るその農夫
ほんたうにおれが見えるのか

まばゆい気圏の海のそこに
（かなしみは青々ふかく）
ZYPRESSEN　しづかにゆすれ
鳥はまた青ぞらを截《き》る
（まことのことばはここになく
　修羅のなみだはつちにふる）

あたらしくそらに息つけば
ほの白く肺はちぢまり
（このからだそらのみぢんにちらばれ）
いてふのこずゑまたひかり
ZYPRESSEN　いよいよ黒く
雲の火ばなは降りそそぐ

（天沢退二郎編『新編　宮沢賢治詩集』新潮文庫、一九九一年、二六―三〇ページ）

感情が高く低く激しいゆれを示し、ことばが鋭く強く外に向かって放たれる鮮烈な詩である。奔騰し急落する感情に巻きこまれると、詩の激しさだけに心を奪われかねないが、詩人の凝らしたことば遣いの工夫も並一通《なみひととお》りのものではない。漢字表記と平仮名表記の使いわけ、ドイツ語

ZYPRESSEN（糸杉）のローマ字表記、途中から詩行の始まりが一字下がり一字上がりになって詩が波打つように進むその運動感、そして、（　）に括《くく》られた一行ないし二行の詩句の、他の詩行との意味の位相のちがい、等々。賢治がこの詩にこめた思いの強さがおのずと伝わってくるような工夫の凝らしかただ。

なにより「修羅」ということばが印象深い。題名に、詩語としてありきたりの「春」と詩とは縁遠い「修羅」が組み合わさるのは、それはそれで新鮮だが、詩人が自称語として選びとった「修羅」が、戦いに明け暮れる怒りの権化であるとともに、「にがさ」や「かなしみ」を湛えた存在でもあることが分かると、題名の「春」にも人の世の暗い影がつきまとい、深みが加わるようなのだ。

その修羅の前に広がる風景は、不定形の曲線が複雑にからまり合い、不穏な、不気味な様相を呈している。諂曲《てんごく》模様の「諂曲」は国語辞典によると、自分の意志を曲げて他人にへつらうことだというが、へつらいの模様とは線がたがいに頼りなげにもつれ合い、そこに身を置く者やそれを見つめる者を落ち着かない気分にするような、そんな模様を意味していよう。

そのような外部世界に、――いや、外部世界はいいすぎかもしれぬ、副題にmental sketch（心象スケッチ）とあるからには、外部世界は詩人の内面に入りこんでもいよう、となれば、内面と分かちがたい外部世界に、――修羅はにがく、また青い怒りを胸に対峙する。そして「唾《つばき》し、はぎしりゆききする」修羅がにがく青い怒りを抱くのも、唾し、はぎしりゆききするのも、内面にまで入りこんできた外部世界に同調も同化もできないからだ。

なぜできないのか。勢いのあることばがリズムに乗って強く打ち出される引用の詩からも、それ以外の『春と修羅』所収の詩からも、その理由は容易に見えてこない。年譜に沿って賢治の生涯をたどっていくと、その生い立ちや家庭環境や信仰心や理論的関心の方向性や直情径行の性格など、理由となりそうな要素をあれこれ拾い上げることはできるが、賢治自身そうした要素を詩のなかで見定めようとはしていない。内面にまで入りこむ外部世界に自分が同調も同化もできない疎隔感の、その理由を尋ねるのではなく、その心理のありさまをなんとかことばにしようとしたのが賢治の詩だ。それほどに疎隔感は大きな広がりをもって詩人を包んでいるといえようか。詩人がどこを向いてもそこには容易に同調できぬ世界があり、しかも詩人自身同調ないし同化を切実に希求しているのだ。

世界との違和を強く実感する詩人が心の奥底で希求する世界との調和——矛盾したその心理を形象化したものが、にがく青い怒りを抱きつつ、唾《つばき》し、歯ぎしりゆききする修羅の像だ。希求する調和が容易にもたらされそうもないことは自明の前提だ。「まことのことばはうしなはれ／雲はちぎれてそらをとぶ」と詩人は歌い、また「(まことのことばはここになく／修羅のなみだはつちにふる)」と歌う。高く広く果てしない天のどこにも修羅の休息できる場所はなく、地上の森や樹林や草地や湿地にも修羅の居場所は見つからない。しかし、修羅は悲しみに沈みこむことはないし、世界への同調ないし同化の思いを諦めることはない。同調ないし同化の思いを身近な、具体的な想念として表現したのが詩の後半に出てくる以下の四行だ。

草地の黄金《きん》をすぎてくるもの
ことなくひとのかたちのもの
けらをまとひおれを見るその農夫
ほんたうにおれが見えるのか

続く二行が「まばゆい気圏の海のそこに／（かなしみは青々ふかく）」となっていることからして、農夫とおれとのあいだにもしあわせな関係は想定しにくい。すべてが進行形のまま終わるのがこの詩の定めのごときもので、それには終わりから四行目の「（このからだそらのみぢんにちらばれ）」というイメージが大切な思想的役割を担っているが、それについては節の最後でまとめて論じることとしたい。

同じ村に住む農夫と心を通わせるのがむずかしかった賢治だが、疎隔を感じないで済む相手がいないわけではなかった。妹とし子がそうだ。

とし子の死を悼んだ「永訣の朝」の前半部分を引用する。

けふのうちに
とほくへいつてしまふわたくしのいもうとよ
みぞれがふつておもてはへんにあかるいのだ
（あめゆじゆとてちてけんじや）

うすあかくいつさう陰惨《いんざん》な雲から
みぞれはびちよびちよふつてくる
（あめゆじゆとてちてけんじや）
青い蓴菜《じゆんさい》のもやうのついた
これらふたつのかけた陶椀《たうわん》に
おまへがたべるあめゆきをとらうとして
わたくしはまがつたてつぱうだまのやうに
このくらいみぞれのなかに飛びだした
（あめゆじゆとてちてけんじや）
蒼鉛《さうえん》いろの暗い雲から
みぞれはびちよびちよ沈んでくる
ああとし子
死ぬといふいまごろになつて
わたくしをいつしやうあかるくするために
こんなさつぱりした雪のひとわんを
おまへはわたくしにたのんだのだ
ありがたうわたくしのけなげないもうとよ
わたくしもまつすぐにすすんでいくから

（あめゆじゆとてちてけんじや）

（同右、九一―九二ページ）

悲しみは十分に深い。しかし、ことばの流れはなめらかだし、詩人の感情は流れに乗って穏やかに前へと進んでいる。世界との違和に感情が激しく波立つ「春と修羅（mental sketch modified）」とは音の響きに大きなちがいがある。

ちがいを作り出す大本《おおもと》をなすのは詩人と妹とし子との近さだ。妹は死の床にあって口数も少ないが、「あめゆじゆとてちてけんじや（あめゆきとってきてください）」ということばはまっすぐ詩人の心にとどき、こだまとなって何度も反響するほどにそこに生きている。「春と修羅」の修羅にとっては、外部世界の全体も、そこに見えてくる個々の風景も、草地を歩む農夫も、そんなふうに近しく親しいものに感じられることはなかった。その意味で、妹とし子はまさしく詩人にとって特別の存在だった。

身近な特別の存在である妹の死を悼むとなれば、詩が妹と自分の関係に錘《おもり》を下ろしていくのは当然のことだ。さきの引用部分でもみぞれの風景と、妹の「あめゆじゆ……」の肉声と、声に促されて外へと飛び出す詩人の動きとの三つが、たがいに交響するひそやかな内面世界を作り出している。しかし、そういう詩作にあっても、世界の全体と調和したいという賢治の希求は失われない。「永訣の朝」の最終四行で詩人は、取ってきた二椀の雪に向かって次のように祈る。

どうかこれが兜卒《そつ》の天の食に変つて

やがてはおまへとみんなとに
聖《きよ》い資糧《しりやう》をもたらすことを
　わたくしのすべてのさいはひをかけてねがふ
（同右、九四―九五ページ）

この願いはいかにも理想主義的な、観念性の強い願いだが、賢治の思想の根本に横たわる願いであることは疑えない。そして、賢治の思想の根底にそのような茫々たる願いがあることを考えると、妹との親密な心の交流はあくまでも特殊な場面での特異な出来事と考えるほかはない。いうならば、世界との違和に怒り悩みつつ生きる、賢治の孤独の深さが生んだ表現だと考えられる。

実際、詩作において賢治は妹との心の交流をひたすら掘り下げる方向には進まなかった。死別の悲しみを全身で感受しつつ、妹の存在を、そして妹と自分との関係を、自分の外に大きく広がる世界のなかに、そして自分と世界との関係のなかに、しっかり位置づけようとするのが詩人のめざすところだった。

妹とし子の死んだのが一九二二年の一一月。翌二三年の七月から八月にかけて賢治は教え子の就職依頼のため樺太に旅行するが、この旅は同時に、亡きとし子の霊のありかをたずねる追悼の旅でもあった。死んだとし子は自分とは離れた存在であることが自覚され、改めてその存在のありかが追跡され、二人の関係が問われねばならなかった。世界を離れて二人だけの親密な関係が成立する方向へとは、詩人の想像力は向かわなかった。

旅のあとに書かれた「青森挽歌」は二五二行に及ぶ長編詩だが、その冒頭近くの二行に、

わたくしの汽車は北へ走つてゐるはずなのに
ここではみなみへかけてゐる

（同右、一〇六ページ）

と、早くも詩人と世界との疎隔が明瞭に表現される。そして、その六〇行ほどあとに、

とし子はみんなが死ぬとなづける
そのやりかたを通つて行き
それからさきどこへ行つたかわからない
それはおれたちの空間の方向ではかられない

（同右、一一〇ページ）

という詩行があらわれて、とし子が詩人にとって少しく遠い存在となっているのが知られる。詩人が広く世界を眺めわたすことによって詩人と妹との関係が感情のつながりをやや離れて知的に相対化され、詩人の感じる世界との疎隔が親愛な妹にも幾分かつきまとうようになったといえようか。

そういう心境で旅を続けるとき、妹への詩人の思いはいっそう慕《つの》ったかもしれないが、しかし、世界の現実にせまろうとする詩人の知と、世界との大きな調和を求める詩人の意志は、二人

だけの親密な世界にもどることを許さなかった。長編詩は次のように結ばれる。（引用文中、「おまへ」という呼びかけは作者のなかの倫理的な自我が現実の自我に向かっていうことば、「あいつ」は妹とし子をさすことばと考えられる）

すべてあるがごとくにあり
かがやくごとくにかがやくもの
おまへの武器やあらゆるものは
おまへにくらくおそろしく
まことはたのしくあかるいのだ
　　《みんなむかしからのきやうだいなのだから
　　けつしてひとりをいのつてはいけない》
ああ　わたくしはけつしてさうしませんでした
あいつがなくなつてからあとのよるひる
わたくしはただの一どたりと
あいつだけがいいとこに行けばいいと
さういのりはしなかつたとおもひます

（同右、一二一―一二二ページ）

耳ざわりな説教調や反省調が混じるのは、そんな形を取ってでも世界の大調和を信じたいという詩人の願望のあらわれだろうか。願望された大調和よりも、方向の定まらぬ観念の旅を続ける詩人の、世界との違和ないし疎隔を強く印象づけられる結びだが、しかし、その、世界との違和ないし疎隔が詩人の心に終生変わらず底流する感覚であったのと並んで、世界の大調和への希求はこれまた変わることのない詩人の思想の骨格をなすものだった。

違和ないし疎隔の感覚と大調和への希求とが詩人の心のうちにどう共存しているのか、そのありさまを、一九二四年に初稿が書かれ、一九三一年に大幅な加筆改訂がなされた『銀河鉄道の夜』をもとに見ていくことにしたい。

童話『銀河鉄道の夜』は、大きく三つの部分に分かれる。

第一の部分では主人公ジョバンニの貧しく暗い暮らしが描かれる。「一、午後の授業」で天の川の話をぼんやりと聞いていたジョバンニは、授業が終わると、「二、活版所」では、今夜の星祭のために烏瓜を取りに行く仲間には加わらず、町の活版所に行って夕方六時まで活字拾いの仕事をし、小さな銀貨をもらってパンと角砂糖を買って家へと向かう。「三、家」では、母が病気で寝ていて、父は北の海に漁に行っていつ帰ってくるとも知れない、というジョバンニの境遇が語られる。父は犯罪にからんで監獄に入ったとのうわさもある。ともあれジョバンニは一人で「四、ケンタウル祭の夜」へと出かけていく。途中で烏瓜の灯火をもった仲間六、七人に会うが、なかの一人ザネリに意地悪な口をきかれ、ジョバンニは逃げるように林の小径を通って天の川の見える開けた草原へと向かう。

ここまでが第一の部分だ。見られるように、貧困な家庭に育つジョバンニは子どもの世界にうまく入りこむことができない。賢治の感じる世界との違和ないし疎隔をなにほどか分有する少年として設定されている。

この少年が草原に身を横たえたところで汽車の音が聞こえてくる。そして少年ジョバンニがいつのまにか銀河鉄道を走る汽車に乗っている「六、銀河ステーション」からが第二の部分だ。汽車の前の席に坐っているのは、子ども仲間のなかにあって、なにかとジョバンニのことを気づかってくれるカムパネルラだ。セロの音が聞こえ、橙《だいだい》、黄、青に光る三角標が浮かび、紫のりんどうの咲く草原を通過して、汽車は「七、北十字とプリオシン海岸」に到着する。

二人は白鳥停車場で汽車を降り、河原のほうへと歩いていく。河原の場景はこう描写される。

河原の礫《こいし》は、みんなすきとおって、たしかに水晶や黄玉《トパーズ》や、またくしゃくしゃの皺曲《しゅうきょく》をあらわしたのや、また稜《かど》から霧のような青白い光を出す鋼玉やらでした。ジョバンニは走ってその渚に行って、水に手をひたしました。けれどもあやしいその銀河の水は、水素よりももっとすきとおっていたのです。それでもたしかに流れていたことは、二人の手首の、水にひたったとこが、少し水銀いろに浮いたように見え、その手首にぶつかってできた波は、うつくしい燐光をあげて、ちらちらと燃えるように見えたのでもわかりました。

(『宮沢賢治全集10』筑摩書房、一九六七年、二五三ページ)

「水晶や黄玉《トパーズ》」「青白い光」「水銀いろ」「燐光」といった語が銀河のイメージにこと寄せて用い

られているのはいうまでもない。ここはたしかに地上とはちがう別世界だ。が、「一、午後の授業」で天の川の話に触れ、「四、ケンタウル祭の夜」の時計屋で星座の図に接し、さらに二人の少年の銀河鉄道の旅に一〇ページばかりつき合った読者は、この別世界と地上とのつながりを感じとるようにもなっている。旅の導き手が夢見がちな少年であることが場面を現実に近づけるし、ここの渚の場面については、長靴を履いた近眼の地質学者らしき男が助手に向かって、「そこのその突起を壊さないように、スコップを使いたまえ、スコップを。おっと、も少し遠くから掘って。いけない、いけない。なぜそんな乱暴をするんだ」(同右、二五四ページ)と指示を飛ばしたりして、地上の空気が入りこんでくる。

そのように銀河の世界と地上とを行き来するのが『銀河鉄道の夜』なのだ。

二人が地質学者と別れて汽車にもどると、そこから「八、鳥を捕る人」が始まる。背中のかがんだ赤ひげのこの男は銀河で鶴や雁や鷺や白鳥を手で捕まえて食糧として売る変わった商売人だが、その変わりようは銀河世界の光輝さとはほとんどかかわらない。男の渡した雁の足を食べてみるとチョコレートの味がし、鷺は砂に三、四日埋めておくと水銀が蒸発して食べられるようになる、といった、地上の論理がそのまま通用しない変わりようだ。鳥をつめこんだ袋をもつ赤ひげの男そのものは、わたしたちの周囲にいる普通の人に見え、その人が鳥とかかわる場面ではなにやら地上の基準とは異なる行動を取る変な人に見えるといった具合だ。

「九、ジョバンニの切符」は、これまでの「一」から「八」に比べると不釣り合いなほどに長い。『銀河鉄道の夜』がいまだ修正途上の未完成稿であることからすると、完成稿では「九」は何節かに細分されたと考えられるが、それよりなにより、この未整理な最終章「九、ジョバンニの切符」は世界の大調和を希求する賢治の宇宙論の構想が荒削りながらそこに示されている点でとりわけ注目すべきものだ。わたしが三つに分かった第三部分——ジョバンニが地上に帰ってくる部分——もこの章にふくまれる。

さて、切符はいつのまにかジョバンニの上着のポケットに入っている。例の鳥を捕る人の説明によれば、「こいつはもう、ほんとうの天上へさえ行ける切符だ。天上どこじゃない、どこでも勝手にあるける通行券です。こいつをお持ちになれぁ、なるほど、こんな不完全な幻想第四次の銀河鉄道なんか、どこまででも行ける筈でさあ」(同右、二六五ページ)ということになる。鳥捕りがそういうだけではない。天上へさえ行ける切符ということばは文中にくりかえしあらわれて、それが賢治の設定した大切な切符の性格であることが知られる。幻想第四次の銀河鉄道の上に天上の世界があり、そこに人間が行けるというのが賢治の宇宙認識なのだ。

銀河の上に天上があるのなら、天上の上にさらに別の天上があり、天上が上へ上へと果てしなく続くと考えることもできるだろう。また、地下の下に別の地下があり、地下が下へ下へと果てしなく続くとも考えられよう。賢治とてそういう広大な宇宙を生身の人間がどこまでも自由に動きまわれるとまでは考えなかったろうが、夢のなかでは、あるいは霊となった人間なら自由に動きまわれると考えた。層をなして果てしなく上へ下へと伸びていく——そして、時間的にも果てしなく過去へ未来へと伸びていく——宇宙のイメージは、それが銀河や天の川といった具体的形象に支えられているだけに、それこそ無限大の幅と奥行きを感じさせるものだ。現実の生活における世界との違和ないし疎隔は、賢治の想像力をそういう果てしなさへと向かわせるものだった。

果てしなさへの媒体となるのが、地上と天の川を結ぶ「天気輪の柱」であり、銀河をめぐる鉄道列車だった。そういう媒介が存在することは、現実のさまざまな世界と想像上のさまざまな世界が一つにつながって大きな調和をなすことを示唆するものだ。宇宙の大調和を形象化する天気輪の柱や銀河鉄道を提示しえたことに賢治は文学的な満足を覚えたにちがいなく、とくに銀河鉄道の光彩陸離たる情景描写は、みずからの宇宙観にふさわしい表現を見出した喜びとともにあったと思う。

天上へさえ行ける切符をもつジョバンニは、しかし、天上へは行かず地上にもどってくる。目を覚ますと近くの野原で横になっている。どのくらい眠っていたことか。すでに祭りは終わっている。仕方なく牛乳を受けとって母の待つわが家に帰ろうと道を急ぐと、川のあたりで人だかりがしている。聞くと、川に落ちたザネリを助けようとカムパネルラが水へ飛びこんだのだが、そのカムパネルラの行方が分からないという。そばにカムパネルラの父親もいて、「もう駄目です。落ちてから四十五分もたちましたから」という。

ジョバンニは悲しみに突き落とされるが、これまでのジョバンニとちがって悲しみに打ちひしがれない。気を取り直し、牛乳をもって家へと走っていく。

宇宙の大調和にジョバンニ自身が包まれつつあることを暗示する結末だ。母の病気がどうなるか、父が北の海から帰ってくるかどうか、それは分からない。カムパネルラは溺死をまぬかれまい。が、そういう逆境に耐えるだけの強さがジョバンニには備わっている。銀河鉄道の旅がジョバンニの心を世界に向かって開かせたのだ。

死の悲しさ、つらさは格別だ。妹とし子の死に苦しみぬいた賢治は、物語の最後に来て親友の死をジョバンニの前に置く。そのとき、ジョバンニは世界にたいしてどんな心の開きかたをしていたのか。銀河鉄道の旅の終わりでジョバンニが口にする誓いめいたことばを以下に引く。

「……さあもうきっと僕は僕のために、僕のお母さんのために、カムパネルラのために、みんなのために、ほんとうのほんとうの幸福をさがすぞ。」

(同右、二九四ページ)

「青森挽歌」では《みんなむかしからのきやうだいなのだから／けつしてひとりをいのつてはいけない》という戒めのことばだったものが、ここでは少年の内心の決意に変じている。銀河の旅で経験した宇宙の果てしなさに見合う決意だ。「幸福をさがす」ということばも、宇宙の大調和に照応する少年らしい純真さのあらわれと見なしえよう。

思えば、「幸福をさがす」という決意は旅の最後でカムパネルラも口にしたことばだった。二人は同じ決意を共有し、これからもいっしょに行こうと約束していたのだ。

地上の祭りと銀河系の世界とその上の天上世界とをつなぐことによって、果てしない空間と時間の形象化へと向かった賢治は、二人の少年の決意と約束に文学的なリアリティを感じていたように思われる。地上に帰ってくれれば、ジョバンニとカムパネルラのあいだには生者と死者という厳然たる区別がある。が、二人の銀河鉄道の旅はその区別を空間的にも時間的にも超えるだけの広がりをもつ経験だった。地上と銀河と天上とが、過去と現在と未来とが、生と死とが、大きくつながる経験だった。その果てしない宇宙にはお母さんも、カムパネルラも、ジョバンニも、そしてとし子も、賢治も包まれてある。みんなが幸福であることを賢治は願い、祈ったのだった。

そのとき、みんなはどういう形でそこにあるのか。その形をことばにしたのが、わたしには「春と修羅」の、

（このからだそらのみぢんにちらばれ）

という一行だと思われる。

微塵《みじん》に散らばった体は地上のどこにも、天の川にも銀河系にも、その上の天上にも向かうだろう。時間のなかを過去にも現在にも未来にも赴くだろう。わたしたちの知らぬ五次元や六次元の世界に赴くかもしれない。そういう微塵となった体はそれ自体が果てしない存在といえるかもしれない。右の詩行が、「春と修羅」に書かれたとき、それは世界との違和ないし疎隔に苦悩する賢治の主体的決断の表明に近いものだった。『銀河鉄道の夜』の終幕に置いてみると、それは宇宙と人間の果てしなさに通じる、ゆたかな観念に成長していたように思われる。

第十章

絵における美の探究

前章で三人の文学者を取り上げたのに続いて、この章では二人の画家を取り上げる。そのうちの一人、岸田劉生は洋画家であり（のちには日本画にも手を染めるが）、他の一人、村上華岳は日本画家である。絵の裾野がしだいに広がるなか、洋画界にも日本画界にもさまざまな会派が登場し、展覧会も数多く催されるようになり、画家たちはいかにして独自の表現を確立していくかに心を砕くようになった。絵を描くことと自分一個の人格とが切っても切れない関係にあることが画家たちに自覚されるようになった。

前章で見た三人の文学者——斎藤茂吉、萩原朔太郎、宮沢賢治——も、以下に見る二人と生きた時代が重なり、表現者として似たような苦闘を強いられたが、文学者の苦闘と画家の苦闘とのあいだには、ペンを手に文字によって原稿用紙を埋めていく創作法と、絵筆を手に絵具を使って白い画面に形と色を描き出していく創作法とのちがいに応じた、おのずからなる質のちがいがある。画家たちはなにを、どう表現しようとし、そこにどのような精神的な意味を見出すことができたのか。それを考えていくのがこの章の課題だ。

1　岸田劉生——自分の流儀

劉生は一八九一年（明治二四年）に生まれ、一九二九年（昭和四年）に死を迎えている。三八年の短命な生涯だ。

が、短い生涯に描かれた絵を年代順に追っていくと、画風も画題も、日本の近代画家のなかでは例を見ないほどの大きな振幅を示している。美術館でほかの画家に混じって展示されているときは劉生らしさが際立つが、劉生の作品だけが並ぶ個展では、何ヵ所かで趣向ががらっと変わって前後の脈絡がたどりにくく、見終わったあとに消化不良の感が残ることがよくある。

画風についていえば、若いころ、白樺派の文学者との交友のもと、ゴッホ、セザンヌ、マチスの影響下に描かれた絵から、やがて、レンブラント、ティツィアーノ、ファン・エイクなど劉生いうところの「クラシックの」感化を受けた絵へと移る。さらに、デューラーやダ・ヴィンチの画法に学んだ《麗子像》の時代があって、そのあと東洋美術に強い興味を覚え、日本の古美術の蒐集に熱を上げるとともに冬瓜《とうがん》や南瓜《かぼちゃ》の油絵を描き、さらには紙本や絹本に日本画を描くようになる。

岸田劉生

画題も、肖像画、自画像から風景画へ、さらに静物画へと移っていき、麗子像と村娘お松の像の時代があって、晩年は東洋の風物・文物が画題となる。

一見、気まぐれとか移り気と評したくなる変わりようだが、その底には独自の表現を確立しようとする張りつめた気迫があった。思うに、表現意欲が画面の隅々にまで満ちあふれる劉生の風景画や静物画や麗子像は、ひたむきに対象と向き合い絵と向き合う裂帛《れっぱく》の気合いなくしては造形不可能であった。

突き上げてくる内面の衝迫に劉生は早くから気づいていた。

二一歳の一九一二年に初の個展を開催し、また、第一回ヒュウザン会展に発起人の一人として自作一四点を出品した劉生は、翌一三年に「自分の行く道——その他雑感」と題する小文のうちに次のような文言を記している。


自分は自分の行く道と自分の現状を知る事によって、或《あ》る淋しさと或る法悦や希望を感じている。自分が自分の真の孤独にどんどん深入りして行くからである。……

……しかし、自分はこの自分の孤独を感ずる事の外に、自分の生存を感ずる事の出来ないものである。そうして、自分の生存と意志に権威と祝福とを感ずるのである。人間は孤独を摑《つか》んでからでなければ真の生活を創《はじ》め得ない事を自分は真に感ずるものである。

……

自分にとっては、淋しさも、苦しさも、力も、歓喜も倶《とも》に自分のこの孤独の道を切り進む事によって味い得る経験である。自分は淋しい時にも、元気な時にも、自分の力をほんとに出しているのである。倶に自分の執拗《しつよう》な貪婪《どんらん》な欲望の顕現である。

（酒井忠康編『岸田劉生随筆集』岩波文庫、一九九六年、七五—七七ページ）


孤独、淋しさ、元気、法悦、希望といった情緒的なことばには青春の気負いが感じられなくはない。しかし、このように自分の内面を見つめ、自分の道を、自分だけの行くべき道を探り出そうとするのは、絵について語るときの終生変わらぬ劉生の基本姿勢だった。

引用文中、自分が孤独であることに劉生が強い肯定感をもっていることが目を引く。白樺派の文学者たちやヒュウザン会の若き画家たちとそれなりの交友関係をもち、また、遠い西洋の画家たちの絵画観や技法に多くの学ぶべきものを見てとった劉生だったが、画家としての自分の現在と未来に目を向けるとき、そこにあるのはだれのものでもない、独自の意味と価値をもつ世界と考えるほかはなかった。そこへの道は淋しさや苦しさがつきまといはするが、内面の力と欲望がその道を進もうとしている以上、画家としてはその力と欲望を肯定するほかはなかった。劉生の心理に分け入っていうと、内面の力と欲望がそんなにも強くわき立ち劉生の全身を突き動かしていた、ということになろうか。

岸田劉生《道路と土手と塀(切通之写生)》
[Wikimedia Commons]

その力と欲望が大きく画面に溢れ出た絵が、風景画の快作《道路と土手と塀(切通之写生)》(一九一五年)だ。題名通り、絵の真ん中に道路が幅広くぐぐぐっと盛り上がり、右手むこうに土手が描かれ、左手の手前に道路と張り合うように、下段は石造り、上段はコンクリート造りの白い塀がせり上がっている。画面上方の紺碧の空が、土の茶および塀の白と鮮やかな対照をなし、もう一つ、画面下方の道路を横に伸びるややゆがんだ黒く太い線が、風景画としてはやや異様とも思える落ち着きのなさを絵に添えている。

見るたびに緊張を強いられる絵だ。なにより画面左の道路と塀のせめぎ合いが緊張を誘う。切通しというのだから、山か丘を切り崩して低く均《なら》し、幅を決めて道路とし、土が道路に崩れ落ちないよう左側を塀で固めたものだろうが、茶色の道路と、白い石およびコンクリートの塀はいまもたがいに押し合い圧《へ》し合いしているようなのだ。道路は登り坂になって奥へと勢いを増してかけ上がり、それに寄りそってこれまた上へと曲線をなして登っていく塀は、なんとか道路の勢いを受けとめ、同時に反対側の土の崩れをも食いとめているといった按配だ。

描かれた道路も生《なま》のままの、むき出しの自然ではない。土木工事によって人間の都合に合うよう作り変えられた自然だ。しかし、絵を見つめていると、文明の人為的な働きを超えて自然の荒々しいエネルギーがせまってくる。道路は平らに均《なら》されず、荒っぽくふくらみへこみ、土の色にも濃淡のちがいがある。左側の塀に接するあたりにはそれと分かる溝が塀に沿って走り、溝と塀のあいだにはところどころに雑草が生えている。人間の手になる整地工事に抗《あらが》って天然自然の土のエネルギーが自己の存在を主張しているかのごとくだ。

自然のエネルギーの荒々しさと力強さを表現するには、道路が坂道であることは欠くべからざる条件だった。画家は坂道のかなり下ったところに身を置いて登り坂を仰ぐようにして描いている。画面の手前では横幅いっぱいに広がる道路が、上に向かって画面の三分の二ぐらい登りつめて青空に接する動きは、道路がさらにそのむこうへと続く勢いを感じさせるが、それとは逆向きの、坂道が画家に向かって押しよせてくる動きにも劣らぬ勢いがある。道幅が上から下へ五倍もの広がりをもって下ってくるのは圧巻というべく、石とコンクリートの頑丈そうな白塀もその勢いには力を尽くして対抗している。

さて、末広がりに下る道路の動きが画家に向かうものであるとしたら、劉生はその勢いをどう受けとめたか。

塀と道路と土手と青空からなるこの場景が、風景画の構図として心をかき立てるものだとは思えない。切通しの道や塀が都会人の劉生には珍しく、転居してきた近所でふと目にして描いてみたくなったということだったのかもしれない。絵筆を手に場景とカンバスのあいだを目が幾度となく行ったり来たりするうちに、いままで見えていなかったものが見えてき、見えていたものが目を引かなくなる。目の前にあるものが素直に画面におさまってはくれず、なにやら抵抗の姿勢を示しているようにも感じられてくる。となれば、画家は画家であくまでおのれの表現をめざしつつ、ものとの対決の姿勢を固めざるをえない。描くという行動をともなったそういう観念的格闘のなかで、めざす方向もしだいにはっきりしてきたにちがいない。さきの引用文のことばを借りれば、「淋しさ」「苦しさ」や「自分の生存と意志」も感じられたかもしれない。

ただ、絵からじかに感じとれるのは淋しさや苦しさではない。せまってくるのは絵を描きながら劉生の感じていた、土のエネルギーの荒々しさへの感嘆と、それを絵に表現する喜びだ。土の坂道が上方から勢いよくせまってくればくるほど、それに対抗する画家の表現意欲は高まっていったと考えられる。自分にしか見えないものを見、自分にしか表現しえないものを表現するのが、孤独に耐えて絵筆を動かす劉生の望むところだったが、この絵は制作の途上においても完成後もその望みを裏切ることのないものとして劉生の前にあったように思われる。

＊

《道路と土手と塀（切通之写生）》の一年後に《壺の上に林檎が載って在《あ》る》が描かれる。劉生の静物画の始まりをなす作品だ。縦四〇センチ、横二九・五センチの画面に白地に藍模様の縦長の壺が大きくデンと置かれ、壺の口に緑の林檎が載せられているという、なんとも無愛想な静物画だ。壺の口に林檎が載っている図など子どものいたずら以外に日常で見かけることはなさそうだし、絵としても普通に美しいといえる構図ではない。ただ、見なれぬ構図に心引かれて壺のふくらみや色艶を目で追っていると、壺と林檎がそこにあるという、その実在感がどうにも否定しがたいものに思えてくる。壺の上になぜ林檎が載っているのか、理由など分かりようがないし、なにやら変てこな、笑いを誘いそうな組み合わせではあるが、それはそれとして、濃い茶の台の上に白っぽい壺が置かれ、壺の口に緑の林檎が載っていることはつゆ疑いのない事実だと思える。

では、画家自身は、青黒いまだらの布地を背景とする台上の壺と林檎をどう見つめ、どう描いているのか。

器や果物の表面の色の変化や、明暗や、艶の輝きや、陶器の欠損などが細部に至るまで丁寧に描きとられていることからして、劉生が息をつめるようにして対象を見つめ、それを的確に画面に再現しようとしているのはまちがいない。写実をゆるがせにしないことは劉生の画法の鉄則だった。「僕の行き方」と題した小文に次のことばがある。

僕の行き方は、どちらかと言えば、物質の如実感をできるだけ犠牲にしない方の行き方だ。物質の形象に即した美を追求する道だ。あるいはこの点ではおよそ東西両洋の今までの誰よりもより写実であるかとも思う。

（岸田劉生『美の本体』講談社学術文庫、一九八五年、二〇四ページ）

劉生の絵画論の多くがそうであるように、自分の絵の特質を客観的に見定めようとする視点と画家として明確な意志表明をしたいという思いの交錯する文章だが、客観・主観のどちらに力点を置いても写実が基本であることに変わりはなかった。

だが、劉生の絵は写実に徹して終わるものではなく、写実のそのむこうへと歩み出ようとするものだった。どっしりと壺があり、壺の口に林檎が載っている。そのさまがさながらに目の前にある、というだけでは終わらないなにかが、――わたしたちがかりに「実在感」と呼んだ、写実を超えるなにかが、――絵にある。そういうものを見つけるために劉生は壺と林檎に向き合っていたわけではなかろうが、当の静物画の構想が形を取りつつあるどこかで、写実を超えるなにものかが予感され、見ては描き、描いては見るという作業をくりかえすうちに、そのなにものかは形と色を方向づける理念ないし理路として感受されるようになったのではなかろうか。

さきの引用文に続く箇所で、劉生は写実のその先にあるものをこう表現している。

自分はいずれにしても深い神秘、深き無形に到達したいと思っている。自分のいう写実の道も、その実在を追求した結果は深い神秘と無形にまで到らなくてはならないものだ。そういう味の出ていない写実は本当の写実ということは決してできない。（同右、二〇六ページ）

「深い」も「神秘」も「無形」も、劉生が自分の絵のねらいを表現する上で好んで使うことばだ。一般に色と形からなる二次元の世界と理解される絵を、深みと奥行きのある精神ゆたかな美の世界と考えるその絵画思想に見合う好みだ。

ただ、《壺の上に林檎が載って在《あ》る》の絵については、「深い神秘」という言いかたは、用語として不相応の感をまぬがれない。物がむき出しにそこにあるさまが神秘の語になじまないのだ。神秘というにふさわしい静物画としては、一九二〇年作の《静物（赤林檎三個・茶碗・ブリキ罐・匙）》が挙げられよう。

画面下半分を占める木の台の上に、左に寄って赤林檎三個と茶碗一個とがくっつき合って正方形のかたまりを作っている。林檎三個と茶碗とはほぼ同じ大きさだ。その右に、左の四つより背の高いブリキ罐が立ち、その前に金属製の匙が横向きに置かれている。ブリキ罐は上から下へ縦に一直線の光の筋が走り、その筋は匙を横切って台の上にまで続いている。この筋は光の当たりかたがやわらかだが、左側の茶碗の白い内側に当たる光は強い輝きを放っている。右奥の茶碗と一かたまりをなす、手前二つと左隣の林檎は、同じく赤林檎といっても右手前の一つが赤黒く、左の二個が橙《だいだい》に近い赤というちがいがある。それらと茶碗の白とが鮮やかな対照をなす。

なにより印象づけられるのは画家の色使いの見事さだ。三つの林檎の、明るい部分の赤から暗い赤への移りゆきは、どこを取ってもなだらかで自然で、この三つはこれからもずっとこのままの色でそこにありつづけるだろうと思わせる。その永続の感じは器物の茶碗や木工の台にも及んで、それらもまたいつ見てもいまのままのすがたでそこにあると思える。色が物の表面に置かれているのではなく、物と一体化してそこにあるといった趣きなのだ。

右手のブリキ罐と匙も、じっと静かにそこにある。色が、当たる光の強弱や角度、見る者の視点の取りかたによって複雑微妙な変化を示すことは、印象派の画家たちが自作の絵によって実地証明した事実で、劉生もよく承知していたことだが、ここでの色はそれとは逆に、いうならば、その物に固有の、変わらぬ色がめざされている。画面にある匙やブリキ罐や茶碗や木の台や壁が、いつまでもそこにありつづけるかに思えるのも、固有の、変わらぬ色をめざす画家の手法と密接不可分の関係にある。別のいいかたをすれば、ここでは色が有限な物を永遠不変の物たらしめようとしているのだ。

いや、色が物を永遠不変たらしめるというより、物の置かれた世界の全体を永遠不変たらしめようとしている、というほうが適切かもしれない。画面全体の色の配置は、真ん中に鮮やかな白があり、まわりは上半分がやや明るい青と青白い壁、下半分は暗く沈んだ赤、銀、茶が配され、下半分と上半分のつなぎには淡い影が横になびくように描かれ、全体が落ち着いた調和をなす周到な配色だが、画面全体の構図もそれに劣らず神経が行きとどいている。物と物とがたがいに関係しながら一つ一つは静かに自立し、木の台や背景の壁もそれらの物をゆったりと支え、穏やかに見守りながら、あくまでも静かにそこに位置を占めている。風景画とちがって静物画では物を自由に配置できるがゆえに、劉生は物の本当のありかたとはなにか、といった形而上学的な問いへとのめりこみ、ために大胆な実験的試みが逸脱を生んだと考えられるが、いまの絵でも、林檎三つと茶碗のかたまりには多少の逸脱が感じられなくない。茶碗と林檎とは離して置いたほうが性格のちがいが生きると考えるのが普通だし、三つの林檎もばらばらに置かれたほうが空間に広がりと変化が生じると考えられるからだ。

が、劉生はあえて逸脱に踏みこんだ。空間の広がりと変化、あるいは個々の静物の色と形のおもしろさを超えた美を求めようとしたのだ。その美は劉生自身のことばでいえば「深い神秘」ということになろうが、いま問題としている静物画に引き寄せていえば、絵の世界の充実と静謐、といえようか。めざすところは「深い神秘、深い無形」だと劉生は言う。個々の静物に強い愛着をもちながらも、それら一つ一つを超えた画面の全体が一つの世界として明確に意識されて発せられたことばだ。縦三六・五センチ、横四四センチの世界が深い神秘をもたねばならないというのだ。

わたしたちはさきに劉生の静物画における色の永続をいった。その永続が神秘と深く関連する。描かれた果物や器物や家具調度は日常の品々だ。日々利用され消費され、しだいに古び、すがたを消していくものであり、永続は期しがたい。それが絵においては永続するかのごとくそこにある。神秘に一歩近づいたすがたといってよい。絵の世界がそういう力を秘めている。写実を基本とし、写実に徹するなかで、劉生にはそういう絵の世界が見えてきた。見えてきたとなれば、それを見失わないように絵筆を動かし、絵を完成へと導くほかはない。

完成へと向かう作業のなかで色の永続性をゆるぎないものとするには、画面の全体を落ち着きのある統一的な世界に組み上げる必要があった。物の配置にも配色にも高度の安定感が備わって、充実した静謐な絵の世界が出来上がる。猥雑な現実を超えたその純一な世界は神秘に通じるものとなる。ブリキ罐から木の台へと降りてくる細く淡い光の筋ははるかの天上から射してくるもののようにも感じられる。

＊

風景画、静物画と論じてきて、最後に長女の麗子と近所の村娘とをそれぞれモデルにした少女像を取り上げる。二人をモデルにした絵は油彩、水彩を中心に数多くあって選択に迷うが、ここでは《麗子五歳之像》（東京国立近代美術館蔵）と《村娘之図》（下関市立美術館蔵）と《麗子微笑（青果持テル）》（東京国立博物館蔵）の三点を取り上げる。

《麗子五歳之像》は数十点に及ぶ麗子像の始まりをなす作品である。少女の理想的な美しさにせまろうとする後年の麗子像に比べると、この作品は顔立ちも体つきもいかにも田舎娘らしい、色黒の、がっちりとした少女が描かれる。顔と首の荒っぽい造作、髪の毛の自然そのままの流れ、小さな桃色の花をもつ右手のぎこちなさには、少女という新しい主題に向き合ったときの、劉生の写実の基本姿勢をさながらに見てとることができる。服も、模様のある余所行《よそゆ》きふうの着物ではあるが、色は藍と白の地味なもので、のちに赤い着物が絵に華やいだ雰囲気をあたえるのとは印象が大きくちがっている。

この作品の自作解説で劉生は、出来上がるのに長く（約一ヵ月）かかったと述べ、理由の一つとして、直前にデューラーの色刷りの絵を手に入れ、それに打ちのめされた事実を挙げているが、とともに、新しい主題にたいする戸惑いも小さくなかったように思われる。その前に親しんだ風景画と静物画は、その自然な延長線上で人物画を描けるというものではおそらくなかった。風景や静物とちがって少女は、幼いとはいえ、意志と感情と知性をもつ生きた存在だ。麗子を見つめる劉生にそのことが見えなかったはずはない。また、風景画や静物画の前に、あるいはそれらと並んで、劉生は肖像画や自画像など、おとなの人物像も数多く描いてはいるが、麗子と向き合い、麗子を一つの像として画面に定着する過程で、少女とおとなのちがいも見えてきたにちがいない。

主題としての少女が、風景や静物ともおとなとも異質の存在だと見えてきたとき、そこに戸惑いを感じつつも、戸惑いを発条《ばね》にして前へと進むのが劉生であり、進むに当たって写実の基本に立ち返り、そこから自分の道を新たに見出していくのが、劉生だった。切通しの風景に心引かれたとなれば、その前にじっと身を置き、絵筆を手に風景と画面を行ったり来たりし、自然の荒々しいエネルギーが現出するまで努力を重ねるのが劉生流だったし、静物に向き合ったとなれば、物が物として実在するふしぎさを「深い無形」として浮かび上がらせ、また、物の織りなす調和の取れた静謐な世界を「深い神秘」として造形するところまで進むのが劉生流だった。同じ流儀が麗子像の連作においては、身近にいて着実に成長していく少女を相手に、少女とはどういう存在なのか、少女の美しさとはなにかを究《きわ》める営みとなってあらわれた。

麗子の最初の像を描いた半年ほど後に、劉生は麗子像の連作に打ちこむ自分の手応えをこう書き記している。

　麗子の肖像を描いてから、僕はまた一段ある進み方をしたことを自覚する。今までのものはこれ以後にくらべると唯物的《ゆいぶってき》な美が主で、これより以後のものは唯心的《ゆいしんてき》な域が多くなっている。すなわち形に即した美以上のもの、その物の持つ精神の美、全体から来る無形の美、顔や眼に宿る心の美、一口に言えば深さ、このことを僕はこの子供の小さい肖像を描きながらあるところまで会得《えとく》した。

（同右、二四三ページ）

「無形の美」「心の美」「深さ」といった劉生好みの抽象語の羅列からは、麗子像以後の「進み方」を劉生が具体的にどうとらえていたかはつかみにくいが、新しい主題に立ちむかう劉生の意気ごみと自信のほどは伝わる文章だ。

少女という新しい主題への強い関心は、自分の長女麗子だけでなく、麗子より三歳年上の近所の農家の娘・お松をもモデルとする少女像の制作へと広がりを見せる。凝り性《こしょう》というか、執着心が強いというか、そうやって未踏の世界に踏みこんでいくのが劉生の行きかただった。

お松をモデルとした絵は油彩画よりも素描淡彩画や水彩画が圧倒的に多い。なかで、肖像画として形がよく整い、かしこまったすがたに少女らしい魅力のうかがわれる作品が《村娘之図》（下関市立美術館蔵）である。頭に大きな髪飾りをつけているのがほかの村娘像にはない特色で、劉生はこう自作解説している。「頭につけてある髪飾りは、新橋のほとりで求めたもので、もっと昔風なのが欲しいのでしたが今どこにも見当りません。赤と青色ともも色の美しいもので、ホワイトをまぜてこの部分はやや強く彩色してあります」（『岸田劉生全集 第二巻』岩波書店、一九七九年、二六九ページ）と。

その髪飾り、絵に華やかさを添えてはいるが、目立つというほどではない。絵の前に立つと、目はなにより少女の顔の表情に引きつけられる。モデルになって緊張しているようすが顔にも体つきにも出ているが、その緊張ぶりに子どもらしい初々しさがある。大きく開いた目を前方にやっているが、さて、その目にはなにが映っているのか。おとなと子どものあいだにはいわば精神の位相のちがいとでもいうべきものがあって、村娘の心の動きは想像しにくい。同じ時期に描かれた村娘の目と比べてみると、この目が少女のもっとも自然な目のさまをあらわしているのではないかと思える。もっといえば、劉生がこの娘にもっともふさわしいと感じた目ではないか、と思える。この絵の、目の表現を核とする少女像の造形において、劉生は求める美しさの表現にどうにかたどり着き、見る者にはそれが少女の自然さとして感じられるように思える。

村娘お松について、劉生はその美を「間のぬけた、気の利かない、時代後れの、善良な感じ」(同右、二六五ページ)と説明しているが、《村娘之図》の髪飾りをしたお松は、都会的とまではいわないが、少女らしい健やかさと生命力の備わった存在として表現されている。深い神秘、深い無形に至ろうとする劉生の志はこの絵にもつらぬかれていて、わたしたちは見ているうちに、画家のめざした少女なるものの本質がその全体像に宿っているのを感じるのである。

岸田劉生《麗子微笑(青果持テル)》
[ColBase(https://colbase.nich.go.jp/)]

麗子像の頂点に位置するのは、最初の《麗子五歳之像》の三年後に描かれた油彩画《麗子微笑(青果持テル)》(東京国立博物館蔵)だと思われる。

カンバスに向かうとき、つねになんらかの課題を設定し、それを果たすべく現在の地平を超えて前へと進み、その勢いが絵の生命力となって見る者を打つ、というのが劉生の作品のありようだが、《麗子微笑(青果持テル)》は、勢いが見る者にせまってくることのない絵だ。一見した印象からしても、じっくり眺めた所懐からしても、落ち着きのあるゆったりとした絵――画家が悠揚せまらざる態度でモデルに対面し、淡々と絵筆を動かしてなった絵――のように見える。麗子の表情や身の置きかたもいかにも自然な、麗子本来の表情であり、身の置きかたになっている。麗子は黒っぽい着物と赤い帯の上に、おなじみの毛糸の肩掛けを羽織っているが、この肩掛けが麗子の上半身にしっくりと合い、赤味がかった顔と見事な色の対照をなしている。毛糸の肩掛けの下から出て横へと伸びる右手は、人差指と隠れた親指とのあいだに小さな青林檎を載せるが、その自然な動きにはどこにも余計な力が入っていない。

麗子像の頂点をなすこの傑作は、油彩画や水彩画でくりかえし少女の少女らしさと美しさにせまろうとした劉生の、麗子像とお松像の集大成として作り出されたものではないか。いまを超える新たな課題にたえず挑戦していく劉生に集大成ということばはそぐわないかもしれないが、少女像に限っていえば、少女の魅力をさまざまな形で追跡する実験的な作品の数々が、この傑作が描かれる時期に、一つの融和点へと向かう流れを作り出し、劉生もその流れに導かれるようにしてこの像の造形に到達したように思われるのだ。劉生の絵には珍しいゆとりや落ち着きがこの絵に備わるのも、同じ主題の絵を描きつづけていく過程で生まれる、時の力とでもいうべきものが働いて起こったことだといえはしないだろうか。

顔が正面向きではなく左側をわずかに引いた斜め向きなのは、麗子連作の多くに見られる安定感のある位置取りだし、目もと、口許《くちもと》に見てとれるかすかな笑いは、顔全体の穏やかな佇《たたずま》いと過不足なく調和し、さらには、毛糸の肩掛けに包まれた、ゆったりとした上半身と見事に照応している。初めのころの麗子像は緊張したきまじめな顔が多く、いつのころからか微笑の麗子が描かれるが、《麗子微笑（青果持テル）》は数ある微笑像のなかで微笑が麗子の全身と隙なく一体化している点からしても、劉生の少女像を集約する作品といえるように思う。

麗子は成長し、やがて少女ではなくなる。合わせるようにして少女像は描かれなくなる。同じころ、関東大震災が起こり、劉生の鵠沼《くげぬま》（神奈川県）の家が半壊し、一家は京都へ転居を余儀なくされる。転居を機に劉生は中国の宋元画や江戸初期の肉筆浮世絵の鑑賞と蒐集に没頭する。宋元の写生画に近い日本画や、浮世絵ふうの芝居絵を描くようにもなる。生活面では京都の遊郭での茶屋遊びが始まった。

乱れがちな生活のなかで描きつづけられた日本画は、二六年作の《冬瓜茄子図《とうがんなすず》》など、技量の確かさと美意識の冴えを示す作品はあるものの、かつての探究心やエネルギーは感じられず、余技に類するものが多い。日本画の道も、時間的なゆとりがあれば油彩画や素描・水彩とは味わいのちがう高みに達したかもしれないが、それはかなわなかった。

一九二九年、劉生は三八歳の生涯を閉じた。

2　村上華岳——品格のある美しさ

村上華岳は、一八八八年（明治二一年）大阪に生まれた。二一歳の一九〇九年に京都市立絵画専門学校に入学し、京都画壇に重きをなす竹内栖鳳《せいほう》に日本画を学んだ。栖鳳は円山四条派の伝統

村上華岳

を踏まえつつ、コローやターナーからの洋風摂取を通じて日本画の近代化に力を尽くし、後進の育成にも心を傾けた。華岳の京都市立絵画専門学校時代の仲間には、土田麦僊《ばくせん》、入江波《は》光《こう》、野《の》長瀬《ながせ》晩花《ばんか》、榊原紫峰、小野竹喬《ちっきょう》などがいた。

　華岳二〇代の作品は素直な、のびのびとした筆の運びに画家の技量の確かさがうかがわれ、落ち着いた気分で目の前の場景を眺めわたす華岳のすがたが思われる。

　京都市立絵画専門学校の卒業制作として描かれた《二月乃頃》は、前面の田んぼと後方の低い山がなだらかにつながって、田園の暮らしの安らかさのしのばれる風景だ。画面中央を手前からむこうへと走る一本の道が、見る者を風景のなかに誘いこむ。田んぼのあちこちにぽつんぽつんと働く人のすがたが見え、道には荷馬車を引く牛のすがたが描かれるが、風景になずんだ人馬のさまは、この世界が年々歳々くりかえされるものであることを伝える。絵の明るさが風景をゆったり眺める画家の心の明るさを示している。

　この絵の一年後に描かれた《田植の頃》は雨の降る暗い耕作風景を描いた屏風絵だ。画面の下半分は田植のさなかの田んぼのむこうに湿地や草地や川が広がり、川のむこう岸がわずかに描かれてそこから先はくもった空となっている。空は白い雨雲が棚引き、そこから細い雨足が地上に伸びている。これまた、六、七十年前には日本のどこにでも見られた田園風景だ。左側の田んぼでは白い編笠の早乙女たちが腰をかがめて苗を植えている。なかに雨を気にして天を仰ぐすがたが混じる。右手前でもねじり鉢巻きの男が大きな黒い牛に犂《すき》を引かせている。画家が見なれた風景を、高い位置から視野を広く取って親しみをこめて描いていることは、《二月乃頃》と変わらない。

村上華岳《夜桜之図》［PD］

右の二作と趣きを異にする二〇代の作品に二曲一隻の屏風絵《夜桜之図》がある。近世の町人が数十人、京都・平野神社の夜桜見物に集まり、賑やかに宴《うたげ》を催す場面を描いたものだ。近世の風俗画や浮世絵に想を得て、都会人の遊興ぶりを一幅の群像として表現しようとした絵で、画面手前の桟敷席に坐って酒を酌み交わし談笑する一群と、後方の庭をそぞろ歩く一群との対比に、華岳の並ならぬ構想力をうかがうことができる。桟敷席には緋《ひ》毛氈《もうせん》が敷かれ、その赤が場の賑わいを盛り上げるとともに酒食を楽しむ町人や遊女たちの黒い髪、白い顔、灰色や茶や黒の着物と複雑な対比をなし、さらには、歌声や三味線の音が聞こえてきそうな前方の桟敷席の遊興ぶりが、夜桜を見上げながらそこらを群れて歩くややおとなしい遊歩客のかたまりと明暗の対照をなしている。

遊興の図であることから、そこに感覚的ないし官能的な雰囲気が加味されることを、忘れずに言っておかねばならない。華岳の求道的な画論をそのまま絵の深層をなすものと考えると、作品にもつい謹厳さを求めたくなるが、絵が感覚的ないし官能的なゆたかさをもつのはむしろ華岳の特色といってよく、とくに二〇代の作品にはその特色がおもてに出ていると思う。《夜桜之図》でいえば、緋毛氈《ひもうせん》で遊ぶ町人や遊女は下品でも頽廃的でもないが、おっとり構えたその姿態には艶があってなまめかしいし、田園風景を描いた《二月乃頃》と《田植の頃》にしても、自然と牛と耕作地と農耕民の織りなす世界は、農村の暮らしの安らかさとなごやかさに照応する、暖かな感覚性ないし官能性を備えているのだ。もう少し後に華岳が好んで描いた牡丹図――たっぷりと大きな花が鮮やかな赤で彩《いろど》られるいくつもの牡丹図――を見れば、だれしもそこに感覚・官能に通じるものを見てとるだろうが、その感覚・官能性は華岳の資質のごときものであった。

さて、人びとの暮らしとつながりを保って自然が外へと広がっていく風景画は、華岳が三〇代に入ると様変わりする。農民のすがたや農耕のさまが消えて、自然だけがそこにある風景画となっていく。見る側としては自然のおもしろさ、ふしぎさとともに、画家の心の動きを追いかけないではいられない気分に駆《か》られる。

例として一九一九年に描かれた《早春風景》を挙げることができる。霧に煙るおぼろな早春の風景で、人はだれもいない。手前の畑からやや広い道が奥へと通じているが、道のむこうにも人の気配はない。

画面には人は描かれないし人の気配は感じられないが、そのことがかえってこの風景に向き合う画家の存在を意識させる。自然に静かに対峙する画家の孤独を思わせる。かつての風景画《二月乃頃》や《田植の頃》では画家は、画中の農耕民の仲間ではないものの、画中の暮らしに親しみを感じてはいた。それがこの絵では風景に容易に入りこめず、その疎隔感が画家の孤独を思わせるのだ。

華岳の場合、その疎隔感は外からやってくるだけではなかった。疎隔感が絵を描くことと深く結びついていることを自覚し、みずから進んで疎隔感を生きてみようとするところがあった。《早春風景》と同じころにつづられた「製作は密室の祈り」と題するエッセイのなかに次の文言がある。

芸術とはなんでしょう。私はしりません。私にはこの頃またすっかり解らなくなってしまいました。……

人間が生きている目的は何にあるか私は未だはっきり言うことはできませんが、一番大切なことは世界の本体を摑み、宇宙の真諦に達することにあると信じます。ですから私が絵を描くのもその本体を摑む道の修業に過ぎません。画室で製作するのはちょうど密教で密室において秘法を修し加持護念するのと同じ事だと思っています。

（村上華岳『画論』中央公論美術出版、一九八九年、四三ページ）

絵の制作を仏道修業になぞらえるのはいささか大仰だが、書き残した文章に徴するかぎり、華岳はものごとにひたむきに打ちこむ資質の人だった。《早春風景》は白の適度なアクセントや、空の青と土の茶の対比など感覚的なおもしろさがあちこちに見てとれて修業という語はしっくりこないが、かつての風景画と比較すれば、華岳の関心が日常の暮らしのゆたかさから遠のいて超俗的ななにかへと向かいつつあることは否定のしようがない。

風景画としてもう一点、牛を描いた《柳汀放牛之図》に触れておきたい。役牛として働く牛ではなく、川岸の柳の木のそばでくつろぐ牛が小さな画面に大きく描かれる。左隅の柳の太い幹から裸の枝が上へと伸び、いったん画面の外へと出て数十本の細い枝となって上から水辺へと下りてくる。牛の胴体を輪郭づける横の線と、もやもやとした柳の小枝の縦線の交錯するさまが美しい。枝のゆらぐ線を一本一本目で追いかけたくなる。枝のゆれかたからすると、画面の右隅にも柳の幹がありそうだが、それは描かれない。

輪郭線の濃淡と肥瘦《ひそう》の巧みさと、黄土による彩色のやわらかさゆえに、牛のどっしりとした重厚さが強く印象づけられる。牛とまわりの水や土や柳との調和の見事さには、自然にたいする作者の敬意らしきものが見てとれ、それが牛の重量感や柳の枝ぶりの繊細さといった感覚美と共存するところに華岳らしさがあるといえようか。

＊

現実の暮らしや風景から俗臭を払いおとして超越的な表現へと向かう《早春風景》や《柳汀放牛之図》と並んで、華岳にはもう一つの系列として、超越的な存在を目に見える形にする仏画の制作があった。

最初の仏画は華岳二八歳の作《阿弥陀之図》だ。法隆寺金堂壁画の阿弥陀三尊像の影響下にあることが一見して明らかで、阿弥陀図は以後は一点も描かれないことからしても、この絵と華岳の修業的姿勢とのかかわりは薄い。

本格的な仏画制作の始まりをなすのは一九二〇年（華岳三二歳）の《裸婦図》だ。岩に腰を下ろした、仏とも見え裸婦とも見える女性が画面一杯に描かれる。腰から太腿にかけては着衣に覆われて肌は見えないが、上半身と膝から下はあるかなきかの衣を通してほんのりと赤い素肌がのぞく。若い女性の豊満な乳房、両腕、両手、両脚がつややかで、なまめかしい。右に傾けた顔は豊満な肉体を引き締めるような厳しい表情をして

村上華岳《裸婦図》
［Wikimedia Commons］

いるが、顔の左右に流れる長い黒髪はこの女性が異界の存在ではなく現実界の近くにあることを印象づける。

像には宝冠や光背はないが、胸飾《むなかざ》りや瓔珞《ようらく》や腕釧《わんせん》の存在は像が観音菩薩を擬して作られたことを示すし、岩山を背景に右手をもち上げ左手を垂らして静かに思いに耽《ふけ》るその構えも、浄界の人を思わせる。見れば、女性の左わきには蓮の花が咲いている。

そう見てくると、菩薩とも見え、女人とも見えるこの像が、天上界と人間界を行き来する、崇高さと現実性を兼ね備えたふしぎな存在に思える。そして、そのふしぎさを作者の華岳もまた感じていたのではないか。そう思わせる文章の一節を以下に引く。

人間には押えても押え切れない美に対する憧憬がある。これを象徴したものが「久遠の女性」であると思う。しかしながら、我々の理想とするあらゆる諸徳を具えた女性ということになると、それはどうしても普通の女性ではなく、また男性でもなくて、性を超越した、中性とも称すべきものになることは否むことが出来ないと思う。

あらゆる美と善を具えて完全な体相を示している観音は、こういう意味から見て、人間の理想と憧憬とを形に表わしたものであって、中性ではあるが「久遠の女性」の一つとも見ることが出来るのではないか。

（同右、五一ページ）

仏像や仏画では観音は一般に男性でも女性でもない中性の像として造形される。日本では観音というと女性を思い浮かべるのが普通だが、寺々に安置される観音像や観音画は本来は性を超えた存在だ。引用文で華岳が観音を中性だというのもそこを踏まえている。が、そういいつつ華岳は観音を「久遠の女性」の一つともいう。美とのかかわりのなかで人間をイメージするとき、おのずとたおやかな女性のすがたが立ちあらわれるのが華岳の美意識だったのかもしれない。

絵筆を取って理想の美を形と色に表現する段になると、美意識は画家の全身を動かす力となり、画面には画家の資質たる感覚性ないし官能性が流出し定着していった。華岳が「久遠の女性」と名づける、菩薩でもあり女人でもあるふしぎな存在は、世界の本体をつかもうとする求道心と、美に喜びを見出す感覚・官能のせめぎ合いのなかから生まれた、華岳独自の表現体にほかならなかった。宗教的ないいかたをすれば、そこには霊と肉との葛藤があり、危うい調和があった。

以後の仏画は感覚性・官能性を抑制することによって、均衡の取れた、安定した画像となる。華岳の好ましく思う天平から貞観《じょうがん》にかけての観音菩薩像のあとを自然に追いながら、優しさと清らかさの備わった画像となる。代表例としてたとえば一九三六年作の《観世音菩薩半身尊像》がある。

落ち着いた静かな像だが、目を凝らすと頭上の堂々たる宝冠には無数の宝石が鏤《ちりば》められ、きらきらと青白く輝いている。宝冠の下にのぞく黒髪は垂髪となり両肩から腕へなだらかな曲線となって流れ、その髪にも宝石がまつわりついている。胸のまわりは何重もの瓔珞《ようらく》が取り巻き、糸を通して列ねられた珠玉が快いリズムを作り出している。両手首には腕釧がはめられている。

村上華岳《観世音菩薩半身尊像》[PD]

が、《裸婦図》とちがって上半身は天衣《てんね》に覆われて胸も腕も素肌が透けて見えることはない。肌が見えるのは顔と首と両の手だけだ。衣に覆われた体は柔らかさを感じさせはするものの豊満ではない。

一六年前、《裸婦図》制作に打ちこんで、久遠の女性の美しさを画面に定着したいと願っていた華岳は、その一方、次のような求道者としての願いをも懐いていた。

芸術は我々の生活を高めるものでありたい。よき芸術は現在の我々の生活よりも一段高い標準を示すものと私は思う。つまり、立派な芸術は我々の肉慾というものを浄化し高めて、すべて一層高等な生活に導くものでありたい。

(同右、四八ページ)

《裸婦図》と《観世音菩薩半身尊像》のあいだにこの求道的願いを置くと、一六年という歳月のはるけさが思われるとともに、願いをもちつづけた華岳の求道の粘り強さが思われる。美と求道はつねに手を携えて進むというものではない。ときには激しく矛盾し対立することもあろう。矛盾と対立に心ゆさぶられもしながら華岳はどちらも放棄することなく前へと進んだ。

観音の半身像においてもなにより顔の表情と左手の動きに美の探究と求道心との緊張関係が見てとれる。顔は、額の中央の白毫《びゃくごう》、大きく曲線を描く眉、切れ長の目、まっすぐ筋の通った鼻、上下はやや厚く左右は引き締まった口、そしてほんのり赤い頬、髪のあいだから浮き出る左耳——形といい色といい間然するところがない。開かれた目はなにを見ているのか。特定のなにかに焦点が合っていそうにないこの目は、宇宙の全体に思いをやっているのか、それとも自分の内面を見つめているのか。顔の各部分の造形と全体の雰囲気には人間の顔としての品格と美しさが備わっているのと異なって、目にこもる精神性は人間世界を超え出ようとする霊妙さを感じさせる。そして、瞑想の深さに通じる目の霊妙さを、胸の真ん中で蓮華を握るしなやかな手が受けとめる。花の枝をつかむ曲げられた指の動きが、なんとも柔らかだ。白い花の清楚さはこの世のものだし、手のしなやかさにも血が通っている。天に通じる霊妙さと柔らかな感覚美とのそのような交流は、見ていて飽きるということがない。

華岳の仏画のもう一つの系列に、菩提樹の下での釈迦《しゃか》の修行のさまを描いた図がある。禅定図《ぜんじょうず》とか禅那図《ぜんなず》と呼ばれるものだ。若き日の釈迦が心を鎮めて悟りを開こうとするすがたが描かれる。久遠の女性にせまろうとする観音図とちがって、ここでは感覚的・官能的な美は求められず、修行する釈迦の精神の厳しさがもっぱら求められる。

なかの一点に《瞿曇釈迦牟尼尊《くどんしゃかむにそん》樹下禅定図》がある。さきの観音半身像と同じころに描かれた仏画だ。法衣をまとって菩提樹の前に坐す若き釈迦が描かれる。釈迦の頭部と菩提樹とのあいだに割りこむ形で光背が描かれ、光背を透《す》かして菩提樹の葉が舞い散るのが見える。宗教的観念を図像化した光背が自然の存在でもあるかのような錯覚に見舞われるが、それが背後の空間にゆらぎと広がりをあたえて心地よい。

ゆったりとしたその自然空間のなかに安定したすがたで坐す釈迦は、顔の作りや法衣や印を結ぶ両手など、仏の像の形式を踏まえるが、像の全体からせまってくる精神の厳しさは、華岳にとってこの図のねらいが、古代インドに生きた青年に託して、宇宙の真理と人間の正しい生きかたを探究する求道のさまの造形にあったのだと思わせる。釈迦は苦行ゆえに髪がほつれ、頬や口のまわりには無精髭《ぶしょうひげ》が生え、法衣はよれよれになっているが、そんなことにはまったく頓着せず、背筋をしっかりと伸ばして端座《たんざ》し、目は鋭く前方に注がれている。そのゆるぎない坐禅のすがたと鋭く厳しい視線は、釈迦の求道心のひたむきさを示して余すところがない。

だが、釈迦禅定の図にあらわれた精神の厳しさは釈迦の求道心のひたむきさの表現だというだけでは足りない。これまでの記述から明らかなように、それは画家華岳の求道心のひたむきさのあらわれでもあるのだ。仏教にかんする華岳の素養や知識や研鑽がどのようなものであったか、それはよく分からない。しかし、二〇代の開放的な絵心に変化が生じ、感覚的・官能的な美の表現を抑制する方向へと造形意識が向かう《裸婦図》あたりから、絵を描くことと真摯に生きることとが重なり合うような心が——芸術的な求道心とでもいうべきものが——華岳の創作活動の大きな推進力となった。華岳自身、美の造形に苦しみ悩みながら求道の心をもちつづけた。いや、苦しみ悩むことが求道の心を深めることだった。そして、晩年の幾枚かの釈迦禅定の図にあっては、絵の主題たる仏者の求道の精神と画家の芸術的な求道心とがたがいに通い合うほどに華岳の求道の心は深まりを見せていた。

画家の精神や心のありようは長く華岳の関心を引いてやまぬ問題であり、たえず自省を強いる問題だったが、以下、それに関連する文言を『画論』から三つばかり引いておく。

画は真をうつすということが究極ではなくて、そこに作家の徹した精神が生れてこなくてはだめだ。……極言すれば、画はどんなに描いてもいいもので、作家その人の自由だと思うが、ただ大切なことはそこに作家のほんとうの精神が発揚顕現されているかいないかということなのである。（同右、八三ページ）

芸術の第一義は深い内生活の発現であるから、作者の内生活が充実し、かつ熟してあらねばならぬ。でなければ、いくら筆をとっても結果はいつも空疎である。（同右、八七ページ）

芸術というものは世渡りの道具ではなく、ましていわんや功名利達の道具にしたくはない。あくまでも「芸術」を純粋に「心」の上に求めたいのです。「芸術」を「形」の上に求めたくはないのです。芸術が単に技術の問題ではなくて心の問題でもあり、言い換えれば技巧を追求する技巧でなくて、むしろ技巧のための技巧はそのまま「心性を陶冶」するためのものでありたいと思われます。いわば一面に心の修養としての芸術でありたいのです。

（同右、二三一ページ）

こういう趣旨のことばは『画論』にくりかえしあらわれる。形や技巧にこだわり、形や技巧の魅力を十分に感受もできる画家だった華岳は、それゆえにかえって精神もしくは心の問題を置き去りにしないようにとたえず自戒する必要があったのかもしれない。

そう思って《瞿曇《くどん》釈迦牟尼尊樹下禅定図》を見ると、修行する釈迦と修養する華岳との心と心が対立しつつ融合し、融合しつつ対立するところにこの絵がなりたっていると思えてくる。舞い散る落葉の動きが心と心の対立と融合を象徴しているように思えてくる。

＊

華岳における求道の心の深まりは、晩年の風景画をも精神の表現たらしめる力をもっていた。

年譜をたどると、一九二三年（華岳三四歳）に住みなれた京都から兵庫県芦屋に転居し、次いで一九二七年には神戸市花隈《はなくま》の養家にもどっての暮らしとなるから、京都の画家仲間とのつき合いは間遠になり、妻とひっそり過ごす日々が心をいっそうの内省へと向かわせたかもしれない。華岳晩年の名作《春泥》《晩照帰鴉図《ばんしょうきあず》》《秋柳図》には、自然と対峙しながらその美しさをどうにかして精神の高みに押し上げたいと力を尽くす画家の熱意がうかがわれる。

三作のどれを取っても、いわゆる美しい風景でも晴れやかな風景でもない。暗くぐもった風景だ。画面はどれも小さく、色は青、茶、黒、灰色の地味な色が全面を覆っている。線は、《春泥》と《秋柳図》ではやや太い枝から無数の細かい枝が息のつまるような微妙なゆれをもって線描され、《晩照帰鴉図》ではごつごつした山の大きくうねる山脈《やまなみ》を太い輪郭線が隈取《くまど》っている。

三つの風景画は、目にした風景をもとに制作されたものと考えてまちがいあるまい。人とのつき合いは間遠になっても、体調のいいときには近所の野や山を歩いたというから、散歩の途中で目にとまった風景をもとにした絵もあるのかもしれない。が、三作とも見た風景をそのまま絵にしたものとはとうてい思えない。風景をそのまま写しとるのではなく、風景とはなにか、自然とはなにか、風景を、自然を描くとはどういうことかを、自問しながら描かれた絵だと思えるのだ。

華岳四八歳の作《春泥》は、画面手前の沼にいまだ芽吹かぬ柳の枝が大きく張り出し、沼の全面に無数の細い枝が垂れ下がる絵だ。沼のむこうには灰色の湿地が広がり、おぼろな春の気配が画面全体に濃厚に行きわたっている。柳の枝ぶり以外にこれといって目を引くものはなく、その枝ぶりも繊細に丁寧に描かれるが、目を楽しませるおもしろさがそこにあるわけではない。寒さがゆるんで自然が目覚め始める春の季節感——そんな情緒的なものを華岳は絵にしたかったのだろうか。わずかな微風にもゆれそうな柳の枝に春の情感がこもるとすれば、一本一本の枝に心をこめる華岳にとってこの絵を描くことは求道の心を満たすに足るものだったと思われる。さびしい絵のむこうに画家のひたむきな心が見えてくるのが絵の魅力だといえようか。

同年の作《晩照帰鴉図》は、これまた色紙大の小さな画面に、山が幾重にも重なり、空にはたくさんの鴉が群れ飛ぶ、はるかな風景が描かれる。はるかな広がりは大自然がそこにあると思わせるが、その大自然はよそよそしいものではない。なだらかとはいえない稜線やあちこちに凹凸の見える山肌は、人間が親しみをもってそこに入りこんでいけるような、あるいは、人間を大きく包みこんでくれるような山のすがたを示してはいないけれども、華岳がこの風景に違和感を懐いていたとは思えない。自然にたいして親しみやおもしろみを感じるところから、真相を容易につかみきれぬ深遠さにある種の敬意を懐くところへと華岳の風景画は移っていったように思えるが、この絵は敬意の最終的な到着点を示しているように思われる。

これまで何度か引用した華岳の文章『画論』のなかに、神戸花隈に移ったあと近隣の山を散策する話が折に触れて出てくる。疲れたときには山道に腰を下ろしてゆっくりと休むこともあったという。静けさのなかに水の流れる音や、木の枝が風にゆれる音や、鳥の鳴き声が聞こえたであろうし、遠く町のにぎわいが聞こえることもあったかもしれない。そこでの時間が心静かに自然のなかに身を置く数少ない機会であったのは、まちがいあるまい。

山がこちらからむこうへと不揃《ふぞろ》いに連なり、空は夕べの光に薄く金色に輝き、巣に帰る鴉がかなたへと飛んでいく《晩照帰鴉図》は、家からさほど遠くない山中のどこかに休んでいたとき全身で感じとった自然、そんな自然を絵にしたもののように思える。となると、絵は、見なれた風景をもとに、自分が全身で感受した自然のイメージにそれを近づけようとしたものといってもいいし、自然との静かな交流のなかで芽生えてきた心象風景を縦横三〇センチの紙に定着したものといってもいいように思われる。

いずれにせよ、画家の精神が絵に生きて動いていることが大切な点で、夕暮れの山々や空の風景がよそよそしくはないが、さりとて親しいとも大らかともいえない硬質さをもつのも、自然と対峙する画家の内面に厳しい求道の心が働いているからだ。華岳の求道心は風景と一体化するほどに自然に慣れ親しむことができない。絵筆を動かすうちに自然に親しみ風景と一体化したいという気持ちが昂じることはあろうが、華岳の芸術的な求道心はその気持ちのままに筆を動かすことを許さなかった。画面に描かれた風景とおのれの精神とをともども見つめ、そこに見えてくる矛盾を直視し、矛盾の克服をめざしてさらに先へと進むのが華岳の求道心の働きようだった。《晩照帰鴉図》でも、画家は風景と一体化したとまではいえず、一体化を求めて静かに向き合っているというしかないが、そう見えるところにこそ華岳の求道心の真率さがあった。風景にこめられた敬意は、やはり、宗教的な礼拝とは隔たっている。わたしたちは仏画に見てとれる華岳の求道心を「芸術的」と形容したのだったが、風景にたいする敬意も芸術的敬意というにふさわしいものだった。

風景画の最後に、また、この節の締めくくりとして、死の二年前の《秋柳図》を取り上げる。

横長の画面一杯に、もつれにもつれた大小の柳の枝が描かれる。薄日の射すような明るい黄緑色の地に、ぼんやりとした影があちこちに浮かぶ空間を背景とし、そこに大小、濃淡、肥瘦さまざまの何百本という曲線がからみ合い、くねり合い、もつれ合う絵だ。柳の枝だけが描かれる野外の図を風景画と呼んでいいのかどうか。そんな疑問を呈してみたくなるほどに画家が柳の枝を描くことに打ちこんだ絵だ。

自分の手が描き進む柳の枝の複雑霊妙な線のうねりに画家自身が取りつかれ、無我の境地で筆を動かすうちにこんな絵ができた、と、そんな思いを懐かせられる作品だが、線の霊妙さは描く画家だけでなく、画面を見つめる者の心をも奪う魔力をもっている。が、それは心をあてどなく宙に迷わせるたぐいの魔力ではない。線が描き手の放縦を示す勝手気ままの線でも、理知の支配下にある抽象的な線でもなく、柳の枝であるというリアリズムをしっかりと踏まえているからだ。見るわたしたちは、線の魅力にどんなに心ゆさぶられても、線が柳の枝であることを失念することはない。

別のことばでいえば、それは、自然が絵のなかに生きてあるということだ。横長の絵が、絵にとって線とはなにか、線のおもしろさとはなにか、といった問いに答えようとする。その意味で線をめぐる求道の絵であるといってよかろうが、その線が柳の枝と切っても切れない関係にある。それが華岳の制作の根本をなす事項だった。線が線として独立すればひょっとして抽象画への道が開けたかもしれない、といった推測は可能だが、抽象画への志向など華岳にはかけらもなかった。

華岳にあったのは、縦横無尽にして複雑霊妙な線を、柳の木の、秋の風景の、大自然の、象徴たらしめようとする志向だった。さきに見た《春泥》にも沼に垂れ下がる柳の枝が入念に描かれていたが、柳は華岳の作品にくりかえし出てくる好みの題材だった。枝ぶりを眺めながら描き、描きながら眺めるという試みがどれだけくりかえされたことか。そんなふうに画家が引き寄せられたのも、大小さまざまな枝の織りなす形に、自然の美しさ、ふしぎさ、おもしろさが感じられ

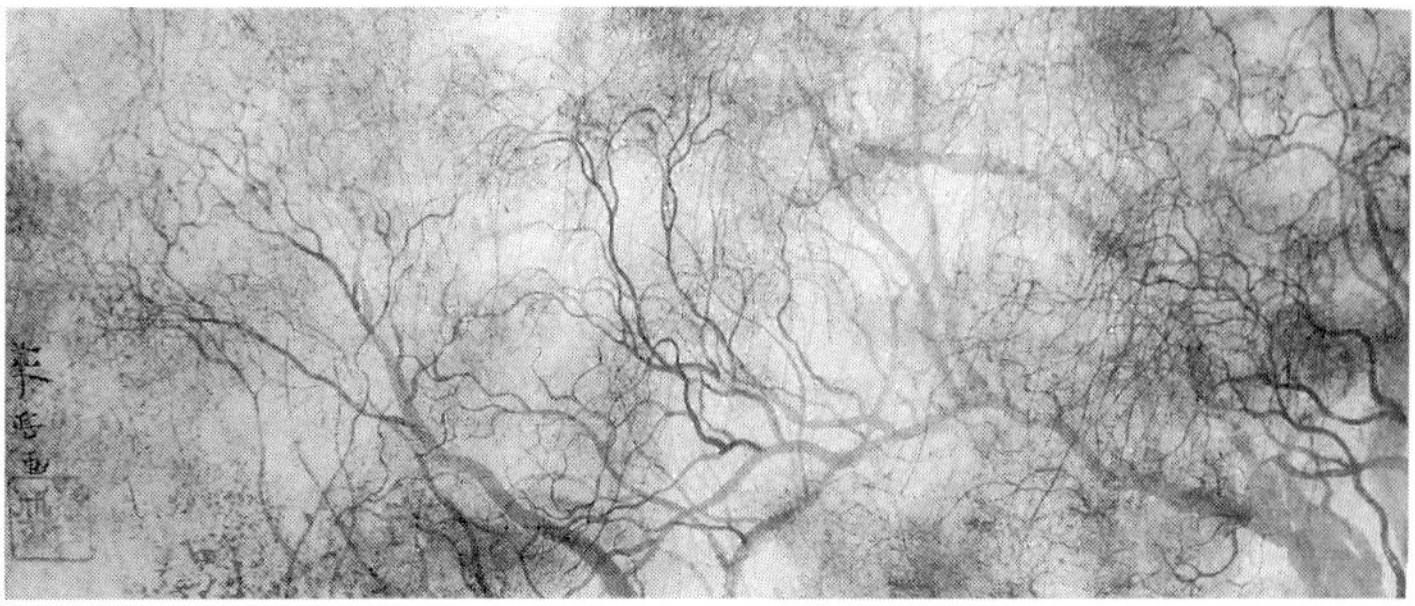

村上華岳《秋柳図》[PD]

たからであった。線の美しさ、ふしぎさ、おもしろさは、そのまま自然の美しさ、ふしぎさ、おもしろさにほかならなかった。

《秋柳図》は見ようによっては抽象的な線の戯れる図と見えなくはない。線の微妙な動きを追いかけているだけで楽しく喜ばしい。が、見ているうちに、一見抽象的な線の戯れに植物の生命が、自然の息吹が感じられてくる。抽象的な線の錯綜と見えたものが自然のゆらぎとたゆたいであり、さらには画家の内面のゆらぎでありたゆたいであると感じられてくる。ゆらぎとたゆたいは風景が画家の内面を通過することによって生じたものであり、その純粋さと澄明さは自然と画家との心の交流が、世俗を超えた、格調の高い交流であることをものがたっている。

風景画における自然と華岳の内面的精神との交流は《秋柳図》において行けるところまで行ったように思う。身近な風景に感覚的・官能的な美を見出し、それを表現するところに画家の喜びを感じた若年の風景画から、自然の奥の深さを実感し、その本質にせまろうと努力を重ねるうちに、自然のリズムと自分の身心のリズムがしだいに照応するようになり、画家として風景と向き合うとき自然がおのれの内面の象徴であり、おのれの内面が自然の源流であると思えるところに近づいたのが晩年の《秋柳図》だったといえはしないだろうか。人づき合いが間遠になったところでの求道心の深まりは、たしかに華岳の絵画制作の幅を狭《せば》めるものではあった。しかし、狭められた幅のなかでその精神はこの上なく生き生きと働いていた。

長谷川宏（はせがわ・ひろし）

一九四〇年生まれ。東京大学大学院哲学科博士課程修了。大学闘争に参加後アカデミズムを離れ、学習塾を開くかたわら、在野の哲学者として活躍。とくにヘーゲルの明快な翻訳で高く評価される。主な著書に、『ヘーゲルの歴史意識』『同時代人サルトル』『ことばへの道』（以上、講談社学術文庫）、『新しいヘーゲル』『丸山眞男をどう読むか』（以上、講談社現代新書）、『初期マルクスを読む』（岩波書店）、『日本精神史』（講談社学術文庫）がある。またヘーゲルの翻訳として、『哲学史講義』（河出文庫）、『美学講義』『精神現象学』（レッシング翻訳賞、日本翻訳大賞）『法哲学講義』（以上、作品社）などがある。

le livre

日本《にほん》精神史《せいしんし》 近代篇《きんだいへん》（上《じょう》）

二〇二三年一〇月一〇日　第一刷発行
二〇二四年　一月二六日　第二刷発行

著者　長谷川《はせがわ》 宏《ひろし》

©Hiroshi Hasegawa 2023

発行者　森田浩章
発行所　株式会社 講談社
東京都文京区音羽二丁目一二―二一　〒一一二―八〇〇一
電話（編集）〇三―五三九五―三五一二
（販売）〇三―五三九五―五八一七
（業務）〇三―五三九五―三六一五

KODANSHA

装幀者　森 裕昌
本文データ制作　講談社デジタル製作
本文印刷　株式会社 新藤慶昌堂
カバー・表紙印刷　半七写真印刷工業 株式会社
製本所　大口製本印刷 株式会社

定価はカバーに表示してあります。

落丁本・乱丁本は購入書店名を明記のうえ、小社業務あてにお送りください。送料小社負担にてお取り替えいたします。なお、この本についてのお問い合わせは、「選書メチエ」あてにお願いいたします。

本書のコピー、スキャン、デジタル化等の無断複製は著作権法上での例外を除き禁じられています。本書を代行業者等の第三者に依頼してスキャンやデジタル化することはたとえ個人や家庭内の利用でも著作権法違反です。Ⓡ〈日本複製権センター委託出版物〉

ISBN978-4-06-523521-8　Printed in Japan　N.D.C.104　544p　19cm

世界樹

もとは北欧神話に出てくる世界を支える樹。
宇宙樹ともいう。
世界の中心に幹を伸ばし、枝葉は世界を覆う。
根は三本あり、それぞれ人間界、巨人界、冥界に伸びている。
根のそばの泉で神々が毎日集い、様々なことを協議し、審判を下す。
生と叡智、思惟の象徴。

le livre

フランス語で「本」を意味する《livre》に定冠詞《le》をつけた
「ル・リーヴル」は、講談社選書メチエの中に新たに設けられた
特装版シリーズです。従来の講談社選書メチエの枠を超える形式
やテーマを試みたり、物質としての本の可能性を探ったりします。
今あらためて「本というもの」を問い直すために――。

講談社選書メチエの再出発に際して

講談社選書メチエの創刊は冷戦終結後まもない一九九四年のことである。長く続いた東西対立の終わりはついに世界に平和をもたらすかに思われたが、その期待はすぐに裏切られた。超大国による新たな戦争、吹き荒れる民族主義の嵐……世界は向かうべき道を見失った。そのような時代の中で、書物のもたらす知識が一人一人の指針となることを願って、本選書は刊行された。

それから二五年、世界はさらに大きく変わった。特に知識をめぐる環境は世界史的な変化をこうむったとすら言える。インターネットによる情報化革命は、知識の徹底的な民主化を推し進めた。誰もがどこでも自由に知識を入手でき、自由に知識を発信できる。それは、冷戦終結後に抱いた期待を裏切られた私たちのもとに差した一条の光明でもあった。

その光明は今も消え去ってはいない。しかし、私たちは同時に、知識の民主化が知識の失墜をも生み出すという逆説を生きている。堅く揺るぎない知識も消費されるだけの不確かな情報に埋もれることを余儀なくされ、不確かな情報が人々の憎悪をかき立てる時代が今、訪れている。

この不確かな時代、不確かさが憎悪を生み出す時代にあって必要なのは、一人一人が堅く揺るぎない知識を得、生きていくための道標を得ることである。

フランス語の「メチエ」という言葉は、人が生きていくために必要とする職、経験によって身につけられる技術を意味する。選書メチエは、読者が磨き上げられた経験のもとに紡ぎ出される思索に触れ、生きるための技術と知識を手に入れる機会を提供することを目指している。万人にそのような機会が提供されたとき初めて、知識は真に民主化され、憎悪を乗り越える平和への道が拓けると私たちは固く信ずる。

この宣言をもって、講談社選書メチエ再出発の辞とするものである。

二〇一九年二月　　野間省伸

講談社選書メチエ　日本史

MÉTIER

「民都」大阪対「帝都」東京　原 武史
喧嘩両成敗の誕生　清水克行
日本軍のインテリジェンス　小谷 賢
近代日本の右翼思想　片山杜秀
アイヌの歴史　瀬川拓郎
本居宣長『古事記伝』を読むI～IV　神野志隆光
アイヌの世界　瀬川拓郎
戦国大名の「外交」　丸島和洋
町村合併から生まれた日本近代　松沢裕作
源実朝　坂井孝一
満蒙　麻田雅文
〈階級〉の日本近代史　坂野潤治
原敬（上・下）　伊藤之雄
大江戸商い白書　山室恭子
戦国大名論　村井良介
〈お受験〉の歴史学　小針 誠
福沢諭吉の朝鮮　月脚達彦

帝国議会　村瀬信一
「怪異」の政治社会学　高谷知佳
大東亜共栄圏　河西晃祐
永田鉄山軍事戦略論集　川田 稔編・解説
享徳の乱　峰岸純夫
大正＝歴史の踊り場とは何か　鷲田清一編
近代日本の中国観　岡本隆司
昭和・平成精神史　磯前順一
叱られ、愛され、大相撲！　胎中千鶴
武士論　五味文彦
鷹将軍と鶴の味噌汁　菅 豊
戦国日本の生態系《エコシステム》　高木久史
日本人の愛したお菓子たち　吉田菊次郎

最新情報は公式twitter　→@kodansha_g
公式facebook　→https://www.facebook.com/ksmetier/
公式ウェブサイト→https://gendai.media/gakujutsu/

ヘーゲル『精神現象学』入門　長谷川 宏
カント『純粋理性批判』入門　黒崎政男
知の教科書 ウォーラーステイン　川北 稔編
カイエ・ソバージュ〔完全版〕　中沢新一
人類最古の哲学 カイエ・ソバージュⅠ〔新装版〕　中沢新一
知の教科書 スピノザ　C・ジャレット 石垣憲一訳
知の教科書 ライプニッツ　F・パーキンズ 梅原宏司・川口典成訳
知の教科書 プラトン　M・エルラー 三嶋輝夫ほか訳
フッサール 起源への哲学　斎藤慶典
完全解読 ヘーゲル『精神現象学』　竹田青嗣 西 研
完全解読 カント『純粋理性批判』　竹田青嗣
分析哲学入門　八木沢 敬
ドイツ観念論　村岡晋一
ベルクソン＝時間と空間の哲学　中村 昇
精読 アレント『全体主義の起源』　牧野雅彦
九鬼周造　藤田正勝
夢の現象学・入門　渡辺恒夫

ヨハネス・コメニウス　相馬伸一
アダム・スミス　高 哲男
ラカンの哲学　荒谷大輔
解読 ウェーバー『プロテスタンティズムの倫理と資本主義の精神』　橋本 努
新しい哲学の教科書　岩内章太郎
アガンベン《ホモ・サケル》の思想　上村忠男
使える哲学　荒谷大輔
極限の思想 バタイユ　佐々木雄大
極限の思想 ニーチェ　城戸 淳
極限の思想 ドゥルーズ　山内志朗
極限の思想 ハイデガー　高井ゆと里
極限の思想 サルトル　熊野純彦
極限の思想 ラカン　立木康介
〈実存哲学〉の系譜　鈴木祐丞
今日のミトロジー　中沢新一
パルメニデス　山川偉也
精読 アレント『人間の条件』　牧野雅彦

近代性の構造　今村仁司
身体の零度　三浦雅士
近代日本の陽明学　小島　毅
経済倫理＝あなたは、なに主義？　橋本　努
パロール・ドネ　C・レヴィ＝ストロース　中沢新一訳
ブルデュー　闘う知識人　加藤晴久
熊楠の星の時間　中沢新一
絶滅の地球誌　澤野雅樹
共同体のかたち　菅　香子
三つの革命　佐藤嘉幸・廣瀬　純
なぜ世界は存在しないのか　マルクス・ガブリエル　清水一浩訳
「東洋」哲学の根本問題　斎藤慶典
言葉の魂の哲学　古田徹也
実在とは何か　ジョルジョ・アガンベン　上村忠男訳
創造の星　渡辺哲夫
いつもそばには本があった。　國分功一郎・互　盛央
創造と狂気の歴史　松本卓也

「私」は脳ではない　マルクス・ガブリエル　姫田多佳子訳
AI時代の労働の哲学　稲葉振一郎
西田幾多郎の哲学＝絶対無の場所とは何か　中村　昇
名前の哲学　村岡晋一
「心の哲学」批判序説　佐藤義之
贈与の系譜学　湯浅博雄
「人間以後」の哲学　篠原雅武
ドゥルーズとガタリの『哲学とは何か』を精読する　近藤和敬
自由意志の向こう側　木島泰三
自然の哲学史　米虫正巳
夢と虹の存在論　松田　毅
クリティック再建のために　木庭　顕
AI時代の資本主義の哲学　稲葉振一郎
ウィトゲンシュタインと言語の限界　ピエール・アド　合田正人訳
ときは、ながれない　八木沢　敬
非有機的生　宇野邦一
恋愛の授業　丘沢静也

最新情報は公式twitter　→@kodansha_g
公式facebook　→https://www.facebook.com/ksmetier/
公式ウェブサイト→https://gendai.media/gakujutsu/